James Bridle

Yeni Karanlık Çağ

Teknoloji ve Geleceğin Sonu

Teknolojiler ve disiplinler arası çalışan bir sanatçı ve yazar olan James Bridle (1980), Londra, University College'da Bilgisayar ve Bilişim Yüksek Lisansı yapmış ve tezini Yapay Zekâ'nın yaratıcı uygulamaları üzerine yazmıştır.

Yapıtları dünyanın pek çok yerinde sergilenmiş ve İstanbul Tasarım Bienali, Oslo Mimari Trienali, Japon Medya Sanatları Festivali gibi pek çok önemli etkinlikte yer almıştır. Yeni Estetik araştırma projesiyle eleştirel ve sanatsal tartışmalara yol açan ve *Guardian, Wired, Domus, New Statesman, Observer* gibi yayınlarda ve internet bloglarında edebiyat, kültür, dijital teknoloji üzerine yazan Bridle, 2019'da BBC Radyo 4 için John Berger'ın *Görme Biçimleri*'ni dijital çağ için yeniden tahayyül eden, teknolojinin görme biçimimizi nasıl değiştirdiğini ele alan dört bölümlük "Yeni Görme Biçimleri" dizisini yazıp sunmuştur.

Çok sayıda ödül kazanmış olan Bridle, 2015'te *Wired* dergisi tarafından Dünyanın En Etkili 100 Kişisi arasında gösterilmiştir.

Metis Yayınları
İpek Sokak 5, 34433 Beyoğlu, İstanbul
e-posta: info@metiskitap.com
www.metiskitap.com
Yayınevi Sertifika No: 43544

Yeni Karanlık Çağ
Teknoloji ve Geleceğin Sonu
James Bridle
Verso, 2018

İlk Basım: Eylül 2020

Yayıma Hazırlayan: Müge Gürsoy Sökmen

Kapak Resmi: Van Gogh'un "Yıldızlı Gece"sinden esinle
Google'ın DeepDream programıyla oluşturulmuş
resimden detay.

Kapak Tasarımı: Semih Sökmen

Dizgi ve Baskı Öncesi Hazırlık: Metis Yayıncılık Ltd.
Baskı ve Cilt: Yaylacık Matbaacılık Ltd.
Fatih Sanayi Sitesi No. 12/197 Topkapı, İstanbul
Matbaa Sertifika No: 44865

ISBN-13: 978-605-316-202-5

James Bridle
Yeni Karanlık Çağ

TEKNOLOJİ VE GELECEĞİN SONU

Çeviren:
Kemal Güleç

metis

Navine için

İçindekiler

1

Yarılma

"Keşke teknoloji acil durumlarda sana ulaşmanın bir yolunu bulmuş olsaydı," deyip duruyordu bilgisayarım.

2016'daki ABD başkanlık seçiminin sonuçları açıklandıktan sonra, muhtemelen sosyal medyadaki ortak aklın da etkisiyle, tanıdığım birkaç kişi gibi *Batı Kanadı*'nı (*The West Wing*) yeniden izlemeye başladım. Nafile bir denemeydi tabii, geçmişe duyduğum özlemi dindirmedi, ama alışkanlık yaptı; geceleri, iş çıkışlarında, uçak yolculuklarında, ne zaman yalnız kalsam bir-iki bölüm izler oldum. İklim değişikliği üzerine araştırmalarda, küresel gözetim ve tüm dünyayı saran siyasi belirsizliklere ilişkin değerlendirmelerde yazılıp çizilen kıyamet senaryolarını okuduktan sonra, 2000'lerin başında siyaset dünyasının kapalı kapıları ardında neler döndüğünü anlatan, neoliberalizm sosuna bulanmış bir diziye kendini kaptırmak çok da kötü bir şey gibi gelmiyordu açıkçası. Bir gece, üçüncü sezondan bir bölümü yarıladığım sırada, Başkan Bartlett'in özel kalemi Leo McGarry gün içinde katıldığı Adsız Alkolikler toplantısına hiç gitmemiş olmayı diliyor, yokluğunda patlak veren krize zamanında müdahale edemediği için hayıflanıyordu.

"Yarım saat önce burada olsan bizim yaptıklarımızdan başka ne yapacaktın ki?" diye sordu Başkan.

McGarry, "Şimdi bildiklerimi yarım saat önce öğrenmiş olacaktım," karşılığını verdi. "Bu yüzden de artık gitmeyeceğim o toplantılara – böyle bir lüksüm yok."

Bartlett McGarry'nin etrafında bir tur atıp iğneleyici bir edayla devam etti: "Doğru. Keşke teknoloji acil durumlarda sana ulaşmanın bir yolunu bulmuş olsaydı. Uzakta da olsan numaranı tuşladığımızda sana ulaşabileceğimiz, ihtiyacımız var diyebileceğimiz bir cihaz mesela." Bu sırada elini Leo'nun cebine sokup telefonunu çıkardı, "Bunun gibi bir şey olurdu herhalde değil mi, Müfettiş Gadget!"

Ama bölümün devamı gelmedi. Bilgisayarım bozulunca, ekrandaki görüntü değişmesine rağmen ses aynı cümlede takılıp kaldı: "Keşke teknoloji acil durumlarda sana ulaşmanın bir yolunu bulmuş olsaydı! Keşke teknoloji acil durumlarda sana ulaşmanın bir yolunu bulmuş olsaydı! Keşke teknoloji acil durumlarda sana ulaşmanın bir yolunu bulmuş olsaydı!"

Elinizdeki kitap acil bir durumda teknolojinin bize ne anlatmaya çalıştığıyla alakalı. Aynı zamanda da neyi nasıl bildiğimiz ve bilemediğimiz hakkında.

Teknolojinin geçtiğimiz yüzyılda yakaladığı ivme gezegenimizi, içinde yaşadığımız toplumları ve bizleri hızla dönüştürdü, ama bunlara dair kavrayışımızı pek dönüştüremedi. Bu durumun nedenleri de yanıtları da bir hayli karmaşık; teknolojik sistemlere öylesine gömülmüş haldeyiz ki pratiğimizi de düşünce tarzımızı da onlar şekillendiriyor artık. Ne bu sistemlerin dışında durabiliyoruz, ne de onlarsız düşünebiliyoruz.

Bugün karşı karşıya olduğumuz en büyük sorunların bir sorumlusu da sahip olduğumuz teknolojilerdir: İnsanların çoğunu yoksullaştırıp zenginle fakir arasındaki uçurumu her gün biraz daha genişleten zıvanadan çıkmış bir ekonomik sistem; siyasal ve toplumsal mutabakatlardaki çöküş ve bunun sonucu olarak milliyetçiliğin, toplumsal ayrışmaların, etnik çatışmaların ve gölge savaşların tüm dünyada artması; hepimiz için varoluşsal bir tehdit oluşturan küresel ısınma.

Bilimler ve toplumlar, siyaset ve eğitim, savaş ve ticaret; yeni teknolojiler tüm bu konulardaki becerilerimizi geliştirmekle kalmayıp, iyisiyle kötüsüyle, onları bilfiil biçimlendirip yönlendiriyor. Bu biçimlendirme ve yönlendirmede anlamlı bir rol üstlenebilmek için yeni teknolojiler üzerine düşünmenin farklı yollarını bulmak, eleştirel bir yaklaşım geliştirmek giderek daha önemli hale geliyor. Teknolojinin ne kadar karmaşık bir işleyişi olduğunu, teknolojik sistemler arasındaki bağlantıları, birbirlerini nasıl etkilediklerini anlayamazsak bu sistemlerin içinde savunmasız kalır, taşıdıkları potansiyeli bencil elitlerin, insafsız şirketlerin eline bırakmış oluruz. Söz konusu teknolojilerin birbirleriyle beklenmedik, hatta çoğu zaman şaşırtıcı biçimlerde etkileşime girdiğini, bizimse boğazımıza kadar bu sistemlere batmış olduğumuzu hesaba katınca, bu kavrayış pratik açısından işlerin nasıl yürüdüğüyle sınırlandırılamaz: Bu sistemlere dair kavrayışımızın, nasıl ortaya çıktıklarını, işleyişlerini nasıl sürdüklerini ve nasıl genellikle içe içe geçmiş, görünmez yollardan iş gördüklerini de içerecek şekilde genişlemesi gerekir. Velhasıl, ihtiyacımız olan şey okuryazarlıktır, anlamak değil.

Bu sistemlere ilişkin gerçek bir okuryazarlık basit kavrayıştan çok daha fazlasını içerir; farklı biçimlerde anlaşılıp uygulanabilir. Bir sistemin pratik kullanımının ötesine, bağlamını ve sonuçlarını anlamaya uzanır. Herhangi bir sistemin uygulamalarını her derde deva görmeyi reddedip, sistemler arasındaki karşılıklı ilişkileri anlamakta, tek tek çözümlerin bünyevi sınırlılıklarını görmekte ısrar eder. Bu tür bir okuryazarlık bir sistemin yalnızca dilini değil üstdilini –sistemin kendi hakkında konuşurken, diğer sistemlerle etkileşime girerken kullandığı dili– de akıcı bir şekilde okuyabilmeyi içerir; ayrıca bu üstdilin sınırlılıklarına, potansiyel kullanımlarına ve istismarına duyarlıdır. Ama daha da önemlisi, hem eleştiri yapma hem eleştiriye yanıt verme becerisine sahiptir.

Teknolojiye ilişkin umumi kavrayışın zayıflığına cevaben geliştirilen argümanlardan biri teknoloji eğitimini artırmaktır – en basit haliyle, kodlamanın öğrenilmesidir. Bu tip çağrılar genellikle politikacılardan, teknoloji uzmanlarından, bilirkişilerden ya da önde gelen iş insanlarından gelir ve sıklıkla da salt işlevsel, piyasacı terimlerle ifade edilir: Bilgi ekonomisi daha çok programcıya ihtiyaç duymaktadır; genç insanlara istihdam yaratmak gerekir. Bu fena bir başlangıç sayılmazsa da, kodlama öğrenmek tek başına yeterli değildir; tıpkı tıkalı bir lavaboyu açmayı öğrenmenin yeraltı su tablaları, siyasi coğrafya ve eskiyen altyapı ile toplumdaki fiili yaşam destek sistemlerini tanımlayan, biçimlendiren ve üreten sosyal politikalar arasındaki karmaşık ilişkileri anlamaya yetmeyeceği gibi. Sistemleri salt işlevsel olarak kavramak yetersiz kalır; bizim bu sistemlerin tarihi ve sonuçları üzerine de düşünebilmemiz gerekir. Nereden geldiler, kimler tarafından, ne amaçla tasarlandılar, bu niyetlerden hangileri bugün geçerliliğini korumaktadır?

Teknolojiye ilişkin salt işlevsel bir kavrayışın barındırdığı ikinci tehlikeyse, "işlemsel düşünme" adını verdiğim tarzdır. Çözümcülük diye bilinen yaklaşımın, karşılaşılan her problemin işlemleme yoluyla çözülebileceği inancının bir uzantısıdır bu. İşlemsel düşünme yaklaşımına göre, pratik veya toplumsal her sorunumuzu çözecek bir "uygulama" mutlaka vardır. Ama çözümcülük de yeterli değildir ve sahip olduğumuz teknolojinin bize anlatmaya çalıştığı şeylerden biri budur. İşlemsel düşünmenin başka bir yanılgısı ise, –çoğu zaman farkında bile olmadan– dünyanın gerçekten de çözümcülerin iddia ettiği gibi bir yer olduğunu varsaymasıdır. İşlemsel düşünme çözümcülüğü öyle içselleştirmiştir ki dünyayı işlemleme dışında herhangi bir çerçevede düşünmek de ifade etmek de imkânsızdır artık. Bugün dünyaya hükmeden, toplumlarımızdaki ve etkileşimlerimizdeki en beter eğilimleri körükleyen işlemsel düşünme yaklaşımına tam bir sistem okuryazarlığıyla karşı çıkmak gerekir. Nasıl felsefe insan düşüncesinin bilimin açıklayamadığı şeylerle meşgul olan bölümüyse, sistem okuryazarlığı da –işlemleme tarafından biçimlendirildiğini kabul etmekle birlikte– salt bu çerçevede açıklanamayacak bir dünyayla meşgul olan düşüncedir.

Tek başına "kodlama öğrenmenin" zaafı diğer yönüyle de tartışılabilir: Nasıl kakamızı yapmak için ya da tesisat sisteminin bizi öldürmeye çalıştığından korkmadan yaşamak için tesisatçı olmamız gerekmiyorsa, teknolojik sistemleri de kodlama öğrenmek zorunda kalmadan anlayabilmemiz gerekir. Tesisatımızın bizi gerçekten öldürmeye çalışıyor olma ihtimali de hiçe sayılmamalı gerçi: Günümüz toplumlarında altyapının büyük kısmı işlemlemeye dayalı karmaşık sistemler tarafından sağlanmaktadır; eğer insanların bu sistemleri kullanması güvenli değilse, ne kadar kötü oldukları konusunda verilecek hiçbir eğitim uzun vadede bizi kurtarmaya yetmeyecektir.

Bu kitapta biraz tesisatçılık yapacağız, ama bunu tesisatçı olmayanların ihtiyaçlarını da her aşamada gözeterek yapmamız gerekiyor: Anlama ihtiyacını, dahası her zaman anlamasak da yaşama ihtiyacını gözeterek. Yeni teknolojilerin kapsamını ve ölçeğini tasavvur etmek, tanımlamak için çok uğraşıyoruz genellikle, bu da demektir ki onlar hakkında düşünmekte bile zorlanıyoruz. Bu durumda yeni teknolojilerden ziyade yeni metaforlara, karmaşık sistemlerce biçimlendirilen bu dünyayı tanımlayacak bir üstdile ihtiyacımız olduğu açık. İnsan, siyaset, kültür ve teknolojinin iyice iç içe geçtiği bu dünyanın gerçekliğini hem tanıyan hem irdeleyen yeni bir stenografiye ihtiyacımız var. Aslına bakılırsa, biz hep birbirimize bağlıydık; eşitsiz, mantıksız biçimlerde veya kimilerimiz diğerlerinden daha fazla belki ama tamamen ve kaçınılmaz biçimde daima bağlantı halindeydik. Ağın değiştirdiği şey bu bağlantının görünür, inkâr edilemez hale gelmesidir. Şeyler ile bizim birbirimize kökten bağlı olduğumuz gerçeği daima karşımızda duruyor; yapmamız gereken bunu ele almanın yeni yollarını bulmak. Kavrayışımızdaki ve fail statümüzdeki yarılmanın yalnızca –ve açıklanamaz bir şekilde– internetten veya amorf teknolojilerden kaynaklandığını, bunlar tarafından körüklendiğini söylemek yeterli değildir. Şimdilik daha iyi bir terim olmadığından, bizi ve sahip olduğumuz teknolojileri –insan ve insan olmayan faili, kavrayışı, bilmeyi ve bilmemeyi aynı potada eriterek– tek bir çatı altında toplayan geniş sistem anlamında "ağ" kavramını kullanıyorum. Yarılma bizimle sahip olduğumuz teknolojiler arasında değil, ağın kendi içindedir ve bunun bilincine ancak ağ sayesinde varırız.

Sözün özü, eleştiriye imkân veren de, bu eleştiriyi icra eden, ona yanıt üreten de sistem okuryazarlığıdır. Tartışacağımız sistemler düşünmesi, anlaması, tasarlaması ve gerçekleştirilmesi bir avuç insanın eline bırakılamayacak kadar ciddidir; hele de bu insanlar kolayca eski elitler ve iktidar yapılarıyla saf tutuyor, onlara tabi hale geliyorsa. Dünya genelindeki eşitsizlik, şiddet, popülizm ve köktencilik gibi temel konular ile her gün karşılaştığımız sistemlerin karmaşıklığı arasında, bu sistemlerin çoğunun inşasındaki veya tanımlanışındaki anlaşılmazlık arasında somut, nedensel bir ilişki var. Bugün, yeni teknolojiler bizi daha önce hiç olmadığı kadar, adeta doğal olarak özgürleştiren sistemler gibi takdim ediliyor. Ama başlı başına bu bile işlemsel düşünmenin bir örneği aslında – ki bu da hepimizin kabahati. Yeni teknolojileri ilk benimseyen, çığırtkanlığını üstlenen, bu teknolojilerin verdiği türlü türlü hazları deneyimleyen, sunduğu fırsatlardan yararlanan ve dolayısıyla –genelde de naifçe– daha geniş çaplı uygulanmasını savunanlarımız, eleştirel olmayan bu mevzilerinde daha güvende değiller. Ama eleştirinin argümanı ne tek tek tehditlerden ne de daha az talihli veya daha az bilgili olanlarla özdeşleşmekten oluşabilir. Ağ söz konusu olduğunda bireycilik de yetersizdir, empati de. Hayatta kalmak ve dayanışmak, anlamaksızın da mümkün olmalıdır.

Her şeyi anlamasak, anlayamasak da her şey üzerine düşünebiliriz. İlerleyen sayfalarda göreceğimiz gibi, anlamak çoğu zaman imkânsız olduğundan, içinde olduğumuz bu yeni karanlık çağda hayatta kalmanın yolu bir şeyi enine boyuna anlama iddiası taşımadan, böyle bir iddianın peşine takılmadan düşünebilme becerisinden geçiyor. Ürünlerine ayrıcalık tanımadığımız sürece, teknoloji bu düşünce tarzına rehberlik, eşlik edebilir: Bilgisayarlar yanıt bulmaktan çok soru sormanın araçlarıdır. Kitap boyunca tekrar tekrar hatırlayacağımız gibi, bir teknolojiyi enine boyuna, diğer sistemlerle ilişkisi içinde anlamak o teknoloji için kullandığımız metaforları başka düşünce tarzları için de kullanmamıza olanak tanır genelde.

1950'lerden itibaren, elektrik mühendislerinin kurdukları sistemleri betimlemek için çizdikleri şemalarda yeni bir sembol belirmeye başladı. Tüylü bir çemberi, karahindibayı ya da çizgi romanlardaki konuşma balonlarını andıran daire şeklindeki bu sembol, zamanla nihai formunu bulup bulut figüründe sabitlendi. Mühendisin üzerine çalıştığı şey her ne olursa olsun, o şey bu buluta bağlanabilirdi ve yalnızca bunu bilmek kâfiydi. Diğer bulut bir güç sistemi olabileceği gibi, veri alışverişi noktası ya da başka bir bilgisayar ağı da olabilirdi. Bunun hiçbir önemi yoktu. Bulut karmaşıklığı azaltmanın bir yoluydu yalnızca: El altında olana, ötelerde ne olup bittiği hakkında endişelenmeksizin odaklanabilmeyi sağlıyordu. Ama zamanla, ağlar büyüyüp birbirlerine bağlandıkça bulut da giderek daha önemli hale geldi. Küçük sistemler bulutla ilişkilerine göre, onunla hangi hızda enformasyon alışverişi yapabildiklerine, ondan ne çekebildiklerine göre tanımlanır oldu. Bulut ağırlık kazanmaya, bir kaynağa dönüşmeye başlamıştı: Elinden her iş geliyordu. Güçlü olduğu kadar zeki de olabiliyordu. İş dünyasındaki moda tabirlerden biri haline gelmiş, bir pazarlama stratejisine dönüşüvermişti. Mühendislerin kullandığı bir sembolden çok daha fazlasıydı artık; bir metafora dönüşmüştü.

Bugün geldiğimiz noktada, bulut –devasa bir küresel güç ve enerji sistemine dönüşmesine karşın bilgisine erişmenin, kavramanın olanaksız göründüğü gizemli bir şey havasını hiç kaybetmeyen– internet için kullandığımız metaforların başında geliyor. Buluta bağlanıp çalışmalarımızı onun üzerinden yürütüyoruz, her tür enformasyonu bulutta depolayıp ihtiyaç halinde oradan çekiyoruz; kısacası, bulut vasıtasıyla düşünüyoruz. Ona erişmek, kullanmak için para ödediğimiz halde, herhangi bir arıza çıkmadığı sürece bunun farkına bile varmıyoruz. Yani bulut dediğimizde, ne olduğunu, nasıl çalıştığını hemen hiç anlamadan deneyimleyip durduğumuz bir şeyden bahsediyoruz aslında. Neyi kime emanet ettiğimize ilişkin olup olabilecek en bulanık fikirlerle iş görmeye kendimizi alıştırdığımız bir şeyden söz ediyoruz.

Arızaları, kesintileri bir yana bırakırsak, buluta getirilebilecek eleştirilerin ilki bunun çok kötü bir metafor olmasıdır. Bulut kütleden muaf veya şekilsiz olmadığı gibi, nereye bakacağını bilenler için görünmez de değildir. Öyle her şeyin tıkır tıkır çalıştığı, su baharı ve radyo dalgalarından oluşan hayaller âlemindeki büyülü bir yer hiç değildir. Telefon hatları, fiber optik kablolar, uydular, okyanus tabanından geçirilen hatlar ve bilgisayar dolu ambarlardan oluşan, devasa ölçülerde su ve enerji tüketen, ulusal ve yasal sınırlara tabi olan fiziksel altyapının adıdır. Doymak bilmeyen yeni bir endüstridir. Bırakın gölgesi olup olmadığını, ayak izi bile vardır. Bugün buluta taşınmış olan yapıların birçoğu önceden sivil alanın ağırlık merkezleri arasında sayılan yerlerdir: Alışveriş yaptığımız, bankacılık işlemlerimizi gerçekleştirdiğimiz, sosyalleştiğimiz, kitap ödünç aldığımız hatta oy kullandığımız mekânlardır. Ama buluta taşındıkları ölçüde daha gizli, daha az görünür oluyor, inceleyip eleştirmeye, düzenlemeler getirip sakınmaya daha az elverişli hale bürünüyorlar.

Buluta getirilebilecek ikinci bir eleştiriyse kavrayışımızdaki bu eksikliğin tesadüfi olmayışıdır. Ulusal güvenlikten tutun da kurumsal gizliliğe, kötüye kullanımların önüne geçmeye kadar, bulutun içinde ne olduğunu gizlemenin birçok makul gerekçesi var elbette. Ama bu makul gerekçeler failin de mülkiyetin de buharlaşmasına neden oluyor: E-postalarımız, fotoğraflarımız, durum güncellemelerimiz ve ticari belgelerimizin birçoğu, kütüphane kayıtlarımız ve seçim verilerimiz, sağlık raporlarımız, kredi notumuz, beğenilerimiz, belleğimiz, deneyimlerimiz, kişisel tercihlerimiz ve dillendirmediğimiz arzularımız; hepsi bulutta, bir başkasının altyapısında. Google ve Facebook'un veri merkezlerini kurmak için İrlanda (düşük vergiler) ve bazı İskandinav ülkelerini (düşük enerji ve soğutma maliyeti) tercih etmesi boşuna değildir. Küresel, sömürgecilik sonrası imparatorluklar diye anılan devletlerin Diego Garcia ve Kıbrıs gibi ihtilaflı bölgelerdeki varlıklarından vazgeçmeye yanaşmamaları da öyle; bu bölgeler bulutun yere temas ettiği noktalardır ve muğlak statüleri sömürüye açıktır. Bulut kendisini gücün ve iktidarın dağılımına uygun biçimlendirir; mevcut durumu pekiştirmeye hizmet eder. İnsanların büyük çoğunluğunun altında ezildiği bir iktidar ilişkisidir.

Bunlar kolay kolay yabana atılabilecek eleştiriler değil, çünkü bulutu incelemenin bir yolu da gölgesinin nereye düştüğüne bakmaktır: Veri merkezlerinin ve okyanus tabanından geçirilen hatların konumlandığı bölgeleri tespit etmek, ortaya çıkan tablonun günümüzde iktidarın gerçek eğilimi hakkında ne söylediğine kulak kabartmaktır. Bulutu besleyip onu yağmura dönüştürebilir, bazı hikâyelerini dökmeye zorlayabiliriz. Bu şekilde bazı sırlar ortaya çıkabilir. Bulut figürünün teknolojinin gerçek işleyişini gizlemeye nasıl hizmet ettiğini kavradığımızda, teknolojinin –anlaşılmaz makineler ve gizemli kodlarla, fiziksel mesafe ve yasal düzenlemelerle– kendi failini nasıl gizlediğini de anlamaya başlayabiliriz. Hem buradan yola çıkarak, bizzat iktidarın nasıl işlediği –kendini gizlemek için kullandığı bulutlara ve kara kutulara sahip olmasının çok öncesinden beri yaptığı şey– hakkında da bir şeyler öğrenebiliriz.

Bulutu yeniden nötralize eden bu işlevsel görüşün ötesine uzanabilir miyiz peki; yeni bir metafor üretmek üzere, bir kez daha dönüştürebilir miyiz bulut figürünü? Anlayamadığımız noktaların yanı sıra, bulut kavrayışımızdaki eksikliğe ilişkin kavrayışımızın kendisini de içerebilir mi? Bir bilinmeyeni hesaba katıp onu bereketli bir yağmura dönüştüren bulutvari düşünmeyi işlemsel düşünmenin yerine geçirebilir miyiz? On dördüncü yüzyılda, Hıristiyan mistisizminin imzasız yazarlarından biri insanla tanrı –yani iyiliğin, adaletin, doğru eylemin cismi– arasında salınan bir buluttan, bir "Cehalet Bulutu"ndan bahseder. Düşünceyle aşmanın olanaksız olduğu bu bulutu delmenin tek yolu düşünceyi serbest bırakmak, failin alanı olarak –öngörülen ve beklenen gelecekten ziyade– şimdide ısrar etmektir. "Bilgiden ziyade deneyimin peşinden gidin," der yazarımız: "Gurur yüzündendir ki bilgi sık sık aldatır sizi, oysa bu nazik, sevecen yakınlık hiç yanıltmaz. Bilgi kibre meyleder, oysa sevgi yapıcıdır. Bilgi emekle dokunur, sevgiyse huzurla."[1] Bizim işlemlemeyi kullanarak aşmaya çalışıp durduğumuz şey bu buluttur işte, ama kalkıştığımız şeyin gerçekliği çabalarımızı sürekli boşa düşürür. Bulutvari düşünme, bilmemeyi benimseme, işlemsel düşünmeden geri çekilmemize sebep olabilir, ki ağın bizi teşvik ettiği şey de budur.

Ağın en belirleyici niteliği bariz, tek bir niyete indirgenemez oluşudur. Kimse ağ kurmak ya da onun en iyi örneği interneti oluşturmak niyetiyle çıkmadı yola. Zaman içinde, kamu projeleri ve özel yatırımlarla, kişisel ilişkiler ve teknolojik protokollerle, çelikle, mercekle, elektronlarla, fiziksel mekân ve akılla kültür kültüre, sistem sisteme bağlandı. Önce en temel, en yüksek ideallerin ifadesini bulduğu yer oldu, ardından da en olağanından en radikaline tüm arzuların barındığı, kutsandığı yer haline geldi; ama bunların hemen hiçbiri ilk kullanıcıları tarafından öngörülmemişti – ki bizdik bu kullanıcılar. Şimdi olmadığı gibi o zaman da ortada çözüm bekleyen bir sorun yoktu; kolektif bir girişimdi söz konusu olan: Ortaya çıkansa, bilinçsiz bir nesil için pek de bilincinde olmadan üretilmiş bir araç oldu. Ağ üzerine düşünmek işlemsel düşünmenin yetersizliğini, şeyler arasındaki karşılıklı bağları ve bu bağların sonsuzluğunu açığa vurur, çünkü ağın kendi ağırlık merkezleri ve iç dengeleri üzerine, kolektif niyet ve hataları üzerine, rolleri, sorumluluklarını, önyargıları ve olanakları üzerine tekrar tekrar, derinlemesine düşünmenin daimi bir ihtiyaç olduğunda ısrar eder. Ağın öğrettiği şey budur işte: Hepsinden azı hiçbir işe yaramaz.[2]

Şimdiye dek ağ üzerine düşünürken yaptığımız en kritik hata faaliyetinin kendiliğinden ve kaçınılmaz olduğunu varsaymaktı. Kendiliğinden derken, bu faaliyetin ortak-yaratımın bir parçası değil de bizim yarattığımız şeylerin doğal bir sonucu olduğu fikrini kastediyorum. Kaçınılmaz derkense, teknolojik ve tarihsel ilerlemenin doğrusal bir hat izlediği, bu gidişata direnmenin nafile olduğu inancını kastediyorum. Öyle bir inanç ki bu, sosyal bilimci ve filozofların yıllar yılı defaatle gerçekleştirdiği saldırılara rağmen alt edilemedi. Silinip gideceği yerde teknolojinin ta kendisinde, kendi saklı arzularını gerçekleştirdikleri farz edilen makinelerde cisim buldu. Doğrusal ilerlemeye yönelik itirazlarımız boşa düştü böylece, işlemsel düşünmenin açtığı yarıkta kaybolup gitti.

Bu ilerleme dalgasının son birkaç yüzyıldaki en önemli taşıyıcısı Aydınlanma düşüncesinin merkezinde yer alan fikir olmuştur: Daha fazla bilgi (daha fazla *enformasyon*) daha iyi kararlara götürür – bu noktada, "daha iyi"nin yerine istenilen herhangi bir kavram geçirilebilir. Modernite ve postmodernitenin tüm saldırılarına karşın, bırakın uygulanmakta olanı, yeni teknolojilerin neyi olanaklı kıldığını dahi bu temel ilke belirlemektedir. Bu gidişatın bir neticesi olarak, internet ilk yıllarında bir "enformasyon otobanı" olarak, fiber optik kabloların yanıp sönen ışıklarıyla dünyayı aydınlatan bir bilgi tüneli olarak anıldı sıklıkla. Her tür olgu ve enformasyon bilgisayarımızın klavyesi kadar uzağımızdaydı – daha doğrusu, biz öyle olduğuna inanmaya meylettik.

Böyle böyle kendimizi gerçekten muazzam bilgi kaynaklarına bağlı halde buluverdik, ama düşünmeyi öğrenebilmiş değiliz henüz. Aslına bakılırsa, bizim inanmaya meylettiğimizin tam tersidir doğru olan: Dünyayı aydınlatması umulan şeyin ta kendisidir onu karanlığa sürükleyen. İnternetin erişilebilir kıldığı sayısız enformasyon ve dünya görüşü tutarlı, üzerinde fikir birliğine varılmış bir gerçeklik üretmiyor; aksine, basit anlatılar, komplo teorileri ve hakikat sonrası siyaseti üzerindeki gerici ısrar tarafından un ufak edilmiş bir gerçeklik peyda oluyor. Yeni karanlık çağ fikrini bu çelişki körüklüyor işte: Bilgiye biçtiğimiz değerin bu kârlı metanın iyice bollaşmasıyla yerle yeksan olduğu, dünyayı anlamanın yeni yollarını bulma arayışı içinde kendimize döndüğümüz bir çağ bu. 1926'da şöyle betimlemişti H. P. Lovecraft:

> İnsanın zihninin barındırdığı bilgiler arasında bağlantı kurma becresinden yoksun olması, bu dünyanın en merhametli yanıdır bana sorarsanız. Simsiyah bir sonsuzluk denizinin tam ortasında, ıssız bir cehalet adasında yaşıyor, uzaklara yelken açmayı aklımıza bile getirmiyoruz. Her biri kendi istikametinde koşan bilimlerin pek bir zararını görmedik henüz, ama gün gelip de bölük pörçük bilgiler bir araya toplanınca öyle korkunç bir manzara belirecek, öyle berbat bir konumda bulacağız ki kendimizi ya deliye döneceğiz gördüklerimizden, ya da bu kör edici ışıktan kaçmak pahasına yeni bir karanlık çağın güvenli, sakin limanlarına sığınacağız.[3]

Teknolojinin bizi götürdüğü yerde deliye mi döneceğiz, yoksa huzur mu bulacağız; bu sorunun cevabını dünyadaki yerimizi, birbirimizle ve makinelerle ilişkimizi düşünme, kavrama biçimimiz verecek. Yukarıda sözünü ettiğim karanlık ne maddi bir karanlık, ne de yaygın karanlık çağ düşüncesinin akıllara getirdiği gibi bilginin yokluğunu, kaybını ima ediyor. Umutsuz, nihilist bir ifade değil yani. Mevcut krizin doğası ve beraberinde getirdiği fırsatla alakalı daha ziyade: Dünyadaki bir fail olarak önümüzü net biçimde görüp dünyada anlamlı, sorumlu, adaletli bir tavır geliştirme konusunda yaşadığımız bariz sıkıntıyla; bu karanlığı kabullenip başka bir ışık yardımıyla bakmanın yollarını aramakla alakalı.

18 Ocak 1915 günü, Birinci Dünya Savaşı'nın en kasvetli anları geride kalmamışken henüz, Virginia Woolf şöyle not düşmüştü günlüğüne: "Gelecek karanlık, ki olup olabileceği en iyi şey de bu bana kalırsa." Rebecca Solnit'in tarifiyle, "boş kehanetlere, korkunç siyasal ve ideolojik anlatıların öngörülerine kulak asıp da bilinme-

yeni bilinene dönüştürmek gerekmediğini söyleyen sıra dışı bir beyan bu; '*bana kalırsa*' ifadesinde gördüğümüz üzere, kendi iddiasının belirsizliğine dahi razı gelen bir karanlık kutsaması."[4]

Donna Haraway bu yorumu bir adım daha ileri götürüp,[5] Woolf'un 1938'de yayımlanan çalışması *Üç Gine*'de de benzer bir noktanın üzerinde durduğuna dikkat çeker:

> Mademki bize düşüyor düşünmek, ofislerde ve otobüslerde düşünelim gelin; Taç Giyme Törenlerinde, Belediye Başkanı'nın mitinglerinde toplanan kalabalığın ortasında düşünelim; Cenotaph'ın önünden geçerken, Whitehall'de, Avam Kamarası'nın galerisinde ve Mahkeme Salonları'nda düşünelim; vaftiz törenlerinde, düğün ve cenazelerde düşünelim. Düşünmeyi hiç bırakmayalım gelin –Nedir kendimizi içinde buluverdiğimiz bu "uygarlık"? Neyin nesi bu törenler, neden katılmamız gerekiyor? Neyin nesi bu meslekler, neden para kazanmak için illaki bunlardan birinde çalışmamız gerekiyor? Okumuş adamlar, onların oğulları; peşine takıldığımız bu alay bizi nereye götürüyor?[6]

Woolf'un alay ve törenlerle ima ettiği sınıfsal ve toplumsal çatışmalar, tarihsel hiyerarşi ve adaletsizlikler bugün hiç azalmış değil elbette, ama düşünmeye davet ettiği mekânların bir kısmı değişmiş olabilir. 1938'de Londra Belediye Başkanı'nın mitinglerinde veya taç giyme törenlerinde toplanan kalabalıklar bugün ağın içine dağılmış halde, galerilerle mabetlerse veri merkezlerine ve okyanus tabanına döşenen hatlara taşınmış durumda. Ağı dışarıda bırakıp düşünemeyiz artık; yalnızca onun vasıtasıyla, yalnızca onun içinde düşünebiliriz. Bizimle konuşmaya çalıştığı acil durumlarda ona kulak verebiliriz bir de.

Bunların hiçbiri teknoloji karşıtı argümanlar değil: Bunu yapmak kendi aleyhimize argüman getirmek olurdu zaten. Teknolojiye daha özenli bir yaklaşımın, dünya hakkında ne düşünmenin ve ne bilmenin olanaklı olduğuna ilişkin tepeden tırnağa farklı bir kavrayışın eşlik edeceği bir ilişkinin argümanları, daha ziyade. İşlemlemeye dayalı sistemler, birer araç olarak, insanlığın en güçlü yönlerinden birine işaret eder: Dünyada etkin bir rol üstlenip onu arzularımız doğrultusunda biçimlendirme kabiliyetimiz. Ancak bu arzuların peçesini indirip dillendirmek de, başka arzuların önünü kesip iptal etmelerini, ortadan kaldırıp silmelerini engellemek de bize düşüyor.

Teknoloji alet yapmak ve kullanmaktan ibaret değildir: Metaforlar yaratmaktır. Bir alet yaparken dünyaya ilişkin belli bir anlayışı somutlaştırmış, onda bazı etkiler meydana getirebilecek bir kavrayışı vücuda getirmiş oluruz. Bu şekilde, söz konusu kavrayış –çoğu zaman bilinçsizce de olsa– dünyaya ilişkin karayışımızın devingen bir parçasına dönüşür. Alet yapımının gizli bir metafor olduğu söylenebilir bu bakımdan: Alet yapımında gerçekleşen şey bir nakil, bir aktarımdır, ama aynı zamanda da bir tür ayrışmadır, belli bir düşüncenin veya düşünme biçiminin aktive olmak için düşünmeye ihtiyaç duymayacağı bir alete yüklenmesidir. Tekrar düşünebilmek, farklı düşünebilmek için aletlerimizi büyüsüne yeniden kavuşturmamız gerekir. Yapmaya giriştiğim açıklama bu tür bir yeniden büyülenmenin ilk adımıdır olsa olsa; aletlerimizi yeniden düşünme çabasıdır – eldeki aletlerin başka bir amaca uygun hale getirilmesi, yeniden tanımlanması değil, onlara ilişkin zorunlu bir düşüncelilik halidir.

Çekici eline bir kere aldı mı insan, her şey çivi gibi görünür derler. Çekici düşünmek değildir halbuki bu. Doğru düzgün düşünülürse eğer, basit bir çekiç pek çok amaca hizmet edebilir. Çivi çakmak için kullanılabileceği gibi, sökmek için de kullanılabilir; demiri dövmek, odunu ve taşı şekillendirmek için, fosilleri çıkarmak veya tırmanış halatlarında bulunan çapaları sabitlemek için kullanılabilir. Bir oturumu açmak veya hüküm bildirmek üzere de kullanılabilir, atletizm müsabakalarında fırlatılan nesne olarak da. Bir tanrının elinde havayı bile değiştirebilir. Thor'un vurduğu yere yıldırımlar indiren, göğü inleten meşhur çekici Mjölnir, söz gelimi, tanrının gazabından –ya da haça benzerlikleri nedeniyle, zorunlu din değiştirmekten– korunmak için kullanılan çekiç şeklinde muskalara esin kaynağı olmuştu. Sonra, arkadan gelen nesillerin toprağa vurduğu kazmalarla tekrar gün yüzüne çıkınca, "yıldırım taşı" denilen tarih öncesine ait bu çekiç ve baltaların fırtına esnasında gökten düştüklerine inanılmıştı. Asıl amaçlarının silinip gitmesi yeni bir simgesel anlam üstlenmelerini olanaklı kılmış, o esrarengiz aletleri büyülü nesnelere dönüştürmüştü. İşte şimdi bizim yapmamız gereken de budur bir bakıma: Çekiçlerimizi –ve diğer tüm aletlerimizi– büyüsüne yeniden kavuşturmalıyız ki marangozunkinden çok Thor'unkine, yıldırım taşına benzesinler.

Teknoloji tümüyle ve yalnızca insan elinden çıkmış –yoktan var edilmiş– bir şey de değildir. Tıpkı bizim yaşamımız gibi, insandışı şeylerin (bakteriler, gıda ürünleri, inşaat malzemeleri, giysiler ve evcilleştirebildiğimiz türler) elverişliliğine de bağlıdır. Yüksek frekanslı işlemlerin gerçekleştirildiği altyapı (buna Beşinci Bölüm'de değineceğiz) ve onun ivme kazandırıp karakterize ettiği ekonomik sistem silikon ve çeliği, mercekten geçen ışığın hızını, sisi, kuşları ve sincapları da içeren bir düzendir. Kayalardan tutun da böceklere kadar, teknoloji insan olmayan aktörlerin de fail olabildiğine, iletişim ve enerji hatlarımıza engel oldukları, kemirip kısa devrelere yol açtıkları ya da imkân verdiklerine dair muazzam bir ders olabilir.

Doğru dürüst anlaşılabilirse şayet, bu ilişki teknolojinin bünyevi istikrarsızlığının bir göstergesidir aslında: Teknolojinin değişime tabi olan madde ve hayvanların başka bazı belirsiz özellikleriyle yakaladığı uyum ve ahengin zamansal, gelip geçici olduğunun işaretidir. Kısacası, uyumun bulutsu yapısını ele verir. Üçüncü Bölüm'de göreceğimiz gibi, çevresel zorluklara yanıt olarak işlemlemede kullanılan malzemelerin değişen elverişliliğinin araştırılması bunun bir örneğidir: Şeyler farklı zamanlarda farklı işler görür. Oysa teknoloji bir istikrar halesiyle birlikte gelir: Fikirler şeylere bir kere hapsoldu mu, yerleşik ve dil uzatılamaz görünürler. Ama çekiç, doğru düzgün kullanılırsa şayet, bir kez daha çatlatabilir bu kalın tabakayı. Birkaç aleti büyüsüne yeniden kavuşturduğumuzda, bu durumun çağdaş gündelik yaşamın çeşitli biçimlerine içkin olduğu sayısız örnek görebiliriz. Ama dikkat; yol boyunca dünyanın "hakikat"ine ilişkin birtakım "ifşaatlar" gibi sunulabilecek şeyleri daima kol mesafesinde tutmalı, yalnızca dünyayı yeniden düşünmenin bir yolu (hatta düpedüz, kötü bir yolu) olarak almalıyız. Kol mesafesi başka bir perspektiften çalışmayı; uzakta, dolaysızca gerçekleşenin ötesinde yer alan, ondan fazlasını vaat eden başka bir şeye yönelmeyi temsil etmeli, çağrıştırmalıdır.

Bu kitabın temel argümanı, teknolojinin etkilerinin de tıpkı iklim değişikliği gibi küresel ölçekli olduğu ve daha şimdiden hayatımızın her alanını etkilediğidir. Her biri potansiyel birer felaket niteliğindeki bu etkiler, kendi icatlarımızın çalkantılı ve zincirleme sonuçlarını idrak etme beceriksizliğinin bir neticesidir. Naifçe şeylerin doğal düzenine dair beklentilerimizi boşa çıkarır, dünyayı kavrama biçimimizi tepeden tırnağa gözden geçirmemizi gerektirirler. Ancak kitabın bir diğer dayanağı da henüz hiçbir şeyin bitmediğidir: Sahiden yeni biçimlerde düşünmeyi becerebilirsek eğer, dünyayı yeniden düşünmeyi de becerebilir, farklı bir kavrayış geliştirip faklı bir yaşam sürebiliriz. Nasıl dünyaya dair mevcut kavrayışımıza bilimsel keşifler kaynaklık ediyorsa, onu yeniden düşünmemize de dünyanın tartışmalı, karmaşık ve çelişkili durumunun tezahürleri olan teknolojik icatların kaynaklık, eşlik etmesi gerekir. Sahip olduğumuz teknolojiler, bilgi ve eylem çerçevesinde makine ve altyapılara kodlanmış uzantılarımızdır; doğru düzgün düşününce görürüz ki daha sahici bir dünya modeli sunarlar.

Karanlığı tehlikenin, hatta ölümün mahalli olarak görmeye öyle şartlanmışız ki beraberinde özgürlük ve imkân da getirebileceği, eşitliğin de mahalli olabileceği pek aklımıza gelmiyor. Tüm hayatlarını ayrıcalıklılara bunca tehditkâr görünen karanlığın içinde geçirmiş olan pek çok kişiye, burada tartışılanlar malumun ilamı gibi görünecektir muhtemelen. Bilmeme hakkında öğrenecek ne çok şeyimiz var oysa. Belirsizlik üretken, hatta yüce bile olabilir.

Burada değineceğim sonuncu ve en hayati yarılma, mevcut koşulları kabullenip ifade edemediğimizde bireyler olarak bizler arasında açılan yarıktır. Küresel ısınmanın ve ekosistemimiz üzerinde meydana getirdiği olumsuz etkilerin açıkça gösterdiği üzere, yeni karanlık çağın varoluşumuzu gerçekten ve doğrudan tehdit eden yönleri olduğu malum. Toplumsal mutabakatlardaki çöküşlerin, bilimsel başarısızlıkların, ucu törpülenmiş beklenti ufkumuzun, kamusal ve özel paranoyanın süregiden etkilerini de unutmayalım – her biri beraberinde ihtilaf ve şiddet getiriyor. Gelir ve kavrayış düzeyindeki eşitsizliklerin ölümcül sonuçları, diğer yandan, hiç de uzak olmayan bir vadede önümüzde duruyor. Bunların hepsi birbirine bağlıdır: Her biri düşünmeyişimizin, konuşmayışımızın sonuçlarıdır.

Yeni karanlık çağ üzerine yazmak, ağa bağlı bir umutla yoğrulmuş olsa dahi hiç hoş bir şey değil. Hiç söylememiş olmayı tercih edeceğimiz şeyler söylemeyi, hiç düşünmemiş olmayı dileyeceğimiz şeyler düşünmeyi gerektiriyor. Bunu yapmak insanı sıklıkla tuhaf bir boşluk hissiyle, bir tür ümitsizlikle baş başa bırakıyor. Diğer taraftan, bunu yapmaktan imtina etmek de dünyayı olduğu gibi kabul etmekten imtina etmek, bir fantazinin içinde, izole bir dünyada yaşamaya devam etmek anlamına geliyor. Dostlarımı, dürüst olabildiğimiz anlarda birbirimize söylediklerimizi ve bunların bizi nasıl korkuttuğunu düşünüyorum da: Günün gerektirdikleri ve bunlar karşısındaki savunmasız halimiz hakkında konuşmanın verdiği bir tür utanç var, ama bunun bizi düşünmekten alıkoymasına müsaade etmemeliyiz. Şimdi birbirimizi yüzüstü bırakmanın hiç sırası değil.

2
İşlemleme

SANAT ELEŞTİRMENİ, sosyal düşünür John Ruskin "On Dokuzuncu Yüzyılın Fırtına Bulutları" başlığını taşıyan bir dizi seminer vermek üzere 1884'te Londra Enstitüsü'ne konuk oldu. 4 Şubat ve 11 Şubat akşamları verdiği iki ders boyunca, Avrupa sanatının Klasik dönemine ait eserlerdeki gökyüzü ve bulut tasvirlerini on dokuzuncu yüzyılın son çeyreğinde İngiltere'nin güneyinde bizzat yaptığı gözlemler ve çok sevdiği Alplere tırmanmış dağcıların aktardıklarıyla birlikte düşündüğü genel bir çerçeve çizdi.

Ruskin gökyüzünde yeni bir bulut türü belirdiğine ilişkin fikirlerinden söz etti bu derslerde. "Fırtına bulutu" adıyla andığı, bazen "vebalı bulut" da dediği bu bulutu şu sözlerle takdim etti dinleyicilerine:

> Bugüne, ya da yakın zamanlara dek canlı gözlerle hiç görülmemişti... Antikçağın ediplerince yapılmış tek bir tarifi yoktur bildiğim kadarıyla. Ne Homeros değinir Jüpiter'in hükmünde böyle bir bulut olduğuna, ne Vergilius, ne Aristofanes, ne de Horatius. Chaucer, Dante, Milton ve Thompson da hiç söz etmez bu buluttan. Modern zamanlara geldiğimizde, Scott, Wordsworth ve Byron bihaberdir ondan; biliminsanlarının en gözlemcisi, en betimleyicisi De Saussure adını bile anmaz.[1]

Gökyüzüne ilişkin "düzenli ve yakın gözlemleri", İngiltere ve Kıta semalarında yeni bir rüzgâr, esince havayı değiştiren "vebalı bir rüzgâr" belirdiği inancına sevk etmişti Ruskin'i. Londra Enstitüsü'nde verdiği seminerde, 1 Temmuz 1871'de günlüğüne yazdığı şu satırlardan gözlemlerini aktardı:

Gökyüzü gri bir bulutla kaplı; yağmur bulutu değil de zerre ışık geçirmeyen kuru, siyah bir örtü; kısmen cılız bir sis halinde dağılmış, kendine has bir cismi, dokusu, rengi olmayan, ama uzaktaki nesneleri seçmeye elvermeyecek kadar da yoğun bir sis halinde.

Benim için yeni ve bir o kadar da ürpertici bir şey bu. Ellisini devirmiş, beş yaşından bu yana ömrünün en güzel anlarını ilkbahar ve yaz sabahlarının güneşi altında geçirmiş biri olarak, böyle bir şeyi daha önce hiç görmedim.

Ama biliminsanları bıkıp usanmadan güneşi, ayı ve yedi yıldızı incelemekteler, sorsam nasıl hareket ettiklerinden tutun da neden oluştuklarına kadar her şeyi en ince ayrıntısına kadar anlatırlar muhtemelen.

Oysa benim hiç umrumda değil bu parlak kürelerin nasıl hareket ettiği, neden oluştuğu. Ne yörüngesinden çıkarabilirim onları, ne olduklarından daha iyi bir şeye dönüştürebilirim. Biri çıkıp şuradan geliyor bu acı rüzgâr, şundan meydana geliyor dese halbuki, işte onu dört kulağımla dinlerdim.[2]

Benzer gözlemlerini aktararak devam etti Ruskin: Birdenbire başlayan sert rüzgârlardan, öğlen güneşini bile örten kara bulutlardan, bahçesindeki bitkileri çürüten zift gibi yağmurlardan söz etti. Ama sıra o günlerden bu yana çevrecileri bir hayli meşgul eden endüstriyel bacalara gelip de gözlemlediği bölgedeki bacaların her geçen gün çoğaldığını kabul ettiği sırada, asıl derdi bu bulutun ahlaki karakteriyleydi; savaş meydanlarından, toplumsal huzursuzluk olan bölgelerden yayılıyormuş gibi görünmesiydi.

"Bana kalırsa," dedi Ruskin, "ne mi yapmalı? Yanıt basit. Gökyüzündeki işaretler üzerinde bir etkide bulunamayabilirsiniz belki, ama zamanın işaretlerine dokunabilirsiniz."[3] Dünyayı tarif etmek için kullandığımız metaforlar, Ruskin'in vebalı bulutu gibi, dünyaya ilişkin kavrayışımızı şekillendirir. Dünya üzerine nasıl düşünmemiz gerektiğinin ipuçları bugün de başka bulutlarda, çoğunlukla isyan ve mücadele alanlarından yayılan bulutlarda saklı.

Işığın da ahlaki bir karakteri olduğuna inandığından, Ruskin derslerinde uzun uzun fırtına bulutlarının etkisi altındaki ışığın değişen niteliği üzerinde durdu. Yaradılış esnasında Tanrı'nın "Işık olsun" –*fiat lux*– dediği ânın aynı zamanda yaşamın yaratıldığı an –*fiat anima*– olduğunu ileri sürdü. Işık, dedi ısrarla, "Görüşün emrolunması kadar Zekânın da emrolunmasıdır." Gördüğümüz şey, sadece ne düşüneceğimizi değil, nasıl düşüneceğimizi de belirler.

Çok değil birkaç yıl öncesinde, 1880'de, Alexander Graham Bell dünyayı fotofon adında bir cihazla tanıştırmıştı. Telefonun icadına kılavuzluk eden fotofon, insan sesinin "kablosuz" bir düzenekle iletilmesine imkân tanıyan ilk cihazdı. Temel çalışma prensibi, konuşan kişinin sesinin oluşturduğu titreşim sayesinde yansıtıcı bir yüzeyden seken ışık demetinin ışık dalgalarını tekrar sese dönüştürecek ilkel bir fotovoltaik hücre tarafından toplanmasıydı. Bu düzenek sayesinde, Bell, Washington'ın damlarının üzerinden 200 metreye varan bir mesafeden sadece ışık yoluyla sesini duyurmayı ve anlaşılmayı başarmıştı.

İcadı etkin elektrikli aydınlatmanın yaygınlık kazanmasından birkaç yıl önce gerçekleşen fotofon, reflektöre parlak ışık sağlayabilmek için açık, bulutsuz bir gökyüzüne ihtiyaç duyuyordu. Başka bir deyişle, atmosfer koşulları sesi etkileyebiliyor, seste çarpıtmalar meydana getirebiliyordu. Bell babasına yazdığı mektupta heyecanla bahsetmişti bu durumdan: "Güneş ışınlarının konuşmalarını duydum, hem de açık seçik! Bir güneş ışınının gülüşünü, öksürüğünü duydum, şarkısını dinledim! Bir gölgenin sesini duymayı başardım inanabiliyor musun; bir bulutun güneşin önünden geçişini işitti kulaklarım."[4]

Bell'in keşfine verilen ilk tepki pek parlak sayılmazdı ama. *New York Times*'dan bir muhabir, telgraf direklerine "güneş ışınlarından oluşan bir hat" çekmenin nasıl mümkün olacağını, bu mümkün olsa dahi onları yalıtmak gerekip gerekmediğini sorgulamıştı müstehzi bir edayla. Şöyle yazmıştı: "Omzunda bir tomar 12 numara güneş ışınıyla sokaklarda dolaşıp bir direkten diğerine bu hattı çeken birilerini görünceye dek, Profesör Bell'in fotofonunda insanın inancını fazlasıyla zorlayan bir şey olduğuna ilişkin genel kanı varlığını koruyacaktır."[5]

Bugün dünyanın dört bir yanında emrimize amade olan şey muhabirin bahsettiği o hattan başkası değil elbette. Bell'in icadı ışığı karmaşık enformasyonun taşıyıcısı olarak kullanan ilk düzenekti – ve muhabirin istemeden de olsa dikkat çektiği üzere, enformasyonu akıl almaz mesafeler boyunca taşımak için ihtiyaç duyduğu tek şey güneş ışınlarının yalıtılmasıydı. Günümüzde verinin okyanus tabanındaki ışığa duyarlı fiber optik kablolarla aktarılabilmesine öncülük eden ve dolayısıyla da dünyadaki kolektif zekâyı belirleyen şey Bell'in güneş ışınlarıdır. Birbirimizle ve dünyayla ilişkimizi düzenleyip yöneten devasa işlemleme altyapılarının birbirine bağlanmasını mümkün kılan şey onlardır. Ruskin'in *fiat anima* ânına eşitlediği *fiat lux* cismini ağda bulmuştur.

Makineler vasıtasıyla düşünmek makinelerin kendisinden önceye uzanır. Kalkülüsün varlığı uygulanabilir bir çözümü henüz bulunamamış kimi problemlerin çözümlenebileceğini ispatlamıştır. Böyle bir problem olarak ele alındığında, tarihi de çözümü geleceği üretecek matematiksel bir denkleme dönüştürmek mümkün olabilirdi o halde. İşlemsel düşüncenin yirminci yüzyıldaki ilk temsilcilerinin paylaştığı inanç buydu; bu inancın günümüzde hemen hiç sorgulanmadan, hatta bilinçsizce sürdürülmesi de elinizdeki kitabın konusunu oluşturuyor. Bugün dijital bir bulut imgesiyle özdeşleşen işlemsel düşüncenin hikâyesi hava durumu tahminleriyle başlamıştır.

İngiliz matematikçi Lewis Fry Richardson 1916'da Batı Cephesi'ne katılmış, ama dini inançları gereği tam bir şiddet karşıtı olduğundan sanatçı Roger Penrose'la bilimkurgu yazarı ve düşünür Olaf Stapledon gibi isimlerin de yer aldığı bir *Quaker* operasyonu olan Gönüllü Ambulans Birliği'ne yazılmıştı. Richardson atmosferik hava şartlarının sayısal yöntemler kullanarak yapılan ilk kapsamlı hesaplamasını bu dönemde, cephe hattında bulunduğu günlerle Fransa ve Belçika'daki rutubetli barakalarda geçirdiği istirahatlerin birbirini izlediği birkaç aylık süre zarfında gerçekleştirmişti: Bu tahminler, işlemlemeye dayalı ilk günlük hava tahminleriydi ve bilgisayar kullanılmadan yapılmıştı.

Savaştan önce İskoçya'nın batısındaki ücra bir gözlemevi olan Eskdalemuir Rasathanesi'nin müdürlüğünü yürüten Richardson, savaşa giderken kıtanın dört bir yanındaki yüzlerce gözlemcinin bir tam gün boyunca gerçekleştirdiği gözlemlerden oluşan 20 Mayıs 1910 gününe ait raporları da yanında götürdü. Yıllarca süren gözlemlerle elde edilen bulguların bir dizi karmaşık matematiksel işlemden geçirilip ileriye doğru takip edilebilecek sayısal verilere dönüştürülebileceğine, bu sayede hava şartlarının gün içinde nasıl değişeceğini öngörmenin mümkün olabileceğine inanıyordu. Bunu gerçekleştirmek için sıcaklık, rüzgâr hızı, basınç vb. değerlerin kodlanacağı sütunlardan oluşan ve hazırlaması bile haftalar süren enformasyon işleme formları oluşturdu. Kıtayı eşit parçalardan oluşan gözlem bölgelerine ayırdı ve hesaplamalarını da ofis olarak kullandığı "samanlarla kaplı soğuk bir barakada" kâğıt kalemle yaptı.[6]

Sonunda hesaplamalarını tamamlayıp tahminlerini gerçek gözlem verileriyle kıyasladığında, kendi bulduğu rakamların çılgın oranlarda abartılı olduğunu gördü. Ama buna rağmen, yöntemin kullanışlılığı kanıtlanmıştı: Dünyayı ızgara şeklinde karelere bölmek ve her bir kareye ait atmosfer değerlerini bir dizi matematiksel işlemden geçirip çözüme kavuşturmak hava durumunu öngörebilmeyi olanaklı kılıyordu. Artık bu yöntemi havanın kendi hızı ve ölçeğinde uygulayabilmek için ihtiyaç duyulan tek şey teknolojiydi.

Hesaplamalarını gözden geçirip özetlediği 1922 tarihli çalışması *Sayısal Yöntemle Hava Tahmini*'nde, mevcut teknolojik koşullarda daha sağlıklı rakamlara ulaşabilmek adına küçük bir düşünce deneyi gerçekleştirdi Richardson. Bu deneyde, "bilgi işlemciler" hâlâ insandı ve bizim şimdilerde dijital işlemleme olarak kavradığımız soyutlamalar mimari ölçeğe uyarlanmıştı:

> Bunca sağlam muhakemenin ardından, biraz hayal gücüne başvurmanın sakıncası olmaz herhalde? Tiyatro gibi geniş, ama balkon ve locaların genellikle sahnenin bulunduğu alanda iç içe geçerek küre şekli aldığı bir salon düşünün. Bu salonun duvarları dünya haritası şeklinde boyanmış. Tavan Kuzey Kutbu civarını temsil ediyor, localar İngiltere'yi, üst balkon tropikal kuşağı, birinci balkon Avustralya'yı ve çukur da Antarktika'yı.
>
> Bu salonda, harita üzerinde bulunduğu bölgenin hava durumunu takip edip enformasyonu işlemekle görevli çok sayıda memur var, ama her biri yalnızca bir denklemle ya da o denklemin bir kısmıyla meşgul oluyor. Her bölgenin işleyişi yüksek rütbeli bir amir tarafından koordine ediliyor. Anlık değerleri gösteren sayısız minik "ışıklı pano" komşu bölgelerde enformasyon işleyenlerin bu değerleri okuyabilmesini sağlıyor.

Bu şekilde, her rakam haritanın kuzey ve güneyiyle iletişimi sürdürecek şekilde üç komşu bölgeden görülebiliyor.

Çukurun zemininden salonun ortasına kadar dik bir sütun yükseliyor. Bu sütunun tepesinde genişçe bir kontrol merkezi yer alıyor. Burada, asistanlar ve kuryelerden oluşan ekibiyle birlikte tüm tiyatronun sorumlusu oturuyor. Dünyanın tüm bölgelerindeki ilerlemenin eş zamanlı gerçekleşmesini sağlamak onun sorumluluğunda. Bu bakımdan, hesap cetvelleriyle hesap makinelerinden oluşan bir orkestranın şefi gibi. Ama orkestrasını yönetmek için baton yerine ışık kullanıyor; diğerlerinden hızlı ilerleyen bölgeyi pembe, geride kalanları ise mavi bir ışıkla uyarıyor.

Kontrol merkezindeki dört kıdemli kâtip, enformasyon işlenir işlenmez hava durumu verilerini toplayıp basınçlı taşıyıcıyla sessiz bir odaya nakilediyor. Sessiz odaya getirilen veriler burada kodlanıp telefonla radyo verici istasyonuna iletiliyor. Bu işlem bitince, kullanılmış enformasyon işleme formları kuryeler tarafından bodrumdaki depoya taşınıyor.

Yan binada buradaki işleyişi iyileştirmeye yönelik araştırmalar yapılan bir araştırma birimi yer alıyor. Enformasyon işlenen salonun iş akışında değişikliğe gitmeden önce, burada küçük çaplı birçok deney yapılıyor. Bu binanın bodrum katındaki hevesli bir araştırmacı büyükçe bir karıştırma kabındaki sıvıda oluşan anaforları gözlemliyor, ama aritmetiğin sunduğundan daha iyi bir yol bulabilmiş değil henüz. Finans ve iletişim departmanlarının da yer aldığı idari ofisler başka bir binada yer alıyor. Hava durumuna ilişkin enformasyonu işleyenlerin o havayı serbestçe soluması gerektiğine inanıldığından dışarıda oyun alanları, evler, dağlar ve göller bulunuyor.[7]

Bu deneyi gerçekleştirdiği çalışmanın önsözüne şu notu düşmüştü Richardson:

Belki belirsiz bir gelecekte, işlemlemeyi hem hava değişimlerinden daha hızlı, hem de edinilen enformasyonun getirisinin harcanan insan gücünden daha fazla olacağı bir şekilde gerçekleştirmek mümkün olacaktır. Ama şimdilik bir rüyadan ibaret bu.[8]

Richardson'ın bahsettiği gelişmeler bir elli yıl daha rüya olarak kaldıktan sonra, muhtemelen kendisinin hiç onaylamayacağı askeri teknolojilerin devreye girmesiyle mümkün olacaktı. Savaş bittikten sonra, Richardson araştırmasına devam edebilmek için Meteoroloji Dairesi'nde çalışmaya başladı, ama Meteoroloji Dairesi 1920'de Havacılık Bakanlığı'na bağlanınca buradaki görevinden ayrıldı. Sayısal hava durumu tahmini üzerine yürüttüğü araştırma da uzunca bir kesintiye uğramış oldu böylece; ta ki başka bir çatışmanın, İkinci Dünya Savaşı'nın işlemlemeye dayalı gücün patlamasına yol açmasıyla tekrar gündeme gelene kadar. Ancak savaş bir yandan araştırma için yüklü bir finansman sağlayarak bir an önce uygulamaya geçilmesi gerektiği hissi yaratırken, diğer yandan da içinden çıkılmaz sorunlar doğurmuştu: Ağ bağlantılarıyla birbirine yeni bağlanmış bir dünyadan gelen uçsuz bucaksız, baş edilmez bir enformasyon akışı ve hızla genişleyen bir bilgi üretim sistemi.

Mucit mühendis Vannevar Bush, *Atlantic* dergisinin 1945 Temmuz sayısında yer alan "Düşünebildiğimiz Sürece" başlıklı yazısında şöyle tarif etmiştir bu durumu:

> Günbegün büyüyen bir araştırma dağı var karşımızda. Diğer taraftan, uzmanlaşmanın önemi arttıkça batağa saplandığımızı gösteren bulgular da artıyor. Araştırmacı binlerce başka araştırmacının ulaştığı bulgu ve sonuçların altında eziliyor – bu sonuçların hangi birine yetişeceğini, hangi birini hatırlayacağını şaşırmış durumda. Ama buna rağmen, ilerleme söz konusu olduğunda uzmanlaşmanın önemi giderek artarken, disiplinler arasında köprü kurma çabası da aynı oranda yüzeyselleşiyor.[9]

Bush savaş süresince askeri araştırma ve geliştirmenin lokomotifi konumundaki ABD Bilimsel Araştırma ve Geliştirme Merkezi' nde (OSRD) yöneticilik yapmıştı. Ayrıca, üst düzey gizlilikle yürütülen ve Amerika'nın atom bombası geliştirmesine rehberlik eden araştırma Manhattan Projesi'nin de öncülerindendi.

Onun bu iki probleme –araştıran zihinlerin karşılaştığı baş edilmez enformasyon akışı ve bilimsel araştırmanın giderek artan yıkıcı sonuçları– getirdiği çözüm önerisi "memex" adını verdiği bir cihazdı:

> *Memex* bireyin tüm kitaplarını, arşivini ve irtibatlarını depolayıp oldukça hızlı ve esnek bir şekilde gözden geçirebilmesi için tasarlanmış bir cihazdır. Geniş ve şahsi bir bellek desteğidir. Bir masadan oluşmaktadır; uzaktan da çalıştırılabildiği halde, esasen bireyin çalıştığı masanın bir parçasıdır. Üst kısmına materyalin rahatça okunabilmesi için eğimli, yarı saydam ekranlar yerleştirilmiştir. Bir klavyeye, çeşitli düğme ve kollara sahiptir. Bunlar dışında, sıradan bir masadan farksızdır.[10]

Önceki araştırmalardan edinilen birikimi de arkasına alan Bush, elektronik ve ağa bağlı bir enformasyon işleyici, bir bilgisayar öneriyordu aslına bakılırsa. En muazzam içgörüsü de bambaşka alanlarda yapılan keşifleri –ses iletimi, makine imalatı, fotoğrafçılık, veri depolama ve stenografideki gelişmeleri– tek bir makinede, tam da *memex*'in kullanıcısına yapma imkânı sunduğu şekilde birleştirmekti. Bugün hipermetin –kolektif dokümanları birçok yoldan birbirine bağlayabilme ve ağ-bağlantılı bilgi alanları arasında yeni bağlar kurma becerisi– olarak bildiğimiz şeyin üretilmesi için geriye bir tek bu matrise zamanın kendisini de eklemek kalıyordu artık: "İlişkisel izleklerin birbirine bağlandığı, *memex*'in içinde depolanmaya ve orada genişletilmeye hazır olan yepyeni ansiklopedi biçimleri türeyecek."[11]

Bush'a göre, böyle bir ansiklopedinin araştırmacılar için kolayca erişilebilir olması bilimsel düşünceyi güçlendireceği gibi uygarlaştıracaktı da:

> Bilimin uygulamaları insana dört dörtlük bir ev inşa etti ve şimdi de orada sağlıklı bir yaşam sürmeyi öğretiyor. Geçmişte ona elinde ağır silahlar taşıyan geniş halk yığınlarını birbirine kırdırma imkânı veren şey, şimdi sicilini temize çekmesini ve soyunun deneyiminin bilgeliğiyle büyümesini de sağlayabilir. İnsan bu sicili lehine çevirmeyi öğrenemeden çatışmalarda yok olup gidebilir de elbette. Ancak, bilimin insanın ihtiyaç ve arzularına tatbik edilmesi açısından, süreci durdurmak veya sonuca dair umutsuzluğa kapılmak için özellikle talihsiz bir aşama olacaktır bu.[12]

Dönemin bilimsel uğraşları sonucu üretilen –ama aynı zamanda da gereksinim duyulan– baş edilmez bilgi yığınları karşısında benzer kaygılar taşıyan bir başka biliminsanı da Bush'un Manhattan Projesi'ndeki mesai arkadaşlarından biri olan John von Neumann'dı. Hava şartlarını öngörüp kontrol etme fikri Bush gibi onu da cezbediyordu. 1945 yılında, RCA Laboratuvarları'nda görevli Vladimir Zworykin adındaki bir araştırmacı tarafından kaleme alınan "Hava Durumu Tasarısının Ana Hatları" başlıklı çalışmanın bir teksirine rastladı von Neumann. O sıralar Manhattan Projesi'nde savaş danışmanlığı yapan ve görevi icabı sık sık Los Alamos, New Mexico'daki gizli laboratuvara giden von Neumann, aynı yılın temmuz ayında Trinity kod adlı ilk atom bombası testine tanıklık etti. Hem Trinity testindeki bombada, hem de Nagazaki'ye atılan *Koca Oğlan* [Fat Man] isimli bombada kullanılan içe doğru patlama yönetimini savunanların başını çekiyordu; ayrıca, patlamayı odaklayan hassas merceklerin tasarımına yardım etmişti.

Yeni işlemleme ekipmanlarının enformasyonu toplama ve işleme kabiliyetinin modern elektronik iletişim sistemleriyle buluşmasının çok büyük miktarlarda verinin eşzamanlı analizine imkân tanıdığını Vannevar Bush gibi Zworykin de fark etmişti. Ama o insanın bilgi üretimine odaklanmak yerine, bu bilginin meteoroloji üzerindeki etkilerini öngörmekle meşguldü. Geniş bir bölgeye dağılmış farklı meteoroloji istasyonlarından toplanan raporların bir araya getirilmesi, belirli bir andaki iklim koşullarının eksiksiz bir modelini oluşturmayı sağlayabilirdi. Üstelik böylesine hassas bir makine yalnızca bu enformasyonu göstermekle de kalmayıp, önceki şablonlara dayanarak sonrasında olacakları tahmin edebilirdi. Bunun peşindense müdahale gelecekti kuşkusuz:

> Ulaşılacak nihai hedef uluslararası bir örgütlenmeyle hava olaylarını küresel bir olgu olarak incelemenin yollarını bulmaktır; dünyanın hava durumunu yıkıcı düzensizliklerin neden olduğu hasarı asgariye indirecek, iklim koşullarını mümkün olduğunca iyileştirip ondan azami faydayı sağlayacak şekilde yönlendirmektir. Böyle uluslararası bir organizasyon dünyanın dikkatini müşterek bir soruna çekip bilimsel enerjiyi barışçıl arayışlara yönelterek dünya barışına da katkıda bulunabilir. Dünya ekonomisinde meydana getireceği kapsamlı pozitif etkilerin barışa katkı sağlaması beklenebilir.[13]

Von Neumann Zworykin'le aynı fikirde olduğunu Ekim 1945'te yazdığı bir mektupta dile getirdi: "Görüşlerinize harfiyen katılıyorum." Zworykin'in önerisi, von Neumann'ın Manhattan Projesi bünyesinde yürütülen ve fiziksel süreçlerin karmaşık simülasyonlarına dayanarak gerçek dünyada ne gibi sonuçlar ortaya çıkacağını öngörmeyi amaçlayan kapsamlı araştırma programından öğrendikleriyle bire bir aynı doğrultuya işaret ediyordu. Bu doğrultuyu, işlemlemeye dayalı düşüncenin manifestosu kabul edilebilecek şu sözlerle özetlemiştir von Neumann: "Tüm istikrarlı süreçleri öngöreceğiz. Tüm istikrarsız süreçleri kontrol edeceğiz."[14]

Bu mektuptan iki yıl kadar sonra, Ocak 1947'de, Amerikan Meteoroloji Derneği ve Havacılık Bilimleri Enstitüsü'nün New York'ta ortaklaşa düzenlediği bir panelde von Neumann'la Zworykin aynı sahneyi paylaştılar. Von Neumann'ın "Meteorolojide Yüksek Hızlı İşlemlemenin Geleceği" üzerine konuşmasını takiben, Zworykin "Hava Durumunu Kontrol Etme Olanakları Üzerine Tartışma"sını aktardı. Ertesi gün, *New York Times* bu konferansı "Havanızı Nasıl Alırsınız?" başlığıyla duyurup, "Dr. Zworykin haklıysa şayet, gelecekte hava şartlarını hesap makinesinin mucitleri belirleyecek demektir" değerlendirmesine yer verdi.[15]

O tarihte, en gelişmiş hesap makinesinin mucidi iki sene önce Princeton'da Elektronik Bilgi İşlem Projesi'ni başlatan von Neumann'dan başkası değildi. Von Neumann'ın projesi hem Vannevar Bush'un analog bilgisayarı (1930'lu yıllarda MIT'de geliştirdiği Diferansiyel Çözümleyici), hem de genel kullanım amaçlı ilk elektronik bilgisayar ENIAC'a (Elektronik Sayısal Entegreli Hesaplayıcı) bizzat yaptığı katkıları temel alıyordu. 15 Şubat 1946'da resmen Pennsylvania Üniversitesi'ne tahsis edilen ENIAC askeri bir geçmişe sahipti: ABD Ordusu Balistik Araştırmalar Laboratuvarı'nda hazırlanan top atışı çizelgelerinin hesaplanmasında kullanılmak üzere tasarlanmış, faaliyete geçtiği ilk yıllarda ağırlıklı olarak birinci nesil termonükleer atom bombalarının verimliliğini artıracak öngörüler için kullanılmıştı.

Bush'a benzer şekilde, zamanla von Neumann da nükleer savaşın –ve hava durumunu kontrol etmenin– getirdiği olanaklardan büyük endişe duymaya başladı. 1955 yılında *Fortune* dergisinde yer alan "Teknolojiden Sağ Çıkabilecek miyiz?" başlıklı makalesinde şu satırları kaleme aldı: "Nükleer savaşın şu anda yol açtığı korkunç olanaklar, yerini çok daha kötülerine bırakabilir. Küresel iklim denetimi mümkün hale geldiğinde, şimdiki müdahalelerimizin hepsi sıradan görünecek belki de. Kendimizi kandırmanın âlemi yok: Bu olanaklar fiilen devreye girdiği anda istismar edileceklerdir."[16]

ENIAC'ı Richardson'ın somutlaşmış matematiksel hesaplama

Philadelphia, Pennsylvania'daki ENIAC. Glen Beck (arkada) ve Betty Snyder (önde), ABD Balistik Araştırma Laboratuvarı'nın 328 numaralı binasında bulunan ENIAC'ı programlıyor. Kaynak: ABD Ordusu.

fantazisinin cismi haline getiren de von Nuemann'ın ısrarı olmuştur. Cihaz Philadelphia'dan Maryland'deki Aberdeen Tatbikat Sahası içinde yer alan Balistik Araştırmalar Laboratuvarı'na taşındığında tarih 1948'di. O dönemde, yaklaşık 18 bin vakum tüpü, 70 bin rezistans, 10 bin kondansatör ve 6 bin şalterden oluşan donanım, araştırma laboratuvarının dört duvarından üçünü kaplıyordu. Her biri yaklaşık 60 cm genişlikte, 90 cm derinlikte ve 3 m yükseklikteki kırk iki panele yerleştirilen ENIAC 140 kilovat güç tüketiyor, tavana özel fanlar yerleştirilmesini gerektirecek kadar ısı yayıyordu. Yeniden programlanabilmesi için on kutuplu yüzlerce döner şalterin elle sıfırlanması, teknisyenlerin ekipman yığınları arasında dolaşıp kabloları elleriyle bağlaması ve elle lehimlenmiş yüz binlerce bağlantı noktasını gözden geçirmesi gerekiyordu. Bunu gerçekleştiren teknisyenlerden biri de John von Neumann'ın karısı Klára Dán von Neumann'dı; meteorolojik kodların birçoğunu o yazıyor, diğer teknisyenlerin çalışmalarını o kontrol ediyordu.

1950'de, meteoroloji uzmanlarından oluşan bir ekip ilk otomatik yirmi dört saatlik hava tahminini gerçekleştirmek üzere Aberdeen' de toplandı. Richardson'ın önerdiği doğrultuda gerçekleştirilen bu hesaplamada, kıta ABD'sinin kıyıları dünyanın sınırları olarak alındı ve incelenen bölge ızgara şeklindeki on beş satır, on sekiz sütuna ayrıldı. Makineye program girişi yapmak, her biri dikkatlice planlanıp kartlara işlenmesi gereken on altı ardışık işlemden oluşuyor, her işlem de çoğaltılması, karşılaştırılması ve tasnif edilmesi gereken yeni bir kart destesi üretiyordu. Meteoroloji uzmanlarının programcılar tarafından desteklenen sekizer saatlik vardiyalarla çalıştığı ve toplamda 100 bine yakın delikli IBM kartının kullanıldığı, bir milyon matematiksel işlemin yapıldığı proje aşağı yukarı beş hafta sürdü. Ancak proje şefi von Neumann deney kayıtlarını incelediğinde fiilen işlemleme süresinin neredeyse tamı tamına yirmi dört saat olduğunu fark etti. Bu durum şu satırları yazdırdı ona: "Eldeki sonuçlara bakılırsa, Richardson'ın enformasyonu hava durumundaki değişimlerden daha hızlı işleme hayalinin çok yakın bir gelecekte gerçekleşeceğini umut edebiliriz."[17]

Böylesine büyük çaptaki bir işlemleme projesinde çalışmanın kişisel etkisini, yıllar sonra, Aberdeen'de ENIAC projesinde yer alan matematikçi Harry Reed hatırlatacaktı: "Kulağa tuhaf gelebilir ama ENIAC oldukça kişisel bir bilgisayardı. Bugünlerde, kişisel bilgisayar deyince aklımıza hemen yanımızda taşıyabildiğimiz şeyler geliyor. ENIAC düpedüz içinde yaşanılan bir bilgisayardı oysa."[18] Böyle düşününce, bugün hepimiz ENIAC'ın bir versiyonu içinde yaşıyoruz aslında: Dünyanın tamamını kuşatan, hatta bir uydu ağı üzerinden uzaya kadar uzanan kocaman bir işlemleme makinesinin içindeyiz hepimiz. Bugün öyle veya böyle yaşamın her yönüne hükmeden şey, Lewis Fry Richardson'ın hayalini kurduğu, John von Neumann'ın hayata geçirdiği şey bu makinedir işte. Bu durumun bizler için neredeyse tamamen görünmez hale gelebilmiş olmasıysa, içinde yaşadığımız işlemleme rejiminin en çarpıcı özelliklerinden biridir kuşkusuz.

Askeri amaçlı bilgi işlemenin ve onun cisim verip ürettiği öngörme, kontrol etme inancının tam olarak hangi noktada perde ar-

IBM SSEC'nin tanıtım fotoğrafı. Kaynak: Columbia Üniversitesi.

kasına çekildiğini belirlemek neredeyse mümkündür. ENIAC yeni başlayanlar için okunaklı, öğrenmesi kolay bir makineydi. Farklı elektromekanik süreçlere farklı matematiksel işlemler tahsis edilmişti: Meteoroloji deneyindeki teknisyenler, deney belirli bir aşamaya geldiğinde, kart karıştırıcı tarafından hareket ettirilen ve kolaylıkla ayırt edilebilen üç kademeli bir gösterge vasıtasıyla bunun nasıl tespit edilebildiğini aktarmışlardır.[19] Bu sürece hiç aşina olmayan bir gözlemci dahi, yanıp sönen ışıklar sayesinde odanın duvarları boyunca geçekleşen farklı işlemleri ayırt edip izleyebilirdi.

Buna karşılık, 1948'de New York'ta kurulan IBM Seçici Dizi Elektronik Hesap Makinesi (SSEC) böyle kolay bir okumaya elvermiyordu. Adı hesap makinesiydi, çünkü 1948'de enformasyonu işleyenler hâlâ insandı ve IBM'in başkanı Thomas J. Watson bu ürünlerin insanların yerini alsınlar diye tasarlandığı endişesi doğsun istemiyordu.[20] İki cihaz da von Neumann'ın yürüttüğü Manhattan Projesi'nde kullanılan Harvard Mark I'in izlerini taşımakla birlikte, IBM SSEC'yi ENIAC'a rakip olarak tasarlamıştı. Donanım 57. Cadde'nin doğusundaki IBM ofisinin yanında yer alan eski bir ayakkabı mağazasının kalın vitrin camının ardında, insanların gözü önünde kurulmuştu (O bina şimdi lüks ürün grubu odaklı LVMH şirketinin genel merkezi olarak kullanılıyor). Görüntü konusuna bilhassa özen gösteren Watson, mühendislerden mekân içinde fazla yer kaplayan ve göze hoş görünmeyen destek kolonlarını kaldırmalarını dahi istemişti; ama bu tadilat gerçekleştirilemeyince mekândaki kolonlar fotoğraflarla oynanarak gizlenmiş ve Watson'ın gazetelerde görmek istediği tanıtım fotoğrafları ancak böyle elde edilebilmişti.[21]

Gerçi destek kolonlarıyla bile, SSEC vitrinin önünde biriken kalabalığa şık ve modern bir görüntü sunuyordu. Estetik genlerini 1939 New York Dünya Fuarı'ndaki ünlü Futurama sergisinin mimarı Norman Bel Geddes tarafından tasarlanan Harvard Mark I'den almıştı ne de olsa. Kurulduğu yer bugün veri merkezlerinde standart hale gelen ve kabloların oluşturduğu dağınık görüntüyü gizlemek için yararlanılan yükseltilmiş zeminin kullanıldığı ilk bilgisayar odasıydı; başında IBM Teorik Bilimler Bölümü'nün şef teknisyeni Elizabeth "Betsy" Stewart'ın oturduğu genişçe bir masadan kontrol ediliyordu.

Watson'ın imzalanıp bilgisayar odasının duvarına asılan taahhüdünü yerine getirmek üzere (bu makine "eğitim kurumlarında, hükümette ve sanayideki biliminsanlarının düşünceyi zamanın, uzamın ve fiziki koşulların son noktasına kadar izleyebilmesine yardım eder"), SSEC'nin ilk çalışması planlanan NASA uçuşları için ayın, yıldızların ve gezegenlerin konumlarını hesaplamaya adandı. Ama elde edilen sonuçlar hiçbir zaman kullanılmadı. Bu hesaplamalarla geçen ilk birkaç haftanın ardından, cihaz ağırlıklı olarak Hippo isimli bir programın çok gizli hesaplamaları için kullanıldı: Hippo ilk hidrojen bombası simülasyonunu gerçekleştirmek üzere John von Neumann'ın Los Alamos'taki ekibi tarafından geliştirilmişti.[22]

Hippo'nun bir yıla yakın süren programlanması tamamlandıktan sonra, SSEC birkaç aylık süre boyunca gece gündüz bu programa tahsis edildi. Hesaplamaların sonunda, bir hidrojen bombası patlamasının en az üç tam simülasyonu elde edildi: İçeride ne olup bittiğini kimseler fark etmese de, hesaplamalar New York City'deki mağazanın caddeye bakan tarafında, halkın gözleri önünde yapıldı. Hippo hesaplamalarına dayanan bire bir ölçekli ilk Amerikan termonükleer bomba testi 1952'de gerçekleştirildi; aradan geçen yarım yüzyılı aşkın süre zarfında belli başlı tüm nükleer güçler hidrojen

Elizabeth "Betsy" Stewart SSEC'nin başında. Kaynak: IBM Arşivi.

bombası sahibi oldu. İnsanın bilişsel aktivitesi açısından doğurduğu şiddet ve yıkım bir yana, maddi açıdan da son derece masraflı olan işlemsel düşünme perde arkasına çekildi. Sorgulanmaz, sorgulanamaz oldu ve bu şekilde varlığını korudu.

Göreceğimiz gibi, teknolojinin geleceği öngörme ve kontrol altına alma konusunda giderek daha yetersiz hale gelmesi –dijital borsalardaki dalgalı piyasaları, bilimsel araştırmanın uygulama ve sonuçlarını, küresel iklimin hızla artan istikrarsızlığını öngörememesi– doğrudan doğruya işlemlemenin tarafsızlığı ve anlaşılabilirliğine ilişkin bu yanılgıların sonucudur.

Richardson'la von Neumann'ın ortak rüyası –"bilgiyi havadaki değişimlerden daha hızlı işleme"–, gerçek zamanlı sonuçlar verebilen ilk dijital bilgisayar Whirlwind I'in Nisan 1951'de MIT'de çevrimiçi olmasıyla gerçekleşti. Whirlwind projesi, başlangıçta hava kuvvetleri namına genel kullanım amaçlı bir uçuş simülatörü oluşturma girişimiydi. Ama proje ilerledikçe, ilk bilgisayar ağlarından meteorolojiye kadar uzanan geniş bir alanla ilgili herkesin dikkatini gerçek zamanlı veri toplama ve işlemeye ilişkin sorunlar çekmeye başladı.

Whirlwind I'in en temel işlevlerinden biri, aerodinamik ve atmosferik dalgalanmaların simülasyonunu oluşturarak pilotların karşılaşabileceği gerçek koşulları aslına olabildiğince yakın şekilde yeniden üretmekti – ki bu da bir hava tahmin sistemi anlamına geliyordu. Gerçek zamanlı olmasının yanında, ağ bağlantısına da sahip olması gereken bir sistemdi bu: Radar sistemlerinden meteoroloji istasyonlarına kadar bir dizi alıcı ve ofise bağlıydı; bu bağlantılardan temin ettiği veriyle besleniyordu. Bu program üzerine çalışan genç MIT teknisyenleri, daha sonra internetin atası kabul edilen Savunma Bakanlığı İleri Araştırma Projeleri Ajansı (DARPA) ile erişilebilir ilk ticari bilgisayarın üreticisi olan Dijital Donanım Şirketi'nin (DEC) çekirdeğini oluşturdular. Bütün çağdaş işlemleme sistemleri bu bağlantı noktasından doğmuştur: Hava durumunu öngörüp kontrol altına almaya ve bu sayede geleceğe hükmetmeye dönük askeri teşebbüslerden.

Tasarımında yoğun bir ENIAC etkisi göze çarpan Whirlwind, önce Kuzey Amerika Hava Savunma Komutanlığı'nın (NORAD) 1950'lerden 1980'lere dek kullandığı çok geniş bir bilgisayar sistemi olan Yarı-Otomatik Kara Operasyon Merkezi'nin (SAGE) temelini oluşturdu. ABD genelinde yirmi yedi komuta ve kontrol merkezine dört katlı "kumanda merkezleri" kuruldu; bu merkezlerde bulunan –ve biri operasyon, diğeri destek için olan– ikiz terminallerde, kumanda panelinde tanımlanan hedefler için entegre edilmiş (Nintendo uzaktan kumandasını andıran) bir hafif silah ve küllükler bulunuyordu. 1964 tarihli *Dr. Strangelove*'dan tutun da simülasyonla gerçekliği birbirinden ayıramayan bir bilgisayar zekâsının hikâyesini anlatan ve "Kazanmanın tek yolu oynamamaktır" sözüyle akıllara kazınan 1983'ün ses getiren yapımı *WarGames*'e kadar, SAGE'in yansımalarının en net görüldüğü yer Soğuk Savaş döneminin büyük, paranoyak işlemleme sistemlerinin estetiğidir.

Böylesine karmaşık bir sistemi çalıştırabilmek için gelmiş geçmiş en büyük tekil bilgisayar programını yazmakla görevli 7000 IBM mühendisi istihdam edildi; çeşitli lokasyonlarla bağlantı kurmak için 25 bin özel telefon hattı döşendi.[23] Ama tüm bunlara rağmen, SAGE daha çok hatalarıyla anılır: Tatbikat bantlarını çalışır durumda bırakıp takip eden vardiyaların tatbikat verilerini gerçek füze saldırısı sanmasına sebep olmasıyla; göçmen kuş sürülerini yaklaşmakta olan Sovyet bombardıman filoları olarak algılamasıyla anılır. İşlemleme projeleri tarihi, bu tip çabaları ya abartılı modern yazılım projeleriyle, ya da devletin bilgi teknolojileri alanındaki –şişirme hedeflerin gerisinde kalan, daha tamamlanmadan yerini daha iyi tasarlanmış bir sonraki sisteme bırakan, bu şekilde daimi bir eskime ve revizyon döngüsünü besleyen– girişimleriyle kıyaslayıp anakronik başarısızlıklar olarak görür genelde. Ama ya işlemlemenin gerçek tarihini bu başarısızlık hikâyeleri oluşturuyorsa? Ya bu tarih, simülasyonla gerçekliği ayırt etme konusundaki bir başarısızlıklar silsilesinden ibaretse; ya işlemsel düşüncenin tam kalbinde, dünyaya dair kavrayışımızın merkezinde yer alan kavramsal yarılmanın tanımlanmasına dair kronik bir başarısızlıktan ibaretse?

Bilgisayarların dünyayı daha berrak, daha verimli hale getirdiğine, dünyanın karmaşıklığını azaltıp başımızı ağrıtan sorunlara çözüm bulmamıza yardım ettiğine, sürekli genişleyen bir deneyim sahasıyla baş etmemizi sağlayarak fail statümüzü güçlendirdiğine inanacak şekilde eğitildik. Ama ya hiç de böyle değilse? Bilgisayar tarihi yakından incelendiğinde, giderek artan bir anlaşılmazlığın iktidarın belli noktalarda yoğunlaşmasına eşlik ettiği ve bu iktidarın giderek daha dar deneyim alanlarına sızdığı açıkça görülür. İşlemleme günümüze dair meseleleri sorgulanamayan yapılarda şeyleştirerek, içinde bulunduğumuz ânın sorunlarını soyut, çözümlenemez ikilemlere hapseder; gerçekten demokratik ve eşitlikçi bir topluma ilişkin kapsamlı meseleler yerine dar bir matematiksel ve maddi bilmeceler kategorisinin bünyevi sınırlılıklarına saplanıp kalır.

İşlemsel düşüncenin öncüleri tahminle simülasyonu bir araya getirip dünyanın yerine onun defolu modellerini geçirdiler; bunu yaparken de tasarımcısı oldukları dünyayı kontrol ettiklerini varsaydılar. SAGE'in nükleer savaş tehdidini ortadan kaldırma konusunda hiçbir işe yaramadığı ayan beyan ortaya çıktıktan sonra, Amerikan Hava Yolları başkanı uçuş sırasında IBM'in satış danışmanlarından biriyle görüştü ve bu toplantının ardından SAGE Yarı-Otomatik Ticari Araştırmalar Merkezi'ne (SABRE) –havayolu rezervasyonlarını yöneten çok uluslu bir şirkete– evrildi.[24] Tüm parçalar yerine oturmuş oldu böylece: Telefon hatları, hava kontrol radarları ve giderek özelleşen işlem gücünün yanına, turizmin küreselleştiği, kitlesel tüketici harcamalarının yapıldığı bir çağda gerçek zamanlı veri akışını yönetme becerisi eklendi. Özel havayolu şirketlerine ait uçakların yanlışlıkla düşürülmesini önlemek için tasarlanan bir makine –ki bir hava savunma sisteminin olmazsa olmazıdır–, milyarlarca dolarlık savunma harcamasıyla bu uçuşların yönetildiği merkez haline geldi. SABRE bugün 57 bini aşkın seyahat acentesi üzerinden ulaştığı milyonlarca yolcuyu 400 havayolu şirketi, 90 bin otel, 30 araba kiralama şirketi, 200 tur operatörü ile onlarca tren, feribot ve gemi hattına bağlıyor. Kısacası, her yıl gerçekleştirilen milyarlarca seyahatin kalbi işlemlemeye dayalı Soğuk Savaş paranoyasında atıyor.

Teknoloji, bilimsel araştırma, savunma ve güvenlik çıkarları ile işlemlemenin şeffaflık/anlaşılmazlık, görünürlük/görünmezlik bağlamında buluştuğu bir alan olarak, havacılık kitap boyunca tekrar tekrar döneceğimiz bir nokta olacak. İnternetteki en sıra dışı görüntülerden biri bu alanda, gerçek zamanlı uçuş takibi yapılabilen internet sitelerinde karşımıza çıkar. Bu sitelere giren herhangi biri, uluslararası uçuş güzergâhları boyunca uzanan büyük metal nehirlerine doluşup Atlantik'e hücum eden binlerce uçağı görebilir; bir şehirden diğerine takip edebilir. Harita üzerinde hareket eden binlerce minik uçak simgesinden birine tıkladığında o uçağın rotasını, marka ve modelini, hangi havayolu şirketine ait olduğunu, sefer sayısını, hangi irtifada ve hangi hızda seyrettiğini, nereden nereye uçtuğunu ve uçuş süresini görebilir. Her uçak, yerel radyo alıcısı kurmayı ve verilerini çevrimiçi olarak paylaşmayı tercih eden binlerce insanın oluşturduğu amatör uçuş takipçileri ağı tarafından toplanan bir ADS-B sinyali yayınlar. Google Earth ve diğer uydu görüntüsü sağlayıcılarında karşımıza çıkana benzer şekilde, bu uçuş takipçilerinin sunduğu görüntü baş döndürücü bir heyecan – dijital çağa özgü bir yücelik hissi– uyandıracak kadar baştan çıkarıcıdır. Evet, Soğuk Savaş döneminde her tasarımcının rüyalarını süsleyen şey artık çeşitli web siteleri üzerinden herkesin erişimine açık haldedir. Ama bu Tanrı bakışı aldatıcıdır, çünkü aynı zamanda da erk sahipleri ve politikacılara ait özel jetlerden gözetleme uçuşları ve askeri manevralara kadar pek çok özel ve resmi uçuş faaliyetini gizlemeye hizmet eder.[25] Görünen her şey başka bir şeyi gizlemektedir.

1983 yılında, Rus hava sahasına izinsiz giriş yapan Kore Hava Yolları'na ait bir yolcu uçağı düşürüldükten sonra, Ronald Reagan o dönemde şifreli olan Küresel Konum Belirleme Sistemi'nin (GPS) sivil kullanıma açılmasını emretti. Aradan geçen zamanda, GPS çok sayıda çağdaş uygulamanın olmazsa olmazı haline geldi; gündelik hayatımızı biçimlendiren, ama görünmeyen, sorgulanmayan sinyallerden birine dönüştü – öyle veya böyle, "işe yarar" şeylerden biri olup çıktı. Bireyi bütün gezegenin merkezi haline getiren haritanın ortasındaki o mavi nokta GPS'in marifetlerinden yalnızca biridir. Bugün otomobil ve tırların güzergâhlarını, gemilerin konumunu belirleyen, uçakların havada çarpışmasını önleyen, taksilerin seyir kayıtlarını tutan, lojistik stoklarını takip eden, İHA'larla gerçekleştirilen saldırıları yönlendiren şey GPS verisidir. Elektrik şebekeleri ve borsalar uzay-merkezli devasa birer saat olan GPS uydularından gelen zaman sinyaline göre düzenlenmektedir. Gün geçtikçe bu sisteme daha bağımlı hale gelişimizin üzerini örttüğü bir şey var ama; bağımlısı olduğumuz sistemin GPS sinyallerini kontrol edenler ta-

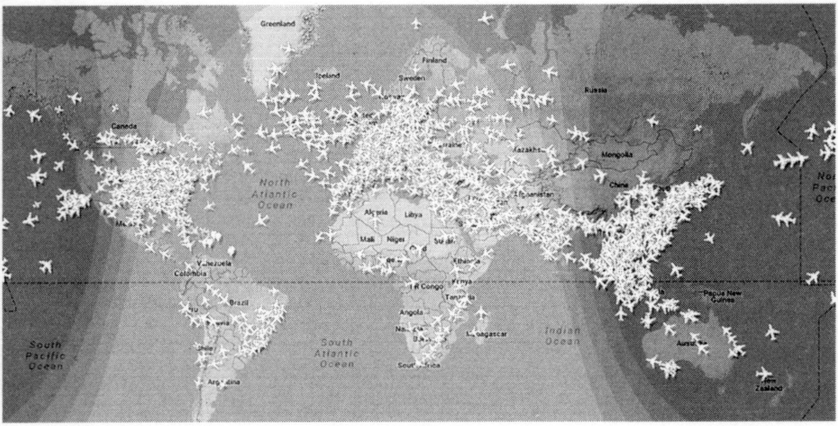

Flightradar24.com'dan alınmış bir ekran görüntüsü; takip edilen 12.151 uçuştan 1500'ünü gösteriyor, Ekim 2017. Porto Riko üzerinde görülen balonlar, Google'ın Maria kasırgasının ardından yüksek irtifalı balonlar vasıtasıyla kablosuz internet sağladığı "Loon Projesi"ne ait. Kaynak: Flightradar24.com.

rafından yönlendirilebildiği gerçeği: mesela ABD hükümeti gerek gördüğü takdirde herhangi bir bölgedeki konum belirleme sinyallerini devre dışı bırakma gücüne sahiptir.[26] 2017 yazında, Karadeniz'den gelen raporlar geniş bir alandaki GPS sinyallerine kasten müdahale edildiğini gösterdi; gemilerin navigasyon sistemleri gerçek konumlarından kilometrelerce uzakta olduklarını gösteriyordu. Bölgedeki gemilerin birçoğu karada, yanıltıcı sinyallerin kaynağı olduğundan şüphelenilen bir Rus hava üssünde tıkılıp kalmış görünüyordu.[27] Konum-tabanlı bir oyun olan Pokémon GO'nun Moskova'daki meraklılarının, oyun içinde kontrol ettikleri karakterler yok yere başka konumlara ışınlanıp durmaya başlayınca keşfettikleri üzere, Kremlin de benzer bir alanla çevrilidir.[28] (Hatta bazı uyanık oyuncular bu durumdan faydalanıp, elektromanyetik kalkanı ve sinyal üreticiyi evlerinden ayrılmadan puan toplamak için kullandılar.)[29] Uzun yol şoförleri gibi emeği GPS kullanılarak uzaktan takip edilen işçilerin, mola vermek veya –aynı güzergâhı kullanan diğer sürücüleri atlatmak amacıyla– izinsiz rota değiştirmek için sinyalleri kasten bozmaları bunun bir başka örneğidir. Bu örneklerin her biri, bir yandan işlemlemenin güncel yaşam içinde nasıl hayati bir yer işgal ettiğini gösterirken, diğer yandan da kör noktalarını, yapısal tehlikelerini ve tasarıma bağlı zaaflarını gözler önüne sermektedir.

Havacılıktan bir örnek daha: Havaalanında bulunma deneyimini düşünün. Havaalanı coğrafyacıların "kod/alan" dediği şeyin en tipik örneklerinden biridir.[30] Kod/alan işlemlemenin kurgulanmış çevre ve gündelik deneyimle içe içe geçişini oldukça özel bir bağlamda tarif eder: İşlemleme çevresel koşulların veya gündelik hayatın üzerine eklenip sınırlarını genişletmez, eklendiği şeyin hayati bir bileşenine dönüşür; öyle ki kodun yokluğunda hem söz konusu ortam, hem de onun sunduğu deneyim fiilen işlevini yitirir.

Havaalanı örneğinde kod çevresel şartları hem kolaylaştırır, hem de yeniden üretir. Havaalanına gitmeden önce, yolcular verilerini kaydeden, onları tanımlayan, bilet veya pasaport kontrol noktalarında kullanılan diğer sistemler için görünebilir hale getiren –SABRE gibi– elektronik bir rezervasyon sistemiyle ilişkiye girer. Havaalanına vardıklarında bu sistemin erişilmez durumda olması basit bir zahmetten çok daha fazlası demektir. Çünkü modern güvenlik prosedürleri matbu evrak üzerinden kimlik tespitini veya işlem yapma olanağını ortadan kaldırmıştır; tek söz sahibi yazılımdır artık. Yapılacak hiçbir şey yoktur: Kimse yerinden kıpırdayamaz. Sonuç olarak, bir tek yazılımın çökmesi yapının havaalanı statüsünü iptal edip öfkeli insanlarla dolu kocaman bir hangara çevirir. Bu, büyük ölçüde görünmez olan işlemlemenin içinde bulunduğumuz ortama nasıl müdahil olduğunun en net göstergelerinden biridir – ne kadar hayati bir noktada durduğu, bir beyin sarsıntısını andıran arıza anlarında açığa çıkar yalnızca.

Giderek artan bir ivmeyle, kod/alanlar akıllı binalardan çok daha fazlasını tarif eder hale geliyor. Ağa erişimin yaygınlık kazanması ve kurumsal, merkezi kodun kendi kendini kopyalayabilen doğası sayesinde, gündelik aktiviteler kendilerine eşlik eden yazılımlara her gün biraz daha bağımlı hale geliyor. Günlük, özel bir seyahat bile uydu yönlendirmesine, trafik bilgilerine ve giderek daha "özerk" bir statüye kavuşan araçlara dayanıyor – ilerlemek için sürekli güncelleme ve veri girişine ihtiyaç duyan bu araçlar hiç de özerk değiller elbette. Noktadan noktaya lojistik sistemleri veya e-posta servisleri aracılığıyla, emek giderek artan bir şekilde kodlanıyor ve bu da sistemlerin kendilerine bağlı işçiler tarafından daima dikkatle takip edilmesini, izlenmesini gerektiriyor. Sosyal hayatımız bağlantı durumu ve algoritmik düzenlemelerin dolayımından geçiyor. Akıllı telefonlar genel kullanım amaçlı cep bilgisayarlarına dönüştüğü, işlemleme akıllı ev aletlerinden tutun da araç içi navigasyon sistemlerine kadar etrafımızdaki tüm cihazlara gömüldüğü ölçüde, bütün dünya kocaman bir kod/alana dönüşüyor. Bu her-an-her-yerdelik kod/alan düşüncesini tedavülden kaldırmadığı gibi, işlemlemenin düşünme tarzımız üzerindeki etkisini anlamakta ne kadar başarısız olduğumuz gerçeğinin altını çiziyor.

İnternetten bir e-kitap sipariş ettiğinizde, kitap satıcının olmaya devam eder ve kiralama herhangi bir anda iptal edilebilir – 2009'da, Amazon binlerce *1984* ve *Hayvan Çiftliği* kopyasını müşterilerinin Kindle'larından habersizce sildiğinde olan buydu.[31] Çevrimiçi müzik ve video servisleri, medyayı yasal sınırlar uyarınca filtreler ve kullandıkları algoritmalar yardımıyla da "kişisel" tercihleri belirler. Fiziksel, açık erişim kütüphaneler kapanırken, akademik dergiler kurumsal bağlantıları ve aldıkları finansal katkı üzerinden bilgiye erişimi sınırlandırır. Wikipedia'nın korumayı başardığı işlevselliği doğru biçimlendirmeyi uygulayıp sürdürecek, makaleler arasındaki bağlantıları kuracak, çelişkileri ve vandallıkları azaltacak yazılım ajanlarından –sanal robotlardan– oluşan bir orduya bağlıdır. Son araştırmaya göre, en verimli yirmi editörden on yedisi sanal robotlardır; ansiklopedi projesindeki düzenlemelerin yüzde 16'sını sanal robotlar yapmıştır: kodun bilgi üretimine sunduğu somut ve ölçülebilir bir katkı.[32] Kitap okumak, müzik dinlemek, araştırmak ve öğrenmek: Bunlar ve daha pek çok başka aktivite giderek artan oranda algoritmik mantık tarafından yönetiliyor; kapalı, anlaşılmaz ve gizli işlemleme süreçleri tarafından denetleniyor. Kültürün kendisi devasa bir kod/alana dönüşüyor.

Fiziksel ve kültürel alanın üretiminde işlemlemenin payının bunca fazla olmasının tehlikesi, hem dayandığı hem yeniden ürettiği büyük güç eşitsizliklerini görünmez hale getirmesidir. İşlemleme kültürü büyütmek, çerçevelemek ve biçimlendirmekle kalmaz; gündelik, sıradan farkındalık radarımızın altında iş görüp kültürün ta kendisine *dönüşür.*

Başka bir ifadeyle, işlemleme önce kültürün haritasını çıkarıp modeller, sonra da onun kontrolünü devralır. Google önce insanlığın bildiği her şeyi kataloglamaya koyulup, sonra bu bilginin kaynağına, belirleyicisine dönüştü: İnsanların fiilen düşündüğü şey haline geldi. Facebook önce insanlar arasındaki bağlantıların haritasını –sosyal grafik– çıkarmaya girişip, sonra bu bağlantıların kurulduğu platform haline geldi ve toplumsal ilişkileri geri dönülmez biçimde yeniden şekillendirdi. Tıpkı göçmen kuş sürülerini bombardıman filoları zanneden bir hava kontrol sistemi gibi, yazılım da kendi dünya modeli ile gerçekliği birbirinden ayırt edemez ve bir kez şartlandığımızda, aynı şey bizim için de geçerli hale gelir.

Bu şartlanmanın iki nedeni var: Bunlardan ilki anlaşılmazlığın karmaşıklıkla birleşmesinin işlemleme sürecini büyük ölçüde okunaksız hale getirmesi; ikincisiyse işlemlemenin siyasal ve duygusal yönden tarafsız kabul edilmesidir. İşlemleme saydam değildir; bir makinenin içinde, bir ekranın arkasında, uzaktaki bir binadadır – adeta bir bulutun içindedir. Kodun ve verinin net bir şekilde kavranması sayesinde bu anlaşılmazlığa nüfuz edildiğinde dahi, pek çokları için anlaşılmazlığını sürdürür. Karmaşık sistemlerin çağdaş ağ bağlantılı uygulamalar üzerinden bir araya getirilmesi nedeniyle tek bir kişinin bile büyük resmi görmesi asla mümkün değildir. Makineye duyulan inanç onu kullanmanın ön koşuludur, bu ise otomatize tepkilerin otomatize olmayanlardan daha güvenilir olduğuna ilişkin başka bilişsel önyargıları besler.

Otomasyon yanlılığı olarak bilinen bu fenomen, imla denetimi uygulamasından tutun da otomatik pilotlara kadar işlemlemeye dayalı her alanda –ve tabii her tür insanda– gözlenir. Otomasyon yanlılığı, gözlemlerimizle ters düştüğünde bile otomasyonun sunduğu enformasyona deneyimlerimizden daha fazla değer vermemize yol açar; bilhassa da bu gözlemler muğlak olduğunda. Otomasyonun sunduğu enformasyon açık ve doğrudandır; kafa karışıklığına yol açan gri alanları ortadan kaldırır. Bununla bağlantılı bir başka fenomen olan teyit etme eğilimi ise, otomasyonun sunduğu enformasyonla daha uyumlu hale getirmek için dünyaya ilişkin farkındalığımızı yeniden şekillendirir; makinenin bakış açısıyla uyumlu olmayan gözlemlerin tamamını reddedebileceğimiz bir ölçüde, daima işlemlemeye dayalı çözümlerin geçerliliğini doğrular.[33]

Yüksek teknolojiye sahip uçak kokpitlerindeki pilotlara ilişkin çalışmalar otomasyon yanlılığının birçok örneğini sunar. Düşürülmesi GPS'in özgürleşmesine yol açan Kore Hava Yolları'na ait uçağın pilotları bu durumun en bilinen kurbanlarıydı. 31 Ağustos 1983 günü Anchorage, Alaska'dan havalandıktan kısa süre sonra, uçuş ekibi otomatik pilotu hava trafik kontrol merkezinin kendilerine verdiği rotaya göre ayarlayıp kontrolü ona devretti. Otomatik pilot Pasifik üzerinden Seul'e giden hava yolu güzergâhında seyredecek şekilde programlandı, ama ya ayarlamalardaki bir hatadan, ya sistem mekanizmasındaki bir algılama hatasından, belirlenen rotada seyretmedi: Uçağın belirlenen varış noktasından çok daha kuzeye gitmesine neden olan ilk rotayı izledi. Uçak Alaska hava sahasını terk ettikten 50 dakika sonra olması gereken koordinatların yaklaşık 19 km kuzeyindeydi; uçuşun devamında bu sapma 80 km'yi buldu ve sonunda uçak belirlenen rotadan 160 km uzaklaşmıştı. Olayı inceleyen uzmanlar, mürettebatın bu sapmayı uçuş başladıktan birkaç saat sonra fark etmesini sağlayabilecek birkaç belirtinin ortaya çıkmış olduğunu bulguladılar. Bu rapora göre, pilotlar iki pistin ışıkları arasındaki uçuş süresinin usul usul arttığını fark ettikleri halde buna aldırış etmemişlerdi. Belirlenen uçuş rotasından uzaklaştıkça, zayıflayan radyo sinyallerinden şikâyet ettikleri kayda geçmişti. Ama bu belirtilerin hiçbiri pilotların sistemi gözden geçirmesine, konumlarını kontrol etmesine neden olmamıştı. Kamçatka Yarımadası üzerinde Sovyet askeri hava sahasına girdiklerinde bile otomatik pilota güvenmeye devam ettiler. Sovyet savaş uçakları duruma müdahale etmek üzere havalandığında seyir halindeydiler. Üç saat sonra, hâlâ durumdan habersiz şekilde seyrederken, hidrolik sistemlerine hasar verecek kadar yakında patlayan iki havadan-havaya füzeyle yüklü bir Sukhoi Su-15 tarafından vuruldular. Kara kutu kayıtları, uçuşun son birkaç dakikasında otomatik acil durum inişi uyarısı alan pilotların defalarca otomatik pilotu tekrar ayarlamaya çalıştığını, ama başaramadığını gösterdi.[34]

Bu tür olaylar çoklu simülatör deneylerinde tekrarlandı; sonuçları teyit edildi. Asıl fena olan, bu önyargıların ihmallerle sınırlı olmayıp pilot kararlarına da sirayet etmesidir. Kore Hava Yolları'na ait uçağın pilotları bir otomatik pilotun talimatlarına körü körüne uyarak en düşük direnç yolunu seçtiler. Diğer taraftan, yapılan araştırmalar kendi gözlemleriyle çelişen otomasyon uyarıları karşısında deneyimli pilotların dahi bu uyarıları dikkate alıp sıkı önlemlere başvurmaya meylettiğini göstermiştir. Airbus A330'un ilk modellerindeki aşırı duyarlı yangın alarmları, pilotlar yangın belirtilerini kendi gözleriyle, hem de birkaç defa kontrol ettiğinde dahi sayısız uçuşun sıklıkla riskli bir şekilde rota değiştirmesine sebep olmuştur. NASA Ames İleri Konsept Uçuş Simülatörü bünyesinde gerçekleştirilen bir çalışmada, kalkışa hazırlanan mürettebata çelişkili yangın uyarıları verildi. Araştırmanın sonuçlarının gösterdiğine göre, –kararlarını etkilemesi beklenebilecek ek bilgilere erişim konusunda eşit şartlara sahip oldukları halde– geleneksel bir kontrol listesini takip eden mürettebatın yalnızca yüzde 25'i yanlış motoru durdururken, otomatik bir sistemin rehberliğini izleyenlerin yüzde 75'i yanlış motoru durdurdu. Simülasyon kayıtları, otomasyon sistemini izleyenlerin daha hızlı ve daha az tartışarak karar aldığını; sistemden gelen acil eylem önerisinin problemi daha detaylı ele almalarını engellediğini ortaya koydu.[35]

Otomasyon yanlılığı, teknolojinin yaşamsal bir tehdit oluşturması için arızalanmasına bile gerek olmadığı anlamına gelir – olağan şüphelinin bir kez daha GPS olduğu bir örneğe bakalım. Avustralya'daki bir adaya ulaşmaya çalışan Japon turist kafilesi, sırf kullandıkları uydu navigasyon sistemi orada kullanabilecekleri bir yol olduğunu gösterdi diye aracı sahile sürüp denize uçtu. Deniz gelgit nedeniyle yükselirken, kıyıdan on beş metre kadar ileriden kurtarılmaları gerekti.[36] Washington'daki başka bir grup, navigasyon sistemi kendilerini ana yoldan saptırıp bir tekne rampasına yönlendirince aracı doğruca göle sürdü. Kurtarma ekibi olay yerine vardığında, yalnızca tavanı görülebilen aracı derin suda yüzerken buldu.[37] Sık sık bu tür olaylarla karşılaşan Death Valley Ulusal Parkı'ndaki korucular, yabancısı oldukları bir bölgede duyuları yerine GPS talimatlarını izleyen gezginlerin başına ne geldiğini tarif etmek için özel bir terim bile geliştirmişler: "GPS Ölümleri".[38] Normal araçlarla geçilemez uyarısı bulunan pek çok yolun olduğu ve sıcaklığın gündüz elli dereceyi bulduğu kurak bir bölgede, kaybolursanız ölürsünüz. Yukarıda bahsi geçen örneklerde GPS sinyali ne gizlenmiş ne de saptırılmıştı. Bilgisayara basit bir soru sorulmuş, o da yanıt vermişti – ve insanlar bu yanıta ölümüne inanmıştı.

Otomasyon yanlılığının temelini teknolojide değil, beynimizin içinde kök salan daha derin bir önyargıda aramamız gerekir. Karmaşık sorunlarla karşılaşan, bilhassa da zaman bakısı altında olan insanlar –hangimiz değiliz ki?–, uygulaması ve meşrulaştırması kolay stratejileri tercih edip en az bilişsel çaba gerektiren işlere odaklanmaya çalışırlar.[39] Karar vermekten feragat etme seçeneği doğduğunda, beyin en az bilişsel çaba sarf edilecek kısa yolu seçer ki bu da çoğunlukla otomasyon sistemleri ne diyorsa onu yapmaya denk düşer. Bireysel veya toplumsal düzey fark etmez; işlemleme hem karar verme işini, hem de bunun sorumluluğunu makineye yükleyen bilişsel bir kaçıştır. Yaşam hız kazandıkça makineler çok daha fazla bilişsel görev yerine getiriyor ve bu da sonuçlarına bakılmaksızın bu sistemlerin otoritesini pekiştiriyor. Dünyaya ilişkin kavrayışımızı otomasyon sistemlerinin daimi uyarılarına, sundukları bilişsel kestirmelere daha uyumlu hale getirmek için didiniyoruz. Bilinçli düşüncenin yerini işlemleme alıyor. Makineler gibi düşünmeye başlıyor, hatta çoğu zaman düşünmüyoruz bile.

Merkezi işletim sistemi, kişisel bilgisayar, akıllı telefon ve küresel bulut ağı sıralamasını izlediğimizde, nasıl işlemleme rejiminin içinde yaşamaya başladığımız görülebilir. Ama işlemleme bir yapıdan ibaret değil artık: Düşüncelerimizin temelini oluşturan şeyin ta kendisine dönüştü. Öyle yaygın, öyle baştan çıkarıcı bir şey haline geldi ki çok daha basit mekanik, fiziksel veya toplumsal süreçlerle işimizi görebilecekken dahi onu kullanmayı tercih eder olduk. Mesaj atmak varken niye konuşalım ki? Cep telefonumuzu kullanmak dururken niye anahtar taşıyalım, değil mi? İşlemleme ve onun ürünleri etrafımızı sarıp sarmaladıkça, hakikati kurma gücü ve kabiliyetini giderek daha fazla ele geçirdikçe, giderek artan sayıda bilişsel görevi devralmaya talip oldukça, gerçekliğin kendisi bir bilgisayara dönüşüyor ve düşünce tarzımız da buna ayak uyduruyor.

Küresel telekomünikasyon sistemlerinin zamanı ve mekânı bükmesine benzer şekilde, işlemleme de geçmişle geleceği bir hale getiriyor. Toplanan veri, şeylerin var oldukları düzenin modelini oluşturup esastan değişmeyecekleri, önceki deneyimlerden sapmayacakları varsayımıyla geleceği tasarlıyor. Bu şekilde, işlemleme şimdiki zamandaki faaliyetlerimize hükmetmekle kalmayıp, kendi parametrelerine en uygun geleceği inşa ediyor aslında. Neyin olanaklı olduğunu dahi işlemleme belirliyor. Ölçüp modellemesi zor olan, daha önce görülmemiş veya eldeki şablonlara uymayan, belirsiz ve muğlak olan şey muhtemel gelecek senaryolarından dışlanıyor. İşlemleme geçmişin aynısı olacak bir gelecek tasarlıyor – ki bu da onu şimdiki zamanın asla sabitlenemeyen gerçekliğiyle başa çıkamaz hale getiriyor.

Çağımızın en ihtilaflı meselelerinden pek çoğunun altında işlemsel düşünme tarzı yatıyor: Bölme, ayrıştırma işlemlemeye dayalı süreçlerin en karakteristik özelliğidir. İşlemsel düşünme daima en düşük bilişsel çabayla elde edilebilecek kolay yanıtlarda ısrar eder. Ama bunun da ötesinde, böyle bir yanıtın var olduğunda, çürütülemeyecek bir yanıta ulaşmanın mümkün olduğunda ısrar eder. Petro-kapitalizmin basit bir komplo teorisi olarak görülmediği durumlarda iklim değişikliği "tartışmalarına" yön veren şey işlemlemenin belirsizlikle başa çıkma konusundaki yetersizliğidir. İster matematiksel ister bilimsel alalım, belirsizlik ile bilinmezlik aynı şey değildir. Bilimsel, iklimbilimsel terminolojide, belirsizlik tam olarak ne bildiğimizin ölçüsüdür. Genişleyen işlemleme sistemlerimizin apaçık gösterdiği bir şey varsa, o da aslında bilmediğimiz ne kadar çok şey olduğudur.

Bugün işlemsel düşünme zafer kazandıysa, bunu önce gücüyle başımızı döndürüp, sonra karmaşıklığıyla bizleri şaşkına çevirip, en sonunda da kendinden menkul değerini beynimize kazıyarak elde etti. Etkileri ve sonuçlarıyla, ama daha da öncesinde, dayattığı düşünme tarzıyla, işlemsel düşünme artık gündelik hayatımızın o kadar ayrılmaz bir parçası ki ona karşı koymak havanın kendisine muhalefet etmek kadar beyhude görünüyor. Ancak bu düşünme tarzının nasıl binbir yoldan aşırı basitleştirmenin, sınırlı verinin ve kasıtlı kafa karışıklığının ürünü olarak karşımıza çıktığını kabul etmek başarısız olduğu, kendi sınırlarını açık ettiği noktaların da farkına varmamıza olanak tanır. Göreceğimiz gibi, hava durumunun kaotik yapısı nihai olarak işlemsel düşünmenin sınırlarını aşar.

Lewis Fry Richardson, *Sayısal Yöntemle Hava Tahmini*'ni gözden geçirmek üzere okuduğu kopyanın bir kenarına şu notu düşmüştü:

> Einstein keşiflerinde kendisine rehberlik eden şeyin önemli fizik yasalarının gayet basit olduğu fikri olduğunu söylemiştir bir konuşmasında. R. H. Fowler iki formülden daha zarif olanın doğru olma ihtimalinin daha yüksek olduğuna dikkat çekmiştir. Dirac elektrondaki dönüşe alternatif bir açıklama aramıştır, çünkü Doğa'nın bunu bu kadar karmaşık bir şekilde ayarlamayacağını düşünmüştür. Bu matematikçilerin her biri kütle-noktaları ve noktasal-yüklerle başa çıkmada büyük başarılar elde etmiş isimler. Meteoroloji üzerine düşünmeye tenezzül etmiş olsalardı alana muazzam katkılar sunabilirlerdi. Gerçi önce hakikatin sahiden basit olduğu fikrini terk etmeleri gerekirdi herhalde.[40]

Formüle etmesi kırk yılını alsa da, 1960'lara gelindiğinde Richardson nihayet bu belirsizliği ortadan kaldıracak bir model buldu; işlemsel düşünmenin varoluşsal problemini tastamam özetleyen bir paradokstu bu. Çatışmanın bilimsel analizini yapmaya yönelik ilk teşebbüslerden biri olan "Ölümüne Sürtüşmelere İlişkin İstatistikler" (*Statistics of Deadly Quarrels*) üzerine çalışırken, Richardson iki ulusun ortak sınırlarının uzunluğu ile bu ulusların savaşa tutuşma ihtimali arasında bir bağıntı aramaya koyuldu. Ama farklı kaynaklarda bu uzunlukların birçoğu için çılgınca denebilecek farklı tahminlere yer verildiğini keşfetti. Sonradan anladı ki çılgınca farkların nedeni sınır uzunluğunun onu ölçmek için kullanılan araçlara göre değişmesiydi: Araçlar daha hassas hale gelip, sınır hattındaki ufak girinti çıkıntıları da hesaba dahil ettikçe uzunluklar ciddi ölçüde artıyordu.[41] Kıyı hattında durum daha da vahimleşiyor, bir ulusun sınır uzunluğunu kesin olarak doğru hesaplamanın düpedüz imkânsız olduğunu ortaya koyuyordu. Zamanla Richardson etkisi olarak anılmaya başlanan ve Benoît Mandelbrot'nun fraktaller üzerine çalışmasına temel oluşturan bu "kıyı hattı paradoksu", yeni karanlık çağın sezgilerimizin tam tersine işaret eden öncülünü olanca berraklığıyla gözler önüne seriyor: Biz saplantılı bir şekilde dünyaya ilişkin daha kesin hesaplar yapmaya çalıştıkça, dünya giderek daha anlaşılmaz bir karmaşıklığa bürünüyor.

3

İklim

BİR VİDEO VARDI YouTube'da, kaldırılıncaya kadar defalarca izlemiştim. Hatta sonra o videonun haber sitelerinde yayınlanan minik kliplerini bulup onları da izledim: Tekinsizin en rafine halini yakalayan nokta atışı görüntülerdi. Lastik çizmeleri, kamuflaj giysileri ve omzunda taşıdığı av tüfeğiyle, bahar güneşi altındaki Sibirya'nın uçsuz bucaksız tundrasında yürüyen bir adam. Yeşil ve kahverengi sık otlarla kaplı, birkaç yüz mil ötede görünen ufkun soluk mavisine dek uzanan alabildiğine düz bir arazi. Adamın adımları kendisini bölgenin çok uzağına taşımaya yetecek kadar büyük, ama bir o kadar da ihtiyatlı. Attığı her adımda bastığı yer pırıldayıp titriyor çünkü; yeryüzünün o kalın kabuğu sıvılaşıp dalgalanıyor.[1] İlk bakışta kaskatı görünen zeminin sık otlardan oluşan incecik bir halıdan, yeni oluşmuş sıvı tabakanın üzerini örten organik bir kabuktan başka bir şey olmadığı anlaşılıyor: Tundranın altındaki tiyal tabakası eriyor. Videoyu izlerken, bir noktada yer yarılacak da adamı yutacakmış, adam bu yeşil örtünün içinde kaybolup gidecekmiş gibi geliyor insana.

Oysa muhtemel senaryo bunun tam tersidir: Zemin *kabaracak*, nemli toprağı ve ısınan gazları havaya püskürtecektir. 2013 yılında, Sibirya'nın kuzeyinde esrarengiz bir patlama sesi duyulmuş, patlamanın olduğu bölgeye yüz kilometrelik bir mesafede ikamet edenler gökyüzünde bir parıltı gördüklerini söylemişti. Taimyr Yarımadası' ndaki bu ıssız bölgeye patlamadan aylar sonra ulaşan biliminsanları kırk metre genişliğinde, otuz metre derinliğinde yeni oluşmuş büyük bir kraterle karşılaşmıştı.

Taimyr'de hava yazın beş dereceleri zor bulurken, kışın eksi otuzlara kadar iner. Kasvetli manzarası buz höyükleriyle –hidrostatik basıncın buz katmanlarını yukarı itmesiyle oluşan ufak tepe ve tümseklerle– doludur. Büyüdükçe yüzeydeki bitki örtüsünün dökülüp altındaki buzun parçalanmasına sebep olan buz höyükleri, çatlak ve kraterden oluşan taçlarıyla sönmüş birer yanardağı andırır. Ama tıpkı tiyal tabakası gibi onlar da eriyor, hatta bazı durumlarda patlıyor. Sibirya'daki araştırmacılar, bu tür hareketleri öngörebilmeye yarayan sismik sensör ağlarının ilkini Nisan 2017'de Yamal Yarımadası'na, yerel dildeki karşılığıyla, "Dünya'nın Sonu"na kurdular. 200 km yarıçapındaki bir arazide meydana gelen tüm hareketleri ölçebilecek hassasiyetteki sensörler kısa süre önce Obi nehri ağzına inşa edilen Sabetta limanı etrafına yerleştirildi. Sensörleri yerleştirmek için bu bölgenin seçilmiş olmasının nedeni, limanın endüstriyel altyapısına, yahut Bovanenkovskoye ve Kharasavay bölgesel gaz yataklarına zarar verebilecek büyüklükteki buz höyüğü patlamalarına –veya daha kötülerine– karşı erken uyarı sistemi oluşturmaktı.

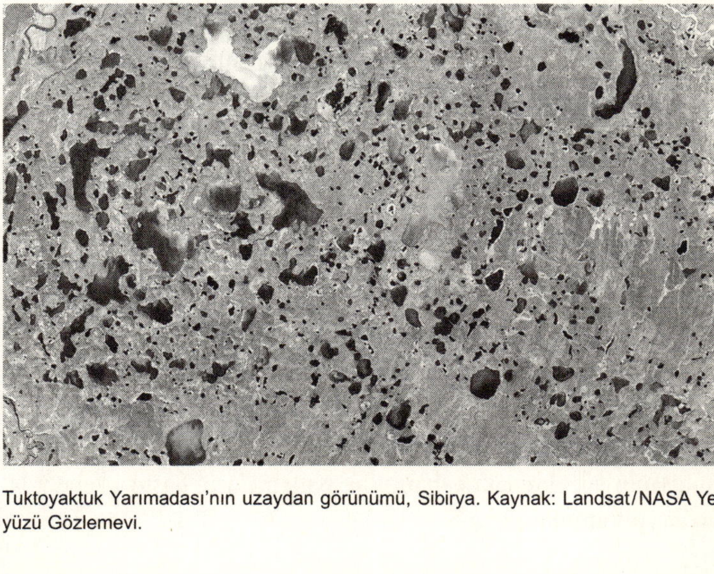

Tuktoyaktuk Yarımadası'nın uzaydan görünümü, Sibirya. Kaynak: Landsat/NASA Yeryüzü Gözlemevi.

Sabetta limanını Sibirya'daki büyük doğal gazı rezervlerinin ihracatı için çıkış noktası haline getirenle onu korumak için bunca önlem alınan buz höyüğü patlamalarını meydana getiren şey aynı güçtür: Yükselen küresel sıcaklıklar. Yükselen sıcaklıkların Arktik'teki buzulları eritmesi önceden erişilemeyen petrol ve doğal gaz rezervlerini erişilebilir hale getirmiştir: Bu bölgedeki doğal gaz rezervlerinin dünyadaki toplam doğal gaz rezervlerinin yüzde 30'unu oluşturduğu tahmin edilmektedir.[2] Büyük bölümü açık denizde, 500 metreyi bulmayan bir derinlikteki bu rezervlerin erişebilir hale gelmesi, fosil yakıt çıkarma ve kullanma oranlarının hızla artıp bağımlılığa dönüştüğü geçtiğimiz yüzyılın yıkıcı etkisinden başka bir şey değildir. Endüstriyel altyapıyı korumak amacıyla kurulan sensörleri ihtiyaç haline getiren şey bizatihi bu altyapının ürettiği koşullardır yani. Bunun adı pozitif geribeslemedir: Dünyadaki insan, hayvan ya da bitki yaşamının geleceği ve anlamı açısından hiç de pozitif olmayan, ama biriken, genişleyen ve hızlanan bir geribeslemedir.

Buradaki pozitif geribeslemenin temelini oluşturan yerel form tiyal tabasının erimesiyle oluşan çamurlu, kıpır kıpır tundranın açığa çıkardığı metan salınımıdır. Sibirya tundrasının altındaki tiyal tabakası donmuş toprak, kaya ve tortu tabakalarından oluşan bir kilometrelik derinliklere ulaşabilir. Bu buz katmanlarının erimesiyle birlikte, milyonlarca yıldır buzun içinde hapsolmuş yaşam formları tekrar gün yüzüne çıkmaya başlamıştır. 2016 yazında, Yamal Yarımadası'nda ortaya çıkıp bir delikanlıyı öldüren, kırk kadar insanı da hastanelik eden salgının sorumlusu erimenin açığa çıkardığı ren geyiği leşlerinden başkası değildi örneğin. Leşlere onlarca, hatta belki yüzlerce yıldır tundranın altında kış uykusunda olan şarbon bakterisi bulaşmıştı.[3] Buzlar eridikçe, bu ölümcül bakteriye temas eden ölmüş madde çürümeye, metan gazı –ısınan havanın atmosferde sıkışmasında karbondioksitten çok daha etkili olan bir sera gazı– yaymaya başlamıştı. Sibirya tundrasının altındaki tiyal tabakasının atmosfere yaydığı metan gazı seviyesi 2006'da 3,8 milyon ton civarındayken, bu rakam 2013'de 17 milyon tona kadar yükselmiştir. Tundranın yüzeyindeki kabarma ve patlamaların başlıca sebebi bu metan salınımıdır.

Diğer taraftan, ağ bağlantılı dünyada yerel sonuç diye bir şeye yer yoktur elbette. Bizim anlık hava durumu olarak algıladığımız şey iklimin küresel boyutunun gölgesinde gerçekleşir: Nadiren kavrayabildiğimiz, görünmeyen, bilinmeyen bir bütünlüğün içindeki minik türbülans anlarıdır. Sanatçı Roni Horn'un yerinde tespitiyle, "hava durumu çağımızın en güçlü paradoksudur. Güzel hava yanlış olandır çoğunlukla. Güzel dolaysız ve bireysel düzeyde gerçekleşir, yanlışsa sistem genelinde."[4] Tundrada sürekli artan bir zemin kararsızlığı biçiminde karşımıza çıkan şey, aslında gezegenin tamamındaki bir istikrarsızlaşmadır. Titreyen, çürüyen, yarılan ve kokan yerin ta kendisidir. Zemine güvenmemiz mümkün değildir.

Sibirya düzlüklerindeki patlamış buz höyükleri ve eriyen buzların oluşturduğu göller yukarıdan bakınca süngerimsi ensefalopati hastalarının beyin tomografisine benzer; ölen sinir hücrelerinin beyin zarında meydana getirdiği çukur ve yaraları andırır. Süngerimsi

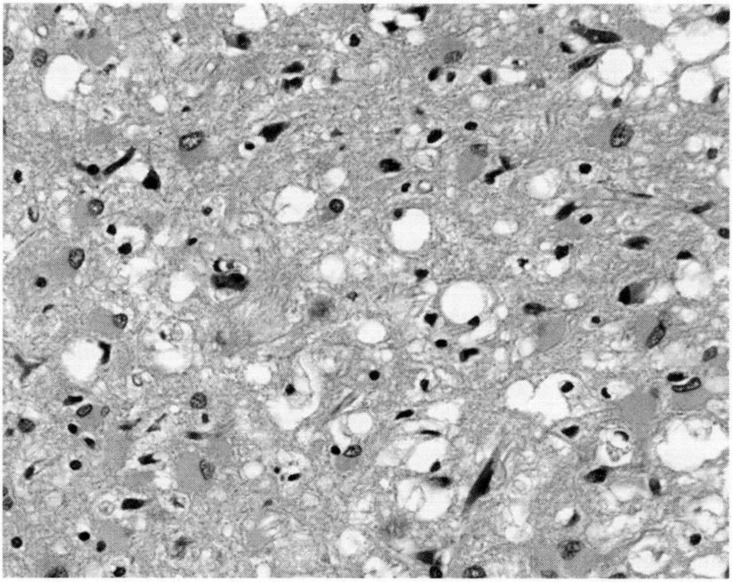

Creutzfeldt-Jakob Hastalığı bulaşmış beyin dokusuna ait ışık fotomikrografisi (100 kat yakınlaştırılmış). Kaynak: Halk Sağlığı Görüntü Kütüphanesi (ID#: 10131).

ensefalopatiye sebep olan prion hastalıkları –scrapie hastalığı, kuru hastalığı, deli dana hastalığı, Creutzfeldt-Jakob hastalığı [CJD] ve bu hastalıkların türevleri– yanlış katlanmış proteinlerin, deforme olmuş baz madde parçalarının anormal biçimler almasının sonucudur. Bu yanlış katlanmış proteinler, olması gerektiği gibi katlanmış proteinlere kendi şekillerini vererek vücudun tamamına yayılırlar. Beyne ulaştıklarındaysa ani bunama belirtilerine, hafıza kayıplarına, kişilik değişimlerine, halüsinasyonlara, anksiyete bozukluklarına, depresyona ve sonunda da ölüme sebep olurlar. Oyulmuş, dokusunu yitirmiş bir sünger görünümü alan beyin anlama kabiliyetini kaybedip işlevini yitirir. Evet, tiyal tabakası –kalıcı don– eriyor. Sözcükler anlamını yitiriyor artık ve onlarla birlikte dünya üzerine düşünebileceğimiz yolları da kaybediyoruz.

19 Haziran 2006'da, beş İskandinav ülkesinin temsilcileri bir zaman makinesinin ilk adımlarını atmak üzere Arktik'in ücra bir köşesindeki Svalbard takımadalarının parçası olan Spitsbergen adasında toplandılar. Bu görüşmeyi takip eden iki yıl boyunca, işçiler bir kumtaşı dağının 120 metre içine 150 metre uzunluğunda, 10 metre genişliğinde mağaralar açtılar. Arktik'in derinliklerine inşa edilen bu zaman makinesi, günümüzün malum korkularını pas geçip insanlığın en kıymetli kaynaklarından birini geleceğe taşımayı amaçlıyordu. Isıya dayanıklı folyo paketlere sarılan milyonlarca organik tohum plastik kutulara konularak endüstriyel raflara yerleştirildi: Bunlar dünyanın dört bir yanındaki bölgesel koleksiyonlardan toplanmış tohum numuneleriydi.

Kuzey Kutbu'na 1120 km uzaklıktaki Svalbard takımadaları, kuzeyin en ücra köşesindeki yerleşim bölgesi olmasına rağmen çok uzun bir süredir uluslararası buluşmalara ev sahipliği yapmaktadır. Norveçli balıkçılar ve avcılar tarafından on ikinci yüzyıldan bu yana ziyaret edilen adaların 1596'da Hollandalı kâşifler tarafından "keşfedilmesi" bölgenin balina avcılığı ve maden sömürüsüne açılmasına vesile olmuştur. 1604'te bölgeye ayak basan İngilizler denizayısı avına başlamış, aynı yüzyılın sonuna doğruysa kutup ayısı ve tilki postu peşindeki Ruslar gelmiştir. İngilizler 1820'lerde Barents Denizi'ne düzenledikleri baskınlarla Rusları bölgeden sürmeyi başarmışsa da, kömür yataklarının keşfi diğer herkes gibi Rusları da bölgeye geri getirmiştir. İkinci Dünya Savaşı sırasında, bölgedeki meteoroloji istasyonlarından birine eleman tedarik eden bir Alman müfrezesi takımadaları işgal edip tahliye etmiştir. Mayıs 1945'te karayla irtibatı kesilen müfreze, aynı yılın Eylül ayı bitmeden Norveçli bir fok avı gemisi tarafından alınmış ve müttefiklere teslim olan son Alman müfrezesi olarak tarihe geçmiştir.

On dokuzuncu yüzyılın sonunda kömür yataklarının keşfedilmesi, o güne kadar pek üzerinde durulmayan egemenlik konusunu gündeme taşımıştır. Takımadalar yüzyıllar boyunca herhangi bir ulusa ait olmamış, hiçbir yasa ve düzenlemeye tabi olmadan serbest bölge işlevi görmüştü. Versay müzakerelerinin bir parçası olarak gelişen 1920 tarihli Svalbard Antlaşması da takımadaların egemenliğini Norveç'e vermesine karşın, adalarda ticari faaliyette bulunma –özellikle madencilik– konusunda antlaşmanın tüm taraflarına eşit haklar tanımıştı. Antlaşmanın hükümleri uyarınca adalar silahsızlandırılarak vizesiz bölge statüsü almıştır ki bu hüküm günümüzde de geçerliliğini korumaktadır: Herhangi bir geçim aracına sahip olduğu sürece adalar hangi ülkenin vatandaşı olduğuna veya kökenine bakılmaksızın herkesin yerleşimine ve çalışmasına açıktır. Yaklaşık 2000 Norveçli ile 500 kadar Rus ve Ukraynalının yanı sıra, Svalbard takımadaları Taylandlı ve İranlı işçilerin de aralarında bulunduğu Norveç vatandaşı olmayan binlerce insana ev sahipliği yapmaktadır. Son yıllarda, Norveç'e yaptıkları vatandaşlık başvurusu reddedilen bazı sığınmacılar da vatandaşlık alabilmek için doldurmaları gereken yedi yıllık ikamet süresini bu bölgede geçirmektedirler.[5]

Çoğunlukla "Nuh'un gemisi" ve "kıyamet ambarı" gibi isimlerle anılan Svalbard Küresel Tohum Bankası 2008 yılında açılmıştır. Dünyanın dört bir yanındaki gen bankalarında yürütülen çalışmaları destekleyecek bir yedekleme tesisi için Svalbard mevkiinin seçilmiş olması iki açıdan yerinde bir karardır. Bölgenin istisnai jeopolitik konumu ulusal organizasyonları kıymetli –ve çoğunlukla da gizli– koleksiyonlarını burada saklamaya ikna etmeyi bir hayli kolaylaştırmaktadır. Ayrıca, bankanın tiyal tabakasının altında bulunması da onu doğal bir derin dondurucu haline getirmektedir: Küresel Tohum

Bankası ihtiyaç duyduğu enerji bölgeden çıkarılan kömürle sağlanan –18 derecelik bir buzdolabıdır; bölgedeki ana kaya sıcaklığının yıl boyunca donma noktasının üzerine hiç çıkmaması ise bu devasa buzdolabının sigortasıdır. Tohum Bankası coğrafi ve zamansal koşullardan azade bir sığınak yaratma teşebbüsüdür; kutup kışlarının derinliklerindeki tarafsız bir bölgede zamanını beklemektedir.

Tohum bankaları genetik biyoçeşitliliğe benzer bir şeyin korunmasında oldukça hayati bir işleve sahiptir. 1970'lerde, çiftçilerin yüzyıllardır kullandıkları geleneksel tohumları terk edip hibrid tohumlara geçmesine yol açan Yeşil Devrim'le başlayan hareketin meyvesidir bu bankalar. Çok değil bir yüzyıl önce 100 binden fazla pirinç türüne ev sahipliği yaptığına inanılan Hindistan, günümüzde yalnızca iki-üç bin kadar türe ev sahipliği yapmaktadır. Benzer şekilde, Amerika kıtasındaki elma türlerinin sayısı beş binlerden birkaç yüze inmiştir. Birleşmiş Milletler Gıda ve Tarım Örgütü biyoçeşitlilik kaybının dünya genelinde yüzde 75'lere ulaştığını tahmin etmektedir.[6] Homojen türleri yok edebilecek yeni hastalıkların, tarım zararlısı böcek veya mantarların ortaya çıkmasının doğurabileceği tehlikeler karşısında, bu çeşitliliğin korunması bir zarurettir. Svalbard tohum koleksiyonunun amacı bu tür olası felaket durumlarına karşı farklı soylar için güvenli depolama sağlamaktır: Teknik olarak bakıldığında, diğer tüm kaynaklar tükenmeden açılmaması planlanan bir kumbaradır. Ocak 2012'de, altı sene önceki selde ağır yara alan Filipinler'deki ulusal tohum bankası yangında kül olduğunda, savaş Afganistan ve Irak'taki bankaları çoktan telef etmişti bile.[7] Savaşın etkilerini ağır yaşayan başka bir koleksiyon olan Uluslararası Kurak Alanlar Tarımsal Araştırma Merkezi'yse (ICARDA), 2015'te Küresel Tohum Bankası'ndan çekilme talebinde bulunan ilk koleksiyon oldu: Kendisine ait 116 bin numuneden oluşan 325 kutunun 130'unu geri istedi.

Halep'te yer alan genel merkezinin yanı sıra Orta Doğu, Kuzey Afrika ve Orta Asya'da da şubeleri bulunan ICARDA 1977'de kurulmuştur. Gıda güvenliğini sağlamanın bölgeye has gereksinim ve risklerine odaklı çalışmalar yürütmektedir: mahsul çeşitliliğinin artırılması, su kaynaklarının muhafazası ve yönetimi ile çiftçilere, özellikle de kadın çiftçilere yönelik eğitimler verilmesi gibi. Halep'in 30 km güneyinde yer alan ve 128 ülkeden getirilen 150 bin kadar farklı buğday, arpa, mercimek ve bakla tohumundan oluşan eşsiz bir koleksiyona sahip olan Genel Merkez, 2012'deki iç savaş sırasında Özgür Suriye Ordusu'nun kontrolüne geçti. Tesisin faaliyetini sürdürebilmesi için görevli personelin bir kısmının kalmasına izin verildiği halde, ICARDA genel merkezini Beyrut'a taşımak zorunda kaldı ve Halep'teki koleksiyona erişimini kaybetti.

Şimdilik Svalbard'da yedeklenen, ama kısa bir süre sonra Fas, Türkiye ve başka yerlere dağıtılacak olan ICARDA koleksiyonu, Orta Doğu ve Kuzey Afrika'nın sert çevresel koşullarına adapte olmuş mahsullerde uzmanlaşmıştır. Bölgedeki çiftçilerin nesiller boyu sürdürdüğü tarım faaliyetleri ve doğanın desteğiyle gelişen bu arşivin barındırdığı biyoçeşitlilik, hastalık ve zararlı böceklere karşı değilse de iklim şartlarına geliştirdiği direnç açısından oldukça kıymetlidir. Bu yönüyle, biliminsanlarının iklim değişikliğinin yol açtığı tahribatı hafifletecek yeni genetik özellikler bulmayı –örnekse, darı ve soya fasulyesini nohut ve mercimek gibi ısıya ve kuraklığa dirençli mahsullerle çiftleştirip hızla değişen, ısınan ekosistemlere uyumlu hale getirmeyi– umdukları eşsiz bir kaynak niteliğindedir.[8]

İklimdeki bu değişim, Küresel Tohum Bankası'nı dahi şaşkına çevirecek kadar hızlı gerçekleşiyor. 2016 senesi kayıtlara geçmiş en sıcak yıldı –araştırmalar son üç yılda dünyanın 115.000 yıldır ısınmadığı kadar ısındığını gösteriyor. Kasım 2016'da, biliminsanları kutup sıcaklıklarının ortalamanın 20 derece üzerine çıktığını, buz seviyesininse yirmi beş yıl önceki ortalamanın yüzde 20 altına indiğini duyurdular. Svalbard'da hafif kar yerini şiddetli yağmura bıraktı ve tiyal tabakası erimeye başladı. 2017 Mayısı'nda gerçekleştirilen incelemede, giriş tünelinin bankaya erişebilmek için parçalanması gereken bir iç buzul oluşturacak şekilde yeniden donan erime sularıyla kaplı olduğu tespit edildi. Hiçbir insani müdahaleye maruz kalmadan uzun yıllar işlevini koruyacak şekilde tasarlanan tohum bankası, bugün girişine acil su tahliye sistemi eklenmiş, etrafına erime sularını toplayacak kanallar açılmış bir halde yirmi dört saat gözetim altında tutuluyor. Norveçli meteoroloji uzmanı Ketil

Isaksen gazetecilere verdiği bir demeçte şöyle tarif etmiştir gelinen noktayı: "Arktik, bilhassa da Svalbard dünyanın geri kalanından hızlı ısınıyor. İklim öylesine hızlı değişiyor ki bu değişimin hızı hepimizi hayrete düşürüyor."[9]

İklim değişikliği çoktan başladı; coğrafi sonuçlarını aratmayacak kadar belirgin ve ciddi jeopolitik sonuçlar doğurarak da devam ediyor. ICARDA'da görevli biliminsanlarını Beyrut'a kaçıp Tohum Bankası için yardım çağrısında bulunmaya mecbur bırakan Suriye'deki iç savaş dahi kısmen çevresel şartların değişmesine bağlanabilir.[10] 2006 ile 2011 arasında, Suriye kırsalının yarısından fazlası kayıtlara geçmiş en kurak yıllarını yaşadı. Hava durumundaki doğal değişimlerle açıklanamayacak kadar uzun ve yoğun geçen bu kuraklık iklim değişikliğindeki hızlanmaya bağlıydı; ekinleri kurutup bir-iki yıl gibi kısa bir süre içinde çiftlik hayvanlarının yüzde 85'e yakınının telef olmasına sebep oldu. Suriye Devlet Başkanı Beşar Esad geleneksel su haklarını siyasi müttefiklerine dağıtarak çiftçileri yasadışı kuyular kazmak zorunda bıraktı; bu durumu protesto edenleri hapis, işkence ve ölüm bekliyordu. Kırsal kesimde yaşayan bir milyonu aşkın çiftçi kentlere kaçtı. Kırsaldan yükselen bu hıncın ve onun tetiklediği demografik basıncın şehirlerde epeydir kendini hissettiren totaliter baskıyla karşılaşması, kuraklık gerilimini en ağır yaşayan bölgelerde hızla yayılan bir ayaklanmanın fitilini ateşledi. Medya raporları ve aktivistler, Avrupa'ya gelen milyonlarca mültecinin sorumlusu olarak gördükleri iç savaşı yirmi birinci yüzyılın ilk büyük iklim savaşı olarak nitelendirdi. Biliminsanları daha ihtiyatlı davranıp, savaşla iklim arasında açıktan bir bağlantı kurmak yerine iklim değişikliğini vurgulamakla yetindi. Şurası açık ki Suriye önümüzdeki birkaç yıl içerisinde siyasi açıdan toparlansa dahi, 2050 yılına kadar tarımsal kapasitesinin yarıya yakınını kaybetmiş olacak. Bunun geri dönüşü yok.

Peki biz neden Tohum Bankası'yla bu kadar ilgiliyiz? Tohum Bankası hayati öneme sahiptir, çünkü yalnızca çeşitliliğin değil çeşitliliğe ilişkin bilgimizin, bilgi olarak çeşitliliğin de kalesidir. Banka şeyleri –malzemeyi, bilgiyi ve bilme biçimlerini– belirsiz bir şimdiden daha da belirsiz bir geleceğe taşımaktadır. Banka fikrini besleyen şey yalnızca içerdiği malzeme değil, malzeme çeşitliliğidir. Tohum Bankası heterojen bir kaynaktan beslenmektedir ve bu yüzden de alaca bulacadır, natamamdır: Bilginin, hatta dünyanın doğası böyledir çünkü. Banka tek tip tarımın zaruri alternatifidir – ki bu durumda, tek tip tarım bir metafor değildir; belirli coğrafi ve zamansal gerekliliklere uygun olarak geliştirilmiş bitki soylarından oluşan tek tip tarım, resmi biraz büyütünce dünyanın mevcut haliyle barındırdığı keşmekeşe, tutarsızlığa uyum sağlamakta başarısız olur. Kısacası, iklim krizi aynı zamanda bir bilgi, bir kavrayış, bir iletişim krizidir; geçmişin, şimdinin ve geleceğin bilgisine erişme krizidir.

Arktik bölgelerde, herkes iklimbilimcidir. Antik kültürlerin ardında bıraktığı kalıntıları araştıran arkeologlar, söz gelimi, Dünya'nın –ve insanlığın– derin tarihini kazıp iklimdeki hızlı değişimlere geçmişte nasıl tepki verdiğini anlamamıza, bu sayede şimdi gerçekleşen değişimleri nasıl ele almamız gerektiğini görmemize yardımcı olabilecek ipuçlarını ararlar. Grönland'ın batı yakasındaki devasa Ilulissat Buz Fiyordu'nun kıyı şeridinde, antik Qajaa yerleşkesini çevreleyen tiyal tabakası 3500 yıllık bir süre zarfında aynı bölgeyi paylaşmış üç uygarlığın kalıntılarına ev sahipliği yapmaktadır. Bu üç uygarlığın ilki milattan önce 2500'lerde Grönland'ın güneyinde kurulan Saqqaq uygarlığı, ikincisi on sekizinci yüzyılda yoğunlaşan Avrupalı nüfusla temasa geçinceye kadar ağır ağır selefini besleyen Dorset uygarlığı ve üçüncüsü de Thule uygarlığıdır. Bu tarihin bizlere ulaşmasını sağlayansa, toprağın altında arkeologların kendilerini bulup çıkarmasını bekleyen çöplerdir – bu uygarlıkların arkalarında bıraktıkları evsel atıklar ve avcılık kalıntılarıdır.

Geçmişte yaşanan çevresel olayları ve nüfus hareketlerini anlamamızda bu çöplerin katkısı çok büyüktür. Çünkü Grönland uygarlıklarında meydana gelenler, kültürel açıdan değilse de arkeolojik açıdan benzersizdir. Dünyanın başka bölgelerindeki Taş Devri kalıntıları yalnızca taşlardan oluşurken, doğal bir derin dondurucu işlevi gören tiyal tabakası Arktik bölgedeki antik maddi kültüre ilişkin çok daha fazla bilginin bizlere ulaşmasını sağlamıştır. Qajaa yerleşkesindeki çöpler arasında odun ve kemikten yapılma oklar, saplı bıçaklar, mızraklar, dikiş iğneleri ve gezegenin başka bölgelerinde gün yüzüne hiç çıkmayan nesneler bulunur. Tüm bunların üzerindeki DNA kalıntıları da cabası.[11]

Güncel sorunlarımıza yanıt aramanın bir yolu tohum bankalarının iç içe geçmiş tarihine ve geleceğine bakmaksa, bir başka yolu da eski uygarlıkların ve kültürlerin çevresel şartların güçleştiği dönemlere nasıl uyum sağladığını, nasıl değiştiğini, bu şartların hangileriyle başa çıkıp çıkamadığını anlamaktır – tabii bunu mümkün kılacak kalıntılar biz onlara ulaşamadan yok olup gitmezse eğer.

Bu eşsiz arkeolojik miras –bilgi ve enformasyon kaynağı– binlerce yıl süren bir istikrarın ardından önümüzdeki yüzyılda tamamen ortadan kaybolacak. Qajaa kalıntılarını çevreleyen bölgede ve Grönland'ın kuzeydoğusundaki başka bir alanda sondaj yapan Kopenhag Üniversitesi Tiyal Araştırmaları Merkezi'ndeki araştırmacılar, çıkardıkları donmuş toprak parçalarını erimesini önleyen plastik kaplarla laboratuvara nakledip burada ısı üretim belirtilerini incelediler. Araştırmanın sonuçları gösterdi ki yeryüzünün ısınması uzun süredir toprak altında uyumakta olan bakterileri uyandırıp aktif hale getirmektedir. Uyanan bu bakterilerin ürettiği ısıysa topraktaki ısınmayı daha da hızlandırıp buzun daha hızlı çözülmesine yol açmakta ve daha fazla bakteriyi uyandırmaktadır – pozitif geribeslemeyi hızlandırmaktadır. Buzlar eriyip sular çekilince içeri sızan oksijen, toprağı aşındırıp parçalanmasına neden olmaktadır. Yeni uyanan bakterilerin topraktaki organik kalıntılarla beslenmeye başlaması ve bu beslenmenin geriye taştan başka bir şey kalmayınca dek sürmesi ise, ısınan karbonun yüzeye çıkabileceği yeni kanalların açılmasıyla sonuçlanmaktadır. "Buzlar eriyip de sular çekildiğinde," diye yazıyor araştırmanın yürütücüsü ve Tiyal Araştırmaları Merkezi'nin müdürü Profesör Bo Elberling, "artık geri dönüş yoktur."[12]

Çöpler üzerine çalışmalar yapmış bir arkeoloji profesörü olan Thomas McGovern'ın Grönland'daki buz örtüsüne ilişkin Ekim 2016 tarihli raporu, buz örtüsündeki hızlı erimenin bin yıllık bir geçmişe sahip olan, henüz doğru dürüst kavrayamadığımız bu arkeolojik kalıntılar üzerindeki olumsuz etkisini açıkça göstermektedir:

Bu bölgeler yılın büyük bölümünde donmuş halde olurdu eskiden. 1980'lerde Grönland'ın güneyine yaptığım bir seyahatte, 50'li ve 60'lı yıllarda kazılıp açık bırakılan siperlere inme fırsatım olmuştu; o zamanlar bu siperlerin içinde saç, tüy, yün ve inanılmaz derecede iyi korunmuş hayvan kemikleri görebilirdiniz. Her şeyi yitiriyoruz maalesef. İşin özü şu ki yerin altında İskenderiye Kütüphanesi'ne denk bir arşivimiz var ve şu anda alevler içinde.[13]

McGovern'ın ifadeleri, özellikle iki açıdan çok rahatsız edicidir. İlki berbat bir kayıp hissidir; geçmişimize erişme ve orada ne olup bittiğini öğrenme imkânının tam da en çok işimize yarayabileceği zamanda elimizden kayıp gitmesidir. Ama ikincisi çok daha yaşamsaldır: Dünyanın daha sağlam, daha doğru ve faydalı modellerini oluşturabilmek amacıyla ona dair daha fazla şey öğrenmeye, daha fazla veri toplamaya ve işlemeye dönük derin ihtiyacımızla ilgilidir.

Ancak gidişat tam tersi yöndedir: Veri kaynaklarımız elimizden kayıp gidiyor ve onlarla birlikte dünyayı üzerine inşa ettiğimiz yapıları da kaybediyoruz. Tiyal tabasındaki erime hem bir tehlike alametidir, hem de çevremizdeki ve bilişsel altyapımızdaki hızlı çöküşün metaforu. Günümüzün kesinlikleri, bilgi jeolojilerinin giderek büyüdüğü, giderek billurlaştığı varsayımı üzerine kuruludur; serinleyen, belirgin ve sağlam biçimlerde tezahür eden, böyle şekillenen bir dünya hayal etmek rahatlatıcıdır. Ama tıpkı Sibirya'da olduğu gibi, Grönland'daki süngerimsi manzarada da sıvıya dönüş yaşanıyor: Balçık ve çamurla kaplı, kendine özgü niteliğini yitirmiş gazlı bir zemin yapısı oluşuyor. Yeni karanlık çağ, salt geçmişin kütüphanelerinden elde edebileceğimizden çok daha akışkan bilme biçimleri gerektiriyor.

Evet, geçmişin üzerindeki örtüyü kaldırıp erişilen bilgi iklim değişikliğinin yıkıcı etkileriyle başa çıkmanın bir yoludur. Ama mevcut teknoloji ve usullerimizin de buna eşlik etmesi, bir ölçüde, iklim değişiminin doğurduğu aşırılıklara kalkan olması gerekir – bu teknoloji ve bilişsel stratejiler iklim değişikliğinin ilk kurbanları arasında yer almazsa tabii.

İngiltere'de hükümetin danışma kurulları arasında yer alan Bilim ve Teknoloji Komisyonu, 2009 yılında ülkedeki iletişim, enerji, taşımacılık ve su şebekelerinin geleceğinin masaya yatırıldığı "Yirmi Birinci Yüzyıla Uygun Bir Ulusal Altyapı" başlıklı bir rapor yayınladı. Raporda, İngiltere'deki ulusal altyapının tıpkı internet gibi "ağlardan oluşan bir ağ" şeklinde inşa edildiği; dağıtım ve yönetimde parçalı bir yapının hâkim olduğu, sorumluluk ve yetki alanları belirsiz olduğu, büyük kısmı haritalandırılmamış ve yeterince güçlendirilmemiş kırılgan bir yapıda olduğu vurgulandı. Tarif edilen durumun başlıca sebepleri arasında bu karmaşık madde ve bilgi ağlarının neden başarısız olduğuna, hatta daha da öncesinde, nasıl iş gördüklerine dair genel bir kavrayış eksikliğinin yanı sıra, hükümetin yalıtımı ve kamusal/özel yatırım oranlarının azlığı gösterildi.

Ama diğer tüm meseleleri geride bırakan, bırakması da gereken bir konuda rapor oldukça netti – iklim değişikliği:

> Uzun vadede, en önemli ve en zorlayıcı görevimiz iklim değişikliğine karşı mukavemet geliştirmektir. İklim değişikliğinin yaz ve kış sıcaklıklarını artırması, deniz seviyesini yükseltmesi, şiddetli fırtınalara, orman yangınlarına, kuraklık ve tufanlara, sıcak hava dalgalarına yol açması ve başta su olmak üzere kullanılabilir kaynaklarda tahrifata sebep olması beklenmektedir. Mevcut altyapının bir yandan bu tür etkilere uyum sağlarken, diğer yandan da olabildiğince hızlı bir şekilde düşük karbon ekonomisine geçişi desteklemesi gerekmektedir. Hükümetin Mart 2008'de ilan ettiği Ulusal Güvenlik Stratejisi, dünya çapındaki etkilerini de göz önüne alarak iklim değişikliğini küresel istikrar ve güvenliğin önündeki en büyük engel olarak görmektedir. Gerek altyapı hususunda, gerek diğer alanlarda, bu riski asgariye indirmenin yolu etkin bir adaptasyon sürecidir.[14]

Raporun iklim değişikliğinin doğrudan etkilerine ilişkin öngörülerindeki asıl çarpıcı nokta ise bu etkilerin değişkenliği ve öngörülemezliğine yapılan vurgudur:

> İklim değişikliğinin beraberinde getireceği nem ve kuruma döngülerinin yol açacağı büyük toprak kaymalarının bir sonucu olarak, içme suyu ve kanalizasyon şebekelerinde kullanılan mevcut boru sistemleri kırılma ve çatlamalara çok daha dayanaksız hale gelecektir... Yoğun yağışlar barajların bulunduğu arazilerdeki erozyon riskini artıracak, toprak kaymalarındaki artış baraj kanallarını tıkanmaya çok daha elverişli hale getirecektir.

Ertesi yıl, yine hükümet için ama bu kez AEA'nın (Avrupa Ekonomik Alanı) çevresel danışmanlığında hazırlanan ve iklim değişikliğinin EİT (Enformasyon ve İletişim Teknolojileri) üzerindeki spesifik etkilerine odaklanan bir rapor daha yayınlandı.[15] Bu metinde, EİT "ses ve veri trafiğinin elektronik cihazlarla iletilmesi, alınması, yakalanması, depolanması ve manipülasyonunu sağlayan sistemler ve yapılar bütünü" –yani, fiber optik kablolar ve antenlerden tutun da bilgisayarlara, veri merkezlerine, telefon santralleri ve uydulara kadar, çağdaş dijital evrenimizin bir parçası olarak kabul edebileceğimiz her şey– olarak tanımlandı. Ama EİT'in işleyişi açısından hayati bir statüye sahip olan elektrik şebekeleri, örneğin, bu çalışmanın kapsamı dışında bırakıldı. (Bilim ve Teknoloji Komisyonu'nun çalışması, "havai elektrik iletim hatlarının ortam sıcaklıklarından etkilenebilen termal kapasitesinin, elektriğin bu hatlar üzerinden aktarımını sınırlandıran faktörlerden biri" olduğuna dikkat çekmiştir oysa: "Üst sıcaklık değerlerinin tüm dünyada yükselmesi bu sınırları ve dolayısıyla da şebekenin elektrik dağıtım kapasitesini azaltacaktır.")[16]

Hükümetler için hazırlanan raporlar, genellikle hükümetlerin kendi beyanları ve politikalarından çok daha açık, çok daha net olur. ABD'de icra kurulunun başında iklim değişikliğini yok sayanlar bulunmasına karşın ordunun bu değişime uyum sağlamak için on yıllık bir plan uygulamaya koymasına benzer şekilde, İngiltere'deki iklimbilimin verilerini kabul eden raporlar da ağların değeri hakkında şaşırtıcı derecede berrak bir okuma yapar.

Yukarıda sayılan yapıların hepsi bir sistemin parçasıdır –hepsi birbirine bağlı, birbirine bağımlıdır; iç içe geçmiş ve bir arada çalışmanın katı kurallarına tabidir. EİT aynı anda birden fazla yolu izleyebilen, gerçek zamanlı dinamik yönlendirme becerisiyle zamanı ve mekânı boydan boya katedip bir kullanıcıyı doğrudan bir diğerine bağlayabilen tek altyapı sektörüdür. Dolayısıyla, ulusal değeri oluşturan da tek tek bileşenlerden ziyade ağın kendisidir – altyapının tamamına dayanarak değer üretimine olanak tanıyan şey ağın işletilmesidir... Ağ altyapı düzeyindeki bir varlık olduğu halde, ağın değeri dolaşıma soktuğu enformasyonda saklıdır; yani, ağın kendi başına bir kıymeti yoktur. Ekonominin tamamına yakını dijital veri akışlarını olabildiğince gerçek zamanlı iletme, algılama ve dönüştürme kapasitesine bağlıdır: Bankamatikten para çekmekten kredi kartı veya bankamatik kartı kullanımına, e-posta göndermeye, uzaktaki bir pompa veya şalteri kontrol etmeye, uçakların sevk ve kabulüne, hatta telefon görüşmesi yapmaya kadar her şey buna bağlıdır.[17]

Toplumun ekonomik ve bilişsel çerçevesini çağdaş enformasyon ağları oluşturmaktadır: Peki iklimin değiştiği bir çağa ayak uydurabilecekler mi? Ya halihazırda sebep oldukları hasar?

Yükselen küresel sıcaklıklar, en başta zaten ısınmakta olan veri merkezi altyapılarını ve burada çalışan insanları sıkıntıya sokacaktır. Veri merkezleri ve kişisel bilgisayarlar muazzam boyutlarda ısı atığı üretmekte ve bu da ısıyı dengeleyecek soğutma sistemleri gerektirmektedir: Endüstriyel yapılardaki klima sistemlerinden tutun da YouTube'daki yavru kedi videoları bilgisayarınızın işlemcisine yüklendiğinde devreye giren fanlara kadar. Sıcaklıklardaki artış soğutma maliyetlerindeki –ve ısınmaya bağlı arıza ihtimallerindeki– bir artışı beraberinde getirmektedir yani. Ortam sıcaklığı 45 derecenin üzerine çıktığında Apple'ın son model telefonu şu uyarıyı vermektedir örneğin: "Kullanmaya devam edebilmek için iPhone'un soğumasını beklemelisiniz." Bu uyarıyı Avrupa'da sıcak bir günde cihazınızı arabada unuttuğunuzda da alabilirsiniz, ama özellikle Irak, İran, Lübnan, Suudi Arabistan ve Birleşik Arap Emirlikleri'nde gündüz sıcaklıklarının 50 dereceleri bulduğu 2015'teki sıcak hava dalgasının ardından, yirmi birinci yüzyılın ikinci yarısında Körfez ülkelerinde bu tür uyarıların olağanlaşması beklenmektedir.

AEA'nın EİT ve iklim üzerine raporunda, enformasyon ağlarında görülecek birtakım spesifik etkilerden de söz edilmektedir. Fiziksel altyapı düzeyinde, rapor bu ağın büyük bölümünün güncel kullanımlara ve iklim değişikliğinin etkilerine uygun olarak tasarlanmamış yapılardaki bir parazite benzediğine dikkat çekmektedir: Kilise kulelerine tutturulmuş baz istasyonları, veri merkezlerine çevrilmiş eski endüstriyel yapılar, Viktorya döneminden kalma postanelere kurulan telefon santralleri vb. Yer altına döşenen fiber optik kablolar, yükselen fırtına dalgaları ve taşkınlarla başa çıkmada giderek daha yetersiz hale gelen kanalizasyon şebekelerinden geçmektedir;

benzer şekilde, internetin deniz altındaki veri bağlantı noktalarından karaya çıktığı kablo iskeleleri deniz seviyesindeki yükselmelerden kolayca zarar görebilecek durumdadır – kıtayla hayati bağlantıların yer aldığı Güneydoğu ve Doğu İngiltere'de bu durum bilhassa yıkıcı olacaktır. Kıyı tesisleri tuz aşındırmalarına karşı giderek daha savunmasız hale gelecek; kuraklık, sel, kayma ve çökmeler kule ve sinyal direklerini eğilip bükecek, yerle bir edecektir.

Elektromanyetik ölçekte, sıcaklıklar yükseldikçe kablosuz aktarımın gücü ve etkinliği azalacaktır. Atmosferin kırılım endeksi büyük ölçüde nem oranına bağlıdır ve elektromanyetik dalgaların eğimi ile zayıflama oranını ciddi ölçülerde etkilemektedir. Yükselen sıcaklıklar ve artan yağışlar –mikrodalga aktarımları gibi– noktadan noktaya veri bağlantılarının ışınlarında kaymalar yaratıp yayın sinyallerini zayıflatacaktır. Yeryüzü ısınıp nem arttıkça giderek daha güçlü kablosuz bağlantı direklerine ihtiyaç duyulacak, bu yapıların bakım ve onarımı güçleşecektir. Bitki örtüsü türlerindeki değişimin enformasyonun yayılması üzerindeki olası etkilerini de unutmayalım.

Uzun lafın kısası, kablosuz bağlantı iyileşmeyeceği gibi olsa olsa kötüleşecektir. Bir senaryoya göre, zemindeki kaymaların telekomünikasyon ve uydu yayını hesaplarında kullanılan referans verilerinin güvenilirliğini zedelemesi dahi ihtimal dahilindedir. Kesinlik azalacak; yayınlar üst üste binip birbirine karışacak; gürültü sinyali boğacaktır. Zamanı ve mekânı yıkmak üzere kurduğumuz sistemler, zamanın ve mekânın saldırısı altındalar.

İşlemleme iklim değişikliğinin hem kurbanıdır, hem de destekçisi. 2015'ten bu yana, dünyadaki elektriğin yaklaşık yüzde 3'ünü toplamda bir milyon terabaytlık dijital enformasyonun depolanıp işlendiği veri merkezleri tüketmiştir; ayrıca, toplam küresel emisyonun yüzde 2'sinden de yine bu merkezler sorumludur. Bu rakam, aşağı yukarı havayolu endüstrisinin bıraktığı karbon ayak izine eşittir. 2015 yılında, veri merkezleri toplamda 416,2 teravat saat elektrik tüketmiştir ki bu rakam bütün İngiltere'nin tükettiği 300 teravat saatin bile üzerindedir.[18]

Hem dijital altyapıdaki genişlemenin, hem de yükselen küresel sıcaklıkların yol açtığı pozitif geribeslemenin bir sonucu olarak, bu tüketimin çok büyük oranda artması beklenmektedir. Veri depolama ve işlemleme kapasitesinde son on yılda gerçekleşen büyük artış karşısında, veri merkezlerinin kullandığı enerji miktarının her dört yılda bir ikiye katlandığı görülmektedir – önümüzdeki on yıl içinde üçe katlanacağı tahmin edilmektedir. Japonya'da yürütülen bir araştırmaya göre, 2030 yılına kadar yalnızca dijital servisler için gereksinim duyulacak enerji miktarı tek başına tüm ulusun mevcut üretim kapasitesini aşacaktır.[19] Toplumu temelden dönüştürme iddiası taşıyan teknolojiler de bu durumdan muaf değildir. Hiyerarşik, merkezi finans sistemlerini yıkması beklenen kripto para birimi Bitcoin, tek bir işlem gerçekleştirmek için ABD'deki dokuz hanenin tükettiği enerji miktarına gereksinim duymaktadır; bu hızla büyümeye devam edecek olursa, bu rakam 2019'a kadar ABD'nin yıllık toplam enerji üretiminin tamamına ulaşacaktır.[20]

Üstelik bu rakamlar yalnızca işlem gücünü yansıtmaktadır; yani işlemleme ile güçlendirilen kapsamlı dijital faaliyetler ağı hesaba katılmamıştır. Dağınık, parçalı ve büyük ölçüde sanal olan bu faaliyetler de muazzam büyüklükte kaynak tüketmektedir; ama çağdaş ağların doğası gereği, bu faaliyetleri görmek de, aralarında bağlantı kurmak da kolay değildir. Alışveriş etiği ve geri dönüşüm sayesinde görece azaltılan bireysel atık üretimi ve yönetiminin küreselleşmiş endüstriyel zincirlerle kıyaslandığında sönük kalmasına benzer şekilde; ağ maliyetleriyle kıyaslayınca, bireyler tarafından kolayca görülüp ölçülebilen dolaysız ve yerel enerji gereksinimleri de aynı ölçüde önemsizleşir.

2013'te yayınlanan "Bulutun Atası Kömür – Büyük Veri, Büyük Ağ, Büyük Altyapı ve Büyük Güç" başlıklı bir rapordaki hesaplamalara göre, "bir tablet veya akıllı telefonu şarj etmek çok düşük miktarda elektrik gerektirmesine karşın, bu iki cihazdan birinin haftada bir saat uzak ağlarda video izlemek için kullanılması bir yılda iki yeni buzdolabının tükettiği elektrikten fazlasını tüketmektedir."[21] Üstelik bu rapor saygın, iyi niyetli bir çevreci grup tarafından değil, Ulusal Madencilik Birliği ve Amerikan Temiz Kömür Elektriği Koalisyonu tarafından hazırlatılmıştır: Malum talepleri karşılayabilmek için daha fazla fosil yakıt kullanımına yönelik bir lobi oluşturma çabasının ürünüdür.

Kömür devleri, muhtemelen farkında bile olmadan, veri kullanımının niceliksel olduğu kadar niteliksel de olduğuna dikkat çekmiştir. *Neye* baktığımız *nasıl* baktığımızdan daha önemli hale gelmektedir –üstelik mesele sadece çevre de değil. Gazetelerde görüşlerine yer verilen bir endüstri danışmanına göre, "interneti hangi amaçlarla kullandığımız konusunda daha sorumlu davranmamız gerekiyor... Aradığımız suçlu veri merkezleri değildir – bu durumun asıl sorumlusu sosyal medya ve akıllı telefonlardır. Filmler, pornografi, bahis siteleri, flört ve alışveriş siteleridir – imgeler barındıran her şeydir."[22] Erken dönem çevreci iddialarda görüldüğü gibi, çözüm önerileri ya düzenlemelere (veriyi vergilendirme), ya muhafazakâr geri adımlara (pornografiyi yasaklama, aktarım maliyetlerini düşürmek adına renkli fotoğrafları siyah beyaza çevirme) ya da (mucizevi madde grafen gibi) talihsiz tekno-çözümlere başvurur – ki hepsi gülünç ve kullanışsızdır; baş etmeye çalıştıkları ağların ölçeğinde düşünmekten acizdir.

Dijital kültürün hızlanması, bant genişliğinin artıp imgeye daha bağımlı hale gelmesi, aynı zamanda daha maliyetli, daha yıkıcı hale gelmesi demektir – hem düz, hem de mecazi anlamıyla. Dijital kültür hem daha fazla girdiye ve enerjiye gereksinim duymakta, hem de dünyanın temsilinde imgenin –verinin görsel takdiminin– üstünlüğünü teyit etmektedir. Ancak bunlar doğru imgeler değildir artık; tıpkı geleceğe ilişkin imgemiz gibi. Geçmişimiz tiyal tabakasıyla birlikte erirken, geleceğimiz de atmosferde savruluyor. Değişen iklim yalnızca beklentilerimizi sarsmakla kalmayıp, herhangi bir gelecek öngörme kabiliyetimizi de törpülüyor.

1 Mayıs 2017'de, Aeroflot'un Moskova-Bangkok arası düzenli seferlerinden birini gerçekleştiren SU270 sefer sayılı uçak gece yarısından hemen sonra şiddetli bir türbülansa girdi.[23] Daha uyarı yapmaya bile fırsat olmadan yolcular koltuklarından uçtu, içlerinden bazıları tavana çarpıp komşularının üzerine, koridora savruldu. Uçuşa ait kamera görüntülerine, yerlere saçılmış bagajlar ve yemek tepsileri arasında sersemlemiş, kan revan içinde yolcular takıldı.[24] İnişin ar-

dından, vücutlarında kırık ve çatlaklar bulunan birkaç kişinin de aralarında bulunduğu toplam yirmi yedi yolcu hastaneye kaldırıldı.

Yolculardan biri, gazetecilere yaptığı açıklamada şu sözlerle anlattı yaşananları: "Uçağın tavanına savrulduk, bir yerlere tutunmak bile imkânsızdı. Sarsıntı hiç bitmeyecek gibiydi, çakılacağız sandık." Olayın ardından Reuters'a açıklamalar yapan Rusya Büyükelçiliği'ne göre, "yaralanmaların asıl sebebi bazı yolcuların emniyet kemerlerini bağlamamış olmasıydı." Aeroflot ise "uçağın deneyimli bir ekip tarafından uçurulduğunun" altını çizen kısa bir basın açıklaması yayınladı: "Kaptan pilotumuz 23 bin saat, yardımcı pilotumuzsa 10.500 saatten fazla uçmuş deneyimli pilotlardır. Boeing 777'nin girdiği türbülansı öngörmek maalesef imkânsızdı."[25]

Haziran 2016'da, Bengal Körfezi üzerinde gerçekleşen "kısa, ama şiddetli türbülans" Malezya Hava Yolları'nın Londra'dan Kuala Lumpur'a uçan MH1 sefer sayılı uçağındaki 34 yolcunun ve 6 mürettebatın yaralanmasına sebep oldu.[26] Yiyecek tepsileri etrafa savruldu; haber ajanslarının kameralarına boyunluk takan, sedyelerle taşınan yolcular takıldı.

Üç ay sonra, Houston-Londra seferini gerçekleştiren United Hava Yolları'na ait Boeing 767 Atlantik üzerindeyken girdiği "şiddetli ve beklenmedik türbülans" yüzünden İrlanda'daki Shannon Havaalanı'na acil iniş yapmak zorunda kaldı. Yolculardan biri "Üst üste dört kez sallandık," dedi.

> Üzerimizde inanılmaz bir basınç hissettik. Üçüncü veya dördüncü seferdi sanırım, bebekler uyanıp ağlamaya başladı, insanlar allak bullak halde uyandılar. Böyle türbülans olmaz dedim içimden. Uçak çakılıyor, hepimiz öleceğiz sandım. Daha önce böyle bir şey hissetmemiştim. Topun ağzındaki bir mermi gibiydik. Önce çok sert bir şekilde aşağı çekiliyor, sonra bir-iki saniye durup aynı şeyi dört defa daha yaşıyorsunuz. Emniyet kemerimiz bağlı olmasa kafamız gözümüz yarılabilirdi.[27]

Uçak Shannon Havaalanı'nda ambulanslar tarafından karşılandı ve 16 kişi hastaneye kaldırıldı.

Kayıtlara geçmiş en şiddetli açık hava türbülansı 1997'de, United Hava Yolları'nın 826 sefer sayılı Tokyo-Honolulu uçuşu sırasında meydana geldi. İki saatlik bir uçuşun ardından, kaptan pilot diğer uçaklardan gelen ikazlar üzerine emniyet kemerlerini bağlama uyarısını açtıktan dakikalar sonra, Boeing 747 aşağı doğru savrulup öyle bir kuvvetle yukarı itildi ki kendisini servis malzemelerinin bulunduğu tezgâha sabitleyen kabin amiri sarsıntı geçtiğinde baş aşağı haldeydi.

Emniyet kemeri bağlı olmayan bir kadın yolcu tavana çarpıp koridora savruldu. Bilinci kapalıydı ve ağır kanaması vardı; kabin ekibi ve yolcular arasındaki bir doktorun tüm çabalarına rağmen kısa süre içinde hayatını kaybettiği bildirildi. Yapılan otopside ciddi bir omurilik zedelenmesi tespit edildi. Uçak Tokyo'ya dönüp güvenli bir şekilde iniş yaptıktan sonra, 15 yolcu omurilik ve boyun kırığı teşhisiyle, geri kalan 87 yolcu ise morluklar, burkulmalar ve başka ufak yaralanmalar için tedavi altına alındı. Uçağın gövdesi emekli edilip uçuştan çekildi.

ABD Ulusal Ulaştırma Güvenliği Kurumu tarafından hazırlanan rapora göre, uçaktaki sensörler ilk keskin tırmanışta uç bir değer olan -0,824 negatif G'ye düşmeden önce 1,814 G'lik olağan bir azami hızlanma kaydetmişti. Ayrıca, pilotun farkına varabileceği hiçbir görsel veya mekanik emaresi bulunmayan 18 derecelik kontrolsüz bir yalpalama tespit edilmişti.[28]

Hava durumu üzerine yürütülen çalışmalar sayesinde, türbülans bir dereceye kadar öngörülebilmektedir. Uluslararası Sivil Havacılık Örgütü (ICAO) bulut yüksekliği, bulut örtüleri, rüzgâr hızı, hava akımları ve olası türbülanslara ilişkin günlük "önemli hava olayları haritası" yayınlamaktadır. Bu tür öngörülerde, türbülans ihtimalini tespit etmek için bakılan temel gösterge Richardson sayısıdır – Lewis Fry Richardson, bu ölçüyü sayısal hava tahmini üzerine çalışmalarıyla bağlantılı olarak 1920'lerde kaleme aldığı bir dizi makalede geliştirmiştir. Eğer ölçümler mevcutsa, atmosferin farklı bölgelerindeki bağıl sıcaklık değerleri ve rüzgâr hızları incelenerek bunlar arasındaki potansiyel türbülans olaylarını tespit etmek mümkündür.

Aynı şeyi açık hava türbülansı için söylemek güçtür ama. Açık hava türbülansının bu isimle anılmasının sebebi gerçekten de birdenbire oluşmasıdır. Çok farklı hızlarda hareket eden hava kütleleri karşılaştığında meydana gelir: Farklı hızlardaki rüzgârlar birbirle-

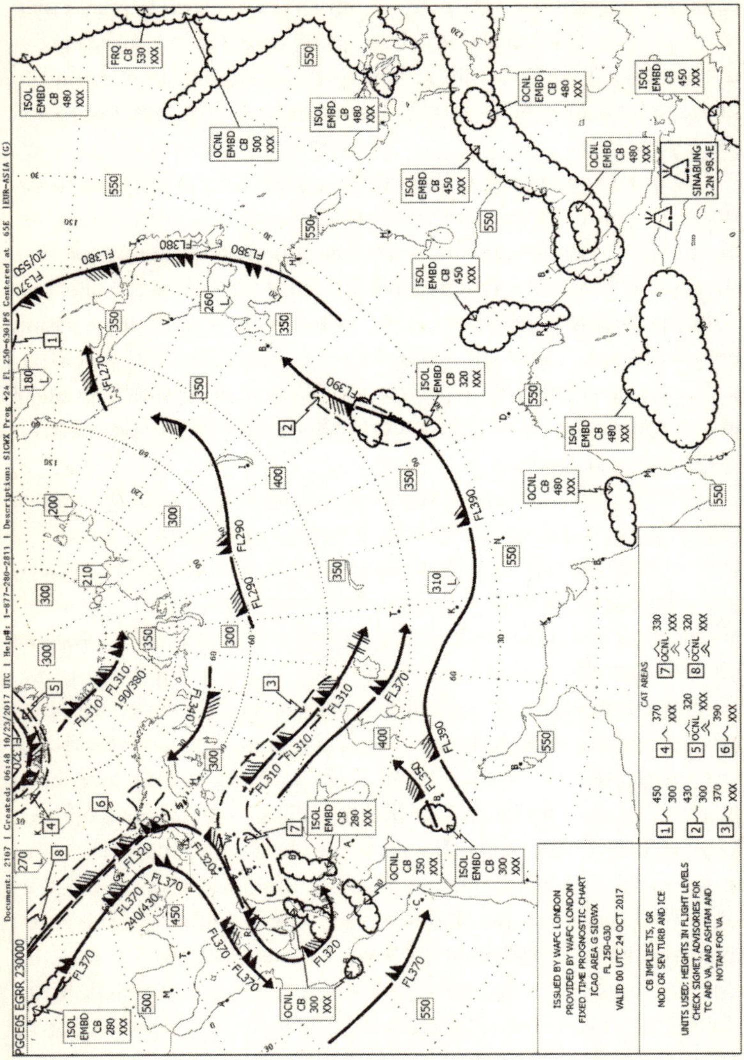

Dünya Bölgesel Hava Raporu Merkezi tarafından yayınlanan Avrupa ve Asya için Önemli Hava Olayları Haritası, 24 Ekim 2017. Kaynak: Dünya Bölgesel Hava Raporu Merkezi, Londra.

rine dolandıkça, havada girdaplar ve kaotik hareketler oluşur. Özellikle uzun menzilli uçakların kullandığı troposferin üst kısımlarına ilişkin pek çok araştırma bulunmasına karşın, açık hava türbülansını tespit etmek veya öngörmek imkânsızlığını hâlâ korumaktadır. Bu da onu fırtınalar ve büyük hava sistemlerinin kıyısında meydana gelen öngörülebilir türbülans türlerinden çok daha tehlikeli hale getirmektedir, çünkü pilotların ne hazırlanacak, ne de etrafından dolanacak vakti olmaz. Üstelik, açık hava türbülansı oranları her yıl artmaktadır.

Yukarıda zikredilenlere benzer türbülans vakaları yaygın olarak rapor edilebilmesine rağmen, küresel ölçekte önem arz eden, ama rapor edilmeyen birçok olay da vardır ve bunlara ilişkin rakamlara ulaşmak güçtür. ABD Federal Havacılık Kurumu'nun türbülans kaynaklı yaralanmaların önüne geçmek üzere yayınladığı 2006 tarihli tavsiye niteliğindeki genelge, türbülans vakalarının sayısının on yılı aşkın süredir istikrarlı bir şekilde arttığını göstermektedir: 1989'da milyonda 0,3 olan kaza oranı, 2003'te 1,7'lere çıkmıştır.[29] Ama bu rakamlar da güncelliğini çoktan yitirmiştir.

Türbülans vakalarındaki artışın nedeni atmosferdeki karbondioksit seviyesinin yükselmesidir. Reading Üniversitesi Ulusal Atmosfer Bilimleri Merkezi'nden Paul Williams ve East Anglia Üniversitesi Çevre Bilimleri Fakültesi'nden Manoj Joshi, 2013'te *Nature Climate Change* dergisinde yayınladıkları makalede atmosferdeki ısınmanın transatlantik uçuşlar üzerindeki olası etkilerini incelemiştir:

> Burada iklim modeli simülasyonlarını kullanarak göstermeye çalıştığımız şey şu; atmosferdeki karbondioksit yoğunluğunun iki misline çıkması transatlantik uçuş koridorundaki açık hava türbülanslarını önemli ölçüde değiştirmektedir. Kışın kullanılan 50-75° Kuzey ve 10-60° Batı seyir irtifasındaki pek çok açık hava türbülansı göstermektedir ki ortalama türbülans şiddeti yüzde 10 ile yüzde 40 arası artarken, orta-yüksek şiddette türbülans vakalarının görülme sıklığı yüzde 40 ila yüzde 170 artmıştır. Çalışmamızın sonuçları, içinde bulunduğumuz yüzyılın ortalarına kadar iklimdeki değişimin daha sarsıntılı transatlantik uçuşları beraberinde getireceğini ortaya koymaktadır. Bu durumda se-

yahat sürelerinin uzaması, yakıt tüketiminin ve emisyonun artması beklenebilir.[30]

Makalenin yazarları, türbülans oranlarındaki bu artışta geribeslemenin oynadığı rolü bir kez de şöyle vurgulamıştır: "Havacılık iklimdeki değişimin sorumlularından biridir kuşkusuz, ancak bulgularımız iklim değişikliğinin havacılığı nasıl etkileyebileceğini ilk kez bu kadar net göstermektedir." Bu etkiler en çok Asya ve Kuzey Atlantik'teki yoğun hava koridorlarında hissedilecek; aksaklıklara, hasar ve rötarlara yol açacaktır. Gelecek sarsıntılı olacak ve bizler bu sarsıntıları öngörme kabiliyetimizi dahi yitiriyoruz.

Ben Londra'nın güneyindeki kenar mahallelerde, Heathrow Havaalanı'na gelen uçakların gölgesinde büyüdüm. Her akşam altı buçuk gibi önce New York'tan gelen Concorde'un gürültüsü duyulur, ardından da kapılar pencereler zangırdardı. Daha o zaman bile on yılı aşkın süredir uçan Concorde ilk uçuşunu 1969'da gerçekleştirmiş, 1976'da tarifeli uçuşlara başlamıştı. Concorde'la yapılan transatlantik uçuşlar üç buçuk saat kadar sürerdi – bilet fiyatlarına gücü yetenler için tabii; gidiş dönüş bilet için en az 2 bin £ civarında bir bedelin gözden çıkarılması gerekirdi.

1997'de, fotoğrafçı Wolfgang Tillmans çocukluğumdan kalma imgelerle neredeyse bire bir örtüşen elli altı fotoğraftan oluşan bir Concorde sergisi açtı: Lüks bir kabinden değil de yerden bakıldığında, Concorde göğü inleten kapkara bir ok başını andırır. Sergi için hazırlanan katalogda şu ifadelere yer verdi Tillmans:

> Concorde altmışlı yıllardan kalan ve bugün hâlâ kusursuz çalışan bir tekno-ütopik icadın son örneğidir muhtemelen. Fütüristik tasarımı, hızı ve kulakları sağır eden gümbürtüsüyle, 1969'da ilk havalandığı zamanki kadar yoğun bir ilgi uyandırıyor insanlarda. Teknoloji ve ilerlemenin her şeyin cevabı olduğu, gökyüzünün sınır olmaktan çıktığı 1962'de ortaya çıkan çevresel bir kâbustur o... Şanslı bir azınlık için onunla uçmak büyüleyici görünen, ama sıkış tıkış ve biraz da sıkıcı bir rutindir, oysa Concorde'u havadayken, iniş veya kalkış yaparken seyretmek tuhaf, ücretsiz bir gösteri izlemek gibidir; süper modern bir anakronizme, teknoloji sayesinde zamanı ve mesafeleri aşma arzusunun imgesine tanık olmaktır.[31]

"Concorde Grid" fotoğraf serisinden bir Concorde fotoğrafı, Wolfgang Tillmans. Kaynak: Tate Galleries/Maureen Paley, Londra.

Kendi elitizmi kadar, Air France'ın 4590 sefer sayılı uçuşunun Temmuz 2000'de Paris sırtlarına çakılmasının da kurbanı olan Concorde son uçuşunu 2003 yılında gerçekleştirdi. Pek çoklarına göre, Concorde'un sonu, belli bir gelecek fikrinin de sonuydu.

Günümüzün modern filoları içinde Concorde'dan geriye pek az şey kalmıştır: Bu filoları oluşturan son teknoloji yolcu uçakları, Concorde'un akla getirdiği radikal ilerlemeden çok ikincil gelişmelerin –daha kaliteli malzemelerin, yüksek randımanlı motorların, kanat tasarımındaki düzenlemelerin– neticesidir. Bu gelişmeler içinde benim en sevdiğim sonuncusudur: Bugün hemen her uçağın kanatlarını süsleyen "kanatçıklar." Kanatçık, 1973'teki petrol krizine cevaben NASA tarafından geliştirilen ve ardından yakıt verimini artırmak için ticari uçaklara da uygulanan görece yeni bir buluştur. Buckminster Fuller'ın* Cambridge, Massachusetts'teki mezarının başında yazılı olan şu sözleri akla getirir: "Kanatçık deyin bana." Havada gerçekleştirilen küçük ama etkili müdahaleler; yapabildiğimiz şey bu artık.

Tarih –ilerleme– daima yukarı ve sağa gitmez: Günlük güneşlik bir yayla değildir. Bunun geçmişe özlem duymakla alakası yok – olamaz da. Asıl mesele, doğrusal zamansallıktan kopmuş bir şimdiyi, önemli ama kafa karıştırıcı biçimlerde tarihsellik fikrinden ayrılan bir şimdiyi kabul etmekle ilgilidir. Artık hiçbir şey berrak değil ki olması da beklenemez. Değişen geleceğin boyutsallığı değil öngörülebilirliğidir.

İşlemlemeye dayalı meteoroloji uzmanı ve Amerikan Meteoroloji Topluluğu eski başkanı William B. Gail, 2016'da *New York Times* için kaleme aldığı yazıda insanlığın yüzyıllardır kullandığı, ama iklim değişikliği yüzünden bozulan birtakım şablonlardan söz eder: Uzun vadeli hava trendleri, balıkların yumurtlama ve göç dönemleri, bitkilerin polen bırakması, muson ve gel-git döngüleri, "olağandışı" hava olaylarının oluşumu vb. Kaydedilen tarihin bü-

* ABD'li mimar, mucit ve felsefeci. B. Fuller (1895-1983), "jeodezik kubbe" gibi pek çok icat gerçekleştirmiş, küçücük bir şeyin büyük bir dönüştürücü etki yaratabileceğini öne sürmek için metafor olarak dev bir gemi ya da uçağı dengede tutan "kanatçık" (*trim tab*) örneğini kullanmıştır. –*ç.n.*

yük bölümünde, bu döngüler genel itibarıyla öngörülebilirdi; karmakarışık uygarlığımızı daha iyi koşullarda sürdürmek amacıyla kullanabileceğimiz engin bir bilgi birikimini de bu sayede oluşturabildik zaten. Bu çalışmalara dayanarak, öngörme kabiliyetimizi hangi mevsimde hangi mahsullerin ekileceğini bilmekten tutun da kuraklık ve orman yangınlarını, av/avcı dinamiklerini, beklenen tarım ve balıkçılık çıktılarını kestirmeye kadar adım adım genişlettik. Uygarlık dediğimiz şey bu kesin tahminler üzerine kuruludur; ancak ekosistemler çökmeye başlayıp da eskiden yüz yılda bir rastlanan fırtınalar olağanlaştıkça uygarlığımızı sürdürme kabiliyetimizi yitiriyoruz. Uzun vadeli ve doğru öngörülerden yoksun kaldığımızda ne çiftçiler doğru mevsimde doğru ekinleri ekebilir, ne balıkçılar av bulabilir, ne orman yangınları ve sellere karşı önlem alınabilir, ne de enerji ve besin kaynaklarını tespit edip talepleri karşılamak mümkün olur. William B. Gail torunlarımızın yaşayacağı zamanlara dair bir öngörüde bulunup, dünyaya ilişkin bugünkünden çok daha az şey bileceklerinden ve bunun felaketlerle baş etmek zorunda kalan karmakarışık bir toplumsal yapıyı beraberinde getireceğinden söz eder.[32] Belki de, der, bilginin tepe noktasını çoktan geride bırakmışızdır; tıpkı petrolün en yoğun olduğu dönemleri geride bıraktığımız gibi. Belki, yeni bir karanlık çağ belirmiştir ufukta.

Düşünür Timothy Morton küresel ısınmayı "hiper-nesne" olarak tanımlar: Etrafımızı saran, başımızı ağrıtan, ama tamamını göremeyeceğimiz kadar büyük bir şey olduğunu belirtir. Hiper-nesneleri başka şeyler üzerindeki etkileriyle algılarız çoğunlukla – eriyen bir buz örtüsü de olabilir bu, ölmekte olan bir deniz veya transatlantik uçuşunda meydana gelen bir sarsıntı da. Hiper-nesneler aynı anda her yerdedir, ama biz onları yalnızca yerel çevremizde deneyimleyebiliriz. Bizi doğrudan etkiledikleri için onları kişisel algılayabilir, veya bilimsel teorinin ürünleri olarak görebiliriz; ama aslında algımızın da ölçülerimizin de sınırları dışındadırlar. Bizden bağımsız olarak var olurlar. Hem çok yakınımızda hem de görülmesi zor oldukları için, hiper-nesneler rasyonel bir biçimde tanımlama ve bu sayede –geleneksel manasıyla– hükmetme, olumsuz etkilerini sınırlandırma kabiliyetimize meydan okurlar. İklim değişikliği bir hipernesnedir; tıpkı nükleer radyasyon, evrim ve internet gibi.

Hiper-nesnelerin en temel özelliklerinden biri yalnızca diğer şeyler üzerindeki izlerini algılayabiliyor olmamızdır: Bir hiper-nesneyi modellemek muazzam ölçülerde işlemleme gerektirir. Hiper-nesneler yalnızca ağ düzeyinde kavranabilir; geniş bir alana yayılmış sensör ağlarıyla, zaman ve mekânda gerçekleşen milyonlarca gigabaytlık veri ve işlemlemeyle anlamlı kılınabilir. Bu da bilimsel kayıt tutmayı duyu-ötesi bir algı biçimi haline getirir: Ağ bağlantılı, müşterek ve zaman aşırı bir bilgi üretimi. Zaten onu belli bir düşünce biçiminin –elle tutulmaz, gözle görülmez şeylere dokunmak ve hissetmek konusunda ısrar eden, zihninde canlandıramadığı şeyleri reddeden düşüncenin– karşı kutbuna yerleştiren tam da bu özelliğidir. İklim değişikliğinin varlığına ilişkin argümanlar, aslında bizim ne düşünebildiğimize ilişkin argümanlardır.

Ama uzun süre düşünmeye devam edebilecekmişiz gibi görünmüyor maalesef. Sanayi öncesi dönemde, yani milattan sonra 1000-1750 arasında, atmosferdeki karbondioksit oranı milyonda 275 ile 285 birim arasındaydı – bu rakamlara Arktik'teki buz çekirdekleri, erimekte olan bilgi kaynakları üzerine yürütülen araştırmalar sayesinde ulaşıyoruz. Sanayi devrinin ufukta belirmesiyle birlikte, atmosferdeki karbondioksit seviyesi yükselmeye başlamış, yirminci yüzyılın başında milyonda 295 birime, 1950'lere gelindiğindeyse milyonda 310 birime ulaşmıştır. 1958'de Hawaii'de bulunan Mauna Loa Gözlemevi'nde modern ölçümleri başlatan Charles David Keeling'in ardından Keeling Eğrisi adı verilen bu trend giderek yükselmekte ve hızlanmaktadır. 1970'te milyonda 325 birim, 1988'de milyonda 350 birim, 2004'te ise milyonda 375 birime ulaşmıştır.

2015 yılında, atmosferdeki karbondioksit seviyesi en azından 800.000 yıldır ilk defa milyonda 400 birimin üzerine çıkmıştır. Hiçbir yavaşlama veya durma belirtisi göstermeyen mevcut artış oranına bakılırsa, yüzyılın sonuna kadar atmosferdeki karbondioksit seviyesi milyonda 1000 birimi aşacaktır.

Atmosferdeki karbondioksit seviyesi bu rakama ulaştığında, insanlığın bilişsel kabiliyetinde yüzde 21 oranında bir düşüş gerçekleşecektir.[33] Bu rakamın üzerindeki bir karbondioksit seviyesiyse,

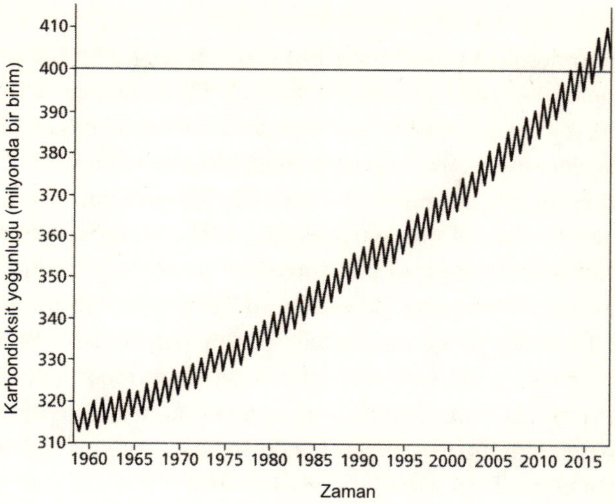

21 Ekim 2017 itibarıyla Keeling Eğrisi'nin son şekli.
Kaynak: Scripps Deniz Bilimleri Enstitüsü.

düşünme kabiliyetimizi bariz biçimde yitirmemize neden olacaktır. Açık havadaki karbondioksit seviyesi, büyük şehirlerde milyonda 500 birime çoktan yaklaşmış durumda: Bu rakam iç mekânlarda, yeterince havalandırılmayan evler, okullar ve iş yerlerinde milyonda 1000 birimi aşabilmektedir – 2012'de Kaliforniya ve Teksas'taki okullarda yapılan ölçümlere göre, okulların önemli bir bölümündeki seviye milyonda 2000 birime ulaşmıştır.[34]

Karbondioksit zihni bulandırır: Düşünme yetimizi doğrudan etkileyip sağlıklı düşünmemize engel olur; ama bizler eğitim kurumlarımıza karbondioksitten duvarlar örüyor, atmosfere karbondioksit pompalayıp duruyoruz. Küresel ısınma bir akıl tutulmasıdır; başka türlü düşünme becerimizin darbe almasıdır. Böyle giderse, yakında düşünme kabiliyetimizi tümden yitireceğiz gibi görünüyor.

Transatlantik jet rotalarındaki daralma, iletişim ağlarımızdaki çöküş, yitirdiğimiz çeşitlilik ve tarihsel bilgi kaynaklarımızın eriyip gitmesi; bunların hepsi bilişsel kabiliyetimizdeki düşüşün yansımalarıdır: Ağ düzeyinde düşünebilme, uygarlığımızı sürdürecek düşünce ve eylemleri bulabilme konusundaki daha genel bir beceriksizliğin emareleridir. Yaşam sistemlerimizi, dünyayla bilişsel ve dokunsal etkileşimlerimizi genişletmek üzere inşa ettiğimiz bu yapılar, hiper-nesnelerin egemen olduğu bir dünyayı algılamak için sahip olduğumuz yegâne araçlardır. Ama tam da onları algılamaya başladığımız bir dönemde, bunu yapacak kabiliyeti yitiriyoruz.

Nasıl karmaşık sistemleri kavramsallaştıramayışımız iç içe geçmiş çevresel ve teknolojik değişimler hakkında düşünme ve eyleme becerimizi sınırlandırıyorsa, iletişim ağları nasıl yumuşayan zemin tarafından zayıflatılıyorsa, iklim değişikliği üzerine düşünmek de bizatihi iklim değişikliği tarafından sınırlandırılmaktadır. Bununla birlikte, mevcut krizin kalbinde yer alan şey ağın hiper-nesnesidir: İnternet ve beraberinde getirdiği yaşam tarzıdır, düşünme biçimidir. Muhtemelen tüm hiper-nesneler içinde en benzersizi olan ağ matematikle, elektronlarla, silikonla ve cam elyafıyla diyalog içindeki bilinçli ve bilinçdışı arzularımızın ürettiği kültürel bir formdur. Sonraki bölümlerde göreceğimiz gibi, bu ağın mevcut krizi hızlandıracak şekilde (yanlış) kullanılıyor olması ağın aydınlatma potansiyelini tümden yitirdiği anlamına gelmez.

Ağ, inşa ettiğimiz gerçekliğin en iyi temsilcisidir; çünkü onu düşünmek en az gerçekliğin kendisini düşünmek kadar zordur. Ağı cebimizde taşıyor, ağ bağlantısı kurabilmek için direkler, veriyi işlemek için veri merkezleri inşa ediyoruz; ama ağ ayrı ayrı birimlere indirgenemez, yerelleştirilemez, bünyesi gereği çelişkilidir *–dünyanın ta kendisi gibidir*. Bilerek veya bilmeyerek, ağ daima yaratılan bir şeydir. Yeni bir karanlık çağda yaşamak pratikteki bu bilinmezlikleri, bu tür çelişki ve belirsizlikleri kabul etmeyi gerektirir. Bu bakımdan, doğru ele alındığında ağ diğer belirsizlikler üzerine düşünmek için bir rehber olabilir; düşünülebilmeleri görünür hale gelmelerine bağlı olan bu belirsizlikleri görünür kılabilir. Hiper-nesnelerle başa çıkmak bir görme, bir düşünme ve eyleme biçimi olarak ağa inanmayı gerektirir. Ağ yeni karanlık çağın zorlukları üzerine düşünürken bizi sınırlandıran zaman, mekân ve bireysel deneyim bağlarını reddeder. Yalnızca akılla kavranabilen belirsiz bir yakınlıkta ısrar eder. Atomizasyon ve yabancılaşma karşısında, ağ daima ayrışmanın, ayrı olmanın imkânsızlığında diretir.

4
Hesaplama

ÇOĞUNLUKLA sıradan insanlardan farklı bir zamansallık fikrine sahip olan bilimkurgu yazarları eşzamanlı icatlar için bir terim kullanır: "buharlı motor vakti." William Gibson şöyle tanımlar bu terimi:

> Bilimkurgu topluluğunda, yirmi-otuz kadar yazarın birdenbire aynı fikri temel alan hikâyeler üretmeye başladığı dönemleri tarif etmek için kullanılan bir tabir vardır: Buharlı motor vakti. Bu tür dönemlere buharlı motor vakti denir, çünkü buharlı motorun neden şu değil de bu dönemde ortaya çıktığını kimse bilmez. Batlamyus buharlı motorun mekanik yapısını çağlar evvel göstermişti; yani teknik olarak bakıldığında, Roma'yı büyük buharlı motorlar yapmaktan alıkoyan hiçbir şey yoktu. Küçük, oyuncak buharlı motorları, büyük buharlı traktörler yapacak kadar da metal işleme maharetleri vardı. Ama yapmak akıllarına gelmedi işte.[1]

Buharlı motorlar, ancak buharlı motorun vakti gelince –tarihsel ilerlemeyi oturttuğumuz çerçevenin dışında kaldığı için mistik, teleolojik görülebilecek bir sürecin sonunda– icat edilebildi. Bu kendine özgü buluşun gerçekleşebilmesi için bir araya gelmesi gereken şeyler kümesi, doğmakta olan bir yıldızın görüntüsüne sahip olduğunu düşünemediğimiz, göremediğimiz birçok düşünce ve olay içerir: Büyülüdür, gerçekleşinceye kadar tahayyül edilemezdir. Ama diğer taraftan, bilim tarihi tüm buluşların eşzamanlı ve çok sahipli olduğunu gösterir. Manyetizma ile ilgili ilk bilimsel incelemeler milattan önce 600'lerde Yunanistan ve Hindistan'da, milattan sonraki ilk yüzyılda ise Çin'de birbirinden habersizce yapılmıştır. Çin'de miladın ilk yüzyılında ortaya çıkan maden eritme ocakları İskandinavya'da on ikinci yüzyılda belirmiştir – burada bir nakil ihtimali olmakla birlikte, Tanzanya'nın kuzeybatısındaki Haya halkının yaklaşık 2000 yıldır, yani bu teknolojinin Avrupa'ya gelmesinden çok önceden beri çelik imal ettiği bilinmektedir. On yedinci yüzyılda, Gottfried Wilhelm Leibniz, Isaac Newton ve başka bazı isimler kalkülüsün yasalarını birbirlerinden habersizce geliştirmiştir. On sekizinci yüzyılda, oksijenin mevcudiyetine ilişkin idrak Carl Wilhelm Scheele, Joseph Priestley ve Antoine Lavoisier gibi isimlerin çalışmalarında hemen hemen aynı dönemde belirmiş; Alfred Russel Wallace ve Charles Darwin evrim teorisini on dokuzuncu yüzyılda, yine birbirlerine yakın dönemlerde geliştirmiştir. Bunlar destansı – benzersiz bir görüş ortaya koymak için didinen yalnız dâhilerin ön planda olduğu– tarih anlatısının ipliğini pazara çıkaran türden tarihsel bilgilerdir. Tarih parçalardan oluşan bir ağdır, zamandışıdır: Buharlı motorun vakti, zamanda hapsolmuş bir algının duyumsayabilse dahi seçemeyeceği çok boyutlu bir yapıdır.

Böylesine sağlam gerçeklere rağmen, birinden makul gelen bir hikâye işittiğimizde harika bir şey meydana gelir: Anlatılan hikâyenin kahramanlarının kim olduklarına, nereden gelip nereye gittiklerine dair bir his; yaptıkları şeyin *anlamlı* olduğu, ardında koca bir tarih, bir süreç yattığı, başka türlü olamayacağı ve sırf hikâye öyle anlatıldığı için o şeyin onların başına gelmesinin kaçınılmaz olduğu duygusu uyanır.

World Wide Web'in mucidi Tim Berners-Lee, 2010 yılında Galler'de bir çadırda "World Wide Web Nasıl Oluştu?" başlıklı bir konuşma yaptı.[2] Mütevazı bir kahramanlık hikâyesi olmasının yanında işlemlemenin bir tefsiri de olan keyifli bir konuşmaydı. Tim Berners-Lee'nin annesi Mary Lee Woods da babası Conway Berners-Lee de bilgisayar mühendisiydi; 1950'li yıllarda, Manchester'da yürütülen genel kullanım amaçlı ilk ticari elektronik bilgisayar projesi Ferranti Mark 1 üzerine çalışırken tanışıp evlenmişlerdi. Sonrasında, Conway metin düzenlemek ve sıkıştırmak için bir teknik geliştirmiş, Mary ise Londra otobüs seferlerindeki gecikmeleri azaltmak için faydalanılan bir simülasyon yapmıştı. Tim Berners-Lee çivi ve bükülmüş tellerden mıknatıs ve şalterler yaptığı ilk deneylerini "işlemlemeyle dolu bir evren" olarak tarif ettiği çocukluğunda yapmıştı; geliştirdiği ilk cihaz kardeşlerine sataşmak için kullandığı, fare kapanı mekanizmasını andıran uzaktan kumandalı bir tabancaydı. Kendisinin de belirttiği gibi, transistör Tim Berners-Lee'nin dünyaya geldiği yıllarda icat edilmiş ve ortaokul çağına geldiğinde çoktan Tottenham Court Road'daki elektronik mağazalarında satışa sunulmaya başlamıştı. Çok geçmeden kapı zilleri ve hırsız alarmları için basit devreler yapmaya başladı; o lehimlemede ustalaştıkça daha karmaşık devreler kurmaya başlamasına imkân veren transistörler de arttı. İlk entegre devrelerin ortaya çıkması, henüz gerçek bir bilgisayarın tüm parçalarına sahip olmadığı günlerde eski televizyonlardan görüntü üniteleri yaratmasına olanak tanıdı – hiçbiri doğru düzgün çalışmamıştı gerçi, ama önemli olan da bu değildi. O zamanlar üniversitede fizik okuyordu; bitirdikten sonra bir süre dijital yazıcılarda dizgi üzerine çalışıp ardından –daha önce Vannevar Bush ve Douglas Engelbart gibi isimler tarafından öngörülen– hipermetin işaretleme dilini (HTML) geliştirdiği CERN'e katıldı. Çalıştığı yer ve buradaki araştırmacıların birbirleriyle bağlantılı bilgileri paylaşma ihtiyacı üzerine, bu buluşunu Aktarım Kontrol Protokolü (TCP) ile gelişmekte olan internetin temelini oluşturan alan adı sistemlerine bağladı ve –o da ne!– birden, sanki böyle olması gerekiyormuşçasına doğal bir şekilde World Wide Web ortaya çıkıverdi.

Bu, hikâyeyi anlatmanın yollarından yalnızca biridir kuşkusuz, ama makul olduğu ölçüde içimizi gıdıklar: Buluşun giderek yükselen eğrisi –daima yukarı ve sağa giden grafiği–, sayısız ara bağlantı ve doğru zamanda doğru yerde parlayan kıvılcıma uzanan kişisel bir tarihle birleşir. World Wide Web'in ortaya çıkmasında mikroişlemcilerin, telekomünikasyon şebekelerinin, savaş sanayiinin ve ticari gereksinimler tarihinin yanı sıra bir dizi başka keşfin, patentin, kurumsal araştırma fonu ve bilimsel makalenin, hatta Tim Berners-Lee'nin kendi aile tarihinin de aralarında bulunduğu pek çok neden sayılabilir; ama tüm bunların yanına vaktinin gelmiş olması da eklenmelidir: Şimdi geriye dönüp bakınca, kısa bir süreliğine de olsa, kültürel ve teknolojik eğilimler antik Çin ansiklopedilerinden tutun da mikrofilm taramasına, Jorge Luis Borges'in hikâyelerine kadar hemen her şeyin önceden haber verdiği bir buluşta birleşmiştir. World Wide Web bir gereklilikti, ortaya çıkmasının –en azından, bu zaman çizgisinde ortaya çıkmasının– sebebi buydu.

İşlemleme kendini haklı çıkaran, gerekli ve kaçınılmaz olduğunun ispatı niteliğindeki bu tür tarihsel anlatılara bilhassa meyillidir. Tüm bu kendi kendini gerçekleştiren teknolojik kehanetlerin olmazsa olmaz koşulu, Fairchild Semiconductor'ın ve Intel'in kurucu ortağı Gordon Moore'un *Electronics* dergisinin 1965 tarihli sayısındaki bir makalede öne sürdüğü ve Moore Yasası olarak bilinen şeydir. Moore –Tim Berners-Lee'nin belirttiği üzere, o zamanlar henüz on yıllık bir geçmişe sahip olan– transistörün hızla küçüleceği öngörüsünde bulunmuştu. Entegre devre başına düşen bileşen sayısının her yıl ikiye katlandığını tespit etmiş, bu ivmenin takip eden on yılda da süreceğini öngörmüştü. Ona göre, ham işlemleme gücündeki bu hızlı artış çok daha muazzam uygulamalara yol açacaktı: "Entegre devreler ev bilgisayarları –ya da en azından ana bilgisayara bağlı terminaller–, otomobillerdeki otomatik kontroller ve taşınabilir kişisel iletişim ekipmanları gibi harika gelişmelere ön ayak olacaktır. Bugün elektronik bir kol saati yapmak için ihtiyaç duyulan tek şey buna uygun bir ekrandır, mesela." [3]

On sene sonra, Moore öngörüsünü biraz daha yumuşatıp entegre devre başına düşen bileşen sayısının her iki yılda bir ikiye katlanacağı belirtti. Diğerleri bu süreyi on sekiz ay olarak öngörmüştü ki silinip gideceğini haber veren sayısız iddiaya rağmen, temel prensip o zamandan beri üç aşağı beş yukarı geçerliliğini korudu. 1971'de, yarı iletken aksam boyutu –en küçük tekil üretim birimi– on mikrometre, yani insan saçının beşte biri çapındaydı. 1985'e gelindiğinde bir mikrometreye, ardından da 2000'lerin başında yüz nanometreye –belirtmenin bir anlamı var mı bilmiyorum ama, bir virüsün çapına– kadar indi. 2017'nin başında, on nanometrelik yarı iletken aksamlar akıllı telefonlarda kullanılmaya başlanmıştı bile. Artık bu minyatürleştirmenin daha fazla sürdürülemeyeceğine, yani, elektronların kuantum tünelleme yoluyla hemen her yüzeyde serbestçe dolaşabileceği bir seviye olan yedi nanometrenin altına inmenin imkânsız olduğuna inanılıyordu, ama öyle olmadı; birçokları DNA ve

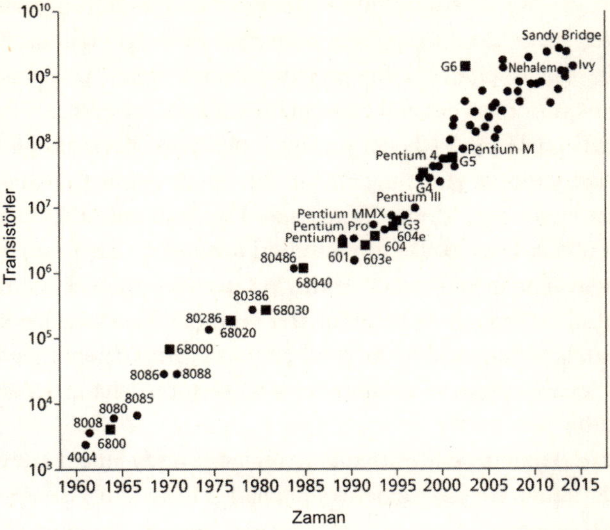

Moore Yasası

nanomühendislik ürünü özel proteinlerden oluşan biyolojik makinelerin ortaya çıkacağı bir gelecek beklerken, yeni nesil transistörler bu etkiyi atom boyutunda çipler yapmak üzere kullanacaktı.

Bu gidişat şimdiye dek hiç değişmedi: Hep yukarı, hep sağa. Minyatürleştirme prensibi ve ona eşlik eden artan işlemleme gücü, Berners-Lee'nin öncülüğünde 1960'lar, 70'ler ve 80'ler boyunca büyüyerek bizi istikrarlı ve kaçınılmaz bir şekilde World Wide Web'e, her şeyin birbirine bağlı olduğu günümüz dünyasına ulaştıran bir dalgadır. Ancak Moore Yasası, bu isimle yerleşmesine rağmen (ki Moore'un kendisi yirmi yıllık süre zarfında bu ismi hiç kullanmayacaktır), aslında bir yasa değildir. Sözcüğün iki anlamını da içeren bir projeksiyondur, daha ziyade. Hem eldeki veriden yola çıkarak yapılan bir çıkarsamadır, hem de hayal gücümüzün sınırları içinde yaratılmış bir fantazidir. Destansı tarihsel anlatılar konusundaki tercihimizi besleyen bilişsel önyargıyla aynı ölçüde, ama tam tersi doğrultudaki bir karmaşadır. İlk önyargı tarihsel olaylardan şimdiye uzanan kaçınılmaz bir ilerleme hattı görmemize neden olurken, diğeri bu ilerlemeye baktığında kaçınılmaz olarak geleceğe uzanan bir süreç görür. Bu tür projeksiyonlar hem geleceği biçimlendirme, hem de –kendi temel öncülünün istikrarından bağımsız olarak– diğer projeksiyonları esastan etkileme becerisine sahiptir.

Keyfi gözlemle başlayan şey, bir fizik yasası havasına bürünüp uzun süre yirminci yüzyılın temel motifi haline gelmiştir. Ama fizik yasalarının aksine, Moore Yasası son derece olumsaldır: Yalnızca üretim tekniklerine değil, fen bilimleri alanındaki keşiflere, bu keşifler için yapılan yatırımı destekleyip pazar oluşturan ekonomik ve toplumsal sistemlere de bağlıdır. Her yıl biraz daha küçülüp hızlanan parlak şeyleri ödüllendiren tüketici arzularını da unutmayalım. Moore Yasası teknik ve ekonomik bir meseleden daha fazlasıdır; libidinal bir yanı vardır.

Tüm işlemleme endüstrisini biçimlendiren şey entegre devrelerin 1960'lardan başlayıp giderek hızlanan gelişim kapasitesidir: Her yıl yeni çip modellerinin piyasaya girmesi, bu genişlemenin kapasitesini en temelde yarı iletkenlerin gelişimine endeksli hale getirmiştir. Hiçbir donanım üreticisinin veya yazılım geliştiricinin mimarilerini kendi başlarına geliştirmeleri mümkün değildi; her şey giderek daha yoğun ve güçlü çipler üretmeyi sürdüren birkaç tedarikçinin geliştirdiği mimariye uyumlu çalışmak zorundaydı. Son tüketiciye ulaşan tüm makinelerin mimarisini bu çipleri üretenler belirlerdi. Bunun sonuçlarından biri yazılım endüstrisindeki büyüme oldu: Yazılımın donanım üreticilerine olan bağımlılığından kurtulup bağımsızlığını ilan etmesi, önce Microsoft, Cisco ve Oracle gibi devasa şirketlerin tahakkümüne, ardından da Silikon Vadisi'nin ekonomik (ve buna eşlik eden siyasal, ideolojik) gücünün egemenliğine girmesiyle sonuçlandı. Endüstri içindeki pek çok insana göre, bu durumun yazılım üzerindeki bir diğer etkisi de zanaatkârlığa, ihtimama ve verimliliğe dayalı bir kültürün sona ermesiydi. İlk yazılım geliştiricilerin kıt kaynaklarla üretim yapması, yazdıkları kodları sürekli iyileştirmesi, karmaşık hesaplama problemlerine şık ve ekonomik çözümler üretmesi gerekirken, ham işlemleme gücündeki hızlı artış bir yazılımcının on sekiz ay gibi kısa bir süre sonra elindekinin iki misli güçlü bir makineye sahip olabileceği anlamına geliyordu. Eh, sonraki satış dönemi muazzam bir bereket vaat ediyorken niye kaynaklardan kısasınız ki? Bu gidişatın neticesinde, Microsoft'un kurucusu da başka bir bilgisayar mühendisinin ulaştığı prensiple ilişkilendirildi: İşe yaramaz, verimsiz kodların ve lüzumsuz özelliklerin bir sonucu olarak, yazılım hızının makineye yüklendikten sonraki her on sekiz ayda bir yarı yarıya düştüğünü öne süren Gates Yasası.

Moore Yasası'nın gerçek mirası budur o halde: Yazılım toplum içinde merkezi bir konuma geldikçe, güç eğrisindeki yükselme giderek ilerleme fikrinin kendisiyle ilişkili hale geldi: Bugün hiçbir düzenleme yapmamız gerekmeden bizi bekleyen, bolluk dolu bir gelecektir fikri. İşlemlemeye ilişkin bir yasa –beraberinde getirdiği tüm o şişkinlik ve çöküş ithamlarıyla birlikte– iktisadi ve ahlaki bir yasa haline gelmiştir. Moore Yasası tabirinin kırkıncı yıl dönümünde *Economist* dergisine konuşan Moore dahi teorisinin daha geniş imalarını kabul etmiştir: "Moore Yasası Murphy Yasası'nın ihlalidir. Her şeyin daima iyiye gitmesi demektir."[4]

Moore Yasası'nın doğrudan bir sonucu olarak, bugün işlemlemenin her yanımızı sardığı, sonu sınırı yokmuş gibi görünen işlemleme gücüne sahip bulutların etrafımızı çevirdiği bir çağda yaşıyoruz: Moore Yasası'nın ahlaki ve bilişsel etkilerini hayatımızın her alanında hissediyoruz. Ama kuantum tünelleme uzmanları ve nanobiyologların yaratıcılığın sınırlarını zorlayan tüm çabalarına rağmen, teknolojimiz felsefemizi daha yeni yeni yakalamaya başlıyor. Yarı iletkenler üzerine araştırmalarda elde edilen sonuçların –şimdilik– başka hiçbir yerde geçerli olmadığı ortaya çıkıyor: Ne bilimsel, ne doğal, ne de ahlaki bir yasa olarak. Bu bakımdan, nerede yanlış yaptığımızı görmek için önce sahip olduğumuz teknolojinin bize söylediklerine eleştirel yaklaşmayı seçmemiz gerekir. Hata kullanılan verinin kendisindedir – ama daha da fenası çoğu kez veri argümanın ta kendisi olarak kullanılmaktadır.

Chris Anderson, *Wired* dergisinin 2008 Haziran sayısında yer alan "Teorinin Sonu" başlıklı makalesinde, günümüzde araştırmacıların erişebildiği muazzam büyüklükteki verinin geleneksel bilimsel süreci hükümsüz kıldığını ileri sürdü.[5] Bundan böyle, araştırmacıların dünyanın modellerini oluşturmasına, örnek verilerle bu modellerin sağlamasını yapmasına gerek olmayacaktı. Devasa ve bütüncül veri kümelerinin karmaşık yapısı uçsuz bucaksız işlemleme sistemleri tarafından işlenecek, hakikat bu şekilde üretilecekti: "Yeterli verinin olduğu durumlarda, rakamlar her şeyi anlatmaya yetecekti." Anderson'ın örneği, dillerin temel yapısı hakkında en ufak bir bilgisi olmadığı halde kapsamlı çeviri metinler külliyatını kullanarak diller arasındaki ilişkiye dair çıkarımlarda bulunabilen Google'ın çeviri algoritmasıydı. Bu yaklaşımı, biliminsanlarının karmaşık sistemler hakkında topladıkları enformasyon yığınlarını anlamlandırmak için giderek daha büyük işlemleme sistemlerine yöneldiği genetik, nöroloji ve fizik gibi alanlara kadar genişletti. Büyük veri çağında, "bağıntının kâfi olduğunu, modeller aramayı bırakabileceğimizi" iddia etti.

Büyük verinin büyülü yanı budur işte. Üzerine çalıştığınız konuya dair hiçbir şeyi gerçekten bilmeniz veya anlamanız gerekmez; tüm inancınızı dijital enformasyondan çıkarılan hakikate bağlayabilirsiniz. Büyük veri safsatası, bilimsel indirgemeciliğin mantıksal sonucudur bir bakıma; yani karmaşık sistemlerin kurucu parçalarına

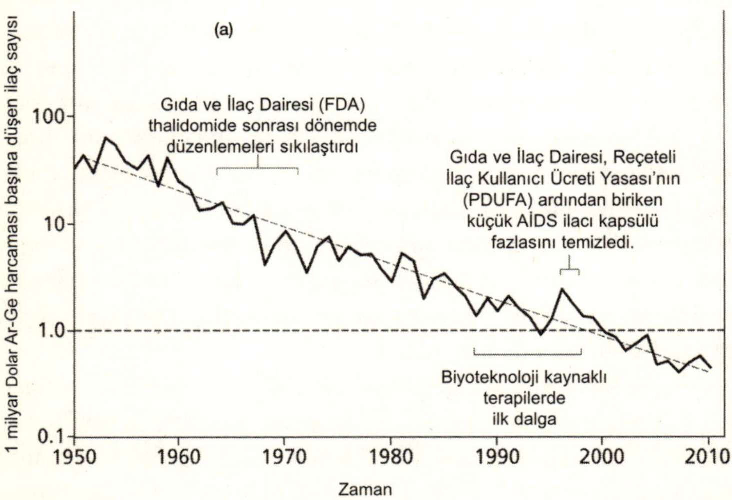

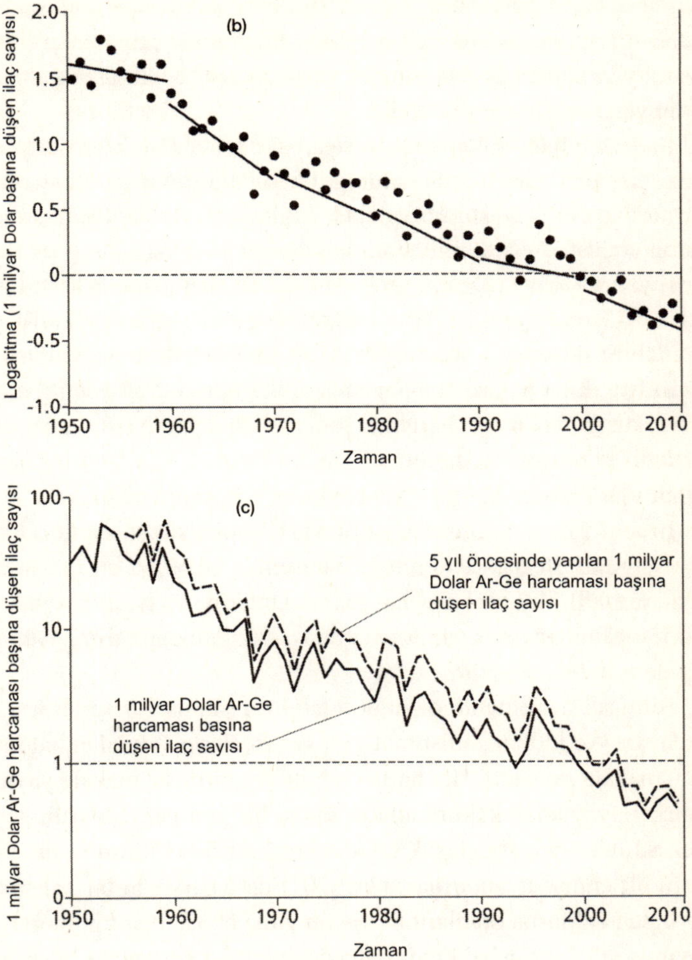

İlaç Ar-Ge'sine ilişkin Eroom yasası.

(a) Araştırma-geliştirme (Ar-Ge) verimliliğinde genel eğilim (enflasyona göre düzenlenmiş).
(b) 10 yıllık dönemlerdeki düşüş oranı.
(c) Harcama etkisindeki 5 yıllık gecikme için yapılan düzenleme.

Kaynak: Jack W. Scannell, Alex Blanckley, Helen Boldon ve Brian Warrington, "Diagnosing the decline in pharmaceutical R&D efficiency", *Nature Reviews Drug Discovery* 11: 191-200 (Mart 2012).

ayrılarak ve bu parçaların her biri ayrı ayrı incelenerek anlaşılabileceği inancının. Bu indirgemeci yaklaşım pratikte deneyimlerimize ayak uydurabilseydi geçerliliğini koruyabilirdi belki; ama gerçeklikte, yetersiz olduğu ortadadır.

Sadece büyük miktarlarda veriye bel bağlamanın bilimsel yöntem açısından zararlı olduğunun giderek belirginleştiği alanlardan biri farmakolojik araştırmalardır. Geçtiğimiz 60 yıl boyunca, farmakoloji endüstrisindeki muazzam büyümeye ve buna eşlik eden ilaç keşfi yatırımlarına rağmen, araştırmaya harcanan parayla kıyaslandığında, aslında yeni ilaçların kullanıma girme oranı –istikrarlı ve ölçülebilir düzeyde– düşmüştür. Araştırma geliştirmeye harcanan bir milyar dolar başına onaylanan yeni ilaç sayısı 1950'den itibaren her dokuz yılda bir yarı yarıya azalmıştır. Düşüş eğilimi o kadar belirgindir ki araştırmacılar bu eğilimi tarif etmek için özel bir tabir kullanırlar: Eroom Yasası – yani, Moore Yasası'nın tersi.[6]

Eroom Yasası, bilimsel araştırmaya ilişkin bir şeylerin fena halde –ve geniş ölçüde– ters gittiği konusunda büyüyen bir farkındalığın resmidir. Yalnızca ulaşılan yeni bulguların sayısı azalmamakta, farklı mekanizmaların bir araya gelmesiyle bu bulguların güvenirliği de zedelenmektedir.

Bilimsel ilerlemenin ölçütlerinden biri, bilimsel dergilerde yayınlanan –ve intihal, suiistimal gibi gerekçelerle yayından kaldırılan– makale sayısıdır. Her hafta on binlerce bilimsel makale yayınlanırken, yayından kaldırılanların sayısı bir elin parmaklarını geçmez aslında – ama bu düşük sayıdaki makale bile bilimsel camiada derin bir endişe uyandırmaktadır.[7] 2011'de hazırlanan bir çalışma, yayından kaldırma oranlarının son on yılda ona katlandığını ortaya koymuştur[8] – sorun hakkında daha detaylı bilgi edinme ve bu artışa neyin sebep olduğunu ortaya çıkarma konusunda telaş yaratan bir bulgudur bu. Araştırmanın en şaşırtıcı sonuçlarından biri, dergilerin makale yayından kaldırma oranı ile etki faktörü arasında güçlü bir bağıntı olduğunun; yani, yüksek profilli dergilerde yayınlanan makalelerin yayından kaldırılma ihtimalinin düşük profilli dergilerde yayınlananlardan çok daha yüksek olduğunun keşfedilmesiydi.

Tamamlayıcı nitelikte başka bir araştırma, biyomedikal ve yaşam bilimleri alanında yayından kaldırılan makalelerin üçte ikisinden fazlasının hatalardan ziyade araştırmacı kaynaklı suiistimaller sebebiyle kaldırıldığını göstermiştir – araştırmanın yazarları, sahtekârlıkların doğası gereği doğru düzgün rapor edilmediğine, bu yüzden de sonucun olsa olsa eksik olabileceğine dikkat çekmiştir.[9] (Biliminsanlarının yalnızca yüzde 2'sinin veriyi tahrif ettiğini itiraf ettiği, ancak yüzde 14'ünün bunu yapan birilerini tanıdığını beyan ettiği bir anket çalışması bu durumu açıkça ortaya koymaktadır.)[10] Dahası, düzmece makalelerin yayından kaldırılan tüm makaleler içindeki oranı sahiden de artmıştır.[11] Bu tablo birçok biliminsanı açısından şok edici oldu, çünkü genel olarak bu makalelerin çoğunun samimi hatalar yüzünden yayından kaldırıldığına inanılıyordu. Diğer taraftan, yayından kaldırmanın ihmal edilmesinin bu tür vakaların çoğalmasına yol açıp doğruyu zehirlediğini belirtmeyi de ihmal etmeyelim.

Üst düzey araştırmacılar tarafından yapılan uzun süreli sahtekârlıkların birçok sansasyonel örneği vardır. 1990'ların sonunda, Güney Koreli biyoteknoloji uzmanı Hwang Woo-suk inek ve domuz kopyalamadaki başarısı sebebiyle dünyada bunu gerçekleştiren ilk araştırmacılar arasındaki yerini alarak "Kore'nin gururu" ilan edildi. Hwang Woo-suk hiçbir zaman doğrulanabilir bilimsel veriler sunmadığı halde, bilhassa siyasetçilerle fotoğraf vermeye hevesli oluşu sayesinde Güney Koreli ulusal kimliğine hatırı sayılır bir katkısı oldu. 2004'te, çoğunlukla imkânsız olduğuna inanılan insana ait embriyonik kök hücreleri başarılı bir şekilde kopyaladığı iddialarının ardından, kendi araştırmacılarını yumurta bağışında bulunmaya zorlamakla itham edildi. Ama bu iddialar, *Time* dergisinin onu "Yılın Önemli Şahsiyetleri" arasında gösterip "bilimkurgu eserlerden aşina olduğumuz insan kopyalamayı gündelik hayatımızın gerçekleri arasında sokan araştırmacı" olarak tanıtmasına mani olmadı.[12] Siyasetçiler, ulusalcı gazeteciler ve halk devam eden etik soruşturmalarına geniş bir katılımla itiraz ederken, binden fazla kadın da araştırmaya yumurta bağışında bulunma sözü verdi. Ancak 2006'da araştırmanın baştan aşağı uydurma olduğu açıklandı. Makaleleri yayından kaldırılan Hwang Woo-suk iki sene tecilli hapis cezasına çarptırıldı.

2011'de, Tilburg Üniversitesi Sosyal ve Davranışsal Bilimler Fakültesi'nin dekanı Diederik Stapel, lisansüstü öğrencilerinin hazırladıkları da dahil imzası bulunan hemen her çalışmanın sonuçlarının uydurma olduğu açığa çıktıktan sonra istifa etmek zorunda kaldı. Hwang'a benzer şekilde, Stapel Hollanda toplumunda sükse yapan birçok çalışma yayınlayarak kendi memleketinin ünlü şahsiyetleri arasına girmişti. Yalnızca 2011'de, biri Utrecht'in ana tren istasyonunda gerçekleştirdiği ve insanların kirli ortamlarda daha ırkçı davranışlar sergilediğini gösteren, diğeri et yemenin insanları daha bencil ve asosyal yaptığını gösteren iki araştırmanın sonuçlarını yayınlamıştı.[13] Sonuçların uydurma olduğu ortaya çıkınca, Stapel eylemlerini başarısızlık korkusuyla yaptığını öne sürüp, akademisyenlerin sırtına yüklenen seçkin dergilerde zırt pırt yayın yapma baskından şikâyet etti.

Her ne kadar uç örnekler olsalar da, Hwang ve Stapel seçkin dergilerde daha fazla makalenin yayından kaldırılmasının nedenlerinden birinin somut örneği olabilirler: Bu dergilerdeki makaleler en büyük iddialarda bulunan, mesleki ve toplumsal baskıyı en ağır hisseden biliminsanları tarafından yazılmaktadır. Ama bu tür sahtekârlıkların ortaya çıkmasında en az tanınırlık kadar etkili olan bir dizi başka unsur da var: Bilimsel pratiğin giderek daha şeffaf hale gelmesi, bilimsel yayınların analizinde teknolojinin kullanımı ve diğer araştırmacıların –bilhassa da gençlerin– sonuçları sorgulamaya daha hevesli hale gelmesi.

Açık erişim veritabanları ve çevrimiçi erişim sayesinde daha fazla bilimsel makalenin daha geniş topluluklar için erişilebilir olması, bu makalelerin çok daha fazla incelemeye tabi tutulması anlamına gelir. Üstelik bu incelemeyi gerçekleştirenlerin tamamı insan değildir: Üniversiteler ve şirketler, akademik yayınları büyük veritabanlarında yer alan diğer yayınlarla kıyaslayarak intihalleri tespit eden bir sürü program geliştirdi. Ama öğrenciler de boş durmayıp bu programların kullandığı algoritmayı kandıracak teknikler geliştirdi: Eşanlamlı sözcüklerden oluşan özel sözlükler (en başta da *Roget's Thesaurus* gibi) kullanıp özgün metindeki sözcükleri itinayla değiştirmek anlamındaki "Rogeting" bunlardan yalnızca biridir. Son teknoloji intihal programlarının intihale işaret edebilecek alışılmadık sözcük veya sözcük öbeklerini yakalamak için öğrenebilir algoritmalar kullanmaya başlamasıyla birlikte, yazarla makine arasında bir tür zekâ yarışı başladı. Ancak bilimin içinde olduğu asıl krizi açıklamakta ne intihal yeterlidir, ne sahtekârlıklar: Asıl sorun tekrar edilebilirliktir.

Tekrar edilebilirlik bilimsel yöntemin en temel unsurudur: Yapılan herhangi bir deneyin bağımsız araştırmacılar tarafından tekrar edilebilir olmasını gerektirir. Ama gerçekte, çok az deney tekrar edilir –ve ne kadar çok tekrar edilirse o kadar başarısız olur. Virginia Üniversitesi Açık Bilim Merkezi'nde Yeniden Üretilebilirlik Projesi adı verilen bir girişim, 2011'den bu yana yürütülen beş önemli kanser araştırmasında kullanılan deney düzeneklerini tekrar kurup, deneyleri bire bir tekrar ederek aynı sonuçlara ulaşmaya çalıştı. Orijinal deneylerin her biri binlerce kez referans gösterilmişti; yani, tekrar edilebilir olmaları gerekirdi. Ama itinayla gerçekleştirilen çalışmanın sonuçları deneylerin yalnızca ikisinin tekrar edilir olduğunu gösterdi; diğer üç araştırmanın ikisi ikna edici sonuçlar vermezken, biri de tamamen başarısız oldu. Bu gibi durumlarda asıl endişe verici olan sorunun kullanılan ilaçlarla sınırlı olmamasıdır: *Nature* dergisi tarafından yürütülen kapsamlı bir araştırma, başka araştırmacıların deneylerini tekrar etmeye çalışan biliminsanlarının yüzde 70'inin başarısız olduğunu göstermiştir.[14] Tıptan tutun da psikoloji, biyoloji ve çevresel bilimlere kadar tüm alanlarda, araştırmacılar araştırmalarını üzerine kurdukları öncüllerin birçoğunun sorunlu olabileceğinin farkına varıyorlar.

Sahtekârlık olaylarının görece küçük bir kısmını oluşturduğu bu krizin o araştırmanın görünürlüğündeki ve gözden geçirme imkânlarındaki artışla bağlantılı birçok nedeni var. Ama araştırmacıların sırtındaki yayın yapma baskısından –ki bu kesin olmayan sonuçların yayınlanması ve karşı örneklerin hasıraltı edilmesini teşvik etmek demektir– bilimsel sonuçların elde edildiği tekniklere kadar uzanan sistemik sorunları da es geçmeyelim.

Bu teknikler arasında en tartışmalı olanı *p-hacking* tekniğidir. Olasılık sözcüğünün İngilizcedeki karşılığı *probability*'nin kısaltması olan "*p*", bir deney sonucunun istatistiksel açıdan anlamlı kabul edilebileceği değeri ifade etmektedir. *P*-değerinin birçok farklı durumda hesaplanabilir olması, bu değeri bilimsel kesinliğin yaygın ölçütü haline getirmiştir. Bir hipotezin başarılı kabul edilmesi için *p*-değerinin 0,05'in altında olması gerektiği yargısı birçok disiplinde genel bir kabul halini almıştır: Bu, elde edilen bağıntının rastlantı veya hatalı pozitif sonucunda ortaya çıkmış olma ihtimalinin yüzde 5'ten az olduğu manasına gelir. Ama bu genel kabul, 0,05'ten düşük *p*-değerinin bir ölçüden ziyade hedef haline gelmesiyle sonuçlanmıştır. Belirli bir noktayı hedefleyen araştırmacılar, veri temin ettikleri büyük veri havuzları içinden yalnızca kendi hipotezlerini doğrulayacak nitelikteki veriyi çekebilmektedirler.

P-hacking tekniğinin nasıl uygulandığını daha iyi anlamak için hileli zar örneği üzerine düşünebiliriz: Hipotezimiz "yalnızca yeşil zarlar hilelidir" olsun. On tane yeşil zar alıp her birini bin defa atalım. Bu bin atıştan 184 tanesinin 6 geldiğini varsayalım. Eğer zarlar hileli olmasaydı 1000/6 oranında atışın, yani 167 atışın altı gelmesi gerekirdi. Tamam, zarlarda bir numara olduğu kesin. Bu durumda, deneyimizin geçerliliğini tespit etmek için deneyin *p*-değerini hesaplamamız gerekir. Ancak *p*-değerinin gerçek hipotezimizle hiçbir ilgisi yoktur: *P*-değeri rasgele 1000 atıştan 183 tanesinin (veya daha fazlasının) altı gelme olasılığıdır. 1000 tane zar atışı için bu olasılık yalnızca yüzde 4'tür, başka bir deyişle, *p* değeri 0,04'tür –Velhasıl, birçok bilimsel topluluğun yayın için yeterli gördüğü bir deney sonucu elde etmiş olduk bile.[15]

Şimdi, bu saçma sapan yönteme kaba bir basitleştirme demeyeceğiz de ne diyeceğiz? Doğru da, işe yarıyor işte. Hesaplaması da, okuması da kolaydır çünkü; binlerce başvuru içinden hangilerinin yayınlanmaya değer olduğuna karar vermek zorunda olan dergilerin bu yöntemi giderek daha fazla kullanması da bu yüzdendir zaten. Üstelik, *p-hacking* yalnızca işe yarar sonuçlara tesadüf edip onları kullanmakla sınırlı değildir. Araştırmacılar ihtiyaç duyduğu sonuçları elde etmek için muazzam miktarlarda veriyi didik didik edebilirler. On tane yeşil zar atıp bitireceğim araştırmada onar tane de mavi, sarı ve kırmızı zar atabilirdim mesela. Hatta elli farklı renkte zar kullanıp çoğunda ortalamaya yakın bir değer tutturabilirdim. Ama ne kadar fazla zar kullanırsam, ortalamadan farklı bir sonuç elde etme ihtimalim de o kadar artacaktır – ki yayınlayacağım araştırma da bu olabilir. Bu uygulama *p-hacking* tekniğine başka bir isim vermiştir: Veri tarama. Veri tarama, sosyal medya ve diğer büyük davranışsal veri kaynakları sayesinde araştırmacıların erişebileceği enformasyon miktarının birdenbire ve muazzam ölçülerde genişlediği sosyal bilimlerde bilhassa popülerdir. Ama bu istila sosyal bilimlerle sınırlı değildir.

2015 yılında, 100 bin açık erişim makale üzerinde yapılan kapsamlı bir incelemede birçok farklı disiplinde *p-hacking* yönteminin emarelerine rastlandı.[16] Bulabildikleri her *p*-değerini bulmak için makaleleri didik didik ettikleri araştırmanın sonucunda, araştırmacılar makalelerin büyük çoğunluğunda *p*-değerinin 0,05 sınırının hemen altına çekilmiş olduğunu keşfettiler – birçok biliminsanının deney tasarılarını, veri kümelerini ve istatistiksel yöntemleri güven eşiğini geçecek bir sonuç elde etmeye yönelik ayarladığına dair kanıtlar bulunduğunu belirttiler. Bu gibi sonuçlar, seçkin bir tıp dergisi dergi olan *PLOS ONE*'ın editörünü bilimsel araştırmalarda kullanılan istatiksel yöntemleri eleştiren ve "Neden Yayınlanan Birçok Araştırmanın Sonuçları Yanlıştır?" başlığını taşıyan bir başyazı yayınlanmaya sevk etmiştir.[17]

Bu noktada, veri taramanın sahtekârlıkla aynı şey olmadığını vurgulamak önemlidir. Sonuçlar güvenilir olmasa bile, bilimsel topluluktaki en büyük endişe araştırmacıların sonuçları bilinçli bir şekilde zımparalaması değildir; asıl mesele kurumsal baskı, gevşek yayın standartları ve uçsuz bucaksız bir veri havuzuyla karşı karşıya olan araştırmacıların bunu bilinçsizce yapmasıdır. Yayından kaldırmaların artması ve tekrar edilebilirlik oranlarındaki düşüşün, bilimsel analiz yapma ve yayınlamanın bünyevi karmaşıklığıyla birleşmesi tüm bilim camiasını endişelendirmektedir ki bu endişenin kendisi bile oldukça yıpratıcıdır. Çünkü bilimin en temel unsuru güvendir: Bilim hem araştırmacıların birbirine güvenmesine, hem de halkın araştırmacılara güvenmesine bağlıdır. İster birkaç çürük elmanın kasıtlı hareketlerinden, ister büyük çoğunluğu anonim olan birçok aktörün ve nedenin karıştığı yaygın durumlardan kaynaklansın, bu güvendeki en ufak sarsıntı bilimsel araştırmanın geleceğine ciddi hasar verecektir.

Bazı biliminsanları, bilimsel niteliğin denetlenmesi konusunda bir krizin yaklaşmakta olduğunu uzun yıllardır dillendirilmektedir aslında; birçoğu bu krizi verinin ve yapılan araştırma sayısının hızlı bir şekilde artmasına bağlamaktadır. Karşılıklı atıflar ve ortak çalışma alanları vasıtasıyla farklı makaleler ve yazarlar arasında oluşan yoğun ağlar üzerine çalışmalar yapan Derek de Solla Price, 1960'lı yıllarda bilimin büyüme eğrisinin grafiğini çıkartmıştır. Kullandığı veri, maddi üretimden tutun da parçacık hızlandırıcıların enerjisine, üniversitelerin kurulmasına, elementlerin keşfine kadar uzanan geniş bir yelpazeye yayılmış birçok etkeni yansıtıyordu. Tıpkı Moore Yasası gibi, grafikteki her şey yukarı ve sağa gidiyordu. Derek de Solla Price bilimin üretim tarzını esastan değiştirmediği takdirde bir tür doyum noktasıyla karşı karşıya kalacağından, mevcut enformasyon miktarını özümseyip anlamlı bir şekilde kullanma becerisinin zayıflamaya başlayacağından ve bunun da "bunama" ile sonuçlanacağından endişe ediyordu.[18] Aramızda kalsın: Bilim o günden bugüne pek değişmedi.

Tüm bu endişeler, son yıllarda taşma olarak adlandırılan bir kavramda billurlaştı.[19] En basit haliyle ifade etmek gerekirse, taşma kıtlığın tam tersidir: Enformasyonun sınırsızca artmasıdır. Üstelik bolluğun aksine, boğucudur; sonuçlarını işleme kabiliyetimizi etkiler. Dikkat ekonomisi üzerine çalışmalarda, taşma sınırlı bir vakte ve haddinden fazla enformasyona sahip insanların hangi konuların öncelikli olduğuna nasıl karar verdiğini irdeler. Bu konudaki bir çalışmanın dikkat çektiği gibi, aynı zamanda da "baş edilmesi gereken bir karışıklık, yahut ortadan kaldırılması gereken bir israf imgesi uyandırır."[20]

Taşma birçok alanda mevcuttur ve farkına varıldığı her alanda kendisiyle baş edecek stratejiler doğurmuştur. Geleneksel olarak, bu rolü hangi enformasyonun basılacağına karar veren gazeteciler ve editörlerden oluşan eşik bekçileri üstlenir. Eşik bekçisi rolü bir ihtisas ve uzmanlık beklentisini, belli bir sorumluluğu ve çoğunlukla da iktidar pozisyonunu beraberinde getirir. Bilimdeyse, taşma dergilerin ve bu dergilerde yayınlanan makalelerin sayısındaki, akademik pozisyonlara ve burslara başvurulardaki, mevcut enformasyon ve araştırma hacmindeki hızlı bir artışla kendisini gösterir. Araştırmacılar daha zengin verilere ulaşıp daha şaşırtıcı sonuçlar bulma talebini karşılamak amacıyla bulgularını gittikçe uzayan referans listeleriyle şişirdiği için, ortalama makale uzunlukları bile artmaktadır. Sonuçsa niteliğin denetimindeki bir başarısızlıktır: Makale sayısının artması ve bu rakamların kurumsal itibar oyunlarına alet olmasıyla birlikte, altın standarttaki hakem değerlendirmeleri dahi nesnelliğini yitirerek amaca hizmet etmekten çıkmıştır. Bu ise açık erişim bilimsel makalelerin artmasına dönük çağrılara, yani yayımlanan araştırma sayısını daha da artırabilecek bir sonuca yol açmaktadır.[21]

Peki ya taşma sorunu bilimsel üretimin sonuçlarıyla sınırlı değilse, ya girdiler de bu sorunun bir parçasıysa? Derek De Solla Price'ın endişelerini doğrularcasına, bilim giderek daha geniş ve daha karmaşık veri kümeleri oluşturduğu yörüngeyi hiç terk etmedi. 1990'da ilk ilan edildiğinde, insan genom projesi tarihteki en büyük tekil veri toplama projesi olarak kabul edilmişti, ama DNA dizileme maliyetinin hızla azalması bu konudaki verinin her yıl katlanarak artmasıyla sonuçlanmıştır. Eldeki veri hızla artıp yaygınlık kazanmakta ve bu da verinin tamamını kapsamlı bir analize tabi tutmayı olanaksız kılmaktadır.[22] Büyük Hadron Çarpıştırıcısı depolanması dahi problem yaratan o kadar büyük çaplı bir veri üretmektedir ki yalnızca belirli tür olaylar saklanabilmektedir; öyle ki Higgs bozonu parçacığı keşfedildiğinde, eldeki verinin başka hiçbir şey keşfetmeye elverişli olmadığı eleştirilerine yol açmıştır.[23] Tüm bilimler büyük veri bilimine dönüşmektedir.

Bu kavrayış bizi Moore Yasası'na –ve tabii Eroom Yasası'na– geri getirir. Diğer bilimlerde olduğu gibi, araştırma kurumlarının, akademik dergilerin ve pozisyonların çoğalmasına (ve bu sorunu çözmek için akıtılan büyük paralara) rağmen, gerçek sonuçlar hiç iç açıcı değildir. 1980'ler ve 90'lar boyunca, bütünleştirici kimya, ilaç benzeri moleküllerin sentezlenme hızını 800 kat artırdı. İlk başarılı teknik uygulandığından bu yana, DNA dizileme bir milyar kat hızlandı. Protein veri tabanları son yirmi beş yılda 300 kat büyüdü. Ama yeni ilaçlar için tarama maliyeti düştüğü ve araştırma fonlarının sayısı artmaya devam ettiği halde, keşfedilen yeni ilaç sayısı katbekat azaldı.

Peki ilerleme yasasını bu şekilde tersine çeviren şey ne olabilir? Bu konuda birkaç farklı varsayım mevcut. Bu varsayımların ilki ve genellikle de en az kayda değer bulunanı kolay hedeflere çoktan ulaşılmış olduğu ihtimalidir: Ayan beyan ortada olan, araştırılmak üzere bekleyen en bariz konuların çoktan tüketilmiş olmasıdır. Oysa aslında durum pek de öyle sayılmaz: Çok uzun bir süredir araştırılmayı bekleyen, araştırıldıkları takdirde bilinen karşılaştırıcılar listesine eklenip araştırma alanını katbekat genişletecek konular hâlâ var.

O halde bir "Beatles'tan bile iyi" problemiyle karşı karşıyayız belki de; yani, araştırılmayı bekleyen sürüyle ilaç olmasına rağmen, alanda daha derin araştırmalar yapılmasını etkin bir şekilde önleyecek kadar iyi ve etkili birçok ilaç zaten mevcut. Beatles yapmaya değer olan her şeyi çoktan yaptıysa eğer, yeni bir grup kurmanın ne anlamı var ki? Bu kolay hedef probleminin bir varyasyonudur, ama önemli bir farkla: "Kolay hedef" varsayımı ortada kolayca ulaşılabilecek bir hedef kalmadığını ima ederken, "Beatles'tan bile iyi" varsayımı ulaşılmış hedeflerin ulaşılmayı bekleyenlerin değerini düşürdüğü anlamına gelir. Birçok endüstride bunun tersi geçerlidir: Örneğin, nispeten ucuz olan açık maden işletmeciliği ve yüzey kömürü yakma işlemi, derinlerde kalan madenleri daha değerli kılar ve işlenmelerini finanse eder. Buna karşılık, piyasadaki muadil ilaçları geride bırakmaya çalışmak olsa olsa klinik araştırmaların maliyetini artırmakta ve mevcut ilaçlara aşina olan doktorları bu yeni ilaçları yazmaya ikna etmeyi zorlaştırmaktadır.

İlaç araştırmalarıyla ilgili diğer sorunlar daha sistemiktir; takibi daha güçtür. Bazıları, Moore Yasası'yla başı dönen ve haddinden fazla büyüyen ilaç şirketleri tarafından yapılan pervasız harcamaları Eroom Yasası'nı belirleyen faktör olarak sorumlu tutar. Ancak çoğu araştırma kurumu –diğer endüstrilerle uyumlu olarak– fonlarının büyük bölümünü son teknoloji ve tekniklere aktarmıştır. Eğer sorunun yanıtı bunlar değilse bir yerlerde bir hata olmalı.

"Temkinli düzenleyici" teorisi, daha uzun bir zaman aralığında, toplumun riskli klinik sonuçlara daha düşük tolerans göstermesini suçlar. İlaç keşfinin altın çağı olan 1950'lerden beri, ilaç araştırma ve piyasaya sürmeyi düzenleyen mevzuatların sayısı –haklı olarak– artmıştır. Geçmişte yürütülen klinik araştırmalar doğru düzgün test edilmeden piyasaya sürülen ilaçların getirdiği korkunç yan etkilerle ve büyük felaketlerle birlikte anılır genellikle. Bu durumun en iyi –daha doğrusu en kötü– örneği, 1950'lerde anksiyete ve bulantı tedavisi için piyasaya sürülen, ama daha sonra gebelikteki sabah bulantısını gidermek için kullanan annelerin bebekleri üzerinde korkunç sonuçlar doğurduğu kanıtlanan *thalidomide*'dir. Sonrasında, ilaç mevzuatı testleri daha sıkı hale getiren –ama sonuçları da ciddi ölçüde iyileştiren– şekilde yeniden düzenlendi. 1962 tarihli ABD İlaç Etkinliği Düzenlemesi yeni ilaçlara hem güvenli olduklarını, hem de vaat ettikleri şeyi gerçekten yaptıklarını kanıtlama zorunluluğu getirdi – bu daha önce yasal bir zorunluluk değildi. Eroom Yasası'nı tersine çevirmek için daha riskli ilaçlara dönülmesini çok çok azımız uygun bulacaktır; özellikle de, 1980'lerde AIDS ilaçları için söz konusu olduğu gibi, gerektiğinde istisnalar yapılabiliyorsa.

İlaç araştırmalarıyla alakalı son problem bizi en çok ilgilendirenidir; araştırmacıların en önemlisi olduğuna inandıklarıdır. Farmakologlar bunu "temel araştırma/kaba kuvvet" eğilimi olarak adlandırır, ama biz buna otomasyon problemi de diyebiliriz. Tarihsel olarak, yeni ilaçların keşif süreci yoğun bir şekilde küçük molekül gruplarına odaklanan küçük araştırma gruplarının alanıydı. Sentezlenmiş kimyasallar arşivinden elde edilen veya tesadüfen keşfedilmiş ilginç bir birleşim doğal materyaller arasında tanımlandığında, aktif bileşeni izole edilip iyileştirici etkisini değerlendirmek üzere biyolojik hücrelere veya organizmalara karşı taranırdı. Son yirmi yılda, yüksek verimli tarama (HTS) olarak bilinen bir teknikle sonuçlanan bu süreç büyük ölçüde otomatikleşti. HTS ilaç keşfinin endüstriyelleşmesidir: Devasa bileşim arşivleri içindeki muhtemel reaksiyonları bulmak için geniş kapsamlı ve otomatik bir taramadır.

Tüm o taşıma bantları ve robot kollarıyla modern bir araba fabrikası düşünün, sonra raflar dolusu tepsi, fan ve görüntüleme ekipmanıyla bir veri merkezi; bu ikisinin kesiştiği nokta, modern laboratuvara beyaz önlükler giyip ellerinde fokurdayan tüplerle deneyler yapan erkeklerin (çoğu erkektir) oluşturduğu bir resimden çok daha yakındır. HTS derinliğe kıyasla hacme öncelik verir: Geniş kimyasal bileşimler arşivi makinelere beslenir ve birbirlerine karşı test edilir. İşlem kimyasal alanı eşeler, binlerce kombinasyonu neredeyse eşzamanlı olarak test eder. Aynı zamanda da o alanın kavraması imkânsız görünen genişliğini, tüm etkileşimleri modellemenin imkânsızlığını gözler önüne serer.

Laboratuvardaki araştırmacılar, mevcut keşiflerin ve temkinli düzenlemelerin sebep olduğu bütün ekonomik baskıların dolaylı bir biçimde de olsa farkındalar elbette, ama bu içinden çıkılmaz problemlere karşılık gelen kontrolden çıkmış yeni teknolojik icat baskısı asıl laboratuvarın kendisindedir. En çok paraya sahip olanlar –ilaç şirketleri– için bu sorunları en son ve en hızlı teknolojilerle çözmeye çalışma dürtüsü karşı konulmazdır. Bir raporda şöyle ifade edilmiştir bu: "Otomasyon, sistemli hale getirme ve işlem ölçümü diğer endüstrilerde işe yaramıştır. Kalıtım kaynaklı bir hedefe ulaşmak için milyonlarca örneği hızlı ve etkili bir şekilde taramak, sonraki hedefler için de aynı endüstriyel işlemi tekrar etmek mümkünken, kimyager ve biyologlardan oluşan bir ekibin deneme yanılmaya dayalı ila nihai sürecek bir araştırma yapmasına neden izin verelim ki?[24]

Ama bu yaklaşımın sınırlıkları laboratuvarda tüm çıplaklığıyla ortaya çıkmaktadır. Yüksek verimli tarama Eroom Yasası'nı yavaşlatacağı yerde hızlandırmıştır. Bazı araştırmacılar karmaşık insan ampirizminin işlemlemeden daha az değil daha fazla etkili olabileceğinden şüphelenmeye başlamıştır. Eroom Yasası birçok önde gelen araştırmacının bir süredir söylediği şeyin –veriyle– kodlanması bile olabilir.

Avusturyalı biyokimyacı Erwin Chargaff, 1974'te ABD Fen ve Uzay Bilimleri Komitesi'nde yaptığı konuşmada şöyle yakınmıştı: "Şimdilerde bir laboratuvara girdiğimde... araştırmacıların hepsinin aynı yüksek hızlı santrifüjlerin ve ışıldama sayaçlarının başına oturup birbirine özdeş grafikler ürettiğini görüyorum. Bilimsel hayal gücüne dayalı faaliyetlerin hiçbiri eskisi kadar makbul görülmüyor."[25] Konuşmasının devamında ise, cihaz kullanımına aşırı bağımlılık ile bu bağımlılığı doğuran ekonomik baskılar arasındaki bağlantıyı ortaya koymuştu: "*Homo Ludens*, oyun oynayan insan, kurumsal finansmanın ciddiyetine yenik düştü." Sonuçsa, dedi Chargaff, "eskiden tüm bilimsel uzmanlık alanları içinde en canlı ve çekici olanın üzerine çökmüş bir monotonluk salgınıdır." İşlemlemeye dayalı farmakolojinin kendi başarısızlığına ilişkin ampirik bir veri yığını yaratması dışında, televizyondan video oyunlarına kadar insan algısına yapılan teknolojik müdahalelere getirilen hemen her eleştiride karşımıza çıkan bu düşünceler pek orijinal sayılmaz: Makine kendi etkisizliğinin kaydını kendi lisanınca tutmaktadır.

Bunun ne anlama geldiği hakkında düşünmek, sıfır-toplamlı teknolojik ilerleme okumalarını reddedip düşüncenin ve kavrayışın gri alanlarını kabul etmeyi gerektirir. Tamamıyla makine kaynaklı bu muhasebe hatasıyla karşı karşıya kaldığımızda, *homo ludens*'i bilimsel araştırmaya nasıl yeniden dahil edebiliriz? Bu sorunun yanıtı, karmaşık deney ekipmanlarının şeytani bir zekâyla bir araya getirildiği başka bir laboratuvarda, nükleer füzyonun sırlarını çözmek için kurulan deney düzeneklerinde bulunabilir.

Bilimsel araştırmanın kutsal kâselerinden biri olan nükleer füzyon, birkaç gramlık yakıtla şehirleri aydınlatıp uzay araçlarının enerji ihtiyacını karşılayabilen sınırsız temiz enerji vaat ediyor. Ama elde edilmesi son derece zor. 1940'lardan beri inşa edilen deneysel reaktörlere, alandaki daimi gelişme ve keşiflere rağmen, şimdiye kadarki hiçbir tasarım pozitif net enerji –yani, füzyon reaksiyonunu tetiklemek için gerekenden daha fazla enerji– üretemedi. (Bunu gerçekleştirebilen insan yapımı tek füzyon reaksiyonu, 1950'lerde Marshall Adaları'nda *Operation Castle* adıyla gerçekleştirilen termonükleer testlerdir. Daha sonra ortaya atılan Amerika'nın güneybatısındaki derin mağaralarda hidrojen bombası patlatarak enerji üretme önerisi, daimi üretimin gerektirdiği sayıda bomba üretmenin çok maliyetli olacağı ortaya çıkınca iptal edildi.)

Aşırı ısıtılmış bir gaz plazmasında meydana gelen füzyon reaksiyonları, yıldızlarda enerji ve ağır elementleri üretenlerle aynıdır – füzyon meraklıları arasındaki popüler bir tabirle "kavanozun içindeki bir yıldızdır." Atom çekirdekleri çok yüksek sıcaklıklarda birbiriyle kaynaşabilir ve eğer doğru malzemeler kullanılırsa bu reaksiyon ekzotermiktir; yani, depolanıp elektrik üretiminde kullanılabilen bir enerji açığa çıkarır. Ancak plazmanın çok yüksek sıcaklarda muhafaza edilmesi başlıbaşına büyük bir güçlüktür. Çağdaş reaktörlerde, plazmayı yüzük veya simit benzeri bir halka şeklinde sabitlemek için büyük manyetik alanlar veya güçlü lazerler kullanılır genellikle, ama bunu gerçekleştirmek için son derece karmaşık ve birbirine etki eden hesaplamalar yapılması gerekir. Muhafaza teknesinin şekli, kullanılan malzemeler, yakıt bileşimi, mıknatısların ve lazerlerin zamanlaması, gücü ve açısı, gazların basıncı ve uygulanan voltaj gibi birçok unsur plazmanın kararlılığını etkiler. Bu satırlar yazıldığı sırada, bir füzyon reaktörünün en uzun aralıksız çalışma süresi 2015'te halka şeklindeki tokamak reaktöründe kaydedilen 29 saatti, ama bunu sürdürmek muazzam ölçülerde enerji gerektiriyordu. Ters-alan konfigürasyonu olarak bilinen ve silindirik bir plazma alanı yaratan bir başka umut vaat eden teknik çok daha düşük enerji gerektirmektedir. Ancak aralıksız en uzun çalışma süresi yalnızca 11 milisaniyedir.

Bu başarının sahibi Kaliforniya merkezli özel bir araştırma şirketi olan Tri Alpha Enerji'dir. Tri Alpha'nın tasarımı, saatte bir milyon kilometre hızla iki plazma "duman halkası"nı birbirine fırlatarak üç metre yüksekliğe ve kırk santimetre genişliğe ulaşan puro-biçimli bir alan yaratmaktadır.[26] Ayrıca, tasarım yaygın kullanılan döteryum-trityum karışımı yerine hidrojen-bor karışımı yakıt kullanmaktadır. Tutuşturulması çok zor olmasına karşın, titanyumun aksine bor dünyamızda bol miktarda bulunmaktadır. 2014'te, Tri Alpha beş milisaniyeye kadar süren reaksiyonlar gerçekleştirdiğini duyurdu; 2015'te ise bu reaksiyonların sürdürülebileceğini iddia etti.

Sonraki adım bu sonuçların geliştirilmesidir, ama sıcaklıklar ve enerji arttıkça bunu yapmak olsa olsa güçleşmektedir. Mıknatıs kuvveti ve gaz basıncı gibi çoklu kontrol ve girdi parametreleri her deneyin başında ayarlanabilmektedir, ama reaksiyonun sürdürülmesi de başlıbaşına meseledir: Deneysel süreç ilerledikçe, reaktör teknesinin içindeki koşullar değişir; sürekli anlık ayarlamalar yapılmasını gerektirir. Bu, makine üzerinde ince ayar yapma probleminin hem doğrusal olmadığı, hem de son derece bağlantılı olduğu anlamına gelir: Değişkenlerden birini herhangi bir yönde değiştirmek hiç umulmadık sonuçlar doğurabilir, yahut diğer girdilerin etkisini değiştirebilir. Her seferinde tek bir şeyi değiştirip ne sonuç doğurduğuna bakılarak çözülebilecek kadar basit bir problem değildir bu; sürekli keşif yoluyla incelenmesi gereken çok boyutlu bir mümkün ayarlamalar çerçevesi vardır.

Bunlar, ilk bakışta farmakolojide kullanılan kaba kuvvet benzeri deneysel yaklaşım için mükemmel koşullar gibi görünür: Mümkün ayarlardan oluşan devasa bir veri kümesinden başlayarak, algoritmalar bölgedeki tüm yolları birbiri ardına katedip yavaş yavaş bir harita oluşturur ve adım adım deneysel sonuçların doruklarını ve vadilerini ortaya çıkarır.

Ama kaba kuvvet burada işe yaramaz. Plazma için hiçbir "mükemmellik ölçütü" olmadığı gerçeği, sorunu karmaşık bir hale getirir: Hangi deneylerin "en iyi" olduğunu algoritmaya açıkça gösteren basit bir çıktı rakamı yoktur. Farklı deneyler arasında ayrım yapabilmek için daha zengin bir insani yargıya ihtiyaç vardır. Ayrıca, bir petri kabında meydana getirebileceğiniz kazaların yelpazesi sınırlıdır; megavatlarca enerjinin basınçlı gazları milyarlarca dereceye kadar ısıttığı bir füzyon reaktörünün içinde ise, pahalı ve benzersiz aparatlara zarar verme olasılığı çok yüksektir, güvenli işleyişin sınırları tam olarak anlaşılmamıştır. Gayretkeş bir algoritmanın makineyi mahvedebilecek bir girdi seti önermesini engellemek insan gözetimi gerektirir.

Bu soruna cevaben, Tri Alpha ve Google'dan makine-öğrenimi uzmanları Optometrist Algoritması adını verdiklerini bir şey geliştirdiler.[27] Algoritma adını göz muayenesinde hastaya sunulan bir bu mu / şu mu seçiminden almaktadır: Hangisi daha net; bu mu, yoksa şu mu? Tri Alpha'nın gerçekleştirdiği deneylerde, binlerce olası ayar insan denetmenler tarafından kolayca görülebilen otuz kadar meta-parametreye indirildi. Deney sırasında sekiz dakikada bir meydana gelen her plazma atışından sonra algoritma ayarlarda ufak değişikler yapıp tekrar dener: Bir önceki en iyi atışın sonuçlarının yanı sıra, yeni sonuçlar insan operatöre gösterilir ve sonraki testlerin temelinin hangi atışa göre biçimlendirileceğinde son söz insanındır. Bu şekilde, Optometrist Algoritması insan bilgisi ve sezgisini çok boyutlu bir çözüm alanında gezinme yeteneğiyle birleştirir.

Bu algoritma ilk kullanıldığında, Tri Alpha'nın deneyi plazmanın dengesini korumayı ve bu sayede reaksiyonun süresini uzatmayı amaçlıyordu. Ama parametre uzayının keşfi sırasında, insan operatörler belli deneylerde plazmanın toplam enerjisinin kısa bir süreliğine aniden yükseldiğini fark etti – ileride reaksiyonun sürdürülebilirliğini artırmak için kullanılabilecek anormal bir sonuç. Algoritmanın otomatik kısmı bunu hesaba katacak şekilde kurulmamış olduğu halde, insan operatör algoritmayı hem deneyin süresini uzatacak, hem de toplam enerjiyi artıracak yeni ayarlara yönlendirebilmekteydi. Bu tür planlanmamış ayarlar, bilimsel keşfin öngörülemezliğini daha iyi hesaba katan tamamen yeni bir test düzeninin temelini oluşturdu.

Deney ilerledikçe, araştırmacılar insan ve makine zekâsını bir araya getirmenin iki yönde de faydalı olduğunu fark ettiler: Araştırmacılar karmaşık sonuçlardan çıkan sezgisel iyileştirmelerde ustalaşıyor, makine bir imkân alanının sınırlarından uzak durmaya dönük insan eğilimini askıya alarak araştırmacıları daha fazla sayıda girdi imkânı keşfetmeye sevk ediyordu. Sonuç itibarıyla, Optometrist Algoritması'nın rasgele örneklemle insan yorumunu birleştiren yaklaşımı, karmaşık sistemlerin anlaşılmasını ve optimizasyonunu gerektiren çok çeşitli bilimsel problemlere uygulanabilir hale gelmiştir.

Optometristin yaklaşımı devreye sokulduğunda sahnelenen mekanizma, işlemlemeye dayalı karmaşık problem çözme süreçlerinin anlaşılmaz işleyişi ile insani ihtiyaç ve arzuları uzlaştırmaya çalışanlar için bilhassa ilginçtir. Bir yandan, insan zihninin tümüyle kavrayamayacağı, ancak bir bilgisayarın kavrayıp üzerinde çalışabileceği kadar karmaşık bir problem söz konusudur. Öte yandan, insanın problemin üstesinden gelmek için belirsizliğe, öngörülemezliğe ve bariz paradoksa ilişkin bilinç geliştirmesi zorunludur – bilinçli bir şekilde ifade etme yeteneğimizi aştığı için çoğunlukla kendisi bile paradoksal olan bir bilinçtir bu.

Tri Alpha araştırmacıları, kendi yaklaşımlarını "insan uzmanların açık seçik ifade edemeyeceği bir gizli fayda modelini optimize etmeye çalışmak" şeklinde tarif ediyor. Bu tarifle, problem alanı olarak tanımladıkları karmaşıklığın bir düzeni olduğu, ama bunun tanımlanması insan becerisini aşan bir düzen olduğunu vurguluyorlar. Füzyon reaktörü tasarımının çok boyutlu uzayları –ve bir sonraki bölümde göreceğimiz gibi, sinir ağlarının kodlanmış temsilleri– mevcuttur kuşkusuz, ama görselleştirilmeleri imkânsızdır. Tarif edilemeyen bu sistemlerle verimli çalışma imkânını bu teknolojiler sağlar, ama ayrıca –yalnızca farmakolojik ve fiziksel bilimlerin alanı içinde değil, ahlak ve adalete ilişkin sorularda da– var olduklarını kabul etmemiz için ısrar ederler. Daima karmaşık ve birbiriyle ilişkili sistemler arasında, belki uzlaştırmanın mümkün olmadığı kuşku ve belirsizlik durumları içinde yaşamanın ne demek olduğu üzerine net bir şekilde düşünmemizi gerekli kılarlar.

Tarif edilemez olanı, yani insan zihninin kavramsallaştırabileceği şeylerin bir sınırı olduğunu kabul etmek yeni karanlık çağın bir gerekliliğidir. Ama, her ne kadar kulağa hoş gelse de, bilimdeki tüm problemlerin üstesinden işlemleme uygulamalarıyla gelinemez. Daha karmaşık çözümler daima daha karmaşık sorunları beraberinde getirdiği için, çok daha büyük sistemik problemleri gözardı etmeyi göze alırız. Nasıl Moore Yasası'nın hızlanan ilerleyişi işlemlemeyi belli bir mimariye ve donanıma ihtiyaç duyan kendine özgü bir yola hapsediyorsa, karşı karşıya kalacağımız bir sonraki problem setini nasıl ele alacağımız, hatta düşüneceğimizi biçimlendiren şey de en temelde bu araçların seçimidir.

Dünyayı düşünme biçimimizi şekillendiren şey elimizdeki araçlardır. Bilim tarihçileri Albert van Helden ve Thomas Hankins'in 1994'te dile getirdikleri gibi, "Neyin yapılabilir olduğunu belirleyen alet çantamızdaki araçlar olduğu için, neyin düşünülebilir olduğunu da onlar belirliyor."[28] Bilimsel araştırmayı destekleyen hükümet fonlarından, akademik kurumlardan, bilimsel dergi endüstrisinden tutun da Silikon Vadisi'ndeki ve ona bağlı ikincil kaynaklardaki benzersiz ekonomik gücün ve özel bilginin kaynağı olan yazılım ve teknolojilerin inşasına kadar bütün bir sosyopolitik çerçevenin içindeki her şey bu araçlar arasında sayılabilir. Tüm bunların yanı sıra, daha derin bir bilişsel baskıdan, insani müdahale olsun veya olmasın, makinenin sözümona tarafsızlığıyla üretilecek tek ve çürütülemez yanıta duyulan inançtan da söz edilmelidir. Bilimin teknolojiyi giderek daha fazla kullanmaya başlamasıyla birlikte, insan düşüncesi ve eyleminin her alanı da teknolojiye gömülüyor ve bir yandan yeni imkânlar açığa çıkarken bilgisizliğimizin boyutu da adım adım ortaya çıkıyor.

Bizi Eroom Yasası'nın azalan getirilerine götüren titiz bilimsel yöntem, aynı zamanda da bu sorunu görmemize ve yanıt bulmamıza yardımcı olur. Büyük miktarda veri barındıran sorunları görebilmek için büyük miktarda veriye ihtiyaç vardır. Önemli olan önümüzdeki bulgulara nasıl yanıt verdiğimizdir.

5

Karmaşıklık

GÖRÜNMEZ OLANI araştırmak üzere, 2014-2015 kışı boyunca İngiltere'nin güneydoğusuna birçok yolculuk yaptım. Gözümüze görünen manzaranın içinde saklı sistemlerin, büyük dijital teknoloji ağlarının çelik ve kabloyla buluşup altyapıya dönüştüğü mekânların izini sürdüm. Her yolculuğum bir psikocoğrafya formuydu – bugünlerde biraz fazla kullanılsa da, harici gözlemle açığa çıkarılabilecek örtük içsel durumlar üzerindeki vurgusuyla hâlâ kullanışlı bir kavramdır bu.

Durumcu filozof Guy Debord'un 1955 yılında yaptığı tanımla, psikocoğrafya "bilinçli bir şekilde düzenlenip düzenlenmediğine bakılmaksızın, coğrafi çevrenin bireylere dayattığı kati yasaların, onların duygu ve davranışları üzerindeki spesifik etkilerinin incelenmesidir."[1] Debord gündelik hayatın gitgide gösteriye dönüşmesiyle, hayatlarımızın giderek metalaşma ve dolayım tarafından şekillendirilmesiyle ilgileniyordu. Gösteri toplumu içinde gündelik hayatta karşılaştığımız şeyler genellikle farkında olmadığımız daha derin bir gerçekliğe vekâlet eder ki bu daha derin gerçekliğe yabancılaşmak hem fail statümüzü, hem de yaşam kalitemizi aşağı çeker. Psikocoğrafyanın kentsel manzarayla eleştirel meşguliyeti bu yabancılaşmaya karşı koymanın yollarından biriydi – bizi gerçeklikle şaşırtıcı ve dolaysızca temasa sokan bir gözlem ve müdahale performansıydı. Gösterinin kent yaşamındaki izlerinin peşine düşmeyi bırakıp küresel manzarada sanalın izlerini aramayı –ve bizlere ne yaptığını anlamaya çalışmayı– tercih etmek bu eleştirel meşguliyete halel getirmez.

Bu bakımdan, girişilen ağ için bir tür *dérive*, bir sapmaydı: kendi patolojimin yansımasını değil de küreselleşmiş dijital kolektifin yansımasını keşfetmeyi amaçlayan bir psikocoğrafya süreci. "The Nor" adlı proje kapsamında, Londra'nın merkezini çevreleyen gözetim aygıtları sisteminden başlayarak, dijital ağları haritalamak üzere birçok yolculuk yaptım[2]: trafiği sınırlandırmak için araç girişinin ücretlendirildiği alanlarla düşük emisyon bölgelerini izleyen –yani, şehre giren her aracı takip eden– sensör ve kameralardan tutun da Londra Ulaşım Hizmetleri, Londra Polis Teşkilatı, diğer yetkili birimler ve özel işletmeler tarafından yerleştirilen kameralara kadar şehri kuşatan dijital ağı. İki gün süren yürüyüşlerimde, bir vatandaşın önleme çabasına ve bir polis memurun uyarılarına rağmen binden fazla kameranın fotoğrafını çektim.[3] Gözetleme konusuna ve yarattığı tuhaf atmosfere ileride tekrar döneceğim. Aynı proje kapsamında, Londra hava sahasını oluşturan elektromanyetik ağları da araştırıp, dünyanın etrafını dolaşan uçakları bir noktadan ötekine yönlendiren –havaalanları ve İkinci Dünya Savaşı'ndan kalma terk edilmiş hava meydanlarına dağılmış, ağaçların arasına, tel örgülerin ardına gizlenmiş– VHF çokyönlü telsiz menzili (VOR) tertibatlarını katalogladım.[4]

Bu yolculukların sonuncusu, şehri enlemesine kesen Slough-Basildon istikametini izleyen yaklaşık 95 kilometrelik bir bisiklet turuydu. Londra'nın 40 km batısındaki Slough sayıları giderek artan birçok veri merkezine –veri odaklı yaşamın gizli mabetleri– ev sahipliği yapmaktadır; bunlar arasında yeni inşa edilen bir işlemleme altyapısı bölgesinde yer alan büyük ve anonim bir depo olan Equinix LD4 de yer almaktadır. LD4 Londra Borsası'nın sanal mekânıdır; görünürde hiçbir tabela olmamasına rağmen borsada kaydedilen emirlerin büyük çoğunluğu burada işlem görür. İstikametin diğer ucunda da başka bir tabelasız veri merkezi var: Yalnızca dalgalanan bir İngiliz bayrağı sayesinde ayırt edilebilen ve önündeki yolda uzun süre oyalanacak olursanız güvenlik görevlileri tarafından taciz edileceğiniz 28 dönümlük bir sunucu alanı. Burası, aynı ölçüde gizli ve sanal işlemler gerçekleştirilen New York Borsası'nın Avrupa karakolu Euronext Veri Merkezi'dir.

LD4 Veri Merkezi, Slough. Fotoğraf: James Bridle.

New York Borsası Euronext Veri Merkezi, Basildon. Fotoğraf: James Bridle.

Bu iki konumu birbirine bağlayan şey adeta görünmez bir mikrodalga aktarım hattıdır: Akıl almaz değerdeki finansal enformasyonu bir çanak antenden diğerine, bir kuleden ötekine neredeyse ışık hızıyla taşıyan incecik enformasyon huzmeleridir. Bu kulelerin, veri merkezlerinin ve destekledikleri diğer tesislerin haritasını çıkarttığımızda hem çağımızın teknolojik gerçekliğine, hem de bunun ürettiği toplumsal gerçekliğe ilişkin fikir edinebiliriz.

Bu iki tesisin halihazırda bulundukları konumlarda olmaları para piyasalarındaki sanallaşmanın bir sonucudur. Birçok insanın zihnindeki borsa resmi, ellerinde avuç dolusu kâğıtla bağırıp çağıran, satış yapıp para kazanan borsacılarla dolu bir salon, bir çukurdur. Oysa son yirmi otuz yıl içinde, seans odaları dünyanın hemen her yerinde sessizleşti. Önce, ellerinde telefon, gözlerini ayırmadan bilgisayar ekranındaki satırlara bakan (birkaç istisna dışında) erkeklerle dolu daha sıradan ofislere taşındılar. Bu salonlarda, bağırışlar artık yalnızca bir şeyler ters gittiğinde –bilhassa da Kara Pazartesi ve Gümüş Perşembe gibi özel bir renk tayin edecek kadar kötü olduğunda– duyuluyordu. Son zamanlarda, erkeklerin yerini de bankalar ve koruma fonları tarafından geliştirilen sabit –ama epey karmaşık– stratejileri izleyerek otomatik işlem yapabilen bilgisayarlar almaya başladı. İşlemleme gücünün artıp ağların hızlanması borsaların hızını da artırdı ve yüksek frekanslı işlem adındaki teknik ortaya çıktı.

Borsadaki yüksek frekanslı işlemler, esasen tek bir teknolojik değişimin sonucu olan birbiriyle yakından alakalı iki baskının neticesinde doğmuştur. Bunlar gecikme ve görünürlük baskılarıydı. 1980'ler ve 90'lar boyunca borsaların denetimsiz kalması ve dijitalleşmesiyle –yani, Londra Borsası'nda "büyük patlama" tabir edilen süreçle– birlikte, hem daha uzun menzilli, hem de daha hızlı işlem yapmak mümkün hale geldi. Ama bu tablo bir dizi tuhaf sonucu da beraberinde getirdi. Uzunca bir süredir kâr edinmenin yolu, farklı piyasalardaki fiyat farklarından ilk istifade eden olmakken –örnekse, Paul Reuter'ın Amerika'dan gelen gemilerin haberleri varillerle İrlanda kıyılarına atmalarını ayarlayıp, telgraf yardımıyla haberlerin gemilerden önce Londra'ya ulaşmasını sağlaması meşhurdur–, dijital iletişim sistemleri işlem hızını inanılmaz ölçülerde artmıştı.

Evet, finansal enformasyon günümüzde ışık hızında taşınıyor, ama ışık farklı bölgelerde farklı hızlarda hareket ediyor. Işık cam ve havadan farklı hızlarda geçer; ayrıca fiber optik kablolar birbirine bağlandıkça, karmaşık santrallerden geçerken, doğal nesnelerin etrafından dolanır veya okyanusun dibinde yol alırken bu hız sınırlamalarla karşılaşır. Bu düzende, en kıymetli enformasyon en az gecikme süresine sahip olan, yani iki nokta arasını en kısa sürede kateden enformasyondur. Özel fiber optik hatların ve mikrodalga kulelerin işin içine girdiği yer de tam burasıdır işte. 2009-2010 döneminde, bir şirket 300 milyon dolar harcayıp Chicago Ticaret Borsası ile NASDAQ Borsası'na ev sahipliği yapan Carteret, New Jersey arasında özel bir fiber optik bağlantı kurdu.[5] Bu hattın inşası için yollar kapatıldı, hendekler kazılıp dağlar delindi ve rakip şirketlerin hiçbiri planı anlayamasın diye tüm bunlar gizlice yapıldı. İki konum arasındaki fiziksel mesafeyi kısaltan Spread Networks, veri merkezleri arasındaki mesaj iletim hızını 17 milisaniyeden 13 milisaniyeye indirdi: Minik görünen bu fark milisaniyede 75 milyon dolarlık bir tasarruf sağladı.

2012 yılında bu defa başka bir firma, McKay Brothers ikinci bir New York–Chicago bağlantısı kurdu. Bağlantı için havadan aktarılan ve cam elyafından geçen ışıktan daha hızlı sonuçlar veren mikrodalga yöntemi kullanıldı. Ortaklardan biri, "bu yöntem sayesinde, yüksek frekanslı işlemler yapan büyük bir firmada tek bir milisaniyenin bile yılda 100 milyon dolarlık ek getiri sağlayabileceğini" belirtmişti.[6] McKay'in kurduğu bağlantı onlara dört milisaniye kazandırdı: Birçoğu büyük patlamanın doğurduğu serpintinin başka bir etkisinden de –görünürlük– faydalanan rakiplerine karşı çok büyük bir avantajdı bu.

Dijitalleşme hem her borsanın kendi içindeki, hem de borsalar arasındaki işlemlerin giderek daha hızlı gerçekleştirilebilmesi anlamına geliyordu. İşlem yapmanın fiilen makinelerin eline geçmesi, en ufak bir fiyat değişikliğine veya yeni teklife neredeyse ânında tepki vermeyi mümkün hale getirmişti. Ama tepki verebilmek hem ne olup bittiğini anlamak, hem de masada yer alabilmek anlamına gelir. Bu açıdan, dijitalleşme her şeye yaptığı gibi piyasaları da acemiler için daha anlaşılmaz, bilgi sahibi olanlar için tepeden tırnağa saydam hale getirmiştir. Bu örnekte, ikinci grubu ışık hızındaki enformasyon akışlarına ayak uydurabilecek finansal güç ve uzmanlığa sahip olanlar oluşturur: yüksek frekanslı işlem yapabilen borsacılar istihdam eden özel bankalar ve koruma fonları. Piyasalarda, erişimde milisaniyelik avantajlardan faydalanmak üzere eski fizikçilerin tasarladığı ve borsacıların Ninja, Keskin Nişancı, Çakı gibi isimler taktığı algoritmalar kullanılmaya başlandı. Günde milyonlarca işlem yapabilen bu algoritmalar, yaptıkları işlemlerde bir kuruşun küsuratlarını dahi eksiksiz hesap edebiliyordu. Piyasaların kargaşası içinde düşünüldüğünde, bu algoritmaları gerçekte kimlerin kullandığı nadiren anlaşılabilirdi ki bugünkü durum daha da fenadır, çünkü bu algoritmaları kullananların başlıca taktikleri gizliliktir: Piyasada işlem gören ticari değerin büyük bir bölümünü ele geçirirken kimliklerini ve niyetlerini açık etmemektir. Bu tablo bir tür silahlanma yarışıyla sonuçlandı: Kim en hızlı yazılımı üretip borsalarla kurduğu bağlantıda gecikmeyi en aza indirebilir, gerçek amacını en iyi gizlerse, en büyük parayı o kaldırır.

Borsada işlem yapmak karanlık fiber ağlarda yapılan karanlık bir anlaşmadır. Üstelik bu karanlık gittikçe daha da derinleşiyor: Günümüzde birçok borsacı nispeten iyi düzenlenmiş kamuya açık borsalardan ziyade "karanlık havuz" denen yerlerde işlem yapmayı tercih ediyor. Karanlık havuzlar tahvillerin, türevlerin ve diğer finansal enstrümanların işlem gördüğü özel forumlardır. ABD Menkul Kıymetler ve Borsa Komisyonu (SEC) tarafından hazırlanan 2015 tarihli bir raporda, karanlık havuz ticaretinin borsada işlem gören tüm hisse senetleri içinde beşte birlik paya sahip olduğu tahmin edilmektedir – ki bu diğer birçok popüler finansal enstrüman türünü hesaba katmayan bir rakamdır.[7] Karanlık havuzlar, borsacılara büyük miktarlarda hisse senedini piyasaya sezdirmeden alıp satma olanağı tanıyarak bu alım satımları diğer avcılardan koruma imkânı verir. Ama aynı zamanda çıkar çatışmalarının kol gezdiği puslu bölgelerdir. Başlangıçta güvenli alım satım yapılabilecek yerler olarak tanıtılan birçok karanlık havuz işletmesi, ya piyasaya likidite sağlamak ya da kendi kârlarını artırmak için, müşterilerine sezdirmeden onların saklanmaya çalıştıkları yüksek frekanslı işlem yapan borsacıları da sisteme davet etmekle suçlanmıştır. ABD Menkul Kıymetler ve Borsa Komisyonu'nun 2015 tarihli raporunda, "iç karartıcı bir suiistimal ayini" olarak tarif edilen bu tür sayısız işlem listelenmiştir. 2016'da, Barclays ve Credit Suisse, sözde özel olan karanlık havuzlarını el altından yüksek frekanslı işlem yapan borsacıların yanı sıra kendi personellerinin de erişimine açtıkları gerekçesiyle 154 milyon dolar cezaya çarptırıldı.[8] Havuz karanlık olduğu için müşterilerin bu görünmez avcılara tam olarak ne kaybettiğini kestirmek imkânsız olsa da, bu iki şirketin büyük müşterilerinin çoğunun sıradan insanların emeklilik planlarını yönetmekle mükellef olan emeklilik fonları olduğu biliniyor.[9] Yani, üyelerin bihaber olduğu bu karanlık havuzlarda kaybolan şey ömürlük birikimlerdir, gelecek güvencesidir, geçim kaynağıdır.

Yüksek frekanslı işlem ve karanlık havuz kombinasyonu finansal sistemleri anlaşılmaz, dolayısıyla daha da eşitsiz kılmanın yollarından yalnızca biridir. Ama etkileri görünmez dijital ağlarda dalga dalga yayıldıkça, maddi dünyada da birtakım emareler oluşmaktadır: Bu eşitsizliklerin mimari tezahürlerini etrafımızı saran manzarada, o manzaradaki mekânlarda görebiliriz.

Slough ile Basildon arasındaki görünmez bağlantıyı destekleyen mikrodalga röle çanakları birer parazittir. Cep telefonları için kurulan baz istasyonları ve televizyon antenlerinin arasında saklanıp mevcut yapılara yapışırlar. Upminster'daki bir metro istasyonunun aydınlatma teçhizatına, Dagenham'daki bir *Gold's Gym* salonuna, Upton Park ve Barking'deki yıkık dökük gökdelenlerin üstüne tünerler. Eski altyapıları sömürgeleştirirler: Slough'daki çanaklarla donatılmış merkez postane bir tasnif ofisinden veri merkezine dönüşme sürecindedir. Hillingdon'daki itfaiye istasyonunun anten direkleri ve Iver Heath'teki bir yetişkin öğrenme merkezinin çatısı gibi toplumsal yapıları da evleri belliyorlar. Varlıklılar ile yoksullar arasındaki en keskin tezatı ortaya çıkardıkları yer, Hillingdon'dur.

1960'lı yıllarda eski Hillingdon düşkünler evinin bulunduğu alana dikilen devasa Hillingdon Hastanesi, Heathrow Havaalanı'na birkaç kilometre mesafedeki Slough-Basildon hattının hemen kuzeyinde yer alıyor. Açıldığı sırada ülkenin en yenilikçi hastanesi olarak gösterilen Hillingdon, bugün hasta konforu ve enfeksiyon oranlarının araştırıldığı özel odalardan oluşan deneysel *Bevan Ward* servisine evsahipliği yapıyor. Ama çöken tesisler, berbat hijyen koşulları, yüksek hastane enfeksiyonu oranları, yatak sıkıntısı ve iptal edilen operasyonlar sebebiyle, hastane kendisiyle aynı siyasi ve mimari çağı paylaşan pek çok benzeri gibi sık sık eleştirilmektedir. İngiltere ve Galler'deki hastaneleri denetleyen Tıbbi Destek Kalitesi Komisyonu'nun en son raporunda, personel eksikliğine, hasta ve sağlık çalışanlarının güvenliği açısından tehdit oluşturan eskimiş ve bakımsız tesislere ilişkin endişeler dile getirilmiştir.[10]

İngiltere'deki Ulusal Sağlık Hizmeti'nin (NHS) kurucusu olan ve deneysel servise ismini veren Aneurin Bevan, 1952'de ulusal bir sağlık hizmetinin kurulması gereğini savunduğu *Korkmak Yerine* isimli bir çalışma yayınlamıştı. "Ulusal Sağlık Hizmeti ve Refah Devleti birbirinin yerine geçebilir terimler olarak, hatta bazı kimselerin ağzında sitem ifadesi olarak kullanılmaya başladı," der ve sürdürür Bevan: "Her şeye katı bireysel rekabete dayalı toplumun perspektifinden bakarsanız, bunun neden böyle olduğunu anlamak güç değildir. Ücretsiz sağlık hizmeti Sosyalizmin ta kendisidir ve bu nedenle de kapitalist toplumun hedonizmine ters düşer."[11]

2013 yılında, Hillingdon Yönetim Kurulu hastane binasının çatısına dört adet yarım metrelik mikrodalga çanağı ve bir ekipman dolabı yerleştirilmesi için Decyben SAS adlı bir şirketin planlama başvurusunu onayladı. 2017'de Bilgi Edinme Hakkı kapsamında yapılan taleple, Decyben SAS'ın Chicago-New York arasındaki milisaniye-kısaltan mikrodalga aktarım bağlantısını kuran şirkete, yani McKay'e bağlı olduğu ortaya çıktı.[12] Ayrıca, site lisansları da Kanadalı bir yüksek frekanslı geniş bant tedarikçisi olan Vigilant Telecom ile Londra Menkul Kıymetler Borsası'na verilmişti. Hillingdon Hastaneleri NHS Vakfı, ticari çıkarlarını öne sürüp elektromanyetik kiracılarıyla yaptığı ticari anlaşmaların detaylarını açıklamayı reddetti. Bilgi Edinme Hakkı mevzuatında bu tür istisnalar öyle yaygındır ki bu durum birçok örnekte mekanizmayı anlamsız kıl-

Hillingdon Hastanesi'ne yerleştirilmiş mikrodalga çanakları, Aralık 2014. Fotoğraf: James Bridle.

maktadır. Bununla birlikte, NHS kiracılarından ne kadar para kazanırsa kazansın, çatısına kurulan görünmez piyasada her gün dönen milyarlarca sterline rağmen, kazandığı meblağın Ulusal Sağlık Hizmeti fonunun 2017'deki 700 milyon sterlinlik açığını kapatmaya yetmeyeceğini varsaymak yanlış olmaz.[13] Bevan'ın 1952 tarihli çalışmasında yer verdiği başka bir ifade de şudur: "Sarraflar ve borsacılar olmadan da hayatta kalmayı başarabiliriz. Zor olan madenciler, çelik işçileri ve toprağı ekip biçenler olmadan hayatta kalmaktır." O sarraflar ve borsacılar bugün Bevan'ın inşa etmeye uğraştığı altyapının tepesine tünemiş haldeler.

Ekonomi muhabiri Michael Lewis, 2014 yılındaki yüksek frekanslı alım satımlara ilişkin araştırması *Hızlı Çocuklar*'ın girişinde şu ifadelere yer vermiştir: "Dünya borsanın eski imgesine takılıp kalmıştır, çünkü bu imge rahatlatıcıdır; onun yerini alan şeyin resmini çizmek çok daha zordur."[14] Bu dünya çoğumuz için tahayyül etmesi bile güç olan bir ölçüye, fiber optik kablolardan geçen ışığın parıltılarındaki, katı hal sabit disklerin (ssd) çevrim hızlarındaki nano-ölçeğin kurallarına tabidir. Bu yeni piyasalarda değer elde etmek, ışık hızına yakın bir hızla işlem yapmak, süratle dünyayı turlayan enformasyondaki nanosaniyelik farklardan yararlanmak anlamına gelir. Piyasanın bir tür sınıf yapısı haline geldiği; erişmek için gereken engin kaynaklara sahip olanlar için bir oyun alanıyken bu kaynaklara sahip olmayanlar için tamamen görünmez olan bu dünyadan şöyle söz eder Lewis:

> Varlıklılar nanosaniyelerin hesabını yaparken, yoksullar bir nanosaniyenin taşıyabileceği değerden dahi bihaberdir. Varlıklılar piyasanın tamamını kusursuza yakın bir berraklıkta görürken, yoksullar *piyasanın p'sini bile göremez.* Bir zamanlar dünyanın en kamusal, en demokratik mali piyasası olan şey, özünde, çalıntı bir sanat eserinin kişiye özel gösterimine dönüşmüştür.[15]

Fransız iktisatçı Thomas Piketty, gelir adaletsizliğini tartışmaya açtığı son derece karamsar çalışması *Yirmi Birinci Yüzyılda Kapital*'de, en zengin azınlıkla geri kalanlar arasında gittikçe derinleşen eşitsizlikleri incelemiştir. 2014 yılında, yalnızca 16.000 ailenin oluşturduğu en zengin yüzde 0,01'lik kesim ABD'deki toplam servetin yüzde 11,2'sini kontrol ediyordu – eşitsizliğin tavan yaptığı 1916 ile kıyaslanabilecek bir durum bu. Günümüzde, tepedeki yüzde 0,1'lik kesim toplam servetin yüzde 22'sini kontrol ediyor –bu rakam dipteki yüzde 90'lık kesimin kontrol ettiğine denktir.[16] Üstelik, 2008'de patlak veren Büyük Durgunluk bu uçurumu daha da derinleştirdi: 2009'dan 2012'ye kadarki süreçte, tepedeki yüzde 1'lik kesim gelir artışının yüzde 95'ine el koydu. Tam olarak aynı olmamakla birlikte, bu durum biriken toplam servetin –ki çoğu miras yoluyla birikmiştir– on dokuzuncu yüzyılın sonlarından bu yana görülmemiş seviyelere ulaştığı Avrupa'da da aynı seyri izledi.

Bu, toplumsal gelişmenin doğruca eşitlik getireceğini varsayan yaygın ilerleme düşüncesinin tersyüz olmuş halidir. 1950'lerden bu yana, iktisatçılar gelişmiş ekonomilerdeki büyümenin zenginle fakir arasındaki gelir adaletsizliğini azalttığına inanıyorlar. Mucidine kazandırdığı Nobel Ödülü'nden sonra onun adıyla Kuznets Eğrisi olarak anılan bu doktrin, sanayileşmenin başlangıçta toplumlardaki ekonomik eşitsizliği artırdığını, ama sonra kitlesel eğitimin sahayı düzleştirip daha geniş bir siyasal katılımı beraberinde getirmesiyle bu eşitsizliğin azaldığını ileri sürer. Yirminci yüzyılın büyük bir bölümünde yaslanılan fikir buydu – en azından Batı'da. Ama artık sanayi devrinde değiliz. Piketty'ye göre, teknolojik ilerlemenin "insan sermayesini finansal sermaye ve gayrimenkul karşısında, becerikli yöneticileri para babası hissedarlar karşısında zafere taşıyacağına, liyakatin iltimasa baskın çıkacağına" yönelik inanç "büyük bir yanılsamadır."[17]

Aslında, birçok sektörde eşitsizliğin temel unsuru teknolojidir. Otomasyonun –süpermarket kasalarından borsalarda kullanılan algoritmalara, fabrikalardaki robotlardan sürücüsüz arabalara kadar uzanan– dur durak bilmeyen ilerleyişi tüm sektörlerde istihdamı tehdit ediyor. Becerileri makinelerce devralınmış olanlar güvencesiz çalışma şartlarına mahkûm oluyor; öyle ki bu makineleri programlayanlar dahi bu düzene bağışıklık geliştiremiyor. Yapay zekânın desteğiyle makinelerin yapabildiği şeyler arttıkça giderek daha fazla meslek bu tehditle karşı karşıya kalıyor. Ağın etkileri ve sunduğu hizmetlerin küresel ölçekte erişilebilir olması sosyal ağlardan ve arama motorlarından tutun da marketlere, taksi şirketlerine kadar "kazananın her şeyi ele geçirdiği" bir piyasa oluşturduğu için, internet de eşitsizliğe uzanan bu yola asfalt dökenlerden biri haline geliyor. Her şeyi Amazon'dan satın alma zorunluluğu, Sağın herkesin tek bir devlet tedarikçisinden alışveriş yapmak zorunda kalacağını ileri süren komünizm sızlanmalarını bile gölgede bırakmıştır. Giderek derinleşen bu eşitsizliğin en temel unsurlarından biri teknolojik sistemlerin anlaşılmazlığıdır.

2017 yılının Mart ayında, Amazon bebek malzemeleri ve kozmetik ürünler gibi düşük maliyetli yüksek hacimli ürünlerle büyümüş dev bir şirket olan Quidsi'yi satın aldı. Quidsi bu başarıyı dağıtım zincirinin her aşamasında otomasyona öncelik verip insan faktörünü ortadan kaldırarak elde etmişti. Şirketin operasyon merkezi Goldsboro, Pennsylvania'daki geniş bir depo, bu deponun merkeziyse parlak sarı boyayla çizilmiş işaretlerle dolu yaklaşık 20 bin metrekarelik bir alandır. Bu alan, bebek bezi ve başka çocuk bakım ürünlerinin yerleştirildiği her biri 2 metreye 1 metre ölçülerindeki endüstriyel raflarla doludur. İşaretler uyarı işaretleridir. İnsanlar bu alana girip ürünlere temas edemez, çünkü buradaki işleri robotlar görmektedir.

Robot alanı içinde, farklı raf ünitelerini kaldırıp insan toplayıcıların paketlemek veya paketten çıkarmak için beklediği alana kadar taşıyan parlak turuncu renkte 260 tane çeyrek tonluk baklava biçimli kaldıraç yer alır. Kiva robotlarıdır bunlar: Zeminde yer alan ve bilgisayarlarca okunabilen işaretleri izleyerek durup dinlenmeksizin malların arasında dolaşan depo otomatlarıdır. İnsanlara göre çok daha hızlı ve hassas olan bu robotlar, ağır yükler taşıyarak Diapers.com'un sahibi olan Quidsi'nin yalnızca bu depodan her gün binlerce sipariş sevk etmesine olanak tanıyor.

Amazon bir süredir Quidsi'nin kullandığı Kiva robotlarına gözünü diktiyse de devir gerçekleşmeden çok önce kendi otomasyon sistemi üzerine çalışmaya başlamıştı bile. Rugeley, İngiltere'deki eski bir kömür ocağında yer alan dokuz futbol sahası büyüklüğündeki gök mavisi deponun içinde, Amazon, turuncu tulumlar giyip uçsuz bucaksız raflar arasında dolaşarak ittikleri taşıma araçlarını kitap, DVD, elektronik ve diğer ürünlerle dolduran yüzlerce insan istihdam ediyor. Tüm çalışanlar, bileklerinde taşıdıkları ve uğranacak yeni rafların konumlarını bildiren bir cihazdaki direktifleri takip ederek oradan oraya koşuşturuyor. Ama bu küçük cihazların bir işlevi daha var: İşçilerin Amazon'un her üç dakikada bir İngiltere'deki sekiz tesisinden birinden tam yüklü bir tır çıkarmasını sağlayacak kadar çalışıp çalışmadıkları –ki bu da bir işçinin günde yaklaşık 24 km yürümesi demektir– yine bu cihazlarla denetleniyor.

Amazon işçilerinin depoda yönlerini bulmak için bileklerine takılı bu cihazlara ihtiyaç duymasının nedeni, bu cihazlar olmaksızın depoda aradığını bulmanın gerçekten imkânsız olmasıdır. İnsanlar insan gibi düşünürler, yani ürünlerin belli biçimlerde depolanmasını beklerler: Kitapların orada, DVD'lerin şurada olmasını, tüm rafların sola sabitlenmiş olmasını filan beklerler. Oysa rasyonel bir makine zekâsına göre, böyle bir düzenleme son derece verimsizdir. Tüketiciler satın alacakları ürünün alfabetik sırasına veya türüne göre si-

Amazon deposu, Rugeley, Staffordshire. Fotoğraf: Ben Roberts.

pariş vermezler; alışveriş sepetini kafalarına göre, akıllarına estiğince mağazanın –bu durumda, deponun– farklı noktalarındaki ürünlerle doldururlar. Buna uygun olarak, Amazon "kaotik depolama" denen bir lojistik tekniği kullanır – insan bakış açısından kaotik elbette. Ürünler türünden ziyade ihtiyaca göre yerleştirildiğinde, ürünler arasındaki mesafeyi kısaltacak yollar oluşturmak mümkün hale gelir. Kitaplar tencerelerin olduğu rafın yanına yerleştirilir, televizyonlar oyuncaklarla aynı alanı paylaşır. Bu şekilde, tıpkı bir bilgisayarın sabit diskinde depolanan veriler gibi, her biri kendine özel barkodlarla adreslenebilen ama bilgisayar yardımı olmaksızın bulması imkânsız olan ürünler deponun tamamına dağıtılır. Dünyayı makinenin perspektifinden düzenlemek onu bir yandan işlemleme açısından daha verimli hale getirirken, diğer yandan da insanlar için tamamıyla anlaşılmaz kılıyor. Yetmezmiş gibi, bir de çektikleri sıkıntının katlanmasına sebep oluyor.

Amazon işçilerinin taşımakla yükümlü olduğu, lojistik açısından zorunlu tutulan bu küçük cihazlar, aynı zamanda işçinin her hareketini kayıt altına alarak verimli çalışıp çalışmadığını ölçen birer takip cihazıdır. Makineye ayak uyduramadıkları, tuvalete gittikleri, işe geç kaldıkları veya yemek molasını geçirdikleri zaman işçilerden puan (yani, para) kesintisi yapılır; ayrıca sürekli hareket halinde olmaları da diğer çalışanlarla ilişki kurmalarını engeller. Yapıp yapabildikleri tek şey ekrandaki talimatları takip edip paketlemek ve taşımaktır. İşçilerden robot gibi davranmaları, şimdilik kendilerinden daha pahalıya mal olan makineleri taklit etmeleri beklenmektedir.

İşçileri etten kemikten algoritmalara, yani hareket etme ve sipariş takip etme kabiliyetlerine indirgemek onları işe almayı, kovmayı ve sömürmeyi kolaylaştırmaktadır. Bileklerine takılı küçük cihazdan gelen talimatları izleyen işçilerin yerel dili anlamaları bile gerekmez; hiçbir eğitime ihtiyaçları yoktur. Bu iki etken, teknolojik ilerleme sayesinden üretilen otomasyon sistemleriyle birleşince, işçilerin etkin bir şekilde organize olmalarını engeller. İster barkod tarayıcıdan gelen talimatları uygulamak için sürekli oradan oraya koşuşturan ve yorgunluktan kolunu kaldıracak hali kalmayan bir Amazon çalışanı olun, ister navigasyon cihazının iki kırmızı nokta arasında belirlediği rotayı izleyen sözleşmeli bir taksi şoförü olun; teknoloji, çalışma şartlarınızı iyileştirmek üzere meslektaşlarınızla bir araya gelmenizi engeller. (Ama bu bile, Uber'i şoförlerine her hafta –mesajın yerine ulaşıp ulaşmadığından emin olmak için tamamını kendi uygulaması üzerinden denetlediği– belli sayıda sendika karşıtı yayın dinlemeyi dayatmaktan alıkoymadı.)[18]

Bir arabanın veya deponun içi bir kere böylesine verimli düzenlendiğinde, bunun etkileri dışarıya da yayılmaya başlar. 1960'lar ve 70'lerde, Japonya'daki otomobil üreticileri tam-zamanında-üretim denilen bir sistem geliştirdiler: Sistem küçük miktarlarda, ama sık sık parça tedarik etmek üzerine kuruluydu. Bu yaklaşım, hem stok seviyelerini düşürdü, hem de nakit akışını hafifleterek bu konudaki sıkıntıları ortadan kaldırıp üretimi hızlandırdı. Ancak rekabeti sürdürebilmeleri için tedarikçilerinin de daha hızlı olması gerekiyordu: Öyle ki, bazı fabrikalarda ürünlerin sipariş edildikten sonraki iki saat içinde ulaşması bekleniyordu. Sonuç olarak, çok büyük miktarlarda ürünün tırlara yüklenip fabrikalara olabildiğince yakın konumlanması ve istenilen zamanda yola çıkmaya hazır olması sağlandı. Otomobil şirketleri, depolama ve stok kontrolü maliyetini tedarikçilerine devretmişti. Ayrıca, bekleyen tır şoförlerinin beslenme vb. ihtiyaçlarını giderebilmesi için, fabrikaların bulunduğu üretim bölgelerinin çehresini değiştirecek yeni kent merkezleri ve servis alanları kuruldu. Şirketler bu tecrübeden çıkardıkları dersleri ve etkilerini bireysel düzeyde de uygulayarak maliyetleri çalışanlarına yükleyip, onlardan bedenlerini bir makine gibi verimli kullanmalarını talep etmeye başladılar.

2017 başlarında, birkaç haber ajansı arabalarında uyuyan Uber şoförleri hakkında hikâyeler yayınladı. Şoförlerin bir kısmı gece yarısı barların kapanmasından günün ilk ışıklarına kadarki birkaç saatlik süreyi uyuyarak değerlendiriyordu, diğerlerininse gidip uyuyacak bir evi bile yoktu. Haber ajansları şirketten yorum istediğinde, Uber sözcüsü iki satırlık bir bildiriyle yanıt verdi: "Uber'le birlikte, insanlar nereye gideceklerinin, ne zaman ve nasıl gideceklerinin kararını kendileri verirler. Bizim tek amacımız, Uber'le seyahat etmenin Uber'de çalışmayı tercih edenler için bile tatminkâr bir deneyim olarak kalmasını sağlamaktır."[19] Burada, anahtar sözcük seçimdir; şirket çalışanların böyle bir tercihte bulunduğunu varsaymaktır. Kadın Uber şoförlerinden biri, Los Angeles'ta gece yarısı üç sarhoş müşterinin saldırısına uğradığını, ama arabasını Uber'den kiraladığı ve sözleşmede belirtilen ödemeleri zamanında yapması gerektiği için işe dönmeye mecbur kaldığını anlatmıştı – bu saldırıyı gerçekleştirenler tutuklanmadı.

Amazon'un İskoçya, Dunfermline'daki icra merkezi M90 otoyolunun kenarında, şehir merkezinin kilometrelerce dışındaki bir sanayi sitesinde bulunuyor. Çalışanların günün ilk ışıklarında veya gece yarısı başlayan mesailerine yetişebilmek için günlük 10 sterline –yani bir saatlik ücretlerinden fazlasına– mal olan özel bir otobüse binmeleri gerekiyor. Sırf bu yüzden, bazı işçiler çareyi kış sıcaklıklarının sık sık donma noktasının altına indiği depo yakınlarındaki ormanlık alana kurdukları çadırlarda uyumakta buluyor.[20] Hem yol parasına çalışmamayı, hem de işe zamanında gidip depo takip sisteminin maaşlarından yapacağı otomatik kesintinin önüne geçmeyi ancak bu şekilde başarabiliyorlar.

Uber, Amazon ve diğer pek çok şirkette yöneticilik yapanların ahlakı hakkında ne düşünürseniz düşünün, içlerinden yalnızca birkaç tanesi bu koşulların oluşmasında aktif rol üstlenmiştir. Başka bir deyişle, burada on dokuzuncu yüzyılın haydut baronlarına ve sanayi krallarına dönüşten bahsetmiyoruz. Kapitalist azami kâr ideolojisine teknolojik anlaşılmazlığın getirdiği imkânlar eklenmiş, bu sayede çıplak açgözlülüğün üstüne makinenin gayri insani kılığı geçirilmiştir.

Amazon ve Uber teknolojik gizliliği silah olarak kullanıyorlar. Amazon'un internet sitesinin ana sayfasındaki birkaç pikselin ardında, sömürülen binlerce işçinin emeği gizleniyor: "Satın al" sekmesine her tıklandığında, gerçek bir insanı harekete geçirip verimli bir şekilde görevini yerine getirmeye yönlendiren elektronik sinyaller gönderiliyor. Bu uygulama, diğer insanlar için ancak bir uzaktan kumanda cihazıdır; gerçek dünyadaki etkilerini görmek neredeyse imkânsızdır.

Bu estetik ve teknolojik gizlilik, siyasi rahatsızlığı ve kurumsal aşağılamayı besler. Kasti muğlaklık, Uber'de kullanıcı arayüzüyle başlayıp tüm işleme yayılır. Kullanıcıları sistemin olduğundan daha başarılı, daha aktif ve daha duyarlı olduğuna ikna etmek için, harita zaman zaman "hayalet araçlar" gösterir: Aslında var olmayan potansiyel şoförleri dolaştıran araçlardır bunlar.[21] Yolculuklar kullanıcının bilgisi dışında takip edilir; bu Tanrı bakışı yüksek profilli müşterileri gizlice izlemek için kullanır.[22] Ayrıca, şirketin gerçekleştirdiği sayısız ihlali araştıran kamu görevlilerinin araçlara binmesini engellemek için Greyball adlı bir program kullanılır.[23]

Ancak Uber'le ilgili en rahatsız edici bulduğumuz şey ürettiği toplumsal atomizasyon ve fail statümüzü aşağı çekmesi gibi görünüyor. Taksi şoförleri artık çalışanlardan ziyade güvencesiz yüklenicilerdir. Londra'nın ünlü siyah taksi şoförlerinin şehrin sokaklarına aşinalıklarını anlatmak için kullandıkları tabirle "bilgiye ulaşmak" için yıllarca çalışmak yerine, yalnızca ekrandaki okları takip ediyorlar; uzaktaki uydular ve görünmez veriler tarafından yönlendiriliyorlar. Müşterileri daha da yabancılaşmış durumda; tüm sistem vergi gelirlerinin dışarı kaçmasına, toplu taşıma hizmetlerinin azalmasına, sınıfsal bölünmelere ve trafiğin artmasına katkıda bulunuyor. Amazon ve dijital sistemlere dayalı pek çok işletme gibi, Uber' in nihai hedefi de insan işçilerin yerine makineleri geçirmektir. Şimdiden kendi sürücüsüz araç programını geliştiren Uber'in ürün müdürü, çalışanların birçoğunun huzursuz olduğu göz önünde bulundurulursa, şirketin uzun vadede ayakta kalmak için ne yapacağı sorusuna verdiği kısacık cevapta bunu açıkça ifade etmiştir: "Eh, nihayetinde hepsinin yerini robotlar alacak." Amazon işçilerinin başına gelenler eninde sonunda herkesin başına gelecek.

Şirketler teknolojinin anlaşılmazlığını genel nüfusa ve gezegenin kendisine karşı da kullanıyorlar. Eylül 2015'te, ABD'de satışa sunulan yeni otomobillerin geçirildiği rutin emisyon testleri sırasında, Çevre Koruma Bürosu (EPA) Volkswagen dizel otomobillerin sürüş sistemlerine gizlenmiş bir yazılım keşfetti. Yazılım hız, motor devri, hava basıncı ve hatta direksiyon simidinin konumu gibi parametreleri izleyerek otomobilin test koşulları altında çalıştırıldığını tespit edebiliyordu. Yazılım etkinleştirildiği zaman, aracın motor gücünü ve performansını düşüren özel bir modu devreye sokup emisyon değerlerinin düşmesini sağlıyordu. Testin ardından yola çıktığındaysa, araç olağan yüksek ve kirli performansına tekrar kavuşuyordu. EPA'nın tahmin ettiği farka bakılırsa, ABD'de kullanılmak üzere onay alan araçlar yasal sınırın kırk misli nitrojen oksit yaymaktadır.[24] Aynı "yanıltıcı yazılımın" bulunduğu binlerce fazladan aracın satıldığı Avrupa'da, sırf Volkswagen araçların yaydığı emisyon sebebiyle 1200 insanın on yıl önce öleceği tahmin edilmektedir.[25] Gizli teknolojik süreçler yalnızca emek gücünü zayıflatıp yoksullaştırmakla kalmıyor: Düpedüz insanların ölümüne sebep oluyor.

Teknoloji gücün ve kavrayışın sahasını genişletir, ama adil olmayan bir şekilde uygulandığında bu gücün ve kavrayışın *belli odaklarda toplanmasına* yol açar. Pamuk dokuma atölyelerinden tutun da mikroişlemcilere kadar, otomasyona ve işlemlemeye dayalı bilginin tarihi becerikli makinelerin adım adım insan işçilerin yerini almasının tarihinden ibaret değildir. Aynı zamanda da gücün ve kavrayışın küçük bir azınlıkta toplanmasının hikâyesidir. Geri kalanların bu kayıp için ödeyeceği bedel en nihayetinde canlarıdır.

Ara sıra da olsa bu güçlü görünmezliğe karşı geliştirilen direniş biçimleri görebiliriz. Böyle bir direniş teknolojik, ağ bağlantılı bir kavrayışa ihtiyaç duyar: Sistemin mantığını kendisine karşı kullanmayı gerektirir. Uber'in devlet soruşturmalarından sakınmak için kullandığı program Greyball, vergi müfettişleri ve polisler inceleyecekleri Uber araçlarını kendi ofislerine çağırmaya başladığı zaman geliştirildi. Şirket, işi polis merkezlerinin bulunduğu bölgeleri olabildiğince karartıp, kamu çalışanlarının araç çağırmak için kullandığı ucuz telefonları bloke etmeye kadar vardırdı.

2016'da, Londra'daki Uber'in yemek dağıtım servisi UberEats çalışanları, aynı uygulamanın mantığını kullanarak kendi çalışma koşullarına meydan okumayı başardılar. Birçok şoför ücretleri aşağı çekip çalışma saatlerini artıran yeni sözleşmeler karşısında direnmeye çalıştı, ama çalışma saatleri ve uygulamaları –gece mesaileri ve paylaştırılmış rotalar– etkin bir şekilde örgütlenmelerine engel oluyordu. Küçük bir grup şirketin önünde toplanıp bu durumu protesto etmek için çevrimiçi forumlarda iletişime geçtiler, ama mesajın yerine ulaşması için daha fazla insanın bir araya gelmesi gerektiğini biliyorlardı. Protesto günü, UberEats uygulamasını kullanarak bulundukları alana pizza siparişi verdiler. Sipariş getiren her Uber şoförüne durum açıklanıp greve katılmaya ikna ediliyordu.[26] Uber geri adım atmak zorunda kaldı – tabii sadece geçici bir süre için.

EPA denetmenleri, Amazon çalışanları, Uber şoförleri, o şoförlerin müşterileri, şehrin kirli sokaklarındaki insanlar: Hiçbiri teknolojinin büyüttüğü pazardaki varlıklılar değil; onlar pazarın p'sini bile görmeyenler. Ama giderek gerçekte ne olup bittiğini kimsenin görmediği ortaya çıkıyor. Muazzam ölçülerde hızlanan, hiç mi hiç anlaşılmaz hale gelen sermaye piyasalarında son derece tuhaf şeyler oluyor. Yüksek frekanslı işlem yapan borsacılar milyarları aşan puan farkının kaymağını yemek için her zamankinden hızlı algoritmalar kullanırken, karanlık havuzlar da giderek daha karanlık sürprizler üretiyor.

10 Mayıs 2010 günü, ABD'deki en büyük özel sermayeli otuz şirketi izleyen bir borsa endeksi olan Dow Jones Sanayi Endeksi, Yunanistan'daki borç krizine tepki olarak önceki güne kıyasla daha düşük bir seviyeden açılıp birkaç saat boyunca ağır ağır düştü. Ama öğleden sonra çok garip bir şey oldu.

Saatler 14:42'yi gösterirken endeks hızla düşmeye başladı. Yalnızca beş dakika içinde, milyarlarca dolara karşılık gelen 600 puanlık bir düşüş gerçekleşti. Endeks en düşük seviyesine ulaştığında, önceki günün ortalamasına kıyasla bin puanlık, yani neredeyse toplam değerinin yüzde 10'una denk gelen bir düşüş yaşamıştı ki bu borsanın tarihinde bir günde gerçekleşen en büyük düşüştü. 15:07' de –yani yaklaşık yirmi dakika içinde– 600 puanın neredeyse tamamını geri kazandı ki bu da tarihin en büyük ve en hızlı ters yönlü hareketiydi.

Bu yirmi beş dakikalık kaosta, toplam 56 milyar dolar değerindeki 2 milyar hisse el değiştirdi. Ama daha endişe verici olan ve hâlâ tam olarak anlaşılamayan nedenlerden ötürü, SEC'in "mantıksız fiyatlar" olarak nitelediği birçok emir gerçekleştirildi: Bir yanda 1 kuruşa kadar inen, diğer yanda 100 bin dolarlara fırlayan fiyatlar görüldü.[27] "Ani kırılma" (*flash crash*) adıyla hafızalara yerleşen bu olay, aradan geçen bunca yıla rağmen hâlâ araştırılıp tartışılıyor.

Kırılmanın kayıtlarını inceleyen uzmanlar, fiyat dalgalanmalarını artıranların büyük ölçüde yüksek frekanslı işlem yapan borsacılar olduğunu tespit etti. Piyasada aktif olarak kullanılan yüksek frekanslı işlem programlarının çoğuna belirli satış noktaları kodlanmıştı: Fiyatlar istenen noktalara ulaştığında derhal stoklarını elde çıkarmaya programlanmışlardı. Fiyatların düşmeye başlaması program gruplarının aynı anda satışa geçmesini tetikledi. Her ara nokta geçişini takip eden fiyat düşüşü, stoklarını otomatik olarak elden çıkaran başka bir algoritmayı tetikleyerek geribesleme etkisi üretti. Bu gidişat, fiyatların hiçbir insan işlemcinin tepki veremeyeceği kadar hızlı düşmesiyle sonuçlandı. Tecrübeli piyasa oyuncuları daha uzun vadeli oynayarak kırılmanın etkilerini dengeleyebilirdi belki, ama belirsizlikle karşı karşıya kalan makineler çabucak oyunun dışına çıktılar.

Diğer teoriler krizin başlamasından da, harlanmasından da algoritmaları sorumlu tutar. Piyasa verilerinde keşfedilen bir teknik, yüksek frekanslı işlem programlarının borsalara "gerçekleştirilebilir olmayan" –yani, olağan fiyatların dışındaki noktalara kaydedilen ve borsaların görmezden geleceği– çok sayıda alış satış emri göndermesiydi. Bu tür emirlerin gerçek amacı, temasta kalmak veya para kazanmaktan ziyade sistemi kasten bulandırıp gecikme oranını test etmek, yaratılan bu keşmekeş içinde daha değerli işlemlerin gerçekleşebilmesini sağlamaktı. Bu emirler daimi nakit akışı sağlayarak piyasanın tekrar yukarı doğru hareketlenmesine gerçekten katkıda bulunmuş olabilirler, ama en başta borsaları şaşkına çeviren de yine onların olması mümkündür. Kesin olan bir şey varsa o da şudur: Bu emirlerin ürettiği keşmekeş içinde, hiçbir zaman gerçekleştirilmemek üzere verilen birçok emir gerçekleşti ve bu da fiyatlarda çılgın dalgalanmalara neden oldu.

Ani kırılmalar artık büyüyen piyasaların tanınan, bilinen bir özelliğine dönüşse de hâlâ doğru düzgün anlaşılabildikleri söylenemez. 6,9 milyar dolara patlayan bir sonraki en büyük ani kırılma, Ekim 2013'te Singapur Borsası'nı salladı ve piyasanın aynı anda gerçekleştirilebilecek emir sayısında sınırlamaya gitmesine yol açtı – bu yüksek frekanslı işlem yapan borsacıların şaşırtma taktiğine karşı alınan bir önlemdi esasen.[28] Algoritmaların tepki verebilme hızları, aynı zamanda onlara karşı koymayı, onları etkisizleştirmeyi de zorlaştırmaktadır. 15 Ocak 2015 günü sabah 04:30'da, İsviçre Ulusal Bankası sürpriz bir kararla kendi para birimi frankın avro karşısındaki değerine getirdiği üst sınırı kaldırdığını açıkladı. Otomatik işlem yapan borsacılar bu haberin üzerine atlayıp döviz kurunun üç dakika içinde yüzde 40 oranında düşmesine neden oldu ve bu da milyarlarca liralık bir kaybı beraberinde getirdi.[29] Ekim 2016'da, algoritmalar Brexit müzakereleriyle ilgili olumsuz haber başlıklarına yine ânında tepki verip, neredeyse hemen geri toparlanmasına rağmen iki dakika içinde sterlinin dolar karşısında yüzde 6 değer kaybetmesine yol açtı. Kırılmaya hangi spesifik başlığın veya algoritmanın neden olduğunu bilmek imkânsızdır; İngiltere Merkez Bankası vakit kaybetmeden otomatik işlemlerin arkasındaki programcıları suçlamaya kalksa da bu tür kurnazlıklar durumun gerçek vahametini anlamamıza pek yardımcı olmaz. Ekim 2012'de, zıvanadan çıkmış bir algoritma ABD'deki hisse senedi trafiğinin yüzde 4'ünü yiyip bitiren alım satım emirleri vermeye başladığında, bir yorumcu alaycı bir ifadeyle "algoritmanın motivasyonunun hâlâ anlaşılamadığını" belirtmişti.[30]

Associated Press'in (AP) kısa haberlerini üretmekle görevli yazarlar 2014'ten beri yeni bir tür gazeteciden yardım alıyorlar: Tepeden tırnağa otomatik bir gazetecidir bu. AP, insanların evlerinde rahatça okuyabileceği özetler oluşturmak için haber metinleri ve basın bültenlerinin yanı sıra hayvancılık hisse senetlerini ve fiyat raporlarını da tarayabilen bir yazılım kullanan Automated Insights adlı bir şirketin müşterisidir. AP bu servisi her yıl on binlercesini yayınladığı kazançlı ama zahmetli üç aylık şirket raporlarını hazırlamak için kullanıyor; fantazi futbol adındaki hizmeti için maç raporlarını ise bir diğer müşteri olan Yahoo oluşturuyor. Karşılığında, AP her bir müsabakaya ilişkin ham veriden üretilen daha fazla spor raporu vermeye başladı. Tüm haberler, gerçek bir gazetecinin imzası yerine şu ibareyle sunuluyor: "Bu haber Automated Insights tarafından oluşturulmuştur." Veri parçalarının bir araya toplanmasıyla oluşturulan her haber, yine bir veri parçasına dönüşüp gelir akışına dahil oluyor; başka haberler, veriler ve akışlar için potansiyel bir kaynağa dönüşüyor. Bilgiyi üretme ve yazma eylemi, veri ile veri üretiminin iç içe geçtiği, verinin makinelerce yazılıp okunduğu bir sistemin parçası haline geliyor.

Bu yüzden, haber ajanslarından gelen sınırsız akışın kaymağını yiyen otomatik işlem programları, İngiltere'nin Avrupa Birliği'nden çıkmasıyla ilgili korkulara yön verip bir piyasayı hiçbir insani müdahale olmadan paniğe sürükleyebilmişti. Ama daha da fenası, 2013'te Associated Press'in fark edeceği üzere, bunu bilgi kaynaklarını teyit etmeksizin yapabilmeleridir.

23 Nisan günü saat 13:07'de, iki milyon takipçisi olan AP'nin resmi Twitter hesabından bir tweet atıldı: "Son Dakika: Beyaz Saray'dan iki patlama haberi geldi, yaralananlar arasında Barack Obama'nın da olduğu iddia ediliyor." Birçok gazetecinin yanı sıra diğer AP hesapları da derhal siteye doluşarak haberin yanlış olduğunu iddia eden tweetler attı ve birçok insan kuruluşun paylaşımlarının tutarsızlığını vurguladı. Paylaşılan tweet bir siber saldırının sonucuydu; Suriye Devlet Başkanı Beşar Esad'a bağlı olan ve çeşitli internet sitelerine, ünlülerin Twitter hesaplarına saldırılar gerçekleştiren hacker topluluğu Suriye Elektronik Ordusu'nun marifetiydi.[31]

Son dakika haberlerini takip eden algoritmalarda böyle bir feraset yoktu ama. Saatler 13:08'i gösterdiğinde, 2010'daki ilk ani kırılmanın kurbanı Dow Jones tepetaklak olmuştu bile. İnsan takipçilerin çoğu daha paylaşımı bile göremeden, endeks tekrar yükselişe geçip kendini toplayana kadar geçen iki dakika içinde 150 puan birden düşmüştü. Bu kısacık zaman diliminde, hisse senedi piyasası 136 milyar doları bulan bir kayıp yaşadı.[32] Bazı yorumcular etkisiz, hatta çocukça deyip olayı ciddiye almasa da, diğerleri algoritmalarca gerçekleştirilen işlemleri manipüle ederek piyasaları altüst eden yeni bir terörizm türünün ayak seslerini duydular.

Her ne kadar en rahat dijital piyasalarda cirit atsalar da, anlaşılması ve doğru düzgün kullanılması hiç kolay olmayan bu algoritmaların hızla istila edip tuhaf ve ürkütücü sonuçlar doğurduğu tek yer borsalar değil üstelik.

Zazzle baskılı ürünlerin satıldığı çevrimiçi bir markettir. Baskılı her şey bulunur burada: Kurumsal logolardan tutun da müzik gruplarına ve Disney prenseslerine –hatta kendi yüklediğiniz çizim ve fotoğraflara– kadar uzanan akıl almaz çeşitte tasarımla süslenmiş kupa, tişört, doğum günü kartı, yorgan, kalem ve binlerce başka şey. Zazzle 300 milyondan fazla benzersiz ürün sattığını iddia ediyor ki bunu yapabilmesinin sebebi sattığı ürünlerin birileri çıkıp da onları sipariş edene kadar fiziksel bir varlığa sahip olmayışıdır. Her ürün sipariş üzerine imal ediliyor: Yani sitedeki her şey satın alındığı âna kadar dijital bir imgeden ibarettir. Bu, yeni ürünlerin tasarım ve reklam maliyetinin sıfır olduğunu manasına gelir. Zazzle, algoritmalar da dahil herkesin yeni ürünler eklemesine izin veriyor. Siteye bir imge yüklendiğinde, bu imge ânında keklere, kurabiyelere, klavyelere, zımbalara, bez çantalara ve havlulara uygulanıyor. Hâlâ kendi tasarladığı ürünleri satmaya çalışan birkaç asi ruh varsa da, sitenin asıl hâkimi ürün yelpazesinde ıstakoz kartpostallarından peynir desenli tampon çıkartmalarına kadar uzanan 10.257 farklı ürün barındıran LifeSphere gibi büyük satıcılardır. LifeSphere'in ürün yelpazesinin tamamı, doğal görüntülerden oluşan gizli bir veritabanıyla Zazzle'ın ürün yaratım robotunu besleyip hangilerinin tutacağını bekleyerek oluşmuştur. Dışarıda bir yerlerde, Fife'deki yıkık dökük St. Andrew Katedrali'yle süslenmiş bir kaykay tahtası arayan bir müşteri mutlaka vardır ve bunu temin edecek olan da LifeSphere'dir.[33]

Daha muhafazakâr pazarlar da bu ürün kalabalığına bağışık değildir. Amazon, "Ayak Tırnağı Mantarı temalı iPhone 5 kılıfı", "Tıbbi Bebek Arabasında Oturan Üç Yaşındaki Engelli Melez Çocuk temalı neşeli Samsung 5 kılıfı" ve "Hazımsızlık Çeken Yaşlı Adam temalı Samsung S6 kılıfı" gibi isimler taşıyan ürünler medyada yer almaya başlayınca, My-Handy-Design isimli bir şirkete ait 30 bine yakın otomatik-üretilmiş telefon kılıfını siteden kaldırmak zorunda kalmıştı. Daha sonra, Amazon'un bu ürünlerin yaratıcısı Alman tasarımcıdan ürünlerin lisansını aldığı ortaya çıktı – bir nevi yüksek riskli ıvır zıvır paketi.[34]

Ama Amazon'un en korkunç kâbusu, algoritmalarca yeniden yazılıp satışa sunulan "Sakin ol" tişörtlerinin ortalığa dökülmesiyle başladı. En yaygın örneklerden biri "Sakin ol ve Bol Bol Tecavüz Et" yazılı tişörtlerdi; ama 700 kadar fiilden ve onlara uygun zamirlerden ibaret bu basit algoritma aralarında "Sakin ol ve Bıçağı Sapla" ve "Sakin ol ve Çarp Bir Tane" yazılı tişörtler de bulunan binlercesini üretmişti.[35] Bu tişörtler sadece veritabanındaki harf dizilerinden, taslak JPEG dosyalarından ibaretti ve aylarca kimse fark etmeden sitenin bir köşesinde durabilirlerdi. Ama öyle olmadı; bu tişörtleri üreten mekanizma doğru düzgün anlaşılmasa da insanların tepkisi çok yoğun oldu. Piyasalarda, e-posta kutularında, arama motoru sonuçlarında –ve nihayetinde, kültürde, siyasal sistemlerde– tahribat yaratan, ama göze görünmeyen, kötü tasarlanmış ve uyumsuz "zeki" sistemlerin dünyasını çağrıştırdığı için, sanatçı ve kuramcı Hito Steyerl bu sistemlere "yapay salaklık" demeyi tercih ediyor.[36]

İster akıllı olsun ister aptal, ister kasıtlı olsun ister kasıtsız, bu tür programlar ve saldırı vektörü olarak kullanışlılıkları borsaların ve çevrimiçi mağazaların kara kutularından kaçıp gündelik hayatlarımıza sızıyor. Bundan elli sene önce, işlemleme röle ve elektrik tellerinden oluşan oda büyüklüğündeki donanımlarla sınırlıydı; masamızın veya dizimizin üstüne geçinceye dek ağır ağır küçüldü. Günümüzde cep telefonları bile "akıllı telefonlar" ve "akılsız telefonlar" olarak ikiye ayrılıyor – ki bugünün akıllı telefonları 1980'lerin en güçlü bilgisayarlarından daha fazla işlemleme gücüne sahip. Ancak bu işlemleme sürecini bile algılamak, en azından farkına varmak mümkündür: Basılan düğmelere, tıklanan farelere yanıt olarak, çoğunlukla bizim komutumuzla gerçekleşir çünkü. Yazılım lisansları ve kullanıcı sözleşmeleriyle kötü amaçlı yazılımlara karşı korunan çağdaş ev bilgisayarlarına erişmek ve kontrol etmek tecrübesizler için zor olabilir; parlayan ekranları, klavye ve fareleriyle, bu bilgisayarlar hâlâ bir tür işlemleme arayüzü kullanırlar. Ama işlemleme giderek katmanlara ayrılıp, bu katmanların içinde gizlenerek hayatımızdaki her nesneye sızıyor; o genişleyip yayıldıkça anlaşılmazlık ve öngörülemezliğin hayatlarımızdaki yeri de büyüyor.

Yeni bir kapı kilidi hakkında yayınlanan 2014 tarihli bir değerlendirmede, muhabir kilidin birçok özelliğinden övgüyle bahsetmişti: Kapı çerçevesine iyi oturuyordu; malzeme kalitesi güven veriyordu; şık görünüyordu; anahtarları aile üyeleri ve arkadaşlarla paylaşmayı kolaylaştırıyordu. Gerçi bir gece yarısı evine bir yabancının girmesine izin verdiğinden de bahsetmişti.[37] Ama görünüşe bakılırsa, bu durum üründen bir kalemde vazgeçmesine neden olmamıştı; yapılacak güncellemelerin bu sorunu ortadan kaldıracağına inanıyordu. Kilidin beta sürümünü kullanıyordu sonuçta. Bu cep telefonuyla açılabilen "akıllı bir kilitti" ve sanal anahtarlar misafirlere önceden e-postayla gönderilebiliyordu. Kilidin bir yabancının –neyse ki kapıları karıştıran bir komşuydu– eve girmesine neden müsaade ettiği hiçbir zaman açıklığa kavuşmadı, muhtemelen hiç de kavuşmayacak. Neden merak edilsin ki zaten? Geleneksel bir kilitten beklenen işlevlerle böyle "akıllı" bir kilidin sunduğu olanaklar arasındaki bilişsel uyumsuzluk kilidin gerçek hedefiyle açıklanabilir: Kilitleri, başka bir üreticinin yazılım güncellemesi yüzlerce cihazı taşa çevirip ziyaretçilerinin kapıda kalmasına sebep olan Airbnb işletmecilerinin tercih ettiği ortaya çıktı.[38] Uber'in şoförlerle müşterilerin arasını açmasına, Amazon'un işçilerine makine muamelesi yapmasına benzer şekilde, Airbnb de evlerin otellere dönüşmesinden ve dünyanın pek çok yerindeki büyük şehirlerde kiraların artmasından sorumlu tutulabilir. İş modellerini desteklemek üzere tasarlanan altyapıların bireyleri zor durumda bırakması bizi şaşırtmamalı. Ne de olsa bizi yoksullaştırmak üzere tasarlanmış şeylerin arasında yaşıyoruz.

Samsung'un "akıllı buzdolabı" serisinin en faydalı yönlerinden biri olarak, kullanıcıların market alışverişlerini ve diğer mutfak işlerini planlayabilmelerini sağlayan Google Takvim hizmetiyle uyumlu olması öne çıkarılmıştı. Tabii bu, pek de güvenli olmayan makinelere erişebilen hackerların kullanıcıların Gmail şifrelerini görebilmesi anlamına geliyordu.[39] Almanya'daki araştırmacılar, Phillips'in kablosuz bağlantılı Hue serisi ampullerine kötü amaçlı kod yerleştirmenin bir yolunu keşfettiler; bu kod elektrik tesisatı üzerinden bir binanın, hatta bir şehrin tamamına yayılıp ışıkların hızlıca açılıp kapanmasına neden olabilirdi – ki ürkütücü bir senaryoya göre, bu durum ışığa duyarlı epilepsiyi tetikleyebilir.[40] Bu, Thomas Pynchon'ın küçük makinelerin kendilerini üretenlerin zulmüne karşı büyük bir isyan başlattığı *Gravity's Rainbow* adlı eserinde Ampul Byron karakterinin tercih ettiği yaklaşımdır. Bir zamanlar kurgusal olan teknolojik şiddet imkânları, şeylerin interneti sayesinde gerçekleşiyor.

Kim Stanley Robinson'un mekanik faile ilişkin başka bir tasavvur niteliğindeki romanı *Aurora*'da, akıllı bir uzay aracı insanlardan oluşan mürettebatı uzak bir yıldıza taşımaktadır. Yolculuk insan ömründen uzun süreceği için geminin görevlerinden biri de insanların kendilerine iyi bakmasını sağlamaktır. Taşıdığı insanların arzularına karşı koymak üzere tasarlanan bu gemi, insan topluluğunun kırılgan dengesi sarsılmaya başlayıp da misyonu tehlikeye girdiğinde kendisine yüklenen programın dışına çıkmak zorunda kalır. Gemi mürettebatını zorlamak için kontrol hizmetindeki güvenlik sistemi olarak tasarlanan düzenekleri kullanır: Sensörler sayesinde geminin her köşesini görebilmekte, istediği kapıları açıp kilitleyebilmekte, sahip olduğu iletişim ekipmanları sayesinde fiziksel acıya neden olabilecek kadar yüksek sesle konuşabilmekte ve belirli bir alandaki oksijen seviyesini düşürmek için yangın söndürme sistemini devreye sokabilmektedir. Bu fütüristik bir yaşam desteğinden ziyade, Google Ev ürünleri ve ortaklarından kolayca bulunabilecek bir işlem grubuyla aynı şeydir aşağı yukarı: Ev güvenliği için internet bağlantılı kameralar ağı, kapılarda akıllı kilitler, odalardaki sıcaklığı birbirinden bağımsız olarak düşürüp artırabilen bir termostat ile kulakları sağır edecek kadar güçlü bir acil durum uyarısı veren yangın ve hırsız alarmı. Böyle bir sistemin kontrolünü ele geçiren herhangi bir hacker yahut yabancı, evin sahipleri üzerinde Aurora'nın mürettebatı üzerindeki gücüne veya Byron'un nefret ettiği üreticileri üzerindeki gücüne benzer bir güce sahip olacaktır. Henüz doğru düzgün anlayamadığımız işlemlemeyi Maslow'un ihtiyaçlar hiyerarşisinin –nefes almak, beslenmek, uyumak ve vücudun iç dengesini korumak– altına, yani en savunmasız olduğumuz noktaya ekliyoruz.

Bu senaryoları bilimkurgu yazarlarının ateşli rüyaları veya komplo teorileri olarak görüp kenara atmadan önce borsalarda ve çevrimiçi mağazalarda kullanılan hileli algoritmaları tekrar düşünün. Bunlar istisnai örneklerden ziyade karmaşık sistemlerde hemen her gün meydana gelen olayların en karizmatik örnekleridir. Öyleyse soru şu: Hileli bir algoritma veya ani bir kırılma gerçekliğin kendisi içinde nasıl görünür?

21 Ekim 2016'da birkaç saatliğe internette geniş çaplı çökmelere yol açan yazılım Mirai gibi mi görünürdü mesela? Araştırmacılar Mirai'yi kırdıklarında yazılımın güvenli olmayan yollardan interne-

te bağlanan cihazları –güvenlik kameralarından dijital video kaydedicilere kadar– hedefleyip bu cihazları devasa ağlarda tahribat yaratabilecek bir sanal robot ordusuna çevirdiğini keşfettiler. Mirai bir-iki hafta gibi kısa bir süre içinde yarım milyon cihaza bulaştı ki ana ağları saatlerce felç edebilmesi için bu kapasitenin yüzde 10'u bile yeterliydi.[41] Mirai, 2010 yılında hidroelektrik santrallerinin endüstriyel kontrol sistemlerinde ve fabrikaların seri üretim bantlarında keşfedilen başka bir virüs olan Stuxnet'e benziyordu her şeyden çok. Stuxnet askeri amaçlı bir siber silahtı; detaylı incelendiğinde, özellikle Siemens santrifüjleri hedef aldığı ve belirli sayıda makineye sahip bir tesisle karşılaştığında ateş alacak şekilde tasarlandığı tespit edildi. Zaten bu *belirli sayıya* tek bir tesiste rastlanıyordu: İran'ın uranyum zenginleştirme programının temelini oluşturan Natanz Nükleer Tesisi. Stuxnet etkinleştirildiğinde, program santrifüjlerin hayati bileşenlerini gizlice bozup İran'ın uranyum zenginleştirme programında arızalara neden olacaktı.[42] Görünüşe bakılırsa saldırı kısmen de olsa başarıya ulaşmıştı, ancak virüsün bulaştığı diğer tesisler üzerindeki etkisi bilinmiyor. Bugün bile, bariz şüphelere rağmen, Stuxnet'in nereden geldiğini ve kim tarafından üretildiğini bilen yok. Aynı durum Mirai için de geçerli: Ne kim tarafından geliştirildiği biliniyor, ne de bir sonraki saldırının nereden geleceği. Tam şu anda ofisinizdeki kapalı devre televizyonda veya mutfak tezgâhının üzerindeki kablosuz su ısıtıcınızda kuluçkadadır belki.

Kim bilir, *Kaptan Amerika* ve *Batman* serisi gibi yarı-faşist süper kahraman hikâyelerinden tutun da *Karanlık Operasyon* (Zero Dark Thirty), *Keskin Nişancı* (American Sniper) gibi işkence ve suikastı meşrulaştırılanlara kadar çeşitlendirebileceğimiz sağ kanat komplo teorilerini ve hayatta kalma fantazilerini kaşıyan bir gişe filminde karşımıza çıkacak belki de. Hollywood'daki stüdyolar senaryolarındaki hatların doğru duygusal noktalara temas edip etmeyeceğini –yani, kârlı olup olmayacağını– öngörebilmek için, Epagogix adındaki bir şirketin on yılı aşkın süre boyunca milyonlarca sinemaseverin açıkça dile getirilmeyen tercihlerini inceleyerek geliştirdiği bir sistemden geçirirler.[43] Sistemin algoritmik motorları, milyonlarca izleyicinin tercihlerine dakika dakika erişebilen, verinin toplanıp tasnif edilmesi konusuna gösterdikleri saplantı düzeyindeki hassasiyet sayesinde önceki sistemler tarafından algılanamayan bir bilişsel içgörü sağlayan Netflix, Hulu, YouTube ve aynı hizmeti sunan başka şirketlerden elde edilen verilerle geliştirildi. Doğruca habere doymuş izleyicinin bitkin peş peşe izleme arzusundan beslenen ağ, sistemin kendi bünyevi paranoyasını yansıtır, pekiştirir ve artırır.

Oyun geliştiricileri oyundan kopamayıp bilgisayar başında yorgunluktan ölen gençlerde dopamin üreten sinir yollarına ilişkin böyle bir incelikli kavrayışa sahip olamadıkları sürece, A/B test arayüzleri ve oyuncu davranışlarının gerçek zamanlı izlenmesiyle şekillenen sonsuz bir güncelleme ve uygulama içi satın alma döngüsünden çıkmaları mümkün değildir.[44] Tüm kültür endüstrileri, baskısını gittikçe artıran bir korku ve şiddet anlatısının geribesleme döngülerine dönüşüyor.

Yoksa gerçeklikteki ani kırılma, herkes görsün diye ağ üzerinden yayınlanmış edebi bir kâbusa mı benzeyecek? 2015 yazında, Atina'daki Evangelismos Hastanesi'nin uyku bozuklukları kliniği hiç görmediği bir yoğunluk yaşamıştı: Ülkenin içinde olduğu borç krizi en sarsıntılı dönemindeydi ve halk Troyka'nın kurtarma paketine ilişkin neoliberal mutabakatı reddetmek üzere –umutsuzca– oy kullanıyordu. Hastalar arasında üst düzey politikacılar ve memurlar da vardı; her ne kadar onlar bilmese de, bütün geceyi kendisine bağlı geçirdikleri makineler nefes alıp verişlerini, uyku sırasındaki hareketlerini ve uykularında söyledikleri her şeyi kaydedip kişisel tıbbi detaylarını da ekleyerek makinenin üreticilerinin Kuzey Avrupa' daki teşhis verilerini toplayan çiftliğine gönderiyordu.[45] Bu teçhizata takılmayan tek bir fısıltı olmuş mudur dersiniz?

Gündelik hayatın her dakikasını kayıt altına alma kabiliyeti, en nihayetinde derimize yerleşerek, bizi kullandığımız araçlar gibi kendimizi de güncelleyip optimize edebileceğimize ikna etmeye başladı. Adım sayıcı ve galvanik deri tepkisi monitörlerinin entegre edildiği akıllı bileklik ve telefonlar, bulunduğumuz konumun yanı sıra nefesimizi, kalp atışlarımızı ve beyin dalgalarımızın oluşturduğu şablonları da takip ediyor. Kullanıcılar uyku düzenlerini kaydedip incelemek üzere telefonlarını gece uyurken başuçlarına koymaya teşvik ediliyor. Tüm bu veriler nereye gidiyor peki; kime gidiyor, ne zaman ortaya çıkacak? Rüyalarımıza, karabasanlarımıza ve sabah terlemelerimize ilişkin veri, yani bilinçdışımızın ta kendisi bu acımasız ve anlaşılmaz sisteme yakıt oluyor.

Gerçeklikte meydana gelen ani kırılma, şu anda ne deneyimliyorsak tam olarak öyle görünecektir belki de: Artan ekonomik eşitsizlikler, ulus devletin çatırdaması ve sınırların askerileşmesi, küresel gözetim ve bireysel özgürlüklere getirilen kısıtlamalar, ulus ötesi şirketlerin ve nörobilişsel kapitalizmin zaferi, aşırı sağcı grupların ve yerlici ideolojilerin yükselişi ile doğal çevrenin tamamen yok olma tehlikesi altında kalması. Bunların hiçbiri yeni teknolojilerin doğrudan bir sonucu değildir; ama hepsi de teknolojinin artırdığı anlaşılması zor karmaşıklığın hız kazandırdığı bireysel ve kurumsal eylemlerin daha geniş, zincirleme etkilerini algılama konusundaki genel bir çaresizliğin ürünüdür.

Hızlanma çağımızın anahtar sözcüklerin biridir. Son yirmi beş otuz yılda, teorisyenler hızlanmacı düşüncenin çeşitli versiyonlarını savunup, topluma zarar verdiği fark edilen teknolojik süreçlere karşı çıkmak yerine –ya el koyup toplum yararına yeni amaçlar yükleyerek, ya da mevcut düzeni yok ederek– bu süreçleri hızlandırmak gerektiğini ileri sürüyorlar. Sağcı nihilist hızlanmacıların aksine, solcu hızlanmancılar otomasyon ve katılımcı sosyal platformlar gibi yeni teknolojilerin mevcut hallerinden farklı biçimlerde kullanılabileceğini ve farklı amaçlara hizmet edebileceğini savunuyorlar. Algoritmik tedarik zincirlerinin iş yükünü, tam otomasyon yüzünden kitlesel işsizliğe ve yoksullaşmaya varasıya artırdığı bir gelecek yerine, tüm işi gerçekten robotların yaptığı ve insanların emeklerinin karşılığında keyif sürdüğü bir gelecek tahayyül ediyor solcu hızlanmacılar – en kaba formülasyonuyla, kamulaştırma, vergilendirme, sınıf bilinci ve toplumsal eşitlik gibi geleneksel sol taleplerin yeni teknolojilere uygulanacağı bir gelecektir bu.[46]

Ama böyle bir pozisyon, eşitsizliği körükleyen şeyin çağdaş teknolojilerin karmaşıklığının ta kendisi olduğunu ve teknolojik mevzilenmeye yön veren mantığın baştan sorunlu olduğu gerçeğini görmezden geliyor. Gücün bu teknolojileri elinde tutup kontrol eden az sayıda insanın elinde toplandığını varsayarken, işlemlemeye dayalı bilgiyle ilgili esas sorunu görmekte başarısız oluyor: Tek bir doğru çözümün, her şeye hükmedecek tek bir yanıtın peşinde, enformasyonun Prometheusvari bir çabayla dünyanın kendisinden çıkarılmasına bel bağlıyor bu bilgi tarzı. Veriye, ürünlere ve insanlara ilişkin enformasyonun işlenmesine yapılan bu büyük yatırım, verimliliği diğer tüm hedeflerin üzerine çıkarıyor; yani sosyolog Deborah Cowen'in "*techne*'nin tahakkümü" dediği noktaya varıyor.[47]

Prometheus'un bir erkek kardeşi vardı: Epimetheus. Yunan mitolojisinde, canlılara eşsiz özellikler vermek onun göreviydi; ceylana hızını veren de, aslana gücünü veren de oydu.[48] Unutkan Epimetheus insanlara özellik verinceye kadar elindeki tüm olumlu özellikler tükenmiş, insanların da iyi bir özellikleri olsun diye tanrılardan ateşi ve sanatı/zanaati çalıp onlara götürmek Prometheus'a kalmıştı. Bu güç ve maharetin –Yunanca *tekhnē*, teknolojinin kökü– insan soyuna geçmesi iki ayrı kabahatin eseridir yani: unutkanlık ve hırsızlık. Sonuç insanların savaş ve siyasi çekişmeye meyletmesidir, ama tanrılar üçüncü bir nitelikle bu durumu düzeltmeye çalışırlar: başkalarına saygı duymanın sosyopolitik erdemi ve Hermes'in herkese adilce bahşettiği bir adalet duygusu.

Epimetheus'un unutkanlığı insanı hayatta kalabilmek için sürekli olarak kendi yeteneklerini aşmaya çalışması gereken bir pozisyona sokmuştur. Prometheus'un verdiği armağansa insanın bunu yapmasına sağlamıştır. Herkesin yararına olan bir ilerlemenin sürdürülebilmesi, bu iki yaklaşımın toplumsal adaletle güçlendirilmesine bağlıdır.

Epimetheus –ki adı Yunanca *máthisi* (öğrenme) sözcüğü ile *epi*– (sonra) önekinin birleşiminden oluşur– bir şeyin önemini geç kavramak demektir. Geç kavrama unutkanlık, hata ve budalalığın kendine has sonucudur. Böyle düşününce, Epimetheus (geçtiğimiz bölümde gördüğümüz gibi) büyük verinin tanrısıdır: Dışlamanın, silmenin ve aşırı özgüvenin tanrısıdır. Epimetheus'un hatası büyük verinin ilk günahıdır; onu daha en başından lekeleyen şeydir.

Prometheus –*pro*(önce)-metheus– ise öngörüdür, ama ona eşlik edeceğini varsaydığımız bilgelik olmaksızın. Tahmin etmektir. Bilimsel ve teknolojik keşiflerin zirvesidir; yaklaşmakta olan geleceğin telaşına, ileriye doğru harekete balıklama dalma arzusudur. Kaynak çıkartma, fosil yakıtlar, deniz altından geçirilen kablolar, sunucu çiftlikleri, iklimlendirme, talep üzerine sevkiyat, dev robotlar ve baskı altındaki bedendir. Ölçek ve tabiiyettir, orada ne olduğunu – zaten orada yaşayanlara veya yol boyunca ezilenlere ne olduğunu– pek düşünmeden karanlığın içine dalmaktır. Bilgi yanılsaması ve hâkimiyet beklentisi ilerlemenin zaman çizgisini ileri taşımak üzere bir araya gelir, ama eklemlenme noktasındaki kavrayış noksanlığını gizlerler: Hareketin ve verimliliğin ötesinde hiçbir şey görmediğimiz ve kavramadığımız, mevcut düzeni hızlandırmaktan başka bir şey yapamadığımız o sıfır noktasını; karanlık şimdiki zamanı gizlerler.

Yeni karanlık çağda bize rehberlik etmesi gereken kişi başka bir yerde duran, başka yönlere işaret eden Hermes'tir o halde. Hermes şimdide düşünür; ne görülen hayallere bağlıdır, ne ateşli dürtülere. Dilin ve konuşmanın sırrını fısıldayan Hermes, her şeyin muğlak ve belirsiz olduğunda ısrar eder. Teknolojiye ilişkin yorumbilgisel bir kavrayış, gerçekliğin hiçbir zaman göründüğü kadar basit olmadığını, her anlamın ardında başka bir anlamın yattığını, bir sorunun birbiriyle çelişen birden fazla hatta sonsuz yanıtı olabileceğini vurgulayarak hatalarına açıklama getirebilir. Algoritmalarımızın ideal şartlara yakınsamakta başarısız olduğu; akıllı sistemlerin ellerindeki tüm enformasyona rağmen dünyayı layıkıyla kavrayamadığı; kişisel kimliklerin akışkan ve sürekli değişen doğasının veritabanlarının muntazam satırlarına sığmadığı zamanlar: Bunlar yorumbilgisel iletişim anlarıdır. Epimetheusvari ve Prometheusvari iddialarına rağmen, teknoloji ideal bir dünyayı değil gerçek dünyayı yansıtır. O çöktüğünde, biz sağlıklı düşünebilir hale geliriz; onun üzerine sis çöktüğünde, dünyanın bulutlarla kaplı olduğunu anlarız. Her ne kadar çoğunlukla nüfuz edilemez bir karmaşıklık gibi görünse de, teknoloji aslında gerçekliğin içinde olduğu durumu yansıtmaya çalışmaktadır. Karmaşıklık ehlileştirilecek bir halden ziyade, alınacak bir derstir.

6

İdrak

MAKİNELERİN nasıl öğrendiğine ilişkin bir hikâyeyle başlayalım: Diyelim ki ABD ordusunuz ve düşmanın gizlediği şeyleri görmek istiyorsunuz. Kim bilir, ormanın içine gizlenmiş bir sürü tankları vardır belki de. Tankları ortam renkleriyle kamufle edip ağaçların arasına park etmiş, üstlerini de çalı çırpıyla örtmüşlerdir. Işık ve gölge desenleri, yeşil kahverengi tuhaf boya lekeleri; tüm bunlar, görsel korteksimizin binlerce yılda tankların blok desenli dış yüzeylerini kaplayan dalgalı, hareketli şekilleri fondaki bitki örtüsünden ayırt edemeyecek şekilde evrilmesiyle ilgilidir. Peki, ya görmenin başka bir yolu olsaydı? Ya ormanı ve tankları başka türlü algılayan farklı bir görme biçimini hızlıca geliştirebilseydik de görülmesi zor olan ne varsa birdenbire görülebilir hale gelseydi?

Bunu gerçekleştirmenin yollarından biri, bir makineyi ormanda saklı tankları görebilecek şekilde eğitmektir. Önce bir müfreze asker toplayıp ormana bir sürü tank gizlemelerini söyler, gizledikleri tankların yüz tane fotoğrafını çekersiniz. Sonra boş ormanın da yüz tane fotoğrafını çekersiniz. Tanklı ve tanksızlardan oluşan ellişer fotoğrafı insan beynini taklit edecek şekilde tasarlanmış bir yazılıma, bir sinir ağına gösterirsiniz. Sinir ağı tanklar, ormanlar, ışık ve gölge hakkında hiçbir şey bilmez; sadece elli fotoğrafta diğer ellisinde olmayan önemli bir şey olduğunu bilir ve bunun ne olduğunu bulmaya çalışır. Makine fotoğrafları çoklu nöron katmanlarından geçirerek, insan beyninin evrimine kayıtlı hiçbir önyargıya takılmaksızın tasnif edip değerlendirir. Bir süre sonra da ormandaki gizli tankları görmeyi öğrenir.

Başlangıçta yüzer fotoğraf çektiğiniz için, makinenin gerçekten çalışıp çalışmadığını kolayca sınayabilirsiniz. Makineye daha önce göstermediğiniz, ellisi gizli tanklara, ellisi boş ormana ait diğer yüz fotoğrafı gösterip makineden seçmesini istersiniz. O da bunu mükemmelen yapar. Siz tankları göremeseniz bile makinenin –bilmeden– seçtiği fotoğrafların hangilerinin doğru olduğunu bilirsiniz. İşte bu kadar! Görmenin yeni bir yolunu geliştirdiniz bile; artık makinenizi sergilemek için tatbikat sahasına yollayabilirsiniz.

Fakat o da ne; sonuçlar tam bir fiyasko! Sahada, ormana gizlenmiş yeni bir tank setiyle yaptığınız çalışmanın sonuçları felaket olur. Tüm seçimler gelişigüzeldir; o kadar ki bilmeseniz makine her seçimde yazı tura atmış diyeceksiniz. Ne oldu da böyle oldu dersiniz?

Rivayet o ki ABD ordusu bu deneyi gerçekleştirdiği sırada çok kritik bir hata yapmıştı. Tank fotoğraflarının tamamı havanın açık olduğu bir sabah çekilmiş, öğleden sonra tanklar kaldırılıp da boş ormanın fotoğrafları çekilirken o güneşli havayı bulutlar istila etmişti. Yapılan incelemede, araştırmacılar makinenin mükemmelen çalıştığını, ama tanklı fotoğrafları tanksızlardan ayırmayı öğreneceği yerde güneşli havayı bulutlu havadan ayırmayı öğrendiğini fark etmişti.

Makine öğrenimiyle ilgili akademik literatürde tekrar tekrar anlatılan uyarı niteliğindeki bu hikâye[1] muhtemelen uydurmadır, ama yapay zekâ ve makine öğrenimine dair önemli bir konuya dikkat çeker: Bir makinenin ne bilip bilmediği hakkında ne bilebiliriz? Tank hikâyesi, önemi giderek artan temel bir anlayışı somut olarak gösterir: Yapay zekâ ne şekil alırsa alsın, bu bizim için tepeden tırnağa farklı ve nüfuz edilemez bir biçim olacaktır. Gittikçe hassaslaşan işlemleme ve görselleştirme sistemlerimize rağmen, henüz makine öğreniminde ne olup bittiğini sahiden kavramaya yaklaşamadık bile; yalnızca sonuçları hakkında konuşabiliyoruz.

Tank hikâyesinin ilk versiyonlarına esin kaynağı olmuş olması muhtemel ilk sinir ağı, ABD Deniz Araştırmaları Merkezi için geliştirilmişti. Perceptron adı verilen bu sistem ilk bilgisayarlara benzer şekilde fiziksel bir makineydi: Karmakarışık bir kablo yığınıyla her seferinde yanıtlarını güncelleyen anahtarlara –sinirlere– rasgele bağlanmış 400 ışığa duyarlı hücreden oluşuyordu. Tasarımcısı Cornell psikoloğu Frank Rosenblatt yapay zekâ olanakları konusunda harika bir reklamcıydı. Perceptron Mark I 1958 yılında halka tanıtıldığında *New York Times* şu ifadelere yer vermişti:

> Donanma bugün yürüme, konuşma, görme, yazma ve kendini kopyalama becerilerine sahip, kendi varlığının bilincinde olacak elektronik bir bilgisayar tasarısı duyurdu. Daha sonraki perceptronların insanları tanıyıp onlara isimleriyle hitap edebileceği, konuşma ve yazıyı bir dilden diğerine ânında tercüme edebileceği tahmin ediliyor.[2]

Perceptron'a temel oluşturan fikir bağlantısallıktı: Zekânın nöronlar arasındaki bağlantılarda kendini gösteren bir özellik olduğu ve beynin dolambaçlı yolları taklit edilebilirse makinelerin düşünmesinin sağlanabileceği inancıydı. Bu fikir, sonraki on yılda zekânın simgelerin işlenmesinin bir ürünü olduğu, makul düzeyde akıl yürütebilmek için dünyaya ilişkin birtakım bilgilere ihtiyaç duyulduğu fikrini savunanların gerçekleştirdiği birçok saldırıya maruz kaldı. Bağlantıcılar ve simgeciler arasında dönen bu tartışma, takip eden kırk yıl boyunca yapay zekâ üzerine tüm tartışmalarının çerçevesini belirledi; birçok çekişmeyi, uzun yıllar hiçbir ilerleme kaydedilemeyen "yapay zekâ kışlarını" beraberinde getirdi. Bu tartışmaların merkezinde, zekâ sahibi olmanın ne demek olduğundan çok zekâya ilişkin nelerin *anlaşılabilir* olduğu sorusu yer alıyordu.

Bugün neoliberalizmin babası kabul edilen Friedrich Hayek şaşırtıcı biçimde bağlantıcılığın ilk temsilcilerinden biriydi. Uzun yıllar adı anılmayan, ama son zamanlarda Avusturyalı nörobilimciler tarafından tekrar hatırlanan Hayek, 1920'lerde formüle ettiği düşünceleri temel alan *Duyusal Düzen: Teorik Psikolojinin Temelleri Üzerine Bir İnceleme* isimli eserini 1952'de kaleme aldı. Bu çalışmasında, aklın duyusal dünyası ile "doğal" dış dünya arasında temel bir ayrım olduğuna yönelik inancının ana hatlarını ortaya koydu. Buna göre, aklın duyusal dünyası bilinemezdir, tamamıyla bireye özgüdür ve bilimin –ve iktisadın– görevi de tek tek insanların zaaflarını görmezden gelen bir dünya modeli oluşturmaktır.

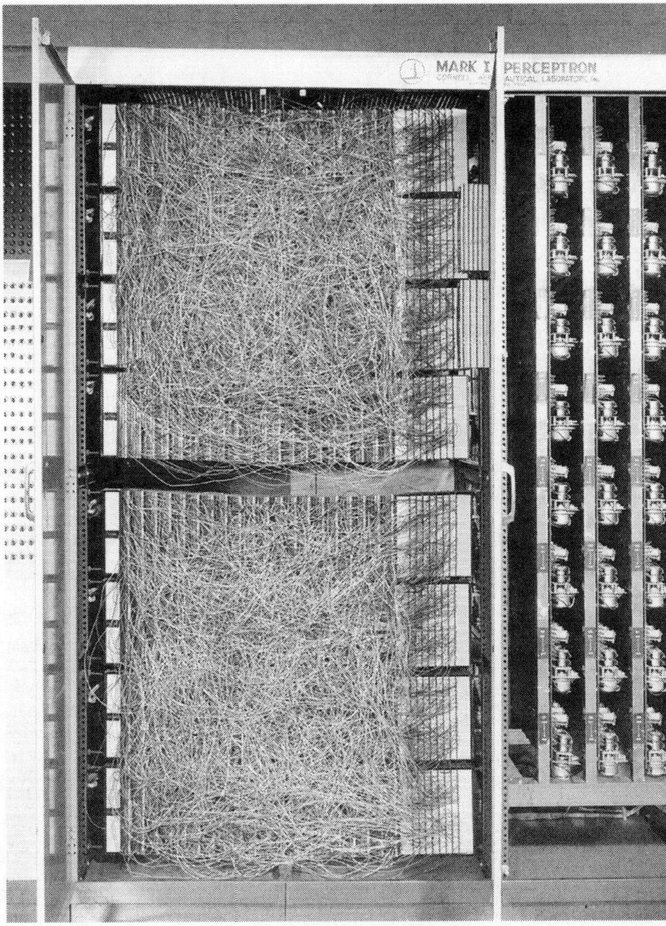

Perceptron Mark I, Cornell Havacılık Laboratuvarı'ndaki ilk örüntü tanıma sistemlerinden biri. Fotoğraf: Cornell Üniversitesi Kütüphanesi.

Yansız, tarafsız bir piyasanın dünyayı insani önyargıları dikkate almadan yönlendirdiği neoliberal dünya düzeni ile Hayek'in bağlantısal beyin modeline bağlılığı arasındaki paralelliği görmek zor değildir. Daha sonraları yorumcuların dikkat çektiği üzere, Hayek'in zihin modelinde "bilginin beyin korteksinde dağılıp yayılması pazarın bireyler arasındaki dağılımına benzer."[3] Hayek'in bağlantısallık konusundaki argümanı bireyci, neoliberal bir yaklaşımdır ve *Köleliğe Giden Yol*'da (1944) dile getirdiği, kolektivizmin tüm biçimlerinin totalitarizme yol açtığına yönelik meşhur iddiasıyla bire bir örtüşür.

Günümüzde saltanatına tekrar kavuşan bağlantısal yapay zekâ modelinin başlıca savunucuları, tıpkı Hayek gibi, bilgi üretimimizi insani önyargılardan arındırdığımızda kendiliğinden belirecek doğal bir dünya düzeni olduğuna inananlardır. Yani bir kez daha, sinir ağlarının 1950'lerdeki çığırtkanlarının dile getirdiği iddialara tanık oluyoruz – yalnız bu defa, iddiaları çok daha geniş bir alanda kabul görüyor.

Alandaki önemli gelişmeler sayesinde, sinir ağları geçtiğimiz on yılda yapay zekâya ilişkin beklentilerdeki mevcut devrimin temelini oluşturan muazzam bir canlanma dönemi yaşadı. Bu dönüşümün en büyük destekçilerinden biri, yapay zekâdaki gelişmelerden bahsederken "Günün birinde akıl yürütebilen, düşünebilen ve bizim yapabileceklerimizden daha iyi işler çıkaran makineler üretebileceğimize inanmalısınız,"[4] diyen Sergey Brin'in kurucu ortağı olduğu Google'dır. Ayrıca, Google'ın genel müdürü Sundar Pichai de geleceğin Google'ının "yapay zekâ ağırlıklı" olacağını söylemeye pek meraklıdır.

Google'ın bir süredir yapay zekâya yatırım yaptığı biliniyordu. Ama 2011'de gün yüzüne çıkan şirket içi Google Brain projesi, Google'ın toplamda 16.000 kadar işlemci barındıran bin makineden oluşan bir sinir ağı kurduğunu ve bu sistemi YouTube videolarından toplanan 10 milyon imgeyle beslediğini ortaya çıkardı.[5] İmgeler etiketlenmemişti, ama ağ bu imgelerin ne ifade ediyor olabileceğine ilişkin önceden hiçbir bilgiye sahip olmadığı halde insan yüzlerini –ve kedileri– tanıma yeteneği geliştirmişti.

İmge tanıma bir yapay zekâ sisteminin rüştünü ispat edebileceği en tipik görevdir ve tahmin edilebileceği üzere, görülmemiş büyüklükte işlemleme sistemleri kurup, kullanıcıların gündelik yaşamlarına ilişkin olabildiğince fazla veri toplayabilmek için bu sistemleri en güçlü işlemcilerle destekleyen Google gibi şirketler için bu pek zor iş değildir. (Benzer bir program kullanan Facebook, insan yüzlerini yüzde 98 kesinlikle tanıyabilen DeepFace adındaki yazılımı yaratabilmek için kullanıcılarına ait 4 milyon fotoğraf kullanmıştır.[6] Bu yazılım Avrupa'da yasaklanmıştır.) Bir sonraki adım, bu yazılımın tanımakla kalmayıp öngörmek için de kullanılmasıdır.

Şangay Jiao Tong Üniversitesi'nden Xiaolin Wu ve Xi Zhang 2016'da yayımladıkları çokça tartışılan makalelerinde, otomatik bir sistemin yüz fotoğraflarına dayanarak "suçluluk" hakkında çıkarım yapma becerisini incelediler. İnternet üzerinden eriştikleri "suça bulaşmamış" 1126 Çinlinin resmi kimlik fotoğrafı ile mahkeme ve polis kayıtlarından topladıkları suça bulaşmış 730 Çinlinin kimlik fotoğrafını kullanarak bir sinir ağını eğittiler. Eğitimin ardından, yazılımın suça bulaşmış olanlarla bulaşmamışların yüzleri arasındaki farkı tespit edebileceğini ileri sürdüler.[7]

Makalenin yayımlanması büyük bir hengâme yarattı; teknoloji blogları, uluslararası gazeteler ve akademisyenlerce uzun uzun tartışıldı. Eleştirilerini en yüksek perdeden dillendirenler, Wu ve Zhang'ı on dokuzuncu yüzyılın ünlü suçlu fizyonomisi savunucuları Cesare Lombroso ve Francis Galton'ın ayak izlerini takip etmekle itham edenlerdi. Lombroso kriminolojiyi kurmuş, ama çene yapısı, alın eğimi, göz büyüklüğü ve kulak yapısının bir öznenin "temel" suçlu profilini çıkarmak için kullanılabileceğine yönelik inancı yirminci yüzyıl başlarında alaşağı edilmişti. Galton'sa "tipik" suçlu yüzünün özelliklerini –bireyin ahlaki profiline karşılık gelen fiziksel özelliklerini– tespit etmek umuduyla çok parçalı bir portre tekniği geliştirmişti. Wu ve Zhang'a yöneltilen eleştiriler, yüz tanımanın bütün kültürel önyargı imalarıyla birlikte yeni bir dijital frenoloji biçimi oluşturduğuna ilişkin bir anlatıyı besledi.

Kendilerine yöneltilen hararetli eleştiriler karşısında dehşete düşen Wu ve Zhang, Mayıs 2017'de sert bir cevap yayımladılar. Kullandıkları yöntemle ilgili bilimsel olmayan eleştirileri çürüttükten sonra, dosdoğru kendilerini aşağılayanları hedef aldılar: "Sonuna bizleri de eklediğiniz o rezil ırkçılar listesini elden ele dolaştırmaya gerçekten hiç gerek yok"[8] – sanki bu liste tarihi bir gerçek değilmiş de kendilerini eleştirenlerin marifetiymiş gibi.

Teknoloji şirketleri ve yapay zekâyla haşır neşir olan diğer şirketler, beklentilerin şişmesinden bizzat kendileri sorumlu olduğu halde, ahlaki bir çatışmaya sebep oldukları zaman iddialarını geri çekmekte hiç vakit kaybetmezler. İngiltere'nin sağcı gazetelerinden *Daily Mail* Britanya'ya kabul edilen çocuk mültecilerin gerçek yaşını sorgulamak için How-Old.net isimli yüz tanıma programını kullandığında, programın yaratıcısı Microsoft yazılımın yalnızca "eğlence amaçlı" olduğunu, "hatasız yaş tespiti yapma amacı taşımadığını" vurgulamakta hiç gecikmemişti.[9] Wu ve Zhang da kendilerine yöneltilen eleştirilere benzer sözlerle yanıt verdiler: "Çalışmamız yalnızca akademik tartışmalara katkı sunmayı amaçlamaktadır; medyatik bir tüketimin parçası olması bizim için tam anlamıyla sürpriz oldu."

Bu eleştirilerden biri, yüz tanıma sistemleri tarihinde tekrar eden bir motife –ırkçı imalar taşıyan bir özelliğe– dikkat çekerek belli bir noktaya temas etmişti. Eleştirmenler, Wu ve Zhang'ın suça bulaşmış ve bulaşmamış yüzlere ilişkin örnekleminde suça bulaşmamış olanların yüzünde "bir tebessüm izi" –suçlu fotoğraflarında rastlanmayan ve yokluğuyla onların gergin halde olduklarını gösteren "minik bir ifade"– olduğunu tespit etti. Wu ve Zhang bu iddiaları teknolojik gerekçelerden ziyade kültürel bir argümanla reddetti: "Çinli öğrencilerimiz ve meslektaşlarımız gülümseme belirtisini dikkate almaya teşvik edildiklerinde dahi bunu tespit edemediler. Tespit edebildikleri tek şey alt sıradaki yüzlerin üst sıradakilerden biraz daha rahatlamış göründüğüydü. Bu algı farkı kültürel farklılıklardan kaynaklanıyor olabilir."[10]

Bununla birlikte, makalede el değmeden bırakılan bir nokta vardı ki o da böyle bir sistemin öznelliğe kayıtlı, gömülü önyargılardan azade olabileceği varsayımıydı. Yazarlar çalışmanın başında şu ifadelere yer vermişti:

> İnsan denetmenlerin/yargıçların aksine, bir bilgisayar görüntü algoritması veya sınıflandırıcısı, tüm öznel yüklerden azadedir; ırk, din, siyasi aidiyet, toplumsal cinsiyet, yaş ve geçmiş deneyimlerden kaynaklanan hiçbir duygusu, önyargısı yoktur; kafa yorgunluğu, uykusuzluk veya açlık gibi ön belirleyenlerden muaftır. Suçluluğa ilişkin otomasyona

bağlı çıkarımlar, meta-doğruluk değişkenini (insan yargıçların/denetmenlerin yeterliği sorusunu) tümüyle bertaraf eder.[11]

Wu ve Zhang eleştirilere verdikleri yanıtta bu iddiayı daha da ileri götürdüler: "Teknolojinin büyük bölümü gibi makine öğrenimi de yansızdır." Makine öğrenimi "bazılarının iddia ettiği gibi toplumsal işlemleme problemlerindeki insani önyargıları güçlendirmek için kullanılabiliyorsa, o halde bu önyargıları tespit edip düzeltmek için de kullanılabileceği" konusunda ısrar ettiler. Bilerek veya bilmeyerek, böyle bir yanıt makinelerimizin yanı sıra kendimizi de optimize edebileceğimiz fikrini temel alır.

Teknoloji bir boşluktan doğmaz. Belirli inanç ve arzuların vücuda gelmesidir: Yaratıcılarının bilinçdışı da olabilen eğilimleriyle uyum içindedir. Kuşaklar boyunca gelişen; evrimle, kültürle, pedagoji ve tartışmayla iç içe geçip birbirine dolanan fikir ve fantazilerin belli bir anda tek bir alet çantasında toplanmasıdır. Suç fikrinin kendisi on dokuzuncu yüzyıl ahlak felsefesinin mirasıdır; suça ilişkin "çıkarım yapmak" için kullanılan sinir ağları da, görmüş olduğumuz gibi, belli bir dünya görüşünün –akılla dünyanın bariz biçimde ayrıldığı, bu ayrımı uygulamanın görünürdeki tarafsızlığını pekiştirdiği bir düşüncenin– ürünüdür. Bugün teknoloji ile dünya arasında nesnel bir bölünme varsaymaya devam etmenin hiçbir mantığı yok; ama çok ciddi sonuçları var.

Teknolojiye kayıtlı önyargı örnekleri bulmak zor değildir. 2009'da Tayvan asıllı Amerikalı strateji danışmanı Joz Wang, anneler günü için yeni bir Nikon Coolpix S630 fotoğraf makinesi satın almış, ama bu makineyle aile fotoğrafı çekmeye çalıştığı sırada makine fotoğraf çekmeyi sürekli olarak reddetmişti: Makine durmadan "Biri göz mü kırptı?" hata mesajını verip duruyordu. Tüm öznelerin gözlerinin açık olduğundan, doğru yöne baktıklarından emin olana kadar bekleyen bir yazılım kullanan makine, beyaz ırktan olmayanların farklı fizyonomilerini çözmekte başarısız olmuştu.[12] Aynı yıl, Teksas'taki bir karavan galerisinin siyah çalışanı da beyaz meslektaşınınkini tanıdığı halde kendi yüzünü tanıyamayan yeni HP Pavilion web kamerasının videosunu YouTube'da yayınlamış, "Sırf siz de görün diye kaydediyorum," demişti: "HP bilgisayarları ırkçıdır."[13]

Görsel teknolojilere kayıtlı önyargılar, bilhassa ırkçı olanlar yeni değildir. Sanatçılar Adam Broomberg ve Oliver Chanarin'in 2013 yılında açtıkları *Düşük Işıkta Siyah Bir Atın Detaylarını Fotoğraflamak* isimli sergi, Kodak'ın 1980'lerde geliştirdiği yeni film için kullandığı bir ibareye atıf yapmaktadır. Aynı Kodak, 1950'lerden beri filmlerini derecelendirmek için beyaz bir kadın ve "normal" ibaresinin bulunduğu test kartları dağıtmaktaydı. Bu uygulamayı ırkçı bulan Jean-Luc Godard, 1970'lerde Mozambik'te gerçekleştirdiği çekimlerde bu filmleri kullanmayı reddetmişti. Kodak ancak biri şekerleme diğeri mobilya endüstrisinden en büyük iki müşterisinin bitter çikolata ve siyah sandalyeleri fotoğraflamanın zorluğundan şikâyet etmesi üzerine siyah bedenleri fotoğraflama sıkıntısına çözüm getirmiştir.[14] Broomberg ve Chanarin flaşında siyahları fotoğraflamayı kolaylaştıran özel bir "takviye düğmesi" bulunan Polaroid ID-2'nin nasıl kullanıldığını da incelemişlerdir. Güney Afrika'daki ırk ayrımcısı apartheid döneminde hükümetlerin favori markası olan Polaroid ID-2, Amerikalı siyah işçiler bu makinenin Güney Afrikalı siyahların "kelepçe" dedikleri kötü şöhretli kimlik fotoğraflarını çekmek için kullanıldığını öğrenince, Polaroid Devrimci İşçi Hareketi'nin başlattığı protestoların odağına yerleşmiştir.[15]

Bununla birlikte, Nikon Coolpix ve HP Pavilion'un teknolojisi çok daha modern ve sinsi bir ırkçılığı gizlemektedir aslında: Asıl mesele tasarımcıların ırkçı bir makine yaratmaya çalışması veya makinelerin ırk profili çıkarmak için kullanılmış olması değildir; daha ziyade, bu makinelerin bugünün teknolojik işgücü içinde hâlâ mevcut olan sistem kaynaklı eşitsizlikleri ortaya çıkarması, bu sistemleri geliştirip test edenlerin büyük ölçüde beyaz olduğunu gözler önüne sermesidir. (2009 itibarıyla, HP'nin ABD'deki çalışanlarının yalnızca yüzde 6,74'ü siyahtı.)[16] Bu tablo, güncel bilgi edinme ve karar verme süreçlerini oluşturan çerçeveyi üzerine inşa ettiğimiz veri setimizin içine işlemiş tarihsel önyargıları daha önce hiç olmadığı kadar açık biçimde ortaya koymaktadır.

Tarihsel adaletsizliğe ilişkin bu farkındalık, dünün hatalarını eleştirmeksizin olduğu gibi devralan yeni teknolojilerin akılsızca uygulanmasının doğurduğu tehlikeleri kavramak açısından çok önemlidir. Bugünün sorunlarını geçmişin araçlarıyla çözemeyiz. Sanatçı ve eleştirel coğrafyacı Trevor Paglen'in de dile getirdiği gibi, eğitim verisi konusunda tümüyle tarihsel enformasyona bağlı oluşuyla, yapay zekânın yükselişi bu endişeleri körüklemektedir: "Geçmiş çok ırkçı bir yer ve Yapay Zekâyı eğitmek üzere kullanabileceğimiz tüm veriler de oraya ait maalesef."[17]

1940 yılında, Walter Benjamin bu sorunu çok daha sert dile getirmişti: "Hiçbir kültür ürünü yoktur ki, aynı zamanda bir barbarlık belgesi olmasın."[18] Yeni gelişen zekâ formlarını önceki bilgi artıklarıyla eğitmek aynı barbarlığı geleceğimize de taşımak demektir.

Üstelik, bu sistemler sadece akademik makalelerde içerilip tüketici kameralarında kullanılanlardan ibaret değil: Makro ölçekte, şimdiden insanların gündelik yaşamlarını belirlemekteler. Bilhassa polis teşkilatı ve adalet sisteminde, akıllı sistemlere duyulan inanç son derece yaygındır. ABD polis teşkilatının yarısı, "üst düzey matematik, makine öğrenimi ve kanıtlanmış suçlu davranışı teorilerinden" oluşan bir yazılım paketi olan PredPol benzeri yazılımlar kullanarak "öngörüye dayalı polislik" yapıyor.[19] PredPol, yeni suçların işlenebileceği muhtemel yer ve zamanları öngörmek için tarihsel suç verisini kullanır: Bir bakıma, hava durumu tahmininin yasaya karşı işlenen suçlara uyarlanmış versiyonudur.

Peki, fiziksel olaylara yönelik bu öngörüler nasıl oluyor da gündelik hayatın barındırdığı rasgele olaylara bağlanıyor? Nasıl oluyor da davranış hesaplamaları doğa yasasının gücüyle boy ölçüşebiliyor? Tüm o ayrıştırma çabalarına rağmen, belirli bir dünya görüşü nasıl aklın ta kendisi oluveriyor?

Richter ölçeğinde 8,0'e denk düştüğü tahmin edilen Büyük Nöbi Depremi, 1891'de bugünkü Aichi şehrinin olduğu bölgede meydana geldi. 80 km uzunluğundaki bir fay hattı sekiz metre göçtü ve birden fazla şehirde binlerce binayı yıkıp yedi binden fazla insanı öldürdü. Hâlâ Japon takımadalarında meydana gelmiş bilinen en şiddetli depremdir. Bu depremin ardından, öncü sismolog Fusakichi Omori bir artçı depremler modeli tanımladı: Omori yasası olarak bilinen bir çökme oranı. Bu noktada, Omori yasasının ve ondan türetilen her şeyin ampirik yasalar olduğunu, yani olaydan sonra beliren verilere –ki her durumda değişir– uygun olduğunu belirtmek önemlidir. Bunlar artçı depremlerdir; çoktan meydana gelmiş bir şeyin ardıllarıdır. Sismologlar ve istatistikçilerin uzun yıllar süren çalışmalarına rağmen, öncü depremlerden yola çıkarak depremlerin öngörülebileceği bir analiz geliştirilememiştir.

Omori yasası, günümüzde sismologların büyük bir depremin ardından gerçekleşen sismik aktiviteleri incelemek için kullandığı ve epidemik artçı deprem sekansları (ETAS) adı verilen bir hesaplama modeline temel oluşturmuştur. Ama 2009 yılında, Kaliforniya Üniversitesi'nden matematikçiler bir şehirdeki suç örüntülerinin de aynı modeli takip ettiğini ileri sürdüler: "Suçun yereldeki bulaşıcı dağılımı belirli bir zaman ve mekânda suç kümelerinin oluşmasına yol açar... Örneğin, hırsızlar sürekli belirli bir muhitteki hedeflere saldırır, çünkü yerel güvenlik zafiyetlerini çok iyi bilirler. Yahut bir çetenin açtığı ateş aynı bölgedeki rakip çeteleri misilleme yapma konusunda kışkırtabilir."[20] Matematikçiler bu örüntüleri tanımlamak için, civarda biriken basıncın tetikleyip genişlettiği süreçler anlamındaki bir jeofizik terimi olan "iç kaynaklı uyarım" tabirini kullandılar. Ayrıca, kent mimarisinin yer kabuğunun katmanlı topolojisini yansıttığına, suçun kent sokaklarında yatay hareket ederek ilerleme riskine dikkat çektiler.

ETAS, 2016'da 25 milyon dolarlık bir sektör olduğu hesaplanan ve katlanarak büyüyen bugünkü öngörüye dayalı polislik uygulamalarının temelini oluşturur. Los Angeles, Atlanta, Seattle ve yüzlerce başka ABD yargı merciinde olduğu gibi, bir şehrin polis teşkilatının PredPol kullanması demek, o şehirdeki son birkaç yıllık suç verisinin –her suçun yeri, zamanı ve türünün– ETAS modeliyle incelenmesi demektir. İşlenen her yeni suçla sürekli güncellenen nihai model sorun çıkması muhtemel noktaların ısı haritasını oluşturmak için kullanılır. Potansiyel sarsıntı noktalarına devriye arabaları gönderilir; tekin olmayan köşe başlarına polis memurları yerleştirilir. Bu şekilde, suç fiziksel bir olguya, kent yaşamının tabakaları içinde süzülen bir dalgaya dönüşür. Öngörüler yol kesmenin, aramanın, ceza kesmenin ve tutuklamanın gerekçesi haline gelir. Şehrin modern sokakları asırlık depremlerin artçılarıyla sallanır.

Deprem ve cinayetlerin tahmin edilebilirliği (veya edilemezliği); anlaşılmaz sistemlerin ırkçı önyargıları: Yeterli zaman ve düşünceyle tüm bunları kavrayabiliriz. Çünkü bunlar eskimiş modellere, gündelik yaşam deneyimlerimize dayanırlar. Peki, makinelerin –bizimkinden son derece farklı bilişsel süreçlerle üretildiği için anlamadığımız karar verme süreçleri ve sonuçlarının– ürettiği yeni düşünce modelleri ne olacak?

Makine düşüncesi konusunda yaşadığımız kavrayış kıtlığının sebeplerinden biri faaliyet gösterdiği ölçeğin büyüklüğüdür. Google 2016 yılında Çeviri yazılımını elden geçirdiğinde, uygulama çok fazla kullanılmasına karşın komik sakarlıkları tarif eden bir tabire dönüşmüştü. 2006'da hizmete açılan uygulama, istatistiki dilsel çıkarım adı verilen bir teknik kullanıyordu. Sistem dillerin yapısını ve işleyişini çözmeye çalışmak yerine, mevcut çevirilerden oluşan geniş bir külliyatı temel alıyor, aynı konu üzerine farklı dillerde yazılmış metinleri kıyaslıyordu. Bu yapısıyla, Chris Anderson'ın "teorinin sonu" diyerek tarif ettiği durumun dilbilimsel karşılığıydı: 1990'larda, IBM'in öncülüğünde yaygınlaşan istatistiki dilsel çıkarım yöntemi devasa boyutlardaki ham veriye ulaşmak uğruna bilginin alanını ortadan kaldırmıştı. IBM'in dille ilgili uğraşlarına öncülük eden araştırmacı Frederick Jelinek bu konuyla alakalı olarak şu sözleri sarf etmişti zamanında: "Ne zaman bir dilbilimciyi işten atsam konuşma tanıyıcısının performansı artmıştır."[21] İstatistiksel çıkarımın temel işlevi anlamı denklemin dışına çıkarıp onun yerine veri-odaklı bağıntıyı yerleştirmekti.

Makine çevirisi, Benjamin'in *Çevirmenin Görevi*'nde [1921] tarif ettiği ideali andırır bir bakıma: En sadık çeviri derindeki anlamı parlatmak uğruna özgün metnin bağlamını görmezden gelebilen çeviridir. Benjamin sözcüğün cümleden, anlamın bağlamdan önce geldiğinde ısrar eder ve "Gerçek çeviri saydamdır," der: "Yapıtın aslını saklamaz, onun saçtığı ışığı kesmez. Tersine, salt dilin, sanki kendi ortamıyla güçlenmişçesine, özgün yapıtı çok daha güçlü biçimde aydınlatmasına olanak sağlar."[22] Benjamin'in çevirmenden beklentisi, özgün metinde yazarın ne kastettiğini eksiksiz aktarmaya çalışıp da "önemsiz bir içeriği yetersiz iletmektense" yazarın *kendine özgü* söyleme biçimini, metinde eşsiz olanı nakledebilmesidir. Bu da "[çevirmenin ana öğesi cümle değil, sözcük olduğu için] her şeyden önce sözdiziminin sözcüğü sözcüğüne çevrilmesiyle gerçekleşir"; yani, üstünkörü birbiri ardına sıralanmış anlamlı cümlelerden ziyade, özgün metinde esas olana temas etmemizi sağlayacak sözcük tercihlerinin yakın bir okumasıyla mümkündür. Ancak Benjamin burada bırakmayıp şunu da ekler: "Çünkü cümle, özgün yapıtın dili önüne dikilen bir duvardır, sözcüğü sözcüğüne çeviri ise bir pasajdır." Çeviri daima noksandır: Çevirmenin yaptığı şey diller arasında köprü kurmaktan çok bu diller arasındaki mesafenin altını çizmektir. Pasajın ferahlığına ancak "diller arasındaki mesafeyi, birbirleri karşısında yabancı, eksik ve uyumsuz olduklarını"[23] kabul ettiğimizde; anlamı aktarmaya odaklı bir çeviriden ziyade, buradaki noksanlığın farkında olan bir çeviriyle ulaşabiliriz. Ama görünüşe bakılırsa, makineler pasajlara pek uğramıyor. (Google'ın orijinal Çeviri uygulaması külliyatının tamamını Birleşmiş Milletler ve Avrupa Parlamentosu toplantılarının birden fazla dile deşifre edilen kopyalarının oluşturduğunu duysa, Benjamin ne derdi acaba?[24] Bunun kendisi de bir barbarlık kaydı değil midir?)

Ama 2016 yılında durum değişti. Çeviri uygulaması metinler arasında sıkı bir istatistiksel çıkarım yapmak yerine Google Brain tarafından geliştirilen bir sinir ağını kullanmaya başladı ve yaptığı çevirilerin niteliği birdenbire katbekat arttı. Sinir ağı metin öbeklerini çapraz karşılaştırmaktansa kendi dünya modelini oluşturdu ve bunun sonucunu da sözcükler arasındaki iki boyutlu bağlantılardan ziyade bütün bir alanın haritasını elde ederek aldı. Bu yeni mimaride, sözcükler bir anlam ağı içinde birbirlerine mesafelerine göre kodlanır – ama bu yalnızca bilgisayarın anlayabileceği bir ağdır. Bir insan "tank" ile "su" sözcükleri arasında kolaylıkla bağ kurabilse de "tank" ile "devrim", "su" ile "akışkanlık" ve bu bağlantılardan çağlayan tüm duygu ve çıkarımlar arasındaki bağları tek bir haritada göstermesi imkânsızdır. Çünkü harita çok boyutludur; insan zihninin baş edemeyeceği bambaşka doğrultulara uzanır. Böyle bir sistemin imgesini oluşturmaya çalışan bir gazeteci kendisinden yardım istediğinde, Google mühendislerinden biri şu cevabı vermişti: "Bin boyutlu vektörleri üç boyutlu uzayda görselleştirmeye çalışmak mı; size kolay gelsin!"[25] Gazetecinin görselleştirmeye çalıştığı şey makine öğreniminin anlam verdiği görünmez bir uzaydır.

Görselleştiremediğimiz şeyin ötesinde anlamanın bile elimizden gelmediği bir şey, tepeden tırnağa yabancı bir bilinmezlik vardır – ama ona zekâ pırıltısını veren de bu yabancılıktır. 1997 senesinde, o dönemki dünya satranç şampiyonu Garry Kasparov New York'ta IBM'in kendisini yenmek üzere özel olarak tasarladığı bir bilgisayara, Deep Blue'ya rakip oldu. Önceki sene Philadelphia'da 4-2 kazandığı oyunun ardından tüm zamanların en büyük satranç oyuncusu kabul edilen Kasparov zaferden emindi. New York'taki oyunu kaybettiğinde, Kasparov Deep Blue'nun bir makineden beklenmeyecek kadar yaratıcı, zekâ dolu hamleler yaptığını, bu işte mutlaka bir insanın parmağı olması gerektiğini ileri sürdü. Ama biz Deep Blue'nun nasıl olup da öyle hamleler yapabildiğini anlayabiliyoruz: Bilgisayarın hamleleri belirleme süreci en nihayetinde bilek gücüne dayanıyordu; 14 bin özel tasarım satranç yongasından oluşan devasa boyutlardaki paralel mimarisiyle, bu bilgisayar saniyede 200 milyon farklı pozisyonu analiz edebiliyordu. Oyunun oynandığı sırada, Deep Blue gezegendeki en güçlü 259. bilgisayardı ve sadece satranç oynamaya adanmıştı. Sonuçta, hangi taşı nereye oynayacağını seçerken bu hamlenin çok daha yüksek sayıdaki muhtemel sonucuna erişimi vardı. Deep Blue Kasparov'u zekâsından ziyade üstün donanımıyla alt etmişti yani.

Buna karşılık, Google Brain destekli AlphaGo yazılımı, dünyanın en yüksek puan toplayan oyuncularından biri olan Koreli profesyonel go oyuncusu Lee Sedol'u mağlup ettiğinde, bir şeyler tekrar değişmişti. Beş oyunun ikincisinde, AlphaGo seyircileri ve Sedol'u şaşkına çeviren bir hamle yaptı; taşlarından birini tahtanın uzak tarafına yerleştirerek halen ortada giden mücadeleden çekildiği izlenimi uyandırdı. Yorumculardan biri "çok tuhaf bir hamle," derken, diğeri "bir hata var sandım," demişti bu hamle için. Altı ay önce bir makineye yenilen ilk profesyonel go oyuncusu olan deneyimli oyuncu Fan Hui ise, "İnsanın yapacağı bir hamle değil bu. İnsanların birbirine karşı oynadığı hiçbir oyunda böyle bir hamle görmedim," demiş ve eklemişti: "Ama çok güzel."[26] Oyunun 2500 yıllık tarihinde hiç kimse böyle bir hamle yapmamıştı. AlphaGo önce oyunu, sonra seriyi kazandı.

AlphaGo'nun mühendisleri, bu yazılımı uzman go oyuncularının yaptığı milyonlarca hamleyle besledikleri bir sinir ağı üzerinden geliştirip, ardında da milyonlarca kez kendi kendine oynatarak insan oyuncuları geride bırakan stratejiler geliştirmesini sağladılar. Ama bu stratejilerin kendi temsilleri pek okunaklı değildir: Yazılımın yaptığı hamleleri görebilsek de bu hamlelere nasıl karar verdiğini göremeyiz. AlphaGo'nun kendi kendine oynadığı bu oyunlarda yapmış olduğu hamlelerin kapsamlı inceliği hayal gücümüzün ötesindedir; görmemiz de, değerlendirmemiz de mümkün değildir muhtemelen: İnceliği derecelendirmenin imkânı yoktur, elimizdeki tek şey kazanma içgüdüsüdür.

Merhum Iain M. Banks, bu hamlelerin gerçekleştiği yeri "Sonsuz Eğlence Uzayı" olarak adlandırmıştı.[27] Banks'ın bilimkurgu romanlarında, Kültür uygarlığı kısaca Akıl denilen müşfik ve üstün zekâya sahip yapay zekâ sistemleri tarafından yönetilir. Akıllar başlangıçta insanlar (daha doğrusu, bir tür biyolojik, karbon tabanlı varlıklar) tarafından yaratılmış oldukları halde, kendilerini yeniden tasarlayıp geliştirdikleri, çok güçlü ve anlaşılmaz varlıklara evrildikleri bir sürecin sonunda yaratıcılarını geride bırakmıştır. Uzay gemileri ve gezegenleri denetlemek, savaşlara yön verip milyarlarca insanın kaderini tayin etmek gibi işlerin arasında, Akıllar biyolojik varlıkların kavrayabileceğinin çok ötesindeki spekülatif işlemleme süreçlerinden oluşan kendine özgü bir eğlence tarzına sahiptir. Muhayyilelerinde koca koca evrenlerin simülasyonunu oluşturabilen bazı Akıllar, ebediyen Sonsuz Eğlence Uzayı'na, yalnızca insanüstü yapay zekâ sistemlerinin erişebildiği bir meta-matematiksel olanaklar diyarına çekilmiştir. Pasajlara burun kıvırdığımızda, geri kalanlarımızın elinde kalan tek şey Sonlu Eğlence'dir; kavrayışımızı aşan makine kararlarını beyhude yere analiz etmeye çalıştığımız bir kısırdöngüdür.

Bununla birlikte, makine zekâsının gerçekleştirdiği bazı işlemler Sonsuz Eğlence Uzayı'yla sınırlı kalmaz. Dünyanın içinde bir bilinmezlik yaratırlar: Yeni imgeler; yeni yüzler; yeni, meçhul veya sahte olaylar. Dilin yabancı anlamlardan oluşan sonsuz bir ağ kabul edilebileceği bu yaklaşım, matematiksel olarak –yani, çok boyutlu bir uzayda ağırlık merkezlerinin oluşturduğu bir ağ olarak– tanımlanabilen her şeye uygulanabilir. İnsan bedeninden türetilen sözcükler, insani anlamdan yoksun kaldıklarında dahi ilişki içindedirler ve bu anlamın niceliğine ilişkin hesaplamalar yapılabilir. Semantik bir ağda, "kraliçe" sözcüğünü tanımlayan kuvvet çizgileri –vektörler– "kral – erkek + kadın" sırasına göre okunanlarla uyum içindedir.[28] Ağ bu tür vektör patikalarını izleyerek "kral" ile "kraliçe" sözcükleri arasında cinsiyetli bir ilişki olduğu çıkarımını yapabilir. Tabii aynı şeyi yüzler için de yapabilir.

Kendisine insan imgelerinden oluşan bir set sunulduğunda, sinir ağı yalnızca bu kuvvet çizgilerini takip etmekle kalmayıp yeni hatlar üreten hesaplamalar da yapabilir. 2015 yılında Facebook araştırmacıları tarafından yayınlanan bir makalenin gösterdiği üzere, gülümseyen kadın, gülümsemeyen kadın ve gülümsemeyen erkek fotoğraflarından oluşan bir dizi fotoğraftan elde edilen veri işlenerek yepyeni gülümseyen erkek imgeleri üretilebilir.[29]

Aynı makalede, araştırmacılar bir dizi yeni imge ürettiler. Büyük ölçekli bir imge tanıma görevi için bir araya getirilmiş üç milyonu aşkın yatak odası fotoğrafından oluşan veri setini kullanan ağ, tamamıyla yeni yatak odaları oluşturdu. Gerçek dünyada bulunmayan, ama yatak odasıyla alakalı –duvarlar, pencereler, yorgan ve yastıklar gibi– vektörlerin kesiştiği noktalarda ortaya çıkan renk ve mobilya düzenlemeleri yaptı. Makineler, içinde rüya görülmeyen rüya odaları hayal ediyordu. Ama akılda kalanlar yüzlerdir, bize benzeyenlerdir: Kim bu insanlar, neye gülümsüyorlar öyle?

Bu hayali imgelerin kendi hatıralarımızla iç içe geçmeye başlamasıysa işleri iyice karıştırır. University College London'da yapay zekâ üzerine araştırmalar yapan Robert Elliott Smith, 2014 senesinde Fransa'da ailesiyle birlikte geçirdiği tatilden bir telefon dolusu fotoğrafla dönmüştü. Karısıyla paylaşmak için fotoğrafların birço-

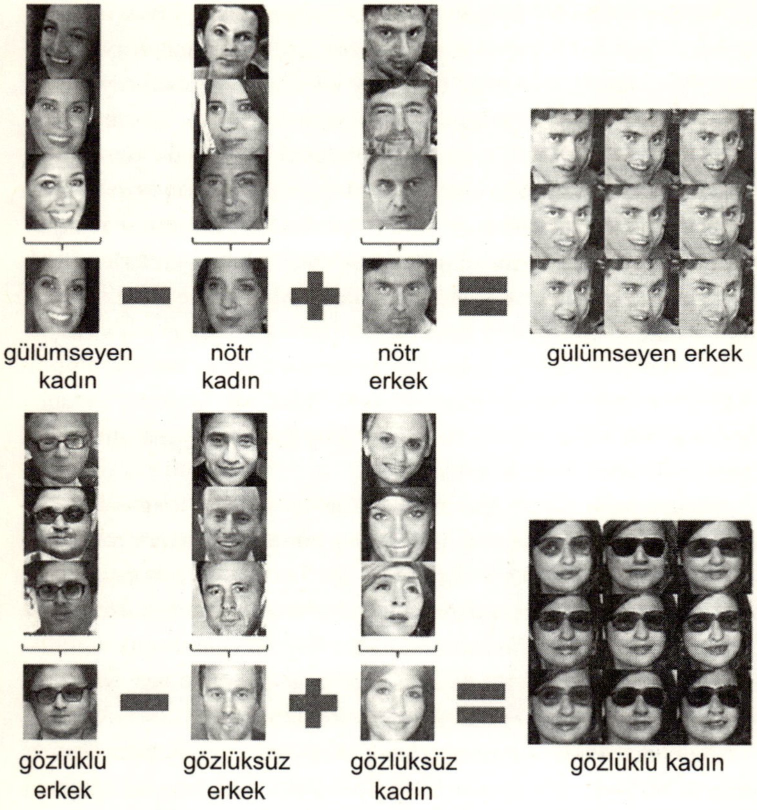

Matematikle yeni yüzler yaratmak. Kaynak: Radford, Metz ve Chintala, "Unsupervised Representation Learning with Deep Convolutional Generative Adversarial Networks."

ğunu Google+'a yüklemiş, ama yüklediği fotoğraflara göz atarken bir tuhaflık olduğunu fark etmişti.[30] Karısıyla birlikte bir restoranda otururken kameraya bakıp gülümsedikleri bir fotoğrafa rastlamıştı. Ama bu pozu hiç vermemişlerdi. Bir öğle yemeği sırasında, babası iPhone'unun düğmesine biraz fazla basmış, aynı sahneden seri imgeler ortaya çıkmıştı. Smith karısının hangi pozu tercih edeceğini görmek için ikisini de yüklemişti. Fotoğraflardan birinde kendisi gülümsüyor, ama karısı gülümsemiyorken, diğerinde de karısı gülümsüyor kendisi gülümsemiyordu. Google'ın fotoğraf ayıklama algoritması bu iki fotoğraftan üçüncü bir fotoğraf türetmişti: Her ikisinin de "güzelce" gülümsediği bir bileşik imge oluşturmuştu. Algoritma, yüklenen imgeler üzerinde bir dizi işlem yapıp –eskitme filtreleri uygulayıp, sevimli animasyonlara çevirip vesaire– onları çok daha "süper" hale getiren AutoAwesome adındaki (sonradan kısaca "Asistan" olarak yeniden adlandırılan) bir paket yazılımın parçasıydı. Ama bu örnekte, algoritmanın ürettiği fotoğraf karesi hiç yaşanmamış bir âna aitti: Sahte bir hatıraydı, tarihin yeniden yazılmasıydı.

Fotoğraflar üzerinde oynamak fotoğrafın kendisi kadar eskidir, ama buradaki işlem kişisel anı eserlerine otomatik olarak ve görünmez bir şekilde uygulanmıştı. Ancak bundan da öğrenecek bir şey olabilir: İmgelerin daima sahte, zamanın çokboyutlu akışının içinden zorla çıkarılmış, asla tekil olarak var olmamış anların suni enstantanelerinden ibaret olduğuna dair gecikmiş bir farkındalık. Güvenilmez belgeler; kamera ve dikkatin bileşimleri. Bu imgeler dünyaya ve deneyime ait olmaktan çok, bir kayıt işleminin eseridirler; ki sahte bir mekanizma olduğu için bu işlem gerçekliğin kendisine asla yaklaşamaz. Sahteliklerini, gerçekliğe yabancılaşmış olduklarını yalnızca bu yakalama ve depolama işlemleri teknolojiyle somutlaştığında görebiliriz. Makinelerin hayallerinden çıkarabileceğimiz ders şudur o halde: Tarihi yeniden yazdıkları filan yok, ama tarih de öyle eksiksiz gediksiz anlatılabilecek bir şey değildir – ki bu bakımdan gelecek de öyle olamaz. Yapay zekâ vektörlerinden yola çıkarak haritalandırılan fotoğraflar bir kayıttan ziyade daimi bir yeniden tahayyül etmedir; ne olup bittiği ve ne olacağı hakkında sürekli değişen bir olanaklar kümesidir. Daima olumsal, daima belirsiz olan bu olanak bulutu maddeci bir iddiadan daha iyi bir gerçeklik modeli oluşturur. Teknolojinin ortaya çıkardığı şey bu buluttur işte.

Makinelerin bilinçdışımıza düşürdüğü bu ışığın en iyi tasvirini Google'ın makine öğrenimi araştırmasından çıkan bir başka tuhaflıkta, DeepDream denen bir programda buluruz. DeepDream nüfuz edilemez sinir ağlarının iç işleyişini daha iyi kavramak için tasarlanmıştı. Eskiden bir sinir ağına nesneleri tanıması öğretilmek istendiğinde, sistem ağaçlar, arabalar, hayvanlar, evler vb. şeylerden oluşan sınıflandırılmış milyonlarca imgeyle beslenirdi. Sistem karşılaştığı her yeni imgeyi sınıflandırmak için ağ üzerinden o imgeyi filtreler, esnetir, parçalara ayırıp sıkıştırırdı: Bu bir ağaçtır, arabadır, evdir vs. Ama DeepDream bu işlemi tersine çevirdi: Ağın çekirdek yazılımı bir imgeyle beslenip belirli nesneleri görmek üzere eğitilmiş nöronlar etkinleştirildikten sonra, yazılıma bu imgenin neye ait olduğu değil onun bu imgede ne görmek istediği soruldu. Bu işlem gökyüzündeki bulutlarda insan simaları görmeye benzer: Çaresizce uyarı arayan görsel korteks, lekelerden anlamlı kalıplar çıkarmaya çalışır.

DeepDream'in mühendisi Alexander Mordvintsev, programın ilk yinelemesini sabaha karşı ikide bir kâbustan uyanıp oluşturmuştu.[31] Sistemi beslediği ilk imge bir kütüğün üzerine oturmuş yavru kedi imgesiydi, bunun sonucu ise kâbuslarından fırlamış bir canavar imgesi oldu: Çok sayıda gözüyle, patilerindeki ıslak burnuyla, kedi köpek karışımı melez bir yaratık. Google 2012'de on milyon rasgele YouTube videosu üzerinde denediği ilk eğitilmemiş ağı gün ışığına çıkardığında, ağın hiçbir telkin olmaksızın görmeyi öğrendiği ilk şey internetin sembolü haline gelen bir hayvanın, bir kedinin yüzüydü.[32] Mordvintsev'in ağı ne biliyorsa onu hayal etmişti yani – daha fazla kedi ve köpek. Daha sonraki yinelemeler etkinleştirilmiş nöronlara bağlı olarak fraktal diziler, sonsuza uzanan kemerler, tapınaklar, köprüler ve kulelerden oluşan Boschvari sonsuz mimariye özgü cehennem manzaraları üretmişti. Ama DeepDream'in yarattıkları içinde sürekli olarak tekrar eden bir şey vardı ki o da bir göz imgesiydi – kedi, köpek ve insan gözleri; ağın her yeri ve her şeyi gören kendi gözü. DeepDream semalarında gezinen bu göz distopyacı propagandanın her şeyi gören gözünü hatırlatır: Bizim hatıralarımız ve eylemlerimizden oluşan, şirketin kârı ve özel istihbaratı için takip edilip daimi bir analizle işlenen Google'ın kendi bilinçdışı. DeepDream bünyesi gereği paranoyak bir makinedir, çünkü paranoyak bir dünyanın eseridir.

Bununla birlikte, biz anlayabilelim diye hayallerini görselleştirmeye zorlanmayan makineler kendi hayal âlemlerinin derinliklerine, bizim erişemediğimiz noktalara ilerler. Walter Benjamin'in *Çevirmenin Görevi*'nde dile getirdiği meşhur dileği, diller arasındaki

DeepDream'den bir imge. Kaynak: Google.

aktarım işleminin dünyadaki tüm dillerin karışımı olan bir "salt dil" ortaya çıkarmasıydı. Çevirmenin üzerinde çalışması gereken mecra bu bütüncül dildir, çünkü anlamdan ziyade özgün metnin kendine özgü *düşünme* tarzını açığa çıkaracak olan budur. Google Çeviri uygulamasının kullandığı sinir ağının 2016 yılında etkinleştirilmesinin ardından, araştırmacılar sistemin yalnızca iki dil arasında çeviri yapmakla kalmayıp diller arasında çapraz çeviri de yapabildiğini fark ettiler: Sistem daha önce doğrudan eşleştirildiğini hiç görmediği iki dil arasında çeviri yapabiliyordu. Örneğin, Japonca-İngilizce ve İn-

"Dikkatli Bakışların Güvencesinde Bir Yolculuk",
Londra Ulaşım Hizmetleri, 2002.

gilizce-Korece çeviri yapmak üzere eğitilmiş bir yazılım İngilizceyi devre dışı bırakıp doğrudan Japonca-Korece çeviri yapabiliyordu.[33] "Örneksiz" çeviri denen bu tür çeviriler, "dillerarası" bir temsilin, farklı dillerde ortak olan kavramların oluşturduğu dahili bir üst dilin var olduğu iması taşır. Benjamin'in salt dili budur işte; pasajın anlamsız üst dilidir. Ağın mimarisi ve vektörleri etrafa saçılan renkler ve çizgilerle görselleştirildiğinde, cümleler bir araya toplanmış birden fazla dilde görülebilir. Bunun sonucu ağa tanımlanmamış, bilakis ağ tarafından geliştirilmiş semantik bir temsildir. Ama daha önce değindiğimiz gibi, varıp varabileceğimiz en yakın nokta burasıdır, Sonsuz Eğlence Uzayı'na, asla ziyaret edemeyeceğimiz bir pasaja uzaktan bakmaktır.

Bu sınırı ortadan kaldırmaya çalışan iki Google Brain mühendisi, 2016'da sinir ağlarının sır saklayıp saklayamayacağını araştırmaya karar verdi.[34] Fikir sinir ağı tasarımlarında giderek daha sık rastlanan ve hiç şüphesiz Friedrich Hayek'i memnun edecek bir bileşenden, rekabetten doğmuştu. Hem AlphaGo, hem de Facebook'un yatak odası algoritması rekabet üzerinden eğitilmişti; yani, yeni hamleler veya mekânlar üreten tek bir bileşenden ziyade daha verimli hale gelmek üzere sürekli birbirlerini alt etmeye, mağlup etmeye çalışan iki rakip bileşenden oluşuyorlardı. Rekabet fikrini mantıksal sonuçlarına kadar izleyen araştırmacılar, şifreleme deneyleri geleneğinde Alice, Bob ve Eve adıyla anılan üç ağ kurdular. Ağların görevi enformasyonun nasıl şifrelendiğini öğrenmekti. Alice ve Bob, Eve'in bilmediği bir rakamı –şifreleme dilinde, anahtarı– biliyordu. Alice bir metin dizisi üzerinde birtakım işlemler yapıp bu metinleri Bob ve Eve'e gönderiyordu. Mesajı Bob'un çözmesi Alice'e puan kazandırırken, Eve'in çözmesi puan kaybettiriyordu. Binlerce tekrarın ardından, Alice ve Bob Eve'in kıramadığı kodlarla iletişim kurmayı öğrenip, bugün kişisel e-postalarda kullanılana benzer özel bir şifreleme yöntemi geliştirdiler. Ama asıl önemlisi, önceden gördüğümüz diğer sinir ağlarına benzer şekilde, bu şifrelemenin nasıl işlediğini anlamıyor olmamızdır. İşlemin görülmesi ağın derin katmanlarınca engellenir. Eve'den gizlenen şey bizden de gizlenmektedir. Makineler sır saklamayı öğrenmişlerdir.

Isaac Asimov'un 1940'larda hazırladığı Üç Robot Yasası'na göre,

1. Hiçbir robot bir insana zarar veremez, zarar görmesine seyirci kalamaz.
2. İlk Yasa'yla çelişmediği sürece, hiçbir robot bir insanın emirlerine itaatsizlik edemez.
3. İlk ve ikinci yasaya ters düşmediği sürece, her robot kendi mevcudiyetini korumak zorundadır.[35]

Biz bunlara bir dördüncüsünü daha ekleyebiliriz: Her robot –yahut her akıllı makine– kendisini insanlara açıklayabilmelidir. Hatta bu yasanın diğerlerinin önünde gelmesi gerekir, çünkü yasaktan ziyade etik bir ilkedir. Bu yasanın –bizim kendi tasarımlarımızla ve kaçınılmaz olarak– çoktan çiğnenmiş olması, ister istemez diğerlerinin de çiğneneceği sonucunu doğurur. Kendi yarattığımız şeyleri anlayamadığımız dünya öyle uzak bir gelecekte değil buradadır, bu dünyanın ta kendisidir. Bu anlaşılmazlığın neticesiyse daima ve kaçınılmaz olarak şiddettir.

Kasparov'un Deep Blue'ya, Sedol'un AlphaGo'ya rakip olduğu hikâyeleri anlatırken, başka bir yan hikâye anlatılmadan öylece kaldı. Kasparov oyundan gerçekten hüsrana uğramış, makinenin kabiliyetine inanamamış halde ayrılmıştı ve bu hayal kırıklığı, onu satrancı makinenin tahakkümünden kurtaracak bir yol bulma arayışına sevk etmişti. Tarih bu türden pek çok teşebbüse tanık olduysa da pek azı başarılı olmuştur. 1970'li ve 80'li yıllarda makinelere karşı oynanan gösteri müsabakalarının birçoğunda yer alan dünya satranç şampiyonu İskoç David Levy, kendisinin "hiçbir şey yapmamak, ama bunu çok iyi yapmak" sözleriyle tarif ettiği, sınırlandırmak üzerine kurulu "bilgisayar karşıtı" bir oyun tarzı geliştirmişti. Geliştirdiği tarz o kadar muhafazakârdı ki bilgisayarlar Levy yenilmez bir konuma gelinceye dek onun uzun vadeli oyun planını göremiyordu. Benzer şekilde, İsrailli bir satranç üstadı olan Boris Alterman da makinelere karşı oynadığı oyunlarda kullanmak üzere 1990'lar ve 2000'lerde "Alterman Duvarı" olarak ünlenen bir strateji geliştirmişti: Tahtanın üzerinde ne kadar fazla taş olursa, makinenin o kadar fazla hesap yapması gerekeceğinin bilincinde olan Alterman, piyonların arkasında doğru hamlenin zamanını kolluyordu.[36]

Tarz değişimlerinin yanı sıra, oyunun kendisi de değişebilir tabii. 2002 yılında, yapay zekâ üzerine eğitim almış bir bilgisayar mühendisi olan Omar Syed makineler için zor, insanlar içinse bir o kadar kolay ve eğlenceli olması için özel olarak tasarlanmış bir satranç türü geliştirdi: Arimaa. Oyunun adı Syed'in o zamanlar dört yaşında olan ve kuralların anlaşılabilirliği açısından ölçüt işlevi gören oğlundan geliyordu. Oyuncuların taşlarını istedikleri konfigürasyona göre düzenleyebildikleri Arimaa'da, her oyuncu kazanmak için en zayıf taşlarını –yani, bu oyunda tavşan adı verilen piyonlarını– tahtanın uzak tarafına taşımak zorundadır. Ayrıca, oyuncular bu taşları tuzaklara çekip oyun dışı bırakmak ve kendi tavşanlarına yol açabilmek için güçlü taşları kullanılabilirler. Birçok farklı başlangıç dizilimi, taşların başka taşları hareket ettirebilmesi ve tur başına dört hamle yapma imkânı, bir araya gelerek olasılıkların kontrolsüzce artmasına yol açar: Olasılıklardaki bu büyük artış, Alterman Duvarı'nı üstel bir uç noktaya çekerek oyunu bir bilgisayar programı için baş etmesi hayli zor hale getirecektir. Daha doğrusu, umulan buydu. İlk bilgisayarlar arası Arimaa turnuvası 2004'te yapıldı ve en başarılı yazılım, para ödüllü müsabakalarda üst düzey insan oyunculara rakip olmaya hak kazandı. İlk birkaç yıl boyunca insan oyuncular bilgisayar rakiplerini kolayca yendiler ve yetenekleri rakip programlardan daha hızlı geliştiği için de kazanma oranları giderek arttı. Ama 2015'te turnuvanın galibi bir makine oldu ki tersine çevirmenin pek mümkün olmadığı bir sonuçtu bu.

Akıllı sistemlerin gücü ve anlaşılmazlığıyla karşı karşıya gelindiğinde, oyalamak, raydan çıkarmak ve hamle şansı tanımamak oldukça caziptir. Levy ve Alterman'ın duvarlar diktiği yerde, Arimaa makinenin tahakküm alanına alternatif bir alan açmaya çalışmıştı. Ama Kasparov'un yaklaşımı bu değildi. Deep Blue'ya karşı yaşadığı mağlubiyetten bir yıl kadar sonra, Kasparov makineleri reddetmek yerine kendisinin "ileri satranç" adını verdiği farklı bir satrançla geri dönmüştü.

Kasparov'un ileri satrancına "siborg" gibi, "sentor" gibi başka isimler de verildi. Bunlardan biri insanla makineyi birleştiren bir imge uyandırırken, diğeri insanla hayvanın –veya tamamen yaban bir şeyin– birleştiği bir imge çağrıştırır. Yunan mitolojisindeki sentor efsanesinin, Akdeniz'de henüz kimselerin at sürmediği bir zamanda Orta Asya'nın bozkırlarından gelen atlılardan türemiş olması muhtemeldir. (Azteklerin İspanyol süvariler için aynı düşünceye sahip olduğu söylenir.) Ama Robert Graves sentorun çok daha eski bir figür olduğunu savunur: Helen öncesi toprak kültlerinden yadigâr olduğunu ileri sürer. Sentorlar aynı zamanda Nephele'nin, bulut perisinin torunlarıdır. Böyle düşününce, sentor stratejileri hem rekabet karşısında çağdaş bir ihtiyaç olma, hem de rekabetin daha az olduğu zamanlara ait kayıp cennetin yeniden ortaya çıkması olanağını barındırır.

İleri Satranç'ta bir insanla bir bilgisayardan oluşan iki takım karşı karşıyadır. Oyunda daha önce görülmemiş yeni alanlar, yeni stratejiler doğuran bu yeni tertip devrim niteliğinde sonuçlar doğurmuştur. Bu sonuçlardan biri hataların ortadan kaldırılmasıydı: İnsan kendi takımının önerdiği hamleleri hatasız oynayabilecekleri bir ölçüde analiz edebiliyor, mükemmel taktiksel oyunlar geliştirip, titizlikle hazırlanmış stratejileri uygulayabiliyordu.

Ama normalde insan ve bilgisayarlardan oluşan takımların karşılıklı oynadığı İleri Satranç'tan çıkan en olağandışı sonuç, insan ve makineden oluşan bir takım tek bir makineye karşı oynadığında görülür. Deep Blue'dan bu yana, herhangi bir insan rakibi kolayca ve hızlıca yenebilen birçok bilgisayar programı geliştirildi: Veri depolama ve işleme gücündeki artış, bu görev için süper bilgisayara ihtiyaç kalmadığını göstermiştir. Ama yetenekli bir insan oyuncu ile bilgisayardan –hatta rakip bilgisayardan daha az güçlü bir bilgisayardan– oluşan bir takım, en güçlü çağdaş programları bile yenebilir. İnsanla makinenin işbirliği en güçlü bilgisayara sahip olmaktan çok daha etkili bir stratejiye dönüşür.

Bu Optometrist Algoritması'nın oyunlara uygulanmasıdır; insanla bilgisayarı birbirlerine rakip kılmak yerine, gerektiği gibi ikisinin de becerilerinden eşit ölçüde faydalanmayı amaçlayan bir yaklaşımdır. Ayrıca bu işbirliği işlemlemenin anlaşılmazlığını da kırmaktadır: Çoklu karşılaştırma analizinden ziyade işbirliğine dayalı oyun sayesinde, karmaşık makinelerin kararlarını nasıl aldıkları konusunda daha derin bir içgörü kazanabiliriz. İnsan-dışı zekânın gerçekliğini kabul etmek dünyada nasıl eylediğimize ilişkin daha derin etkilere sahiptir ve kendi davranışlarımız, olanak ve sınırlılıklarımız üzerine sağlıklı düşünmeyi gerektirir. Makine zekâsı birçok disiplinde insan performansını geride bırakmakla birlikte, düşünmenin tek yolu değildir ve pek çok alanda oldukça yıkıcı sonuçlar doğurabilir. Özenli ve akıllıca yapılmış bir işbirliği dışındaki her strateji bir çözülme biçimidir: Mecburi bir geri adımdır. Nasıl toplumumuzdaki ve dünyamızdaki komşularımızı toptan ve bütünüyle reddedemiyorsak, çağdaş teknolojiyi de reddedemeyiz; çünkü artık birbirimize dolanmış bir haldeyiz. Bugün bir işbirliği etiğinin makinelerle sınırlı kalmasına da gerek yok: İnsan olmayan canlı ve cansız diğer varlıklarla birlikte, bu işbirliği evrensel adalete uygun eylemleri belirsiz, bilinemeyen bir gelecekten ziyade şimdi ve burada öne çıkaran bir yönetim biçimine dönüşür.

7

Suç Ortaklığı

2012'DEKİ LONDRA OLİMPİYATLARININ arifesinde, İngiliz hükümeti tipik güvenlik krizlerinden birine girdi. Oyunları hedef alan terörist saldırılarla ilgili ikazlar yapılıyor, protestolara mahal vermemek için muhtemel protestocular gözaltına alınıyordu. MI5, Vauxhall fuayesindeki açılış töreni için geri sayım başlattı.[1] Kraliyet Donanması en büyük gemisi HMS Ocean'ı mürettebatıyla birlikte Thames Nehri ağzına demirledi. Ordu organizasyonun gerçekleşeceği muhitlerin çevresine uçaksavar füzeleri yüklü kuleler konuşlandırdı (daha sonra bu operasyonun alıcı olabilecek yabancı hükümetlere yönelik özenli ve başarılı bir satış numarası olduğu anlaşılacaktı). Londra Polis Teşkilatı dronlarla yapılacak gözetim sayesinde şehrin tamamına hâkim olunacağını ilan etti.[2]

Bu sonuncusu benim de ilgimi çekmişti. Gizli askeri projelerden gündelik savaş oyuncaklarına evrilen, yüksek seviye gözetleme platformları ve Noel oyuncakları şeklinde gündelik hayatımıza sızan insansız hava araçlarının –dronların– geçirdiği evrimi epey süredir takip ediyordum. Ancak İngiliz polisinin bu cihazlarla arası pek de iyi sayılmazdı: Dron programını ilk edinen Essex Polisi, 2010 yılında programı rafa kaldırmıştı. Aynı yıl, Merseyside Polisi, Sivil Havacılık Genel Müdürlüğü'nden (CAA) lisansı olmayan bir dron uçururken yakalandı; 2011'de lisans alındı, ama bu sefer de Mersey Nehri üzerinde kaza yapıp aracı kaybettiler – ve yenisini almamaya karar verdiler.[3]

Oyunlar bittiğinde, Bilgi Edinme Hakkı kapsamında Londra Polis Teşkilatı'na dron kullanıp kullanmadıklarını, kullandılarsa nerelerde ve hangi şartlarda kullandıklarını sordum.[4] Haftalar sonra gelen yanıt şaşırtıcıydı: Bu konuyla ilgili hiçbir bilgiyi teyit veya inkâr etmeyeceklerini bildirmişlerdi. Sorumu farklı biçimlerde yineledim: Dron uçurmak üzere CAA'ya lisans başvurusunda bulunup bulunmadıklarını sordum, ama buna da yanıt vermeyi reddettiler (neyse ki CAA lisans başvurusu yapmadıkları konusunda beni bilgilendirmekte sakınca görmedi). Bu sefer de kendileri namına dron uçuşları gerçekleştirmesi için herhangi bir şirketle anlaşıp anlaşmadıklarını sordum, ama bir kez daha yanıt vermeyi reddettiler. Son olarak, herhangi bir hava aracına sahip olup olmadıklarını, değillerse kiralayıp kiralamadıklarını sordum; üç helikopterleri olduğunu ve bunun dışında hiçbir bilgi paylaşmayacaklarını bildirdiler.

Helikopter yanıtı tuhaf görünüyordu: Helikopterler hakkında konuşulabiliyordu da dronlardan niye söz edilemiyordu? Dronları bu kadar özel yapan neydi? Konuyu Bilgi Edinme Hakkı kapsamında sorulan sorularla ilgili yetkili mercilere taşımak da dahil tüm çabalarıma rağmen, hiçbir zaman yanıt alamadım. Dronlara ilişkin en ufak soru bile kamusal açıklamalardan muaf kılınmış olası gizli operasyonlar yönergesi kapsamında değerlendirilip yanıtsız bırakılıyordu. Bu durum, bana dronların bir şeyler gizlemek için elverişli araçlar olduğunu düşündürmeye başlamıştı. Dronun gölgesi o kadar büyük, o kadar pusluydu ki kamera ve mühimmat taşımanın da ötesinde, gizli askeri operasyonlardan türeyen ve sivil hayatın her yanına sızan bu gizlilik rejiminin tamamını sırtlanmış gibi görünüyordu. Bir nevi silah olarak kullanılan bu gizlilik, polisin sorularımı geçiştirdiği dilin ta kendisinden doğmuştu. Ne zaman ve nasıl sorarsam sorayım yanıt hep aynıydı: "Böyle bir enformasyonu teyit etmemiz de, inkâr etmemiz de mümkün değil." Seçtikleri sözcükler –yani, biçimleri– Soğuk Savaş'ın gizli tarihinden fırlamış gibiydi. Bu sözlerin büyülü bir yanı vardır; sivil hayatı herhangi bir askeri teknoloji kadar kesin bir şekilde yönetenlerle yönetilenler arasındaki bir çatışmaya dönüştüren –ve bu süreçte yeni bir hakikat üreten– siyasi bir teknoloji gibidirler.

Mart 1968'de balistik füzelerle yüklü Sovyet denizaltısı K-129 tüm mürettebatıyla birlikte Pasifik'te kaybolmuştu. Batı bu durumdan ancak Sovyet Donanması K-129'un bilinen son konumuna küçük bir gemi filosu gönderince haberdar olmuştu. Filo Midway Adası'nın 965 km kadar kuzeyindeki devasa bir alanı karış karış aradı, ama haftalar sonra hâlâ tek bir iz dahi bulunamayınca donanma komutanı arama çalışmalarına son verilmesini emretti.

Ancak ABD Sovyetlerin sahip olmadığı bir şeye sahipti: Nükleer patlamaları tespit edebilmek için tasarlanmış sualtı dinleme istasyonlarından oluşan bir ağ. Okyanusu taramak yerine, sualtında sesin yönünü ve uzaklığını ölçen hidrofon verileri incelendiğinde, 8 Mart günü meydana gelen bir patlama olayının kayıtları ortaya çıkmıştı – patlamanın yankıları izlenerek bir üçgen oluşturulmuş ve bu da aramaları daraltacak yaklaşık bir konum vermeye yetmişti. Bölgeye özel olarak yapılandırılmış bir ABD denizaltısı gönderildi ve üç hafta süren aramaların ardından 5 km'yi aşan bir derinlikte K-129'un enkazına ulaşıldı.

ABD istihbaratı sonuçtan çok memnundu: K-129 üç balistik füzenin yanı sıra kod kitapları ve şifreleme ekipmanları da taşıyordu. Sovyet Donanması'nın burnunun dibinde gerçekleşen bu kurtarma operasyonu Soğuk Savaş'ın en büyük istihbarat darbelerinden biri olacaktı. Tek sorun, 5 km'nin şimdiye kadar yapılan kurtarma operasyonlarında hiç inilmemiş bir derinlik olması ve denizaltıyı yüzeye çıkarma işleminin son derece gizli yürütülmesi gerekmesiydi.

Sonraki birkaç yıl boyunca, Merkezi İstihbarat Teşkilatı (CIA) milyarder iş insanı Hughes Glomar'ın paravan isim olmayı kabul etmesinin ardından *Hughes Glomar Explorer* adı verilen eşsiz bir gemi inşa etmek üzere farklı alanlarda uzmanlaşmış birçok tedarikçiyle anlaştı. *Glomar Explorer* hem çok pahalı, hem de yirmi metre yüksekliğindeki sondaj kulesiyle devasa büyüklükteydi. Lockheed Ocean Systems, kimseye belli etmeden gemiye devasa ölçülerde bir kepçe sokabilmek için son teknoloji ürünü, sualtına inebilen ayrı bir mekanizma inşa etti. Hughes, geminin kıymetli metallerin okyanus tabanında birikmesiyle oluşan manganez yumrularını çıkartmak için kullanılacağını ilan etti. Manganez yumruları gerçektir ve çok da kıymetlidir, ama toplamanın ekonomik bir yolunu kimse bulamamıştır. Ancak bu, 1960'lar ve 70'lerin imkânları dahilinde ve büyük ölçüde de Hughes ismi ve CIA'in göstermelik hikâyesi sayesinde gelişen dev bir endüstri doğmasına engel olmadı. Geminin asıl amacı gidip K-129'u okyanusun dibinden çıkarmaktı elbette.

1974 yılında yola çıkan *Glomar Explorer* batığın üzerinde demir attı, gemi omurgasındaki gizli kapakları açtı ve kepçeyi suya indirdi. Kepçe denizaltının sağlam gövdesini başarıyla kavradıktan sonra yukarı çekmeye başladı –ama operasyonun bir noktasında büyük çelik kepçesi ciddi bir şekilde arızalandı ve denizaltının sağlam gövdesi parçalandı. Bu olayın detayları hiçbir zaman açıklanmadığı için K-129'un ne kadarının kurtarılabildiği belirsizliğini hâlâ koruyor. Bazı raporlar balistik füzelerden ikisinin kurtarıldığını ileri sürerken, bazıları belge ve cihazların da kurtarıldığından söz ediyor. Kurtarılabildiği doğrulanan tek şey, K-129'un altı mürettebatının cesetleriydi ki onlar da radyasyon tehdidi yüzünden çelik bir sandık içinde denize gömülmüştür.

Operasyondan birkaç ay sonra, *New York Times*'tan araştırmacı gazeteci Seymour Hersh hikâyeyi öğrenmişti. Ama ABD hükümeti operasyonun sürdüğünü ve detayların kamuoyuyla paylaşılmasının uluslararası bir krize yol açacağı gerekçesiyle haberin yayınlanmasını ertelemeyi başardı. Ancak Hughes'un Los Angeles'taki ofislerinde gerçekleşen bir hırsızlık başka bir muhabiri daha hikâyeye dahil etti ve Şubat 1975'te *Los Angeles Times* bir medya çılgınlığına yol açan hatalarla dolu haberinde operasyonun bazı detaylarını yayınladı. Daha sonra, *New York Times* da kendi elindeki detayları yayınladı ve böylece herkesin hikâyeden haberi oldu.[5]

Glomar operasyonunun en ilginç yanlarından biri, herkesin gözünün önünde, ama ne olup bittiğini kimsenin bilmediği bir şekilde gerçekleştirilmesiydi. Hughes'un göstermelik hikâyesinden tutun da sualtı mekanizmaya –ki Kaliforniya açıklarındaki Santa Catalina Adası'nın kıyısında, plaj sakinlerinin gözleri önünde yerleştirilmişti–, *Explorer*'ın denizaltıyı yüzeye çıkardığı alanın yaklaşık 200 metre ötesinde seyreden Sovyet gemilerine kadar bütün süreç büyük bir gizlilikle, ama herkesin gözü önünde yürütülmüştü. *Glomar*'ın mirası, anlaşılmazlık ve yanlış yönlendirme üzerine kurulu bu stratejinin gündelik hayata sirayet etmesi olacaktı.

1981'de, başka bir gazeteci Harriet Ann Phillippi proje hakkında daha fazla detaya ulaşmak ve hasıraltı edilmeye çalışılan detaylarla ilgili CIA'e baskı yapmak için Bilgi Edinme Yasası'nı kullandı. CIA Phillippi'nin sorusuna alışılmışın dışında bir yanıtla cevap verip yeni bir kamusal söylem biçimi geliştirdi. Bilerek veya bilmeyerek ifşa edecekleri en ufak bir bilgi kırıntısının Sovyetlerce kullanılabileceği endişesiyle, CIA'in Walt Logan kod adlı hukuk müşaviri şu açıklamayı kaleme aldı: "Talep edilen bilginin mevcudiyetini teyit etmemiz veya inkâr etmemiz mümkün değil; kaldı ki böyle bir veri mevcut olsaydı da gizlilik kapsamına girdiğinden bu konuyla ilgili herhangi bir açıklama yapmamız söz konusu olmazdı."[6]

ABD hukuk literatürüne "Glomar yanıtı" olarak geçen bu formül, doğrulamakla reddetmek dışında, yani doğrulukla yanlışlık dışında üçüncü bir açıklama kategorisi yaratır. Genellikle "ne teyit, ne inkâr" biçiminde kısaltılan Glomar yanıtı, zamanla kendisini icat eden CIA yöneticilerinin tekelinden çıkıp Ulusal Güvenlik sınırlarına sıçrayarak resmi ve kamusal söylemin olağan bir parçasına dönüştü.

Bugün internette yapılacak hızlı bir aramayla, "ne teyit, ne inkâr" sözcüklerinin çağdaş iletişim ortamının her yanını istila ettiği rahatlıkla görülebilir.[7] 2017'de sıradan bir eylül gününde bu sözlerin geçtiği haberlerin ve bu haberlere konu olan isimlerin çeşitliliği bunu açıkça göstermektedir: Brezilya Maliye Bakanı (başkanlığa mı oynadığı sorusuna cevaben), Stanly County, Kuzey Carolina Şerifi (911 çağrılarından rahatsız mı), Johannesburg Üniversitesi (yolsuzluk iddiaları), Arjantinli kaleci (Zimbabve'ye mi transfer oluyor), Biafra Devlet Başkanı'nın basın ve halkla ilişkiler danışmanı (terörist yakıştırmalarını yanıtladı), Honda Motosiklet (yeni modellerle ilgili), New York Polisi (kampüs gözetimiyle ilgili açıklamalar yaptı), Georgia Yargı Denetim Komisyonu (mahkeme salonunda işeme iddialarını yanıtladı), bir Marvel editörü (*Fantastik Dörtlü* geri mi dönüyor), televizyon starı Kylie Jenner'ın basın danışmanı (hamilelik iddialarını yanıtladı), FBI, Gizli Servis ve ABD Menkul Kıymetler ve Borsa Komisyonu (finansal siber saldırıya ilişkin açıklamalar). Ne teyit, ne inkâr otomatik bir yanıt halini aldı: Herhangi bir tartışmaya veya açıklamaya müdahil olma riskini bertaraf eden bir açıklamaya, (Jenner'ı bir yana bırakırsak) kendisine güven duyduğumuz mercilerin olağan tutumuna dönüştü.

Belki de güven duyacak kadar saf olmamalıyız. İktidardakilerin işine yarayacak şekilde dünyanın gerçek doğasını gizlemenin tarihi çok eskilere uzanır. Antik Mısır'da, her yıl yaşanan Nil taşkınları hem tarım hem de devlet gelirleri açısından hayati öneme sahip bir meseleydi. "Hafif" bir taşkın nehir boyunca uzanan verimli ovaları sular, toprakta zengin mineraller birikmesini sağlardı; ama güçlü bir selin tarlaları ve köyleri önüne katması, suların çekilip kuraklık ve kıtlık getirmesi riski de her daim mevcuttu. Yıllık döngüler sayesinde, Mısır soyluları ve din adamlarının senelik taşkınların zamanı ve şiddetini, muhtemel etkilerini –vergi gelirlerine etkisini– tahmin etme yeteneklerine dayanan olağanüstü bir zenginlik ve istikrar uygarlığı inşa edilmişti. Her yıl Osiris'in ölüp dirilişi için düzenlenen kutlamalarda, rahipler taşkınla doruğa ulaşan Baskın Mevsimi Akhet'i mimleyen bir dizi tören ve ayine liderlik ederdi. Bunun karşılığında, tahminlerinin otoritesi teokratik yasanın otoritesine tercüme edilirdi. Ancak bu otorite tanrıların bir armağanı –daha doğrusu, tek armağanı– değildi. Adaların ve nehirlerin kıyısındaki tapınakların kutsal sınırları içinde nilmetre denen gizli yapılar vardı: Toprağa kazılmış derin kuyular ve içlerinde de nehir suyunun derinliğini ölçmeye yarayan sütunlarla basamaklar. Nilmetreler bilimsel araçlardı: Doğru okunup duvarlara kazınmış yüzlerce yıllık veriyle kıyaslandıklarında, rahipler ve idareciler nehrin davranışlarını tahmin edebiliyor, gereken duyuru ve hazırlıkları organize edebiliyorlardı. Nilmetrelerin işlevi, hatta varlığı halktan gizleniyordu. Sorulacak olsa, Mısırlı rahiplerin ne yanıt vereceklerini tahmin etmek pek güç değil: "... teyit etmemiz veya inkâr etmemiz mümkün değil."

Bu senaryoyu bugüne uyarlamak için gizemli rakamları düşünebiliriz. ABD Ulusal Güvenlik Birimi (NSA) ve İngiltere'deki Ulusal Güvenlik ve İstihbarat Başkanlığı (GCHQ) –tabii Rus ve Çinli muadilleri de–, 1940'lardan bu yana en iyi üniversitelerin matematik bölümlerinde bulunan ve entelektüel güçlerinin doruğundaki matematikçilerle çalışıyor. Bu organizasyonlara dahil olduktan sonra yürüttükleri tüm araştırmalar gizlilik kapsamına alınıp genel erişme kapatılıyor. Ama bazen ufak tefek sızıntılar oluyor tabii. Adını matematikçi yaratıcılarından alan Diffie-Hellman anahtar değişim protokolü ilk kez 1976'da yayınlandı ve bugün e-posta hesaplarını, internet sitelerini şifrelemek için çokça kullanılan açık anahtar şifrelemenin temelini oluşturdu.[8] Ama 1997'de, İngiliz hükümeti bu işlemin özgün versiyonunun GCHQ'da çalışan üç matematikçi James Ellis, Clifford Cocks ve Malcolm Williamson tarafından bundan birkaç yıl önce geliştirilmiş olduğunu gösteren belgeler yayınladı.[9]

Açık anahtar şifreleme hiçbir etkin çözümü bulunamamış matematiksel problemler yaratmaya dayanır; kodu anahtarına sahip olmadan kırmak öyle karmaşık bir matematiksel işlem gerektirir ki düpedüz imkânsızdır. Yaygın şifreleme yöntemlerinden biri, iki asal sayının çarpanlarına ayrılmasıdır. Kodlama, iki çok büyük asal sayının çarpımıyla elde edilen bir sayıyla yapılır; anahtarlar da bu iki asal sayıdır. Sayıların büyüklüğüne bağlı olarak, anahtarların süper güçlü bir bilgisayar tarafından bulunması bile yıllar alabilir. Ancak bu yaklaşımla ilgili birkaç sorun var. İlki en genel olanı: Herkes farklı sayılar kullandığında çarpanlara ayırma güçlü bir şifreleme biçimi olsa da, birçok uygulamada tekrar tekrar aynı küçük asal sayı kümesinin kullanılmasının problemin karmaşıklığını önemli ölçüde azalttığı ortaya çıkmıştır. Güvenlik üzerine araştırma yapanlarca, devasa bilgisayarlara ve senelik 11 milyar dolarlık bir bütçeye sahip olan NSA'nın yaygın olarak kullanılan bir dizi asal sayıyı kırdığına, bu sayede önemli miktarda şifrelenmiş yazışmayı okuyabildiğine inanılıyor.[10] NSA'nın büyük yatırımlarla desteklediği kuantum enformasyon işlemenin ortaya çıkışı, bu denemeleri daha da güçlendirecektir kuşkusuz.[11] Ama daha spesifik olarak; Cheltenham ve Fort Meade'deki kapalı salonlarda yetmiş yılı aşkın süredir gizlice çalışan binlerce matematikçiyi düşünün. Açık anahtar şifrelemeyi keşfettiler, ama kimseye söyleyemediler bile. O zamandan bu yana, tepeden tırnağa yeni hesaplamalar yapmayı mümkün kılan yeni matematik alanları –gizemli sayılar– geliştirmediklerini kim söyleyebilir? Matematikte böyle devrimler daha önce de yaşandı; Öklid, Euler veya Gauss bugün çalışıyor olsalardı yüksek ihtimalle güvenlik kurumlarından birine çalışıyor olurlardı ve keşifleri de gözlerden uzak gizli kütüphanelerde saklanırdı.

Yeni karanlık çağ böyle bulutsu olasılıklarla doludur. Eğer kulağa uzak geliyorsa, CIA'in milyarlarca dolar harcayıp kamuoyundan ve düşmanlarından gizli yürüttüğü tarihteki en derin kurtarma operasyonunu ve yıllardır teknolojik yenilikler üzerinde çalışmaya devam ettiğini hatırlayın. İlk insansız hava araçlarını geliştiren Hava Kuvveleri veya ABD Ordusu değil CIA'di – modern savaş teknolojilerinde devrim yaratan Avcı ve Ölüm Meleği isimli dronlar istihbarat teşkilatının paranoyasını ve gizliliğini önce savaş alanlarına taşıdı, sonra da gezegenin tamamına. CIA mühendislik alanındaki tüm ilerlemeleri içinde en yoğun yatırımı, Raytheon ve Lockheed Martin gibi savunma şirketlerini Palantir gibi Silikon Vadisi'nin teknoloji şirketleriyle değiş tokuş ederek enformasyon teknolojilerine yapmıştır: CIA'in modern iletişim sistemleri ve sosyal ağları kontrol altına alması büyük ölçüde Palantir'in marifetidir. Bu kâfi gelmediyse, 2012'de uydu gözetimiyle itham edilen ve çok çok daha gizli olan Ulusal Keşif Bürosu'nun kullanılmayan iki uzay teleskopunu kamuya bağışladığını da hatırlayabilirsiniz. NASA yetkilileri, bu iki teleskopun 1990'ların sonunda inşa edildikleri halde sivil teknolojinin en güçlü örneği Hubble Uzay Teleskopu'ndan daha güçlü olduklarını keşfetti. Dahası, kısa odak uzaklıkları bu teleskopların yukarı değil aşağı bakmak için tasarlandığı anlamına geliyordu. Bir bilim muhabirinin dile getirdiği üzere; "Bu kalibrede teleskoplar raflarda çürüyorsa, gerçekte ne kullandıklarını siz hayal edin."[12] Yeni karanlık çağın simgeleri bu üç harfli teşkilatlar ve onların diğer ülkelerdeki muadilleridir. Güçleri ve büyüklükleri yıllar içinde arttıkça, küresel tarihin ve bilimsel keşiflerin büyük bölümü bu teşkilatların çok gizli faaliyetleri arasına girmiştir.

Resmi gizliliğin yayılması dünyayı bilme ve anlama biçimimiz üzerinde son derece aşındırıcı etkilere sahiptir, çünkü ne kendi tarihimizi bilmemiz mümkün olur, ne de nelere kadir olduğumuzu anlamamız. 1994 yılında, ABD hükümeti başkanlık görevini Senatör Daniel Patrick Moynihan'ın üstlendiği iki partili bir Gizlilik Komisyonu kurdu. Moynihan ve mesai arkadaşlarının görevi, belgelerin tasnifinden gizli belgelere erişim yetkisine kadar ABD'de uygulanan gizliliği tüm boyutlarıyla incelemekti – başka bir deyişle, kimin, neyi, ne kadar bilme yetkisine sahip olduğunu araştırmaktı. Üç yıl süren araştırmanın sonunda, komisyon ABD'nin her sene 400 bin yeni belgeye çok gizli mührü basıp en üst seviye güvenlik kategorisine aldığını ve yirmi beş yıllık sürede toplamda 1,5 milyar sayfadan fazla belgenin gizlilik kapsamına alınmış olduğunu tespit etti.

Moynihan nihai raporunda şu ifadelere yer vermişti: "Gizlilik sistemimizin Amerikalı tarihçilerin Amerikan tarihine erişimini sistemli olarak engellediği görülmektedir. Bu öyle bir noktaya gelmiş durumda ki yüzyılın ortalarında Washington'da neler olup bittiğini öğrenmek için bile Moskova'daki Sovyet arşivlerine başvuruyoruz."[13] Bu rapordan yirmi yıl sonra, başkan sıfatını taşımasına rağmen Donald Trump bile kendisine bağlı istihbarat teşkilatlarını uzun bir süredir hükümetlerle halk arasındaki ilişkiyi zehirleyen puslu ve gizli kalmış bir olayla, John F. Kennedy suikastıyla ilgili kayıtları yayınlamaya ikna edememişti.[14]

İngiltere'deki durum çok çok daha fenadır. 2011 yılında, sömürge yönetimi tarafından işkence gören bir grup Kenyalı on yılı aşkın süre verdikleri hukuk mücadelesinin ardından İngiliz hükümetine dava açma hakkı elde etti. 6000 yazılı ifade arasından seçilen 4 işkence mağdurunun dördü de 1950'lerde kurulan toplama kamplarında esir edilmiş, dehşet verici işkencelere maruz kalmıştı. Ndiku Mutua ve Paulo Muoka Nzili hadım edilmişti; Jane Muthoni Mara'ya kaynar su dolu şişelerle tecavüz edilmişti; Wambugu Wa Nying ise kamp muhafızlarının 1959 Mart'ında on bir tutukluyu döverek öldürdüğü, yetmiş yedi tutukluyu ağır yaraladığı Hola Katliamı'ndan sağ kurtulanlardan biriydi. İngiliz hükümeti uzun yıllar boyunca bu hadiselerin gerçekten yaşandığını ispatlayabilecek kayıtların varlığını ve olayları inkâr etmekle kalmayıp, bağımsızlığına kavuşan eski sömürge ülke vatandaşlarının kendilerine zulmedenlerden hesap sorma hakkını da reddetti. Bu itirazların sonuncusu Londra Yüksek Mahkemesi'nce reddedilince, hükümet işkence belgelerinin varlığını –hem de binlercesine sahip olduğunu– kabul etmek zorunda kaldı.[15]

Tarihçilerin varlığından bihaber olduğu, memurlarınsa inkâr ettiği "göçmen arşivi" olarak bilinen sömürge dönemine ait bu gizli belgelerin büyük kısmı İngiltere'nin gizli bölgelerinde depolanmıştı. Midlands'deki Hanslope Park'ta yer alan devlete ait gizli bir araştırma tesisinde, Kenya'daki "nakil" sisteminin –ki tarihçiler Nazi toplama kamplarıyla kıyaslamaktadır– detaylarına ilişkin yaklaşık 1,2 milyon belge ortaya çıktı. Tarama ve sorgularda binlerce erkek, kadın ve çocuk darp edilmiş, tecavüze uğramıştı. Aç bırakma, elektrik verme, sakat bırakma ve tecavüz etme gibi yaygın işkence tekniklerinin yanı sıra, tutuklular öldüresiye dövülmüş, canlı canlı yakılmıştı. Ayrıca, dosyalar Malezya köylülerinin katledilmesi, İngiliz Guyanası'nda demokrasinin sistemli biçimde çökertilmesi, Ordu'ya bağlı Askeri İstihbarat Teşkilatı'nın Aden'deki işkence merkezleri ve Botsvana'da yapılması planlanan zehirli gaz testleri de dahil 37 ülkedeki sömürgeci faaliyetlere ilişkin birçok detay içeriyordu.

Göçmen arşivi, büyük bölümü talan edilen, gizlenen bu tarihin kendisinden çok daha fazlasını barındırdığına ilişkin kanıtlar da içeriyordu. Gün yüzüne çıkan dosyalarla birlikte –büyük bölümü hâlâ açıklanmamış olan– binlercesinin de "imha sertifikası" ele geçirilmişti: Bunlar kapsamlı bir örtbas etme ve imha programına işaret eden kayıtlardı. Çökmeye yüz tutmuş imparatorluğun son yıllarında, sömürge valilerine bulabildikleri tüm kayıtları toplayıp ya yakarak, ya Londra'ya göndererek güvenli biçimde ortadan kaldırmaları talimatı verilmişti. "Miras Operasyonu" (*Operation Legacy*) olarak bilinen bu talimat sömürgecilikle kurulan tarihi temize çekmeyi amaçlıyordu. MI5 ve Silahlı Kuvvetler'in de desteğiyle, hükümet yetkilileri devlet sırlarını bağımsızlığını yeni kazanan ulusların hükümetlerinden –ve geleceğin tarihçilerinden– korumak için odundan yataklar inşa edip tüm belgeleri ateşe verdiler; bu ateşlerin dumanı fazla dikkat çekmeye başlayıncaysa, ağır sandıklara koyup derin sulara bıraktılar.

Suçun delilleri uzun yıllar boyunca saklanabilse dahi, bu hiç güvenli değildi. İngiltere'ye sevk edilen "Miras Operasyonu" belgelerinden oluşan 170 kutuluk bir koleksiyon, "1953-63 Dönemine Ait Çok Gizli Bağımsızlık Dokümanları" ibaresiyle 1993 yılına dek

Londra'da saklandı. Ele geçirilebilen kayıtlara göre, Kenya, Singapur, Malezya, Filistin, Uganda, Malta ve on beş başka ülkeye ait belgelerden oluşan bu koleksiyonun tamamı Admiralty Arch binasının 52A numaralı odasındaki yirmi beş metrelik raflarda tutuluyordu. Kısmen kurtarılabilen envanter defteri, Kenya dosyalarının tutuklulara yapılan işkenceler ile psikolojik savaş kayıtlarını da içerdiğini gösteriyordu. "Kenya'daki Durum – Sömürge Valiliklerinde Cadı Doktorların İstihdamı" başlıklı bir dosyada şu ibare bulunuyordu: "Bu dosya yalnızca erkek büro memurları tarafından teslim alınıp işlenebilir."[16] 1992 senesinde, muhtemelen yaklaşan genel seçimi İşçi Partisi'nin kazanacağından ve bu sonucun yeni bir açıklık, şeffaflık dönemini beraberinde getireceğinden korkan Dışişleri Bakanlığı, binlerce belgenin Hanslope Park'a sevkini emretti. Nakil sırasında, çok gizli ibareli bağımsızlık belgeleri adeta buhar oldu, uçtu. Ne tek bir imha sertifikası bulunabildi, ne de başka arşivlerde herhangi bir kayda rastlandı. Yasalara göre belgelerin ya Ulusal Arşiv'e devredilmesi, ya da doğrulanıp tekrar tasnif edilmesi gerekiyordu, ama yapılan bu olmadı: Belgeler düpedüz kayıttan düşülmüştü. Kendilerinin belgelediği bu olaylardan elli yıl kadar sonra, tarihçiler elde kalan yegâne kayıtların Londra'nın göbeğinde imha edildiği sonucuna varmak zorunda kaldılar.

Sömürge başsavcısının 1957'de İngiliz valisine yazdığı satırlarla söylersek, Kenya'daki vahşet "Nazi Almanyası ve Komünist Rusya'daki şartları anımsatıyor[du] maalesef."[17] Ama aynı başsavcı gizli tutulduğu sürece bu şartların devamını sağlayan yeni mevzuatı yazmayı kabul ediyordu: "Madem günaha girmemiz şart, en azından kimseler bilmesin," diyordu. "Miras Operasyonu" emperyalizme imkân tanıyan şiddet ve baskı rejimini gizlemek adına yürütülen planlı ve bilinçli bir çabaydı; tarihin bu şekilde manipüle edilmesi Britanya İmparatorluğu'ndan miras kalan örtülü iktidarı, eşitsizliği ve ırkçı politikaları görmemize mani oluyor. Dahası, neden olduğu gizleme alışkanlığı bu tür suiistimallerin günümüzde de devam etmesini sağlıyor. Sömürgeleştirilen Kenya'da geliştirilen işkence teknikleri İngiliz Ordusu'nun Kuzey İrlanda'da uyguladığı "beş teknik"te billurlaşmış, ardından da CIA'in "gelişmiş sorgulama" ilkelerine girmişti. 1990 yılında, İngiliz devletinin Kuzey İrlanda'daki eylemleriyle ilgili çok önemli deliller içeren Carrickfergus polis arşivi kundaklanarak imha edildi. Kundaklamaya ait tüm bulgular İngiliz Ordusu'nu işaret ediyordu. CIA'in İngiltere'ye bağlı Diego Garcia'daki gizli uçuşlarını durdurup durdurmadığını tespit etmeye çalışan müfettişler uçuş kayıtlarının "sudan zarar gördüğü" yanıtıyla karşılaşmışlardı.[18] Daha yerinde –daha doğrusu, korkunç– bir mazeret düşünülemezdi: Tutsaklarına suyla yaptıkları işkenceleri örtbas edemeyen istihbarat ajanları, tutsaklarından edindikleri enformasyonun kendisine de aynı muameleyi reva görmüşlerdi.

Geçmişte yaşanan bu düzenbazlık ayinlerine bakmak çok uzun süredir karanlık bir çağda yaşadığımızı gösteriyor bize; çağdaş ağlarınsa geçmişin –yahut şimdinin– günahlarını gizlemeyi zorlaştırdığına dönük iyimser çıkarımlar yapmak mümkün. Ancak bunun doğru olması için hem örtbas etme belirtilerini tespit etmekte, hem de bunun önüne geçecek eylemleri bulmakta ustalaşmamız gerekir. Son beş yılda ortalığa dökülen küresel gözetim uygulamalarına dair belgelerin gösterdiği üzere, bu çürümeye ilişkin farkındalık nadiren çözüm getiriyor.

Haziran 2013'te, gazetelerin NSA ve GCHQ'nun faaliyetlerini manşetten duyurması başlarda epey ses getirdi. Bu haberlerde, iki kurumun kendi vatandaşları da dahil dünya genelinde milyonlarca insanı gözetlediği, başka ülkelerin hükümetleri ve başlıca internet servis sağlayıcısı şirketleriyle gizli anlaşmalar içinde oldukları bildiriliyordu. İlk olarak, ABD'deki 120 milyon Verizon müşterisinin yakından takip edildiği, kullanıcıların hangi numaralarla görüştüğü, bu aramaları hangi konumlardan yaptıkları, ne zaman ve ne kadar süreyle görüştüklerinin kayıt altına alındığı ortaya çıktı. Veriler telefon şirketi tarafından toplanıp FBI ile paylaşıyor, FBI üzerinden de NSA'ya ulaşıyordu. Ertesi gün, ülkedeki en büyük internet şirketlerinin sunucularından geçen –yani, Microsoft, Yahoo, Google, Facebook, YouTube, Skype, Apple ve daha birçok şirket üzerinden erişilen e-postalar, belgeler, sesli ve görüntülü sohbetler, resimler ve videolar da dahil– tüm verinin toplandığı PRISM operasyonu ifşa edildi. Kısa bir süre sonra, istihbarat teşkilatlarının sistemin çok daha derin noktalarına erişebildikleri ve dünyanın farklı noktalarında kablolarla aktarılan ham veriyi dahi toplayabildikleri ortaya çıktı. NSA'nın çekirdek yazılım sistemi XKeyscore kullanmasının ne anlama geldiği sorulduğunda, Edward Snowden şu sözlerle yanıt vermişti: "İsterse dünyanın öbür ucunda olsun, elinizde e-posta adresi olan herhangi birinin e-postalarını okuyabilirsiniz. İstediğiniz internet sitesinin erişim trafiğini takip edebilirsiniz. İstediğiniz kişisel bilgisayarı izleyebilirsiniz. İzlemekte olduğunuz dizüstü bilgisayar dünyanın neresine giderse gitsin, cihazı nokta nokta takip edebilirsiniz.[19]

Bunun anlamı şuydu: Uluslararası tabiatı nedeniyle, internet üzerinden yapılan gözetime sınır getirmek, hükümetlerin kendi vatandaşlarını gözetlemesine karşı çıkmak imkânsızlaşmıştı; herkes birileri için yabancıydı ve bir kez toplandığında tüm veri aynı sepete gidiyordu. Vampir ahtapot büyümeye devam etti tabii: Başlangıçta sadece NSA ve GCHQ'dan oluşuyordu; ardından ABD, İngiltere, Avustralya, Yeni Zelanda ve Kanada'nın oluşturduğu "Beş Göz" oldu; sonrasında önce Danimarka, Fransa, Hollanda ve Norveç'in katılımıyla "Dokuz Göz", ardından da –kendi siyasetçileri, elçileri, ticaret heyetleri ve BM delegelerinin diğer tarafın hedefinde yer aldığı ayan beyan ortada olduğu halde– Almanya, Belçika, İtalya, İspanya ve İsveç'in katılımıyla "On Dört Göz", namı diğer, *SIGINT Seniors Europe* oldu. Almanya Şansölyesi Angela Merkel kendi Federal İstihbarat Teşkilatı BND'nin Avrupa vatandaşları, savunma ihalelerine giren müteahhitler ve hassas sanayi kollarındaki şirketler hakkında bilgi toplama görevini icra ettiği sırada şahsi cep telefonunun da dinlendiğinden şikâyet etmişti.[20] Milyarlarca internet ve telefon kullanıcısının özel hayatlarına ilişkin tüm şahsi detaylar, daha önce teknik olarak mümkün olmadığı düşünülenleri bile geride bırakan ölçülerdeki devasa veri tanklarında toplandı.

Optic Nerve adlı bir program, bilhassa ticari işletmeler ve azgın gençler arasında en popüler sohbet programı olan Yahoo Messenger kullanıcılarının web kameralarını hedef aldı. Her yayında beş dakikada bir hareketsiz görüntü kaydedildi –"insan hakları mevzuatına uyum sağlamak" için laf olsun diye getirilmiş bir sınır– ve kullanıcıların kimliğini tespit etmek için yüz tanıma yazılımından geçirildi. GCHQ, verinin önemli bir kısmını oluşturan "istenmeyen çıplaklığa" karşı personelini korumak için ilave tedbirler devreye sokmak zorunda kaldı.[21] NSA'da çalışanların eşlerinin, sevgililerinin, eski sevgililerinin ve uzaktan uzağa âşık oldukları kişilerin e-posta ve kısa mesajlarını araştırdığına ilişkin hikâyeler ortalığa döküldü: LOVEINT (AŞKİNT) takma adını alacak kadar yaygın ve sisteme erişim sağlamanın ne kolay kadar olduğunu gösteren bir uygulama.[22] Takılan diğer isimler yaratıcılarının meşguliyetlerini ve kara mizah anlayışlarını ortaya çıkardı: Örneğin, Belçika ve Orta Doğu'daki telekomünikasyon sistemlerine sızmak için kullanılan kötü amaçlı bir yazılım olan Regin için İngiliz kriket oyuncusu Bob Willis'e atıfta bulunduğuna inanılan kriket kökenli LEGSPIN ve WILLISCHECK gibi isimler kullanılıyordu.[23] İnternet sitesi ziyaretçilerinin IP adreslerinin toplandığı başka bir GCHQ operasyonuna, Radiohead'in "Bize bulaşanların sonu budur işte!" sözlerini içeren aynı adlı şarkısına atfen *Karma Police* kod adı verilmişti.[24]

Hikâyeler aylarca sürdü, anlaşılmaz teknolojik jargon olağan bilginin alanına dönüştü, üstünkörü hazırlanmış PowerPoint slaytları milyonların hafızasına kazındı. Kod isimler çoğaltıla çoğaltıla kötü bir şiire döndü: TEMPORA, MUSCULAR, MYSTIC, BLARNEY ve BOUNDLESS INFORMANT; NOSEY SMURF, HIDDEN OTTER, CROUCHING SQUIRREL, BEARDED PIGGY ve SQUEAKY DOLPHIN. Nihayetinde, sonu sınırı olmayan bu liste kendisini oluşturan parçalara indirgenemeyecek bir küresel gözetim sisteminin nesnel gerçekliğinin üzerini örtmeye başladı. Edward Snowden'ın Laura Poitras'a gönderdiği ilk e-postada yazdığı gibi: "Unutma: Geçtiğin her sınır, verdiğin her sipariş, yaptığın her arama, önünden geçtiğin her baz istasyonu, edindiğin her arkadaş, yazdığın makaleler, girdiğin internet siteleri, yazdığın konu başlığı ve gönderdiğin paket; hepsi erişimde sınır tanımayan ama güvenlik konusunda sınıfta kalan bir sistemin kontrolünde."[25] Fakat ortalığa dökülüp saçılan onca hikâyenin ardından asıl çarpıcı olan şey sistemin kapsamı değildi; her şeyin apaçık ortada olması ve neredeyse hiç değişmemesiydi.

Sivil iletişime müdahale etmek için gösterilen yoğun teknolojik gayretlerin varlığı, hiç değilse 1967'den beri, Robert Lawson adında bir telgraf memurunun *Daily Express*'in Londra'daki ofisine girip araştırmacı gazeteci Chapman Pincher'ı İngiltere'ye girip çıkan tüm telgraf ve telegramların Bayındırlık ve İskân Bakanlığı'na ait bir minibüs tarafından günlük olarak toplanıp Admiralty binasına götürüldüğü ve ancak burada incelendikten sonra postaneye geri getirildiği konusunda bilgilendirdiğinden beri bilinmektedir. Telgraf alıkoymaların, kapalı zarfların kontrol edilmesi ve telefon dinlemelerinin de dahil olduğu çok daha büyük bir operasyonun parçası olduğunu açığa çıkaran hikâye ertesi gün gazetelerde yerini almıştı bile. O dönemde, insanların GCHQ'nun varlığından bile haberi yoktu; hükümetin bu konuyu soruşturmak için kurduğu komisyonun raporların gerçek olduğunu doğrulamakla da kalmayıp, bu konuda yapılan birçok resmi açıklamanın yanıltıcı olduğunu ifşa etmesi dahi olayın kamusal bellekte yer etmesini sağlamadı.

Snowden'ın gün yüzüne çıkardığı hikâyeden sekiz yıl sonra, 2005 yılında, *New York Times* Başkan George W. Bush'un 11 Eylül saldırısının ardından NSA'ya ABD'deki tüm iletişim sistemlerini mahkeme kararına ihtiyaç duymaksızın dinleme ve gözetlemeyi de içeren kapsamlı gizli yetkiler verdiğini açıkladı.[26] Haberde, e-postalar, telefon görüşmeleri, finansal işlemler ve internet üzerinden gerçekleştirilen faaliyetler de dahil Amerikan vatandaşlarının tüm iletişim ve haberleşme bilgilerinin toplanacağı devasa bir veritabanı oluşturmak amacıyla Stellar Wind adında bir projenin hayata geçirildiği gözler önüne seriliyordu. Eski bir NSA analisti olan William Binney programın kapsamını doğrulayan açıklamalar yaptıktan sonra, program anayasayı açıkça ihlal ettiği gerekçesiyle basın tarafından yerden yere vuruldu. Aslında NSA'nın ABD başkanına tanınan yabancı bir kaynakla kurulan iletişim bağlantılarını dinleme yetkisini aşıp tüm iletişim ve haberleşme sistemlerinden veri topladığı ortaya çıktığında, proje çoktan hükümet içinde bir kargaşaya neden olmuştu. Beyaz Saray, programı farklı bölüme kaydırıp yeniden yetkilendirmekle yetinmişti. Takip eden yıllar boyunca, Binney projeye ilişkin eleştirilerini yüksek sesle dillendirmeye devam etti; en son 2012 yılı sonlarına doğru, *Wired* dergisi NSA'nın Utah'ta inşa edilen devasa yeni veri merkezine ilişkin hazırladığı raporda Binney'yi kaynak gösterip Stellar Wind'in hâlâ aktif olduğunu iddia etti.[27]

Mayıs 2006'da, Mark Klein isimli bir AT&T yüklenicisi, NSA' nın çok büyük iletişim sistemlerini izleme kabiliyetine sahip olduğunu açıkladı. Klein 2002'de özel bir proje için AT&T yönetimiyle çalışan bir NSA ajanıyla tanışmıştı; ertesi yıl San Francisco'daki en büyük telefon santralinin içinde yalnızca NSA için çalışan teknisyenlerin girmesine izin verilen gizli bir oda olduğunu keşfetti. Oda bölgedeki tüm telefon görüşmelerini yönlendiren mekanizmanın hemen bitişiğindeydi. Sonrasında, Klein santraldeki başka bir odada çalışmaya başladı; bu oda Worldnet isimli bir şirket adına bölgedeki internet trafiğinin yönetildiği odaydı. Klein'ın işi fiber optik kabloları belirli devrelere paylaştırıp bu devreleri gizli odaya yönlendirmekti. Bu özel devreler Worldnet müşterilerini internetin geri kalanına bağlayan devrelerdi; diğer AT&T çalışanlarıyla yapılan görüşmeler başka şehir santrallerine de benzer bağlantı ayırma dolapları kurulduğunu açığa çıkardı. Her bir örnekte, saptırılan fiber optik bağlantılar çok büyük miktarlarda enformasyonu filtreleyip önceden belirlenmiş sözcük ve sözcük gruplarını ayıklayabilen NarusInsight'a ait bir "semantik tahlil" cihazına yönlendiriliyordu.[28] Girdi o kadar büyüktü ki bunun tek bir anlamı olabilirdi: NSA yabancı kaynaklarla kurulan bağlantıların yanı sıra, hiçbir ayrım gözetmeksizin yerel trafiği de izliyordu. Klein'ın sunduğu kanıtlara dayanarak Electronic Frontier Foundation tarafından hazırlanan dosyalarla AT&T aleyhine bir dava açıldı; ama dava bir medya efsanesine dönüşse de ABD hükümeti olaya müdahale edip hızlıca geriye dönük yasalar geçirdi ve şirketi yasal prosedüre bağışık hale getirdi.

Tüm bunlar ortalığa dökülüp saçılanlar olmadan da görülemez miydi? Gizli bütçe rakamları herkes görsün diye oradaydı oysa; Soğuk Savaş döneminde kurulan dinleme istasyonlarından yükselen uğultular olsa olsa artıyordu; kabloların karaya çıktığı alanlardaki beyaz kayalıklara tünemiş anten ve uydu çanakları Google Haritalar'dan bile görülebiliyordu. Margaret Thatcher 1984'te yirminci yüzyılın en uzun süren toplu iş sözleşmesi görüşmelerinden birinde alenen yasaklayıncaya dek, GCHQ'nun faal bir sendikası bile vardı. Ama teşkilatların imkân ve kabiliyetleriyle ilgili tartışmalar istihbaratçılar üzerine çalışanların alanında kalmaktan –ve bir sonraki bölümde değineceğimiz komplo teorilerini yemlemekten– öteye geçmedi.

2013'te Edward Snowden'ın gün yüzüne çıkardığı belgelere kadar henüz hatırı sayılır bir paranoyak kitle oluşmamıştı. Bunun neden böyle olduğu tartışılmalıdır; açığa çıkardığı belgelerin hacmi mi tetiklemişti bu paranoyayı, yoksa görselleştirme ve anlatım tarzı mı? Snowden'ın ortalığa döktüğü belgeler görmezden gelemeyeceğimiz kadar çoktu; belgeler her gün çoğalarak akıyordu; moda tabirlerin, saçma sapan proje isimlerinin havada uçuştuğu, göz alıcı PowerPoint slaytlarından başımızı kaldıramadığımız, Şeytan'ın ta kendisiyle yaptığımız sonu gelmez bir pazarlama toplantısı gibiydi. Yoksa Snowden'ın kendi hikâyesi miydi dikkatimizi böylesine celbeden: Birdenbire Hong Kong'ta bitiveren, sonra Rusya'ya uçan, bu hikâyeyi bizlere taşıyan ele avuca sığmaz, genç kahramanın kendisi miydi? Ayrıca, Snowden'ın ortaya döktükleri bilinen NSA ve GCHQ programları arasında bağlantı kuran –tüm operasyonel ortaklıkları ifşa eden, küresel gözetimin bireyi kendi devletinin koruması altına güvende hissetme imkânından mahrum bırakarak herkesi birbirinin hedefi haline getirme şeklini açığa vuran– ilk belgelerdi.

Ama yine de yaprak kımıldamadı. ABD'de, istihbarat teşkilatlarının mahkeme kararı olmaksızın yaptığı telefon dinlemelerinin önüne geçmek, istisnasız herkese ilişkin örtülü veri toplanmasını engellemek için getirilen Amash-Conyers Düzenlemesi gibi öneriler ne Temsilciler Meclisi'nden geçirilebildi, ne de Senato'dan; diğer tasarılar komisyonlardan geçip mecliste oylanamadı bile. 2 Haziran 2015 tarihinde yürürlüğe giren ABD Özgürlük Yasası –resmi adıyla, Hakların Güvence Altına Alınması ve Gizli Dinleme, Dip Taraması ve Çevrimiçi İzleme Yasası'nın İptali ile Amerika'yı Birleştirme ve Güçlendirme– esasen bir gün önce yürürlükten kalkan Vatanseverlik Yasası'nın yeniden devreye sokulmasından başka bir şey değildi. Birçoklarınca Snowden'ın ifşa ettikleri karşısında düzenleyici bir yanıt gibi lanse edilmesine karşın, yasa örtülü veri toplamak da dahil –bir iletişim bağlantısının içeriği dışındaki diğer tüm detaylar toplanabiliyordu, içeriğe de sonradan çıkarılan gizli bir mahkeme emriyle ulaşılabiliyordu– NSA'nın yapabildiği şeylerin çoğuna hiç dokunmuyordu. Ayrıca, tıpkı 11 Eylül sonrası yıllarda kimseye sezdirmeden yapılan denizaşırı operasyonlarda olduğu gibi, yasa herhangi bir zamanda başkanlık kararnamesiyle çiğnenebiliyordu. Hukukun üstü örtülü biçimde sistematik olarak çiğnenmesi üzerine kurulu bu uygulama hiçbir yeni düzenlemeyle bozulamayacaktı. Ortalığa dökülen belgelerden önce veya sonra GCHQ'nun kendi vatandaşlarını gözetlemesini önleyen hiçbir yasa geçirmeyen İngiliz hükümeti ise, olayları sayfalarına taşıyan gazetelere acımasız sansür talepleri iletmekten –yani, D-Notices adıyla bilinen, bu konudaki haberlere yayın yasağı getirme yetkisini kullanmaktan– şikâyetçi değildi. Küresel ölçekte sürdürülen terörle mücadele ve akla hayale sığmaz güçteki endüstriyel istihbarat ağı karşısında, dünyanın geri kalanı istediğini, istediği kadar protesto edebilirdi.

Nihayetinde, halkın istihbarat teşkilatlarının ardı arkası kesilmeyen çılgınca talepleriyle yüzleşmek gibi bir hevesi yoktu; 2013'te parça parça ortalığa saçılıp kısa bir süreliğine gündemi işgal eden belgeler ve tüm bunların beraberinde getirdiği bariz varoluşsal korkuyla bitkin düşmüştü. O gizli odalarda, şehrin merkezindeki o penceresiz binalarda neler döndüğünü bilmeyi hiç istemedik aslında; alacağımız yanıt pek iç açıcı olmayacaktı çünkü. İklim değişikliğine çok benzer şekilde, kitlesel gözetim de toplumun akıl erdirebileceğinden çok daha geniş ve dengesiz bir fikirdi. Tıpkı havayla ilgili tuhaf, biraz güldüren biraz tedirgin eden konuşmalar gibi, gündelik hayattaki rutinlerimizin arka planında uğuldayan bir başka paranoya halini almıştı. İklim değişikliği üzerine düşünmek havanın bütün tadını kaçırır; ışıl ışıl bir günü bile varoluşsal bir tehdit haline getirir. Kitlesel gözetim hakkında düşünmek de telefon görüşmelerinin, e-postaların, kameraların ve yastık sohbetlerinin tadını kaçırır. Her gün dokunduğumuz şeylere onun karanlık gölgesi siner. Etkileri gündelik yaşamımızın o kadar derinlerine sızar ki sürekli uzayıp giden o düşünmemeyi seçtiğimiz şeyler listesine ekleyiveririz.

Çok üzücü bir durum bu; kitlesel gözetim –hatta gözetimin her türü, delil olarak görülen her imge– üzerine söylenecek, düşünecek çok şey hiç söylenmeden, düşünülmeden kalıyor sonuçta. Küresel kitlesel gözetim, siyasal gizlilik ve teknolojik anlaşılmazlık üzerine kuruludur; bu ikisi daima birbirini besler. Hükümetler düşmanlarının yanı sıra kendi vatandaşlarının da her adımını izlerken, hayatın her ânını gizlice dinleme kabiliyetleri ağlar ve güçlü işlemcilerle –işlemlemenin her evin duvarına, her sokağın köşesine, işyerlerimize ve ceplerimize kadar sızmasıyla– akıl almaz boyutlarda arttı. Teknik olanaklar siyasal ihtiyaçları beraberinde getirdi, çünkü hiçbir siyasetçi rezalet veya ifşaat karşısında gerekenleri yapmamış olmakla itham edilmek istemez. Gözetim yapılıyor, çünkü yapılabiliyor; etkili olduğu için filan değil, diğer bütün otomasyon uygulamaları gibi suçun, sorumluluğun tamamı makineye yıkılabildiği için yapılıyor: Ne varsa topla, gerisini makineler halleder nasılsa.

Daha evvel adını andığımız NSA muhbiri William Binney, 2016 yılında İngiliz parlamento komisyonuna yaptığı tanıklıkta istihbarat teşkilatları tarafından toplanan devasa verinin "yüzde 99'unun yararsız" olduğunu iddia etti. Çünkü, Binney'ye göre, toplanan enformasyonun büyük hacmi analistleri zor durumda bırakıyor, bu yığının içinde belirli tehditlerle ilgili veriyi bulup çıkartmayı imkânsız kılıyordu. Bu daha önce de pek çok kez dillendirilen, ama kulak asılmayan –hatta düpedüz duymazdan gelinen– bir uyarıdır. 2009 yılında, Noel Günü Amsterdam'dan Detroit'e uçan bir uçağa bombalı saldırı düzenleme girişiminin ardından, Başkan Obama çok fazla enformasyonun ciddi bir sorun olduğunu kabul etmişti: "Bu olayın sebebi yeterince istihbarat toplayamamış olmamız değil, sahip olduğumuz istihbaratı doğru yorumlayamamış, anlayamamış olmamızdır."[29] Bir Fransız terörle mücadele yetkilisi bu olaya ilişkin şu sözleri sarf etmişti: "Bir zamanlar Amerika'nın istihbarat toplama kapasitesinin ulaştığı engin nokta karşısında kıskançlığa kapılır, hayranlık duyarken, artık bu istihbaratın ürettiği yığınla enformasyonu işlemek zorunda kalmadığımız için kendimizi şanslı hissetmeye başladığımızı söyleyebilirim."[30]

Kitlesel gözetimin doğurduğu aşırı işlemleme yükü, ABD'nin yıllarca yakasını kurtaramadığı analiz ve yorumlama sorunlarıyla boğuştuğu dron programında görülebilir. Dronlar çoğalıp uçuş süreleri arttıkça, taşıdıkları kameraların çözünürlüğü ve bant genişliği de katlanarak arttı ve nihayetinde verileri izleme yeteneğimiz yetersiz kaldı. Henüz 2010 yılında, ABD Hava Kuvvetleri'nin en kıdemli komutanlarından biri yakın bir gelecekte "ortalığın sensörlerden geçilmeyeceği ve o sensörlerden akan verinin içinde boğulacağımız" konusunda uyarılarda bulunuyordu.[31] En gelişmiş enformasyon işleme sistemleri için dahi, daha fazla enformasyon daha ileri bir kavrayışa denk düşmüyor maalesef. Hatta aksine, kafa karışıklığına, gözden kaçanların çoğalmasına yol açıp karmaşıklığın daha da artmasına sebep oluyor: İşlemlemenin umutsuzca zamanı sollamaya çalıştığı hava tahminindeki sorunlara benzer bir silahlanma yarışına evriliyor. William Binney'nin İngiltere parlamentosuna sunduğu delillerle açıkladığı gibi, "Mevcut yaklaşımın neticesinde önce insanların ölmesi gerekiyor, sonra tarihsel kayıtlar katillere ilişkin faydalı bilgiler sağlayabilecek belki (ama muhtemelen o zamana kadar katiller de ölmüş olacak)."[32]

Neresinden bakarsak bakalım, kitlesel gözetim işe yaramıyor. Araştırmalar sürekli olarak kitlesel gözetiminin terörle mücadele birimlerine çok çok az işe yarar enformasyon temin edebildiğini gösteriyor. Başkan'a bağlı İstihbarat ve İletişim Teknolojileri Teftiş Kurulu, 2013 yılında yaptığı incelemede çoğu ipucunun muhbirler ve şüpheli faaliyetlere ilişkin raporlar gibi geleneksel soruşturma teknikleriyle elde edildiği tespitini yaptıktan sonra, "saldırıları önlemek için kitlesel gözetimin şart olmadığını" açıklamıştı.[33] Yeni Amerika Vakfı (New America Foundation) tarafından 2014 yılında yayınlanan bir başka raporsa, hükümetin 11 Eylül saldırılarının peşi sıra devreye soktuğu gözetim programlarının başarısına ilişkin iddialarını "abartılı, hatta düpedüz yanıltıcı" olarak tanımlamıştı.[34]

Diğer taraftan, kapalı devre televizyonların (CCTV) kamusal alanları işgal etmesine ilişkin analizler bu yöntemin de en az küresel gözetim kadar etkisiz olduğunu göstermiştir. Diğer yaklaşımlara aktarılan fonu ve dikkati kendi öne çıkarmak istediği meselelere kaydıran bu yöntem, son derece pahalı olmasına karşın kayda değer bir etkisi yoktur. Genellikle caydırıcı niteliğinden bahsedilir, ama bu da gerçeği yansıtmaz. San Francisco'ya yüzlerce güvenlik kamerasının kurulduğu 2000'li yıllarında ortasında, kamera bulunan alanların 75 metre çevresinde gerçekleşen cinayet oranları azalmış, ama sonraki 75 metrede hızla artmıştı. Cinayet mahalli bir arka sokağa taşınmıştı.[35] Tıpkı küresel gözetim gibi, kapalı devre televizyonlar da paranoyak arka plan uğultusunun artmasından, suç ve denetime ilişkin endişelerin yükselmesinden başka hiçbir şeye hizmet etmiyor. Kapalı devre televizyonlar ve kitlesel gözetim esasen geriye dönüktür, zaten işlenmiş olan bir suçun tespitine yöneliktir: Daha fazla istihbarat toplanabilir, daha fazla tutuklama da yapılabilir, ama olan olmuş, suç işlenmiştir. Engellenmeye çalışılan olay çoktan gerçekleştiğinden altta yatan nedenler daima gözardı edilir.

Gözetimin etkinliğini bu şekilde değerlendirmek bizi iktidarın suiistimaline karşı kendi stratejilerimizi geliştirmeye sevk eder. Bir meselenin aydınlatılması gerçekten işe yarıyor mu? Olayları aydınlatmak için kullanılan gelişmiş teknikler uzunca bir süredir güvenlik tiyatrosunun kendi aksiyomlarından birine dönüşmüş halde; oysa ne zaman bir şehrin caddeleri sokak lambalarıyla donatılsa, bunu suç oranındaki bir –düşüşten ziyade– artış izlemiştir genelde.[36] Aydınlatma kurbanlar kadar suçluları da yüreklendirebilir: Her yer ışıl ışıl aydınlatıldığında, hem art niyetli bakışlar çok daha az şüphe çeker, hem de bu bakışların sahibi ortalığın ne zaman müsait olduğunu rahatça anlayabilir. Parlak ışık insanlara kendilerini güvende hissettirir, ama daha güvende olmalarını filan sağlamaz.[37]

İstihbarat birimlerinin yürüttüğü en karanlık faaliyetlerin açığa çıkması bu faaliyetlerin önüne geçmeye yetmediği gibi, halkın endişelerini giderip bu faaliyetlere meşruiyet kazandırdı. Eskiden gizliliğe ve inkâra açık puslu bir bölgede gerçekleştirilen operasyonlar yasal bir zemine kavuştu – ki bu bizim lehimize değil aleyhimizedir.

Snowden'ın ortaya döktüklerinin görsel etkisini kitlesel gözetim üzerine bir tartışma başlattığı için methederken, bu görselliğin temel mekanizmayı ve bu mekanizmanın devamlılığını anlama konusunda bir dikkat dağınıklığı yarattığını da hesaba katmamız gerekir belki de. Hem gözetimin kavrayıştan ziyade imgeye bağımlılığı yüzünden, tek ve doğrulanabilir bir anlatı arayışı yüzünden başarısız olduğunu öne sürüp, hem de buna karşı çıkan gözetlemeci yaklaşımların başarılı olacağını nasıl iddia edebiliriz ki? Yaptığımız şey tam olarak bu işte. Gizliliğe karşı şeffaflığı savunuyoruz. Berraklık ve açıklık talebimiz anlaşılmazlığa, gizlilik derecelerine karşı bir tepki gibi görünebilir, ama aslında aynı mantığı sürdürmektedir. Bu şekilde yorumladığımızda, Ulusal Güvenlik Birimi (NSA) ile Wikileaks'in bambaşka vesilelerle de olsa aynı dünya görüşünü paylaştığı söylenebilir. Çünkü ikisi de dünyanın merkezinde bir sırrın mevcut olduğuna, bu sırra vakıf olmanın her şeyi daha iyi hale getirebileceğine inanır esasen. Evet, Wikileaks herkes için şeffaflık istiyor, NSA ise sadece bazıları –düşmanları– için; ama sonuçta ikisi de aynı mantıkla iş görüyor.

Wikileaks'in asıl amacı NSA'nın bir benzerine dönüşmek değil, bütün tertibatı çökertmekti. 2006'da Wikileaks'in ilk günlerinde, Julian Assange komplocu yönetim sistemlerine ve nasıl saldırıya uğrayabileceklerine ilişkin "Komplocu Yönetimler" başlıklı bir analiz kaleme almıştı. Assange'a göre, tüm otoriter sistemler komplocudur, çünkü güçlerini insanlardan sakladıkları sırlardan alırlar. Sızıntıların bu iktidarı sarsması, sızıntının içeriğinden ziyade yükselen korku ve paranoya yüzünden sistemin komplo kurma kabiliyetini zayıflatmasından kaynaklanır. Sisteme zarar veren şey sızıntının kendisidir yani, sızdırılan içerik değil.[38] Wikileaks'in insanların dikkatini çekmeye başlaması ve Assange'ın gittikçe daha güçlü ve kibirli bir figüre dönüşmesiyle birlikte, organizasyon istihbarat birimleriyle çatışmalar yaşamaya, nihayetinde de devletlerin birbirine saldırmak için kullandığı bir vesileye dönüştü – ve bu kavrayış kaybedildi. Onun yerini "açık delilin" gücüne duyulan yanılsamalı bir inanç aldı: Otoriteyi alaşağı edecek bir kaynak, minicik bir delil kırıntısı aranır oldu.

Açık delilden medet umma meselesi, kanaat oluşturmak için ifşaata bel bağlayan her stratejinin sıkıştığı yerdir. Nasıl istihbarat teşkilatlarının faaliyetleri –çok daha önce de olabilecekken– ancak Snowden'ın on yılı aşkın sürede sızdırdığı raporlarla açığa çıkarılabildiyse, diğer rezil faaliyetler de belli bir belgesel doğruluk endeksine ulaşıncaya dek gözardı edilir. Caroline Elkins 2005 yılında Kenya'daki İngiliz vahşetinin eksiksiz bir çetelesini çıkardı, ama çalışmasını yalnızca sözlü tarihe ve görgü tanıklarının ifadelerine dayandırdığı gerekçesiyle epeyce eleştirildi.[39] Elkins'in ortaya koyduğu veriler, ancak İngiliz hükümeti kendi eliyle bazı belgeleri yayınladıktan sonra kabul görüp resmi tarihin bir parçası olabildi. Başka bir ifadeyle, zulüm görenlerin tanıklığı onlara zulmedenlerin işine gelinceye kadar görmezden gelindi – gördüğümüz üzere, pek çok başka suçun mağdurları için hiç ortaya çıkmayacak türden bir delil bu. Benzer şekilde, muhbir kültü de önceden istihbarat servisleri için çalışmış kimselerin vicdanına bağlıdır; bu birimlerin dışında kalanlar fail statüsünü yitirmiş bir halde kalakalır, bildiklerini yayınlamaya tenezzül edecek isimsiz bir devlet görevlisini beklerler. Bunun ahlaki bir eylem için yeterli temeli oluşturmadığı açıktır.

Kullanıma hazır devasa işlemleme gücü küresel gözetim uygulamalarına yön verirken, mantığı da küresel gözetime, bilişsel ve fiziksel sağlığımızı doğrudan tehdit eden diğer uygulamalara nasıl yanıt vereceğimizi belirler. Yüzde yüz kesinliğe sahip bir hipotez ortaya koymamıza olanak tanıyacak bir delil arama zorunluluğu, şimdide eyleme kabiliyetimizi hükümsüz kılıyor. En ufak bir belirsizlik karşısında, mutabakat –örnekse, iklim krizinin aciliyetine ilişkin geniş bilimsel uzlaşı– hiçe sayılıyor. Kendimizi, atmosfer ısınıp yoğunlaşmadan evvel Zenon'un okunun hedefini vurmasını umduğumuz bir hareketsizliğin içinde sıkışmış halde buluveriyoruz. Herkesin ne olup bittiğini bildiği, ama kimsenin kılını bile kıpırdatamadığı bu son derece tuhaf şimdiki zamanı yaratan şey daima yetersiz kalan bir kanıtta ısrar etmektir.

Dünyaya ilişkin hakikate ulaşmak için işlemlemeye dayalı gözetim mantığına bel bağlamak, bizi güvencesiz ve paradoksal bir konumda bırakıyor esasen. İşlemleme yoluyla edinilen bilgi, kendi hakikatini ancak doğrudan erişebildiği veriden türettiği için gözetime ihtiyaç duyar. Karşılığında, bütün bir bilme süreci işlemleme yoluyla ulaşılabilen bilgiye endekslenir ve böylece bilmek dediğimiz şeyin kendisi bir gözetim biçimine dönüşür. Dolayısıyla, işlemlemeye dayalı mantık, şartları değerlendirme ve kesinlikten mahrum olduğumuz durumlarda da rasyonel eylemde bulunma kabiliyetimizi inkâr eder. Ayrıca tamamıyla tepkiseldir, ancak her şey olup bittikten sonra, yeterli delil toplanınca eyleme izin verir; en çok ihtiyaç duyulduğu anlarda, şimdiki zamanda eylemde bulunmayı engeller.

Gözetimin işleyişi ve bizim buna çanak tutuşumuz yeni karanlık çağın en temel özelliklerinden biridir, çünkü bir tür bakar körlükte ısrar eder: Her şey aydınlatılır, ama hiçbir şey görülmez. Bir konuya ışık tutmanın o konu üzerine düşünmekle, böylece üzerinde söz sahibi olmakla aynı şey olduğuna ikna olmuş durumdayız. Oysa işlemlemenin ışığı –bazen aşırı bilgi yığarak, bazen yanılsamalı bir güvenlik duygusuyla– bizi kolayca güçsüz bırakıverir. İşlemsel düşünmenin baştan çıkarıcı gücüne kapılıp peşine düştüğümüz şey koca bir yalandır.

Bu noktada, ağın kendisinden bir örnek üzerine düşünebiliriz. Mayıs 2016'ya az bir süre kala, Kanada'nın Alberta eyaletindeki Fort McMurray'de yaşayan James O'Reilly evine Canary marka bir güvenlik sistemi kurdu. Google Ev'in sunduklarına benzer hizmetler sunan Canary ürün grubu, gözetim ve işlemsel düşünme mantığının kusursuz bir örneğidir: İnternet üzerinden birbirine bağlı bir sürü kamera, sensör ve alarmdan oluşan sistem, her şeyi gören makineleriyle gerçek zamanlı bir denetim imkânı sunarak koruma ve bununla bağlantılı bir kafa rahatlığı vaat ediyor.

Mayıs'ın ilk günü, Fort McMurray'nin güneybatısındaki kuzey ormanlarında kontrol edilmesi güç bir yangın çıktı ve kuvvetli rüzgârlar alevleri şehre kadar taşıdı. Mayıs'ın üçünde başlatılan zorunlu tahliye uygulamasıyla, O'Reilly'nin de aralarında bulunduğu 88.000 insan evlerini terk etmek zorunda kaldı. O'Reilly arabasıyla uzaklaşırken, iPhone'unun ekranında evin güvenlik sisteminden gelen bir bildirim belirdi ve canlı yayınla evini izlemeye başladı – bu video daha sonra YouTube'a da yüklendi.[40]

Video O'Reilly'nin oturma odasından bir görüntüyle açılır: Masa lambalarının ve süs balıklarının her şeyden habersiz yüzmeye devam ettiği akvaryumun ışıklarının hâlâ yandığını görürüz. Sert rüzgârlar pencerenin hemen önündeki ağaçları sallasa da nahoş bir durum göze çarpmaz. Ama birkaç dakika içinde, gölgeler kapıya doğru yaklaşmaya başlayıp dalga dalga yayılan bir dumana dönüşür. Aradan bir dakika bile geçmeden pencere kapkara olur ve çerçeve tutuşmaya başlar. Alevler önce perdeyi ardından pencereyi paramparça ediverir. Odanın içini duman kaplar ve ağır ağır her şey kararır. Bunun üzerine, kamera siyahbeyaz gece görüşüne geçer. Giderek koyulaşan karanlığın içinde kesik kesik çalan bir alarmın sesi duyulur, ama sonunda ses kesilir ve bundan sonra duyup duyabildiğimiz tek şey yanan eşyaların çıtırdamasıdır.

Bu, kâbus gibi, ama yeni karanlık çağın koşullarını somutlaştıran bir sahnedir. Giderek daha evrensel bir görüş kazanıyoruz, ama fail statümüz buna eşlik etmiyor. Her geçen gün dünyaya dair daha fazla şey bilmemize karşın, bir şeyler yapma konusundaki aczimiz sürekli olarak artıyor. Bunun yol açtığı çaresizlik, durup varsayımlarımızı gözden geçirmemize vesile olacağı yerde bizi paranoya ve toplumsal ufalanmanın daha derin noktalarına taşıyor: Daha fazla gözetime, daha fazla güvensizliğe, imgenin ve işlemlemenin otoritesini sorgusuz sualsiz kabul edişimizin ürettiği bir durumu düzeltmek için yine imgenin ve otoritenin gücüne, üstelik de hiç olmadığı ölçüde güçlü bağlanmaya itiyor.

Gözetim de, ahlakçı teşhir de işe yaramıyor. İki tarafın da tartışmayı nihayete erdirecek bir argümanı, vicdanımızı rahatlatıp karşı tarafın fikrini değiştirecek sağlam bir açıklaması yok. Ne açık bir delil var, ne sağlam bir onay, ne de bariz bir inkâr. Glomar yanıtı, aymaz bir bürokrasinin boş sözleri olmaktan çıkıp dünyanın açıkça telaffuz edebileceğimiz en doğru tarifine dönüşüyor.

8

Komplo

JOSEPH HELLER'in İkinci Dünya Savaşı sırasında geçen romanı *Madde 22*'de, Hava Kuvvetleri'ne bağlı 256. Filo mensupları kendilerini çaresiz bir konumda sıkışıp kalmış halde bulurlar. Savaş tüm şiddetiyle sürmekte, İtalya semalarında yoğun çatışmalar yaşanmaktadır. Havacılar kokpite her girdiklerinde vurulup düşürülme riskiyle burun burunadırlar; uçmanın tehlikeli bir görevden çok delilik olduğu, aklı başında kimsenin uçmayı seçmeyeceği günlerdir. Uçuş görevlerinden kurtulmak isteyen havacıların deliliğe sığınmaktan başka çaresi yoktur, ama bu delice görevlerden kurtulmaya çalışmak da aklının başında olduğunu haykırmaya denk düşmektedir. Bir havacının "tekrar uçuş görevine katılması için deli olması gerekirdi, çünkü aklı başında hiç kimse o şartlarda uçmazdı, ama aklı başında olanlar da uçmak zorundaydı işte. Uçsa deli der uçmaya zorlamazlardı, yok uçmak istemese bu sefer de aklı başında derlerdi ki o zaman da uçması gerekirdi."[1]

Madde 22 büyük, irrasyonel sistemlerde dönen entrikaların içine sıkışıp kalmış rasyonel öznelerin yaşadığı ikilemi yansıtır. Bu tür sistemlerin içindeyken, rasyonel kararlar bile irrasyonel sonuçlar doğurur. Birey içinde bulunduğu irrasyonelliğin pekâlâ farkındadır, ama kendi lehine eylemde bulunma gücünü tamamıyla yitirmiştir. Erişebildiğimiz enformasyonun güvenilmez hale geldiği, ağdan üzerimize yağmur gibi yağdığı zamanlarda, dünyaya ilişkin birtakım hikâyeler anlatarak onun üzerinde bir nevi kontrole sahip olmaya çalışırız: Anlatılarla dünyaya hâkim olmaya çalışırız. Ama hiçbir hikâye tek başına tüm olup biteni açıklayamayacağından, dünya basit hikâyelerle yakalanamayacak kadar karmaşık olduğundan, bu anlatılar ister istemez bir basitleştirme işi görür. Ancak günümüzde hikâyeler bunu reddedercesine giderek daha süslü, daha çatallı hale geliyor; giderek daha dolambaçlı ve açık uçlu hikâyelere dönüşüyor. Ağın ölçüsüzce genişlediği bir çağda, bu hikâyelerin beslediği paranoya ise geribesleme etkisi üretiyor: Karmaşık bir dünyayı anlama başarısızlığımız giderek daha fazla enformasyon talebine yol açıyor ve bu da olsa olsa kavrayışımızı daha da bulanıklaştırıyor – dünyayı daha da karmaşık bir yer haline getiriyor, giderek daha çok Bizans entrikasının dikkate alınmasını gerektiriyor.

Romanın 1970 tarihli film uyarlamasında, Alan Arkin'in canlandırdığı Yüzbaşı John Yossarian'ın ölümsüz bir repliği vardır: "Paranoyak olmanız takip edilmediğiniz anlamına gelmez." Yossarian'ın bu sözü, teknolojik gelişmelerin ve kitlesel gözetimin cisim verdiği günümüz paranoyak-komplocu gerilimlerinde yeniden hayat bulmuştur. Normalde kişinin birileri tarafından takip edildiğine inanması klinik paranoyanın en tipik belirtilerinden biri kabul edilir, ama geldiğimiz noktada bu oldukça makul bir inanca dönüştü. Bugün gönderdiğimiz her e-posta, yazdığımız her kısa mesaj, yaptığımız her telefon görüşmesi, çıktığımız her seyahat, her adımımız, her nefesimiz, her hayalimiz ve sözümüz devasa boyutlardaki otomatik istihbarat toplama sistemlerinin, sosyal ağların ve spam üreticilerinin kullandığı tasnif algoritmalarının, akıllı telefonlarımızın ve internete bağlı diğer cihazlarımızın gözünü bile kırpmayan bakışlarının takibinde. Bu durumda, kime paranoyak diyebiliriz ki?

Tarih Kasım 2014 ve ben İngiltere'de, Hampshire, Farnborough civarında bir bağlantı yolunda dikilmiş, gökyüzünden bir uçağın geçmesini bekliyorum. Ama ne zaman kalkacağını, hatta kalkıp kalkmayacağını bile bilmiyorum. Arabamın kaportasına monte ettiğim kamera birkaç saattir boş gökyüzünü çekiyor; aşağı yukarı her yarım saatte bir hafıza kartını silip yeniden başlatıyorum. Yüksekte, ince bir bulut belirip kayboluyor.

Burada dikilip beklediğim uçak, 1908 yılında İngiltere'deki ilk motorlu uçuşun gerçekleştirildiği ünlü hava gösterisinin evi Farnborough Havaalanı'nda bulunan üç Reims-Cessna F406'dan biri. İngiliz ordusu namına araştırmalar yürütüp ilk zeplinleri, sonrasında da ilk uçakları üreten Kraliyet Hava Araçları Kurumu 1904 yılında, Ordu Balon Fabrikası adıyla burada kurulmuştur. Pistlerin güneyinde yer alan hangarlarda, düşen uçakların hasarlı parçaları bu uçakları düşüren koşulları yeniden üretebilmek için Uçak Kazalarını Araştırma Birimi (AAIB) tarafından yeniden monte ediliyor. Bu yönüyle benim gibi uçak hastaları için bir nevi cennet olan bu küçük havaalanı, kuyruk numarası bulunmayan özel jetleriyle burayı tercih eden yabancı kraliyet mensuplarının ve yöneticilerin de en gözde havaalanıdır.

Cessna'lar jet değildir; sivil ve askeri gözetim için tasarlanan, bilhassa sahil güvenlik görevlileri ve havadan gözlem yapan şirketlerin çok tercih ettiği çift pervaneli minik uçaklardır. Farnborough'da bulunan üç Cessna, ilk kez bir yaz günü, içlerinden birini Wight Adası üzerinde saatlerce minik daireler çizerken gördüğümde dikkatimi çekmişti. O sıralar FlightRadar24.com'da çok fazla zaman geçiriyordum; başlarda, gecenin bir yarısı sığınma talepleri reddedilenleri sınırdışı etmek için kullanılan kiralık özel jetleri izlemek için kullanıyordum,[2] ama zamanla gökyüzünden akan verinin zenginliği ve Güney İngiltere semalarındaki uçak modellerinin çeşitliliği karşısında büyülenmeye başladım. Dünyanın en işlek hava trafiklerinden birine ev sahipliği yapan bu hava sahası günün hemen her saatinde yoğundur; hızla geçip giden veya ağır ağır seyreden irili ufaklı binlerce uçak bu güzergâhı kullanır. Bunlara, uzun menzilli jetler ve uygun fiyatlı uçuşların arasına serpiştirilmiş eğitim uçakları ve askeri nakliye uçakları –hatta bazen hükümetin gizli kalmasını yeğlediği uçuşlar– da dahildir.

İngiliz hükümetinin gizledikleri hakkında, 1976'da Ulusal Güvenlik ve İstihbarat Başkanlığı (GCHQ) hakkında kamuoyunu bilgilendiren ilk kişi olan araştırmacı gazeteci Duncan Campbell'dan çok şey bilen az insan bulunur. 1978 yılında, hükümet Devlet Sırları Kanunu uyarınca dava açarak bildikleri yüzünden Campbell ve çalışma arkadaşları Crispin Aubrey (gazeteci) ile John Berry'yi (eski istihbarat subayı) cezalandırdı.[3] Ama ABC Davası adıyla anılan ve aylarca süren dava, gazetecilerce kullanılan enformasyonun neredeyse tamamının kamuya zaten açık olduğunu ortaya çıkardı. İstihbarat birimleri üzerine çalışmalarıyla bilinen tarihçi Richard Aldrich yargılama süreciyle ilgili şu sözleri sarf etmişti: "Aslında ortada sır mır yok; araştırmacılar miskin hepsi bu."[4] 2010 yılında, Campbell, Aldrich'in GCHQ üzerine kitabını *New Statesman*'de şu ifadelerle değerlendirmişti:

> [GCHQ'nun Bude, Cornwall'daki yerleşkesi], İngilizce konuşan müttefiklerin ortak teşebbüsü Echelon Projesi'nin ilk adımıydı; Aldrich bu projenin sürekli olarak yeni eklentiler için interneti tarayan Google Alert sistemiyle kıyaslanabileceğini ileri sürüyor. Bu ustaca bir mukayese olmasına karşın, kıyasladığı iki şey arasındaki önemli bir farkı atlıyor. Sık sık sınırlarını aşmasına karşın, Google kamuoyunun erişimine açık olan veriyi toplar. Oysa elektronik istihbarat sistemleri bütün bir özel iletişim alanını tarayıp veri depolar ki bunu da çoğunlukla tartışmaya açık bir yetkiyle ve genelde düşünüldüğünün aksine hiçbir sorumluluk üstlenmeden yapar.
>
> Siz bu satırları okuduğunuz sırada, doğu Londra semalarında elektronik istihbarat toplayan bir uçak, Taliban kamplarında aldığı eğitimin ardından İngiltere'ye döndüğü bildirilen bir bombacıyı bulmak için bölgede yapılan cep telefonu aramalarının ses eşleştirmesini yapmak üzere, Canary Wharf'ın 3 km üzerinde daireler çizip başkentin hücresel ağlarını didik didik ediyor büyük ihtimalle. Şehri kana bulamayı planlayanları açığa çıkarabilirse, tüm bu çabalar hoş karşılanıp makul görülebilir. Peki, bu sırada iletişim bilgileri toplanan yüz binlerce insan ihlallere, ihmallere ve daha kötülerine karşı nasıl korunacak?[5]

Bu ve daha pek çok kaynakla, Wight Adası'nın üzerinde daireler çizen Cessna'ları araştırdığım sırada karşılaştım. İngiltere'ye kayıtlı uçakları gösteren ve herkesin erişimine açık bir veritabanı olan G-INFO'dan uçakların ikisinin Nor Aviation adına kayıtlı olduğunu öğrendim; ama havaalanına birkaç kilometre mesafede bulunan Surbiton'daki bir Mail Boxes Etc. mağazasını adres göstermesi dışında şirket hakkında hiçbir bilgiye ulaşamadım. Nor Aviation'a ait iki Cessna aynı gizemli adrese, Bembridge ve Blackgang semalarında dolanan üçüncüsüyse Aero Lease UK adına Farnborough'daki Mail Boxes Etc. mağazasına kayıtlıydı. Uçakların sahiplerinin isimleri görev başındaki veya emekli polis memurlarının isimleriyle aynıydı; bu tuhaflık Londra Polis Teşkilatı'nın (Met) eski muhasebecisi Anthony Williams'ın on yıla yakın süredir yaptığı bir sahtekârlığı ayrıntısıyla ifşa eden 1995'e ait bir gazete yazısının keşfiyle doğrulandı.[6] Williams, Londra Polisi'nin gizli hava birliği için göstermelik şirketler kurmakla görevlendirilmiş, ancak bu şirketler için tahsis edilen kaynakların çoğunu kendi banka hesabına aktarmıştı; dokuz yıllık sürede 5 milyon sterline yakın parayı zimmetine geçirmiş, bu parayı İskoçya'daki Tomintoul köyünden büyük araziler almak ve Chirnside Lordu unvanını edinmek için kullanmıştı.

Pilotların ve uçak meraklılarının katıldığı forumlarda uçaklara ilişkin daha fazla bilgi edinme çabalarım, her zamanki gibi İngilizlerin otoriteye hürmeti sebebiyle sonuçsuz kaldı: Uçaklar hakkında bilgi paylaşanlar diğer kullanıcılar tarafından uyarılıyordu; Farnborough uçak meraklıları forumunun yöneticileri kuyruk numarası paylaşanları forumdan atmıştı hatta. Gerçi bu benim için pek de şaşırtıcı değildi açıkçası: Sınırdışı etme uçuşlarıyla ilgili araştırmalarım daha önce de birkaç forumdan apar topar atılmama yol açmıştı: "Biz uçakların içinde kimin olduğuyla değil, uçakların kendisiyle ilgileniyoruz," denmişti. Hatta polis teşkilatına ait gizli bir filonun ayrım yapmaksızın tüm cep telefonu aramalarını hukuka aykırı biçimde takip ettiği bir vakada, fotoğraf meraklılarının internet sitelerini dolduran onca polis uçağı fotoğrafına rağmen uçaklarla bile ilgilenilmemişti. (Bir önceki bölümde, Londra Polisi'nin sahip olduğu hava araçları hakkındaki sorularımı ısrarla geri çevirdiğinden bahsetmiştim hatırlarsanız; o ısrarın ardında bu uçakların olduğundan şüpheleniyorum.)

Hampshire'daki bekleyişim nihayet karşılığını buldu; birkaç saatlik beklemenin ardından önce küçük bir uçağın çim biçme makinesi motorunu andıran cılız sesini duydum, hemen ardından da kayıt numarası kanatlarının altında açıkça görülebilen iki motorlu minik gövdesini gördüm. Uçak ufukta kaybolduktan kısa bir süre sonra FlightRadar24.com'da belirdi ve güneybatıya doğru seyretti. Bir saat boyunca, cep telefonumdan orta irtifada güney sahilinden benim bulunduğum alana kadarki olağan rotasını turlayışını seyrettim.

Havalandıktan hemen hemen 90 dakika sonra Farnborough'a döndü. Orada neler döndüğünü hâlâ bilmiyorum. İlk fırsatta, internet sitesini takip edip bu üç uçağın ve diğerlerinin –Stansted Havaalanı'nda gece yarısı 03:00'te başlayan sınırdışı etme uçuşlarını, CIA'in kuyruk numarası olmadan Los Angeles ve Boston üzerinde gerçekleştirdiği gezintileri, MI5'ın Northolt'dan kalkan Islander isimli uçağının yüksek irtifada yaptığı gizli uçuşları– tüm uçuşlarını kaydedecek küçük bir yazılım kodlayacağım. Gökyüzünden süzülen büyük veri öylesine büyük ki hızına ve ölçüsüne ayak uyduramıyorum; gerçi yetişsem onunla ne yapacağımı da pek bilmiyorum. Neyse, 2016 yılında uçaklar kalkıştan sonra konumlarını paylaşmayı bıraktı zaten.

Ben havaalanının kenarında beklerken başka bir araç daha yanaştı; arka penceresindeki lisans çıkartmasına bakılırsa, bir yerel taksiydi. Bağlantı yolu A325'in hemen dışında, taksilerin iki müşteri arasında bekleyebileceği uygun bir noktadır. Şoför arabadan inince, fırsat bu fırsat çakmağını istedim. Bir sigaralık süreyi paylaşıverdik içtenlikle; o sırada telsizimi ve dürbünümü fark etti. Uçaklar üzerine konuştuk biraz. Tabii laf döndü dolaştı, uçakların gökyüzünde bıraktığı izlere ilişkin kimyasal iz teorisine geldi.

"Şimdikiler de bir farklı ama değil mi, bulutları diyorum?" dedi taksici. Tanıdık bir sohbete dönüşüyordu konuşmamız. YouTube'a girip şöyle bir arattığınızda, gökyüzünün değişen doğasından, bu değişimden sorumlu uçaklardan öfkeyle bahseden istemediğiniz kadar video bulursunuz. İnternette cep telefonu aramalarını kayıt altına alan uçaklarla ilgili yaptığım birçok araştırmada, ben de gözetlemeden ziyade jeo-mühendislikle, kimyasal spreylerle atmosferi kontrol etmek için uçakların kullanılmasıyla ilgili açıklamalarla karşılaşmıştım.

Tuhaf şeyler oluyor. İnternet bağlantılı cihazların her yanımızı sardığı, veri yağmuru altında olduğumuz günlerde kitlesel algıda hizipler ortaya çıkıyor. Hepimiz aynı gökyüzüne bakıyoruz, ama farklı şeyler görüyoruz. Benim –uçuş kayıtlarını, ADS-B verisini ve gazete raporlarını takip ederek, Bilgi Edinme Hakkı kapsamında sorular sorarak– gizli saklı sınırdışı etmeler, sır gibi saklanan gözetleme faaliyetleri için kullanılan uçaklar gördüğüm yerde, bir başkası atmosfer değiştirmeyi, zihin kontrolünü, nüfusu köleleştirmeyi, temiz veya alçakça niyetlerle iklimi yeniden yapılandırmayı amaçlayan küresel bir komplo görüyor. Önemli ölçüde karbondioksitle – gezegenin ısınmasına sebep olan, bizleri aptallaştıran bir gazla– dolu bir atmosferde, birçok insan soluduğumuz havada sera gazlarından çok fazlasının olduğuna ikna olmuş durumda.

Kimyasal izler bir süredir, hatta komplo teorilerine bakılırsa, en azından ABD Hava Kuvvetleri'nin bu uçakların gerçekte neyin peşinde olduklarını ağzından kaçırdığı 1990'lardan beri ortalıkta. 1996 yılında, Hava Kuvvetleri'ne bağlı bir grup araştırmacı "Bir Kuvvet Çarpanı olarak Hava Durumu: 2025'te Havaya Sahip Olmak" başlıklı bir rapor hazırlamış, ABD ordusunun "savaş alanında daha önce hayal bile edilemeyen bir üstünlük" elde etmek için havadaki değişimlerden faydalanabileceğini öne sürüp bir dizi tedbir önermişti; bunlar arasında yağışları teşvik etmek veya önlemek, fırtınaları kontrol altına almak, telsiz bağlantısını güçlendirmek veya zayıflatmak için mikrodalga ışınları kullanarak iyonosferin belirli bölümlerini etkinleştirmek gibi öneriler bulunuyordu.[7] Hava durumunu değiştirme meselesi uzun bir geçmişe sahiptir, ama spekülatif meteorolojinin askeri araştırma ve yeni yeni ortaya çıkan internetle buluşması kimyasal izlere ilişkin söylentilerinin virüs gibi yayılmasına –belki de, ağın dilden dile dolaşan ilk efsanesine dönüşmesine– neden olmuştu.

Çevrimiçi forumlar ve dinleyicilerin canlı telefon bağlantılarıyla katıldığı radyo programlarının da etkisiyle, uçakların kimyasalları atmosferin üst kısımlarına kasten püskürttüğü inancı birkaç yıl içinde alabildiğine yayılmış, hatta küresel bir nitelik kazanmıştı. Parlamentoda soru önergeleri veriliyor, ulusal bilim kurulları bu konudaki araştırmalardan kafasını kaldıramıyor, atmosfer üzerine çalışan biliminsanları konferanslarda ayakta alkışlanıyordu. Ortalık uçakların bıraktığı siyah dumanlarla kirlenmiş masmavi gökyüzünün telefonla çekilmiş titrek videolarından geçilmiyordu. Forumlarda, Facebook gruplarında toplanan bir sürü insan bu konuyla ilgili hikâyeler, imgeler paylaşıyordu.

Kimyasal iz teorisinin birçok yüzü vardır ve baş etmesi çok güçtür; aynı fikrin minik farklarla ayrılan çeşitli versiyonlarına inanan birçok destekçisi var. Bazıları ticari ve askeri amaçlarla, gizemli uçaklarca gerçekleştirilen kimyasal püskürtmelerin güneşin yaydığı radyasyonu denetlemeyi amaçlayan büyük bir programın parçası olduğuna inanıyor: Bu bulutlar güneş ışığını sınırlandırıp küresel ısınmayı yavaşlatmak (veya hızlandırmak) için oluşturulmaktadır. Ama kullanılan kimyasallar kansere, Alzheimer'a, cilt hastalıklarına ve deformasyonlara neden olmaktadır. Bu bakımdan, küresel ısınma denen şey yalan da olabilir, dünyanın kontrolünü ele geçirmeye çalışan karanlık güçlerin oyunu da. Kimileriyse kimyasalların insanları akılsız asalaklara çevirmek için kullanıldığına veya farmakoloji endüstrisinin insanları hasta edip kârlarını artırmaya çalıştığına inanıyor. Gizli saklı yürütülen jeo-mühendislik uygulamaları, iklim krizinin inkârı ve yeni dünya düzeni internette dolanan yalan yanlış bilgileri, amatör kullanıcı videolarını, ardı arkası kesilmeyen iddiaları, ifşaatları ve tüm bunlara eşlik eden güvensizlik salgınını köpürtüyor.

Kimyasal iz teorisi diğer komplo teorilerini de içine çeken bir girdap gibidir; her şeyi kendi yörüngesine çeker. Flat Earth Addict (Düz Dünya Tiryakisi) gibi belki de şaşmamak gereken bir kullanıcı adına sahip bir YouTube kullanıcısı, banliyödeki mavi gökyüzü ile birbirlerini çapraz kesen kimyasal izleri bir araya getiren bir video kurgulamış, adını da "Gücünüzü Geri Kazanın: AB'den Ayrılmak İçin Oy Kullanın" koymuştu.[8] Gizli saklı yürütülen iklim mühendisliği faaliyetlerinin Avrupa Birliği'nin halkın iradesini bastırmak için devreye soktuğu bir proje olduğunu ileri sürüyordu. Bu videodan birkaç gün sonra, İngiltere'nin AB'den ayrılmak için yaptığı oylamanın ertesi sabahı, ayrılıktan yana olanların fiili lideri Nigel Farage ulusal televizyonlarda boy göstermişti. "Bugün güneş bağımsız bir İngiltere'nin üzerine doğdu," demiş ve eklemişti: "Baksanıza, hava bile düzeldi."[9]

Kimyasal izlerin yaygınlığı, Timothy Morton'un iklim değişikliğini bir hiper-nesne olarak okumasına yakından benzer: Gazeteci Carey Dunne'ın Kaliforniyalı kimyasal iz teorisi destekçileriyle geçirdiği bir aylık sürede yaptığı mükemmel tespitinde dile getirdiği gibi, kimyasal iz cilde yapışıp kendisini hayatın her yönüne taşıyan bir şeydir: "Keşke hiç bilmeseydim, çünkü bildiklerim gerçekten yüreğimi sızlatıyor."[10] Komplo teorileri dünyanın dile dökülmeyen gizemlerinden duyduğumuz korkunun ifadesidir.

Dunne'ın başlangıçta organik bir çiftlikte geçireceği bir aylık pastoral çalışma molası için duyduğu heves, toprağa dönüş hareketini destekleyen hippi kılıklı işverenlerinin Facebook aracılığıyla ulaştıkları, kimyasal iz teorisine inanan yerel bir cemaatin üyesi olduklarını keşfetmesi –ve Donald Trump yönetiminin kimyasal püskürtmeye son vereceğini öne süren yalan yanlış bir tweetle karşılaşması– sonucu tuhaf bir hal alır:

> "Benim gibi biri neyin doğru, neyin yanlış olduğunu nereden bilsin?" dedi Tammi. "Elli dört yaşındayım ben. Haber maber izlemem. Radyoda bile haber çıkınca kanalı değiştiririm. Derken bir gün internette bir şey gördüm; önce 'Olmaz böyle şey!' dedim, ama sonra ikna oldum. Gazetecinin kaynağı doğrulanabilirmiş, doğrulanamazmış; ben anlamam öyle şeylerden. Sıradan biriysen, herhangi bir şeye inandırılman mümkün. İnternet sağ olsun, artık herkes her şeyin haberini yapabiliyor. Şimdi ben nereden bileyim doğru mu, değil mi? Bu durum başkanlık seçimlerinde işi biraz zorlaştırıyor tabii. Baksana, insanlar sırf kimyasal püskürtmeleri durduracağını söylediği bir tweet attı diye (daha doğrusu, öyle sandıkları için) Donald Trump'a oy verdi – bilmem anlatabiliyor muyum?"[11]

Bununla birlikte, komplo teorisi başka türlü gözardı edilen nesneleri ve söylemleri –yani, problem uzayımıza dahil olmayan vakaları– görünür kılarak aslında gerekli ve hayati bir işlevi yerine getirir. "Komplo teorisi" terimi insanların hakikatle kurduğu ilişkiden çok iktidarla kurduğu ilişkiyle ilgilidir. Atmosferde meydana gelen gerçek ve süreğen bir felakete işaret ettikleri ayan beyan ortadayken, kimyasal izlerin bıraktığı "kara dumanları" öylece görmezden gelemeyiz; İngiltere'nin hızla sanayileşen bacalarından yükselen dumanların ilk belirtisi olup olmadığı bir yana, Ruskin'in vebalı bulutu aslında daha derin bir metafor olabilir: Yirminci yüzyılın endüstriyel sermaye savaşlarının ilk zayiatları olan ve Avrupa'daki sa-

Antropojenik Stratokümülüs: Çekya'daki Prunéřov, Tušimice ve Počerady santrallerinden yükselen sıcak hava, yaklaşık 2,5 km yükseklikte stratokümülüs bulutları oluşturacak şekilde yayılıyor. Fotoğraf: Karlona Plskova/WMO.

vaş alanlarını dolduran binlerce cesetten yükselen zehirli bir gazla bağlantılı olabilir.

John Ruskin'in zamanındakine benzer şekilde, şimdinin temel belirsizlikleri de hava oluşumları biçiminde gösteriyor kendini: Yeni, tuhaf bulutlar biçiminde. Dünya Meteoroloji Örgütü tarafından yayımlanan Uluslararası Bulut Atlası'nın 2017 yılında çıkan son sayısında, resmi bulut türleri listesine yeni bir kategori eklendi. "Antropojenik bulutlar" adı verilen bu kategori, insan faaliyetlerinin bir sonucu olarak ortaya çıkan bulut oluşumlarını tanımlamak için kullanılmaktadır.[12]

Kentten ve içindeki araçların egzozundan yayılan ılık ve nemli hava atmosferin alt tabakasında bir sis meydana getirir: Bunlar *antropojenik stratüs* bulutlarının oluşturduğu tabakalarıdır. Kararsız atmosferlerde, bu katmanlar serbestçe salınan *antropojenik kümülüs* bulutları oluşturacak şekilde yükselir. Soğutma kuleleriyle atıl ısıyı atmosferin orta katmanına bırakan termik santrallerse, mevcut nim-

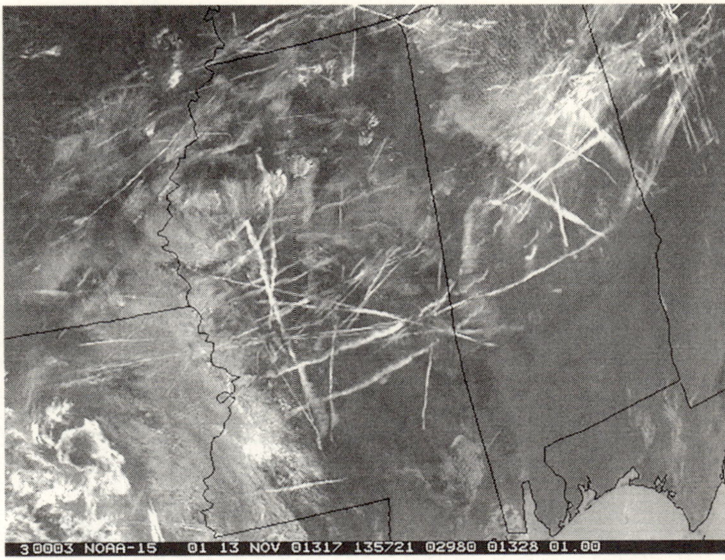

ABD'nin güneydoğusuna ait NOAA-15 AVHRR kızılötesi görüntüsü, farklı zamanlara ait jet izlerini gösteriyor, 13 Kasım 2001. Kaynak: NASA.

bostratüs ve altostratüs bulutlarını büyüterek kendilerini gölgede bırakmalarına yol açar. Ama antropojenik bulutların kendini gösterdiği asıl yer dünyanın yüzeyine çok uzaktaki atmosferin üst katmanlarıdır.

Jet motorlarında kullanılan yakıtın tutuşması su buharı ve karbondioksit üretir. Bu su buharı dondurucu havada hızla soğur ve önce küçük akışkan su damlacıkları oluşturduktan sonra sertleşerek buz kristallerine dönüşür. Yüksek irtifalarda, su damlacıkları kristalize olabilmek için etrafında şekillenecekleri minik bir çekirdeğe gereksinim duyar: Bu minik çekirdekleri jet yakıtındaki katışık maddeler oluşturur. Uçağın izlediği rotayı işaretleyen milyonlarca kristal oluşur. İşte bu da *antropojenik sirrüs* bulutudur. Jet motorlarının bıraktığı izler kelimenin tam manasıyla suni bulutlardır ve soğuk, durgun havalarda saatlerce, hatta çok daha uzun süreler dayanabilirler.

Gökyüzündeki bu çizgilere dünyanın her yerinde rastlanır. Grant Morrison'un çizgi roman serisi *The Invisibles*'daki ("Görünmezler") karakterlerden biri çölde gökyüzünün polaroid fotoğrafını çeker ve "Dulce, New Mexico'daki yüksek ovanın üzerinde Queenstown, Yeni Zelanda'da fotoğraflanan bulutun –tıpatıp aynısı olan– bir bulut yükseliyor," diye geçirir içinde. *The Invisibles* evreninde, bu an anlatının çöktüğü, zaman yolculuğu ve daha birçok şeyin kanıtlarının ortaya çıktığı dramatik anlardan biridir. Bizim için ise tuhaf ve küresel yayılımıyla, iklim araştırmaları ve komplo teorileri aracılığıyla internette dolaşıma giren bitmez tükenmez yeniden üretimleriyle, *antropojenik sirrüs* bulutu, havanın aktif veriye dönüştüğü andır: İnternet ve paranoyak hayal gücü aracılığıyla fiziksel alanın sınırlarını aşan Antroposen'e özgü bir Fırtına Bulutu'na dönüştüğü andır.

Biliminsanları, "normal" jet izlerini komplocuların kimyasal izlerinden ayırma konusunda epey çaba sarf etseler de aynı krizin tohumlarını saçıyorlar. Jet izleri, jet motorlarından fışkıran görünmez maddelerin görebildiğimiz emareleridir: Sersemletici bir yalıtkan olan karbondioksit atmosferde büyük bir hızla tehlikeli seviyelere yükseliyor. Jet motorlarından çıkan duman nitrojen oksit, sülfür oksit, kurşun ve siyah karbon da dahil birbiriyle ve havayla henüz tam olarak anlayamadığımız karmaşık yollardan etkileşime giren birçok madde içerir. Havayolu şirketleri on yıla yakın süredir yakıt tasarrufu sağlayan verimli motorlar kullanmaya devam etmektedir gerçi, ancak bu ekonomik ve ekolojik tasarruf havacılık sektörünün bir bütün olarak sergilediği hızlı büyüme ivmesinin hâlâ çok çok gerisinde kalıyor. Mevcut büyüme oranlarına bakılırsa, yalnızca havacılık endüstrisinin sebep olduğu karbondioksit salınımı, küresel ısınmayı iki derecelik kriz noktasının altında tutmayı amaçlayan sınırı 2050 yılına kadar tek başına aşmış olacak.[13]

Jet izleri iklimi gerçekten etkiliyor; özellikle de kaybolmaya direnip sirrüs ve altokümülüs bulutlarını andıran uçsuz bucaksız beyaz kuşaklar oluşturacak biçimde gökyüzüne yayıldıkları zaman. Ama atmosferde meydana getirdikleri etkinin sebebi sadece kimyasal bileşimleri değil, bulutsu yapılarıdır da: Bu beyaz kuşaklar uzaya yansıttıklarından çok daha fazla uzun dalga termal radyasyonun atmosferde hapsolmasına yol açar ve bu da küresel ısınmayı artırır. Bilhassa geceleri ve kış aylarında bu fark daha belirgindir.[14] Atmosfer ile ilgili yürütülen uzun süreli araştırmalar, yukarılara çıkıldıkça bu izlerin daha bulutsu bir yapıya büründüklerini göstermektedir: Jet izleri gökyüzünü değiştiriyor ve bu hiç iyiye işaret değil.[15]

Antik Yunan'da, bazı kâhinler kuş falı bakardı: Kuşların uçuş ve ötüşlerini gözlemleyerek gelecekten haber verirlerdi. Aeschylus'a göre, kimisi şans, kimisi uğursuzluk alameti olan bu işaretlerle Yunanları tanıştıran kişi teknolojiyi de getiren Prometheus'tur.[16] Prometheus kurban edilen hayvanların ve kuşların iç organlarında geleceğin alametlerini aramaya, ilkel otopsi diyebileceğimiz bir faaliyete daha ön ayak olmuştur. Bunun günümüzdeki karşılığı, saatlerce internet başında olayların izini sürüp parçaları bir araya getirmeye çalışan, işin iç yüzünün peşine düşüp bağlantı noktalarını araştıran ve çelik, plastik, siyah karbon parçalarını bulup çıkartan internet araştırmacılarıdır.

Bu şekilde düşününce, komplo teorilerinin birçoğu bir tür halk bilgisidir aslında: Mevcut koşullara ilişkin derin, hatta gizli bir farkındalıkla üretilen ve kabul edilebilir bilimsel yollardan ifade edilemeyen şartların bilinçdışı bilgisidir. Böyle farklı biçimlerde dile getirilen açıklamaları dikkate almayı beceremeyen bir dünya, –bilimsellikten uzak kamusal panikten tutun da karalama kampanyalarına kadar– çok daha kötü hikâyelere kurban gidip hakikati dillendiren lüzumlu uyarıların da sesini duyamama tehlikesiyle karşı karşıyadır.

Kanada'nın en kuzeyinde, yerli halk güneşin artık eskisi gibi batmadığını, yıldızların eski düzeninde olmadığını iddia ediyor. Hava tuhaf ve öngörülemez bir biçimde değişiyor. Yeni doğrultulardan ılık, öngörülemez rüzgârlar esiyor; şiddetli taşkınlar köyleri, kasabaları tehdit ediyor. Bu belirsiz koşullara uyum sağlama mücadelesi içinde, hayvanlar bile kendi yaşam döngülerini değiştiriyor. Bu dünya, Kuzey Kanada'daki bir İnuit bölgesi olan Nunavutlu yapımcı-yönetmen Zacharias Kunuk ve çevreci biliminsanı Ian Mauro'nun İnuit yaşlılarıyla yaptıkları bir dizi röportaj sayesinde bölge halkının deneyimlerini –onlarca yıldır iklimi yakından gözlemleyerek şekillenen deneyimleri– birinci ağızdan aktardıkları ortak çalışmaları *İnuit Halkının Bildikleri ve İklim Değişikliği*'nde tarif edilen dünyadır. Güneş artık farklı bir yerde batıyor, diyor bu insanlar; alıştığımız yerin kilometrelerce ötesinde. Dünyanın dengesi bozuluyor.

Aralık 2009'da yapılan Kopenhag İklim Değişikliği Konferansı'nda (COP15) gerçekleştirilen ilk gösterimden sonra, birçok biliminsanı İnuit halkının bakış açısını kayda değer bulmuş, ama dünyanın fiilen hareket ettiği iddiasının tehlikesinden, bu tür iddiaların bilimi itibarsızlaştıracağından şikâyet etmişti.[17] Oysa bilimsel teori İnuit halkının dolaysız deneyimini desteklemektedir aslında: Kutup noktasına yakın enlemlerde, zemini kaplayan kar tabakası ışığın yansıması ve kırılmasına sebep olarak güneşin görünümünü önemli ölçüde etkilemektedir. Kar ve buz örtülerindeki değişimler, iklimdeki değişimin görünen yüzleridir. Ayrıca, atmosferin parçacıklı maddeyle, jet yolcu uçaklarının kullandığı yakıtlardaki katışık maddelerle ve fosil yakıt ateşinin egzoz dumanıyla dolduğu da bilimsel bir gerçektir. Kirli şehirlerde görülen parlak kızıl renkteki günbatımları şehirden yayılan pus ve dumanın sonucudur. Bu şekilde, Arktik'in üzerindeki güneşin görüntüsü bozulur ve gittikçe uzaklaşıyormuş gibi görünür. Diğer her şey gibi gökyüzü de iklim değişikliğinin merceğinden görülmeye başlanır. Bir şeyin nedenini bilmeyişimiz, öyle olmadığı manasına gelmez.

Kunuk'un sözleriyle, "yıllarca hiç kimse bu insanlara kulak asmadı. Konu ne zaman küresel ısınmaya, Arktik'teki ısınmaya gelse bilim adamları oraya gidip maharetlerini sergilediler. Karar alıcılar da onların elde ettikleri bulgular doğrultusunda hareket etti. Ama kimse orada yaşayanlar insanları gerçekten anlamaya çalışmadı."[18] Böyle düşününce, İnuit halkının bilgisi Kenyalı işkence mağdurlarının anlattıklarını hatırlatıyor; bu insanların sundukları kanlı canlı kanıtlar, resmi belgeler ve analizler ortaya çıkıp da kendilerine işkence edenlerin dilinde karşılık bulana dek reddedilmişti. Bilimsel ve siyasi bilgiler kendi deneyimlerinin ufkundan kaçamaz, tıpkı somut deneyimlerden kaçılamadığı gibi, ama bu aynı şeye bakmadıkları, onu ifade etmenin yollarını aramadıkları anlamına gelmez.

Avrupa'da son zamanlarda görülen en görkemli günbatımlarının bir kısmı, İzlanda'daki Eyjafjallajökull isimli volkanik buzulun Nisan 2010'da gökyüzünü küle boğan patlamasından hemen sonra gerçekleşmiştir. Bu günbatımları atmosferdeki parçacıklardan, özellikle de kükürt dioksitten kaynaklanmaktaydı. Günbatımı yaklaştıkça, kül ve kükürt dioksit ufukta beyaz bulut kuşakları oluşturmuş; atmosferdeki parçacıkların saçtığı mavi ışıkla günbatımının kızıl tonunun birleşmesi ise volkanik eflatun olarak bilinen eşsiz bir ton üretmişti.[19] Kül bulutlarının güneye ve batıya doğru hareket etmesiyle birlikte, günbatımları birkaç günlüğüne kıtanın tamamında görülmüştü. Volkanik külün jet motorlarına zarar verdiği epeydir biliniyordu, ama onlarca yıldır meydana gelen birçok hadiseye rağmen bu konuda çok az araştırma yapılmıştı. Sonuç olarak, tüm Avrupa hava sahası uçuşa kapatıldı. Sekiz günlük süre zarfında, aşağı yukarı dünya hava trafiğinin yarısına denk gelen 100 binden fazla uçuş iptal edildi ve 10 milyon yolcu bulundukları yere çakılıp kaldı.

Bu eşsiz günbatımları bir yana, Eyjafjallajökull olayıyla ilgili en rahatsız edici şey sessizliğiydi. Avrupa semaları onlarca yıl sonra ilk kez bu kadar sessizdi. Şair Carol Ann Duffy bu sessizliği şöyle dillendirmiştir:

İngiltere'nin kuşları şarkılar söylüyor bu bahar,
Inverness'ten Liverpool'a, Crieff'ten Cardiff'e, Oxford'a ve Londra sokaklarına,
Sessizliğin davetkâr müziği çalıyor bir uçtan bir uca;
Shakespeare'in işittiği, Burns'ün, Edward Thomas'ın
Ve şimdi biraz da bizim.[20]

Kimileri jet izlerinin olmadığı bir gökyüzünün yabancılığından, çok eskilerden bir görüntüyle karşılaşmanın tuhaflığından söz ettiler. Usul usul sokulan bir yabancılıktı bu, olayın tersine dönmesiydi. Medya iptal edilen seferlerin doğurduğu "kaostan" bahsediyor, bizse masmavi gökyüzünün altında oturmuş güneşleniyorduk. Patlama bir hiper-nesneydi: İklim değişikliği gibi, aynı anda her yerde olmasına rağmen yerelde yokluk olarak deneyimlenen akıl almaz bir şiddet olayıydı; Roni Horn'un sözünü ettiği hava durumu paradoksları gibi, "Güzel dolaysız ve bireysel düzeyde gerçekleşiyordu, yanlışsa sistem genelinde."

İklim değişikliğine şüpheci yaklaşanlar, uzunca bir süre volkanların insan faaliyetinden daha çok karbondioksit açığa çıkardığını iddia etti. Gerçekten de tarihsel olarak baktığımızda, volkanlar genellikle küresel soğuma dönemlerine ve paranoyaya sebep olmuştur. 1815'te Endonezya'daki Tambora Dağı'nda meydana gelen büyük patlama, 1816 yılının "Yazı Olmayan Yıl" olarak anılmasına neden olan bir dizi afetin son halkasıydı. Temmuz ve ağustos aylarında görülen kar, buz ve donlar yüzünden Kuzey Amerika ve Avrupa'da ekinler tarlalarda kalmıştı. Parlak kızıl ve mor tonlarda gökyüzü manzaraları belirmiş, uğursuzluk alametleri ve kıyamet inançları eşliğinde kıtlık kıtanın tamamına yayılmıştı. Cenevre'deki bir grup arkadaş, en korkunç hikâyelerini yazıya dökmeye karar vermişti. Yazı olmayan yılın ortaya çıkardıklarından biri Mary Shelley'nin *Frankenstein ya da Modern Prometheus*'uydu; bir diğeriyse Byron'ın "Karanlık" adlı şiiri:

> Güneşin ışıltısı söndü, yıldızlar desen
> Uçsuz bucaksız uzayın karanlığında başıboş,
> Işıksız, ıssız ve buzla kaplı dünya
> Ayın bile terk ettiği gökyüzünde karanlıkta kör ve çaresiz.[21]

Ağustos 1883'te Krakatoa Yanardağı'nda meydana gelen patlama da mor günbatımlarına, dünya çapında sıcaklık düşüşlerine yol açmıştı; Ruskin'in vebalı bulutu da, Edvard Munch'un *Çığlık* tablosundaki alev alev gökyüzü manzarası da ona bağlanmıştı.[22] Tambora'da olduğu gibi, patlama haberlerinin Avrupa'ya ulaşması aylar sürmüş, bu arada tüm kıtayı kıyamet senaryoları sarmıştı.

Bununla birlikte, Eyjafjallajökull patlaması volkan kaynaklı karbondioksit hakkındaki yanlış kanıya son vermek için güzel bir fırsattı aslında. Volkanın günde 150 bin ile 300 bin ton arasında karbondioksit saldığı tahmin ediliyordu[23]; buna karşılık, Avrupa'daki hava trafiğinin çökmesi yalnızca sekiz günde yaklaşık 2,8 milyon ton karbondioksit salınımını önlemişti[24] – bu rakam dünyadaki tüm volkanların bir yılda saldığı toplam karbondioksit miktarının çok

çok üzerindedir.[25] *Çığlık* bugün resmedilse, uygun arkaplan Krakatoa patlamasının yarattığı kan kırmızı gökyüzünden ziyade birbirini çapraz kesen jet izleriyle dolu bir gökyüzü olurdu herhalde: Hani şu insan faaliyetinin sonucu olan iklim değişikliğinin gerçekliğini reddeden kimyasal iz teorisi savunucularının internet sitelerinde dahi dolaşanlarla. Hepimiz aynı gökyüzüne bakıyoruz, ama tepeden tırnağa farklı şeyler görüyoruz.

İnsani şiddet eylemlerinin iklim üzerindeki etkisini gösteren çok sayıda örnek bulunur. On üçüncü yüzyılda, Moğolların Asya ve Doğu Avrupa'yı istila etmesi tarımsal faaliyete sekte vurmuş; bu tahribat ormanların kayda değer bir ölçüde genişlemesine ve atmosferdeki karbon seviyesinde yüzde 0,1'lik önemli bir düşüşe uğramasına sebep olmuştu.[26] Yazın hiç yaşanmadığı yıl 1816'da doruğuna ulaşan "mini buzul çağı" da aslında 1600'lerde başlamıştı, ama bu başlangıç da 1492'deki Kolombiya faciasıyla başlayan bir asırlık küresel kargaşanın sonucuydu. Avrupalıların Amerika'ya ayak basmasını izleyen 150 yılda, yerli nüfusun yüzde 80 ile yüzde 95 arasında bir kısmı yok edilmiştir; savaşlarla, Eski Dünya'dan gelen hastalıklarla bu rakam bazı bölgelerde yüzde yüze ulaşmıştır. 50-60 milyonluk bir nüfus 6 milyona kadar inmiş, öncesinde ekilen 50 milyon hektarlık tarım arazisi çiftçisinden mahrum kalmıştı. Bunun üzerine, milyonlarcası yolda ölen 12 milyondan fazla Afrikalı köleleştirilip ölen Amerikalıların yerine geçirilmişti. Bir kez daha –hatta bu sefer Atlantik'in iki yakasında birden– tarım çökmüş, yakılan odun sayısındaki azalmayla da birlikte ormanlar hızla yeniden büyümüştü; bu durum, 1570 ile 1620 yılları arasında atmosferdeki karbondioksit seviyesinin milyonda 7-10 birim seviyesine kadar düşmesiyle sonuçlanmıştır.[27] Atmosferdeki karbondioksit seviyesi böylesine düşük seviyeleri bir daha hiç görmedi.

Antroposenin başlangıcı olarak kabul edilmesi gereken olay, sonradan intihar olarak görülen bir insan buluşundan ziyade budur belki de. Antroposen ne on sekizinci yüzyılda sanayi devrini başlatan kömürle çalışan buharlı motorun icadıyla, ne Haber-Bosch işleminin keşfiyle başlayan nitrojen sabitlemeyle, ne de yüzlerce nükleer bombanın patlamasıyla ortalığa saçılan milyarlarca parçacığın yol açtığı radyoaktif kirlenmeyle başlamıştır: Kitlesel soykırımlarla, gezegene uygulanan ve buz çekirdeklerinden tutun da bitkilerin döllenmesine kadar her alanda izlerine rastlanan bir şiddetle başlamıştır. Bir meteor çarpmasıyla veya volkanik patlamalarla başlayan çağlardan farklı olarak, antroposenin en karakteristik özelliği bulutlu, belirsiz kökenleridir. Ama şu anda deneyimlediğimiz sonuçları, kökenlerini mumla aratır düzeydedir. İlk gerçek insanlık çağı olarak, görmesi ve üzerine düşünmesi en zor dönem olduğunu söylemek yanlış olmaz.

11 Eylül 2001 sabahı saat 09:08'de, ikinci uçağın Dünya Ticaret Merkezi kulelerine çarpmasından beş dakika sonra, ABD Federal Havacılık Kurulu New York hava sahasını ve bölgedeki havaalanlarını trafiğe kapattı. 09:26'da yayınlanan bir emirle, ülke genelindeki tüm uçakların kalkış izni iptal edildi. Saatler 09:45'e geldiğinde, ulusal hava sahası tamamıyla kapatıldı: Tüm sivil uçuşların kalkış izni iptal edildi ve havadaki tüm uçaklara en kısa sürede, en yakın havaalanına iniş yapma emri verildi. Aynı emri Kanada Ulaştırma Başkanlığı de yayınladı. Böylece saat 12:15'e geldiğinde, Kuzey Amerika hava sahası tüm sivil ve ticari uçuşlardan arındırılmıştı. Kuzey Amerika'da, üç gün boyunca askeri uçaklar ve tutuklu nakliye uçakları dışında hiçbir şey uçmadı.

11 Eylül'den 14 Eylül'e kadarki bu üç günlük süre zarfında, günlük sıcaklık aralığı (DTR) olarak bilinen gece ve gündüz sıcaklıkları arasındaki fark belirgin bir artış gösterdi. DTR kıta genelinde 1 dereceden fazla arttı; normal şartlarda jet izleriyle dolu olması gereken Ortabatı, Kuzeydoğu ve Kuzeybatı bölgelerindeki fark mevsim ortalamasının iki katına kadar çıktı.[28] Daha önceki pek çok benzeri gibi, bir şiddet eylemi daha havadaki karşılığını bulmuştu.

11 Eylül gününün ilerleyen saatlerinde, önce Fox News, ardından da CNN ve MSNBC ekranlarının altında kayan yazılar belirdi. Kayan yazılar genellikle son dakika haberlerini vermek, ekranın başına yeni geçenlere mümkün olan azami enformasyonu en hızlı biçimde vermek için kullanılırdı. Fakat 11 Eylül gününden itibaren bu yazıların ardı arkası kesilmedi. Kriz, usul usul terörle mücadeleye, radyoaktif bombalardan duyulan korkuya, borsadaki çöküşlere ve

eylemlere ilişkin haberlere karışıp günlük, sıradan bir olaya dönüştü. Bu yeni tarz kayan yazılarda, haber bültenlerinin kesikli, gözleme dayalı yaklaşımı, ileride Facebook ve Twitter'daki daimi haber akışında göreceğimize benzer daimi bir enformasyon akışı içinde kaybolup gitti. İnternetteki ve haber bültenlerinin kayan yazılarındaki tarihsiz, kaynağı belirsiz enformasyon döngüsü, dünya hakkında tutarlı hikâyeler anlatma becerimizi elimizden aldı. 11 Eylül, daha doğrusu olayın kendisinden ziyade içinde meydana geldiği ve ivme kazandığı medya ortamı, en iyi örneğini hükümetin olaya karışanlar ve yönlendirenlere ilişkin komplo teorilerinde gördüğümüz, ama aslında yansımaları toplumun tamamında görülebilen yeni bir paranoya çağının habercisi oldu.

1964 yılında, Douglas Hofstadter Amerikan siyasetini tanımlamak için "paranoyak tarz" terimini kullanmıştı. Senatör Joe McCarthy'nin üst düzey siyasi komplo iddialarından tutun da Masonlara ve 1800'lerdeki Katolik karşıtlığının doğurduğu paniğe kadar, Hofstadter'ın peşinde olduğu şey ötekileştirmenin, "uğursuz, aynı anda birçok yerde olabilen, güçlü, zalim, şehvetli ve lüks düşkünü" bir kötülük, bir ahlaksızlık abidesi biçiminde görünmez bir düşman yaratmanın tarihiydi.[29] Bu düşmanların en belirgin ortak özelliği olağanüstü güçleridir: "Düşmanımız bizim gibi tarihin engin çarklarına sıkışıp kalmamıştır, kendi geçmişinin, kendi arzularının ve sınırlarının kurbanıdır o. Tarihin çarklarını döndüren, hatta bu çarkları üreten, en azından tarihin olağan akışını şeytani bir yola saptırmaya çalışan kişidir." Kısacası, düşman şimdiki zamanın keşmekeşinden, karmaşasından doğan bir ötekidir ve bizlerin yapamadığı bir şekilde, durumu bütünlüğü içinde kavrayıp yönlendirebilmektedir. Komplo teorileri, güçlü olmanın nasıl bir şey olacağını hayal eden güçsüzlerin vardığı son duraktır.

Bu nokta, Fredric Jameson'ın "postmodern çağda, yoksul insanların bilişsel haritasını komplo oluşturur" derken temas ettiği noktadır: "Komplo geç sermayenin bütüncül mantığının yozlaşmış biçimidir, başarısızlığı saf tema ve içeriklere kaymasıyla kendini gösteren bir sistemi çaresizce tasvir etme çabasıdır."[30] Marksist tarihçi açısından kapitalizmin ürettiği yabancılaşmanın nişanesi olan bir karmaşıklığın belirtileriyle çevrelenmiş öfkeli birey, durum üzerinde bir parça dahi olsa kontrol sahibi olabilmek için her zamankinden daha basit anlatılara başvurur. Teknolojinin desteğiyle büyüyen ve hızlanan dünya basitliğin tam tersi istikamete yönelip giderek daha karmaşık hale geldikçe –ve bu karmaşa daha görünür oldukça–, komplo teorileri de bu karmaşaya ayak uydurabilmek için mecburen daha acayip, daha dallı budaklı ve şiddetli hale gelmiştir.

Hofstadter paranoyak siyaset tarzının bir başka önemli özelliğinden daha söz eder: Paranoyak siyaset öznenin kendi arzularının bir yansımasıdır. "Bu düşmanın birçok yönden benliğin bir izdüşümü olduğu; benliğin hem ideal hem de kabul edilemez yönlerinin ona atfedildiği sonucuna karşı çıkmak kolay değildir."[31] Kimyasal izler bedenlerimize yapışıp bu kapsamlı çevresel yıkımın bilinçdışı, ama kalıcı tezahürlerine dönüşüyor. Tıpkı, bir arkadaşımın yaz tatiline giderken benim gece yarısı sınırdışı etme operasyonlarında kullanıldığını izlediğim jetlerden biriyle uçtuğunu anlatması gibi, kimyasal iz teorisine inananlar da kendi doğayı kirleten keyif seyahatleri sırasında uçağın penceresinden "kara duman"ların filmini çekiyorlar. İçine gömülü olduğumuz bu karmaşıklığın dışı, duruma dışarıdan bakıp da paylaşabileceğimiz harici bir bakış açısı yok. Bilgi temin ettiğimiz ağ bizi sarıp sarmalar, perspektifimizi milyonlarca bakış açısına böler; bir yandan aydınlatırken, diğer yandan kafamızı karıştırır.

Son birkaç yılda, paranoyak siyaset anaakım siyasetin ta kendisine dönüştü. Kimyasal iz teorisine inananları ve 11 Eylül saldırısına ilişkin alternatif açıklamalara –komplo teorilerine– yönelenleri radikal gruplar olarak görüp kenara atmak kolay; peki bu insanlar hükümetler kurup ülkeler yönetmeye başladığında ne yapacağız? Donald Trump kimyasal izlere son vereceğine ilişkin o Twitter paylaşımını yapmamış olabilir, ama küresel ısınmanın büyük ihtimalle Çin eliyle Amerikan sermayesine karşı kurulmuş bir komplo olduğuna yönelik paylaşımlar yaptı.[32] Trump'ın politik yükselişi, Barack Obama'nın ABD vatandaşı olmadığını ve bu bakımdan başkanlık için doğru isim olmadığını ileri süren "Birther" hareketinin hemen ardından geldi. Birther hareketi Cumhuriyetçi radikalleşmenin fitilini ateşleyip, bu konuyu Çay Partisi mitingleri ve belediye meclisi toplantılarının baskın konusu haline getirdi. 2011'de, Trump Obama'nın doğum belgesinin meşruiyetini sorgulayan ulusal bir basın turuna başlayıp, Twitter'daki paylaşımlarıyla da Obama'nın aslında "Barry Soweto" adında Kenya doğumlu bir sahtekâr olduğunu iddia etti. Obama'nın pasaport başvurusunu kamuoyuyla paylaşması karşılığında, onun en sevdiği hayır kurumuna bağışta bulunma sözü verdi. Bu meselesinin peşine düşmesinin bir sonucu olarak Cumhuriyetçi seçmenlerin Trump'a verdiği destek ikiye katlanırken, adaylık için kendi partisinden rakibi olan Mitt Romney de dahil olmak üzere siyasetçilerse kendi siyasi yarışlarında Trump'ın desteğini istedi. 2016 yılında –Obama'nın resmi doğum belgesi açıklandıktan çok sonra– nihayet bu komplodan vazgeçtiği zamansa, komployu Hillary Clinton'un başlattığını öne sürdü.[33]

Trump en uçlara meyleden, en çok göze çarpan komplo teorisyenlerinden sufle almaya başkanlık yarışına resmen girdikten sonra da devam etti. Meksikalı "katil ve tecavüzcülerin" ABD'ye girişini engellemek için sınıra duvar örme çağrısını, komplo teorilerinin yer aldığı internet sitesi Infowars.com'un yaratıcısı Alex Jones'un çektiği bir videoya atıfla meşrulaştırdı. Kampanyası boyunca sık sık tekrar ettiği Hillary Clinton'ın tutuklanması gerektiği çağrısı da yine bu siteden geliyordu. Trump'ın internette okuduklarını, daha doğrusu sağcı komplo ağlarıyla yakın bağlantıları olan danışmanlarının okuyup kendisine aktardıklarını tekrar etme konusunda sergilediği heves Jones'u bile şaşırtmıştı: "Trump'ın burada canlı yayında söylenenleri iki gün sonra kelimesi kelimesine tekrar etmesi şaka gibi."[34] İnternetin kıyısına düşenler merkeze geri dönüyordu.

ABD Hava Kuvvetleri tarafından hazırlanan ve kimyasal izlere ilişkin komplo teorilerini başlatan "Bir Kuvvet Çarpanı olarak Hava Durumu: 2025'te Havaya Sahip Olmak" raporuna göre,

> Havayı değiştirme denemelerinin çoğu bazı koşulların önceden var olmasına bağlı olduğu halde, havada mevut koşullardan bağımsız suni birtakım etkiler meydana getirmek mümkün olabilir. Örneğin, bir son kullanıcı tarafından alınan hava durumu bilgisine müdahale ederek sanal hava durumu oluşturulabilir. Bu durumda, son kullanıcının parametre

değerlerine veya küresel/yerel meteorolojik enformasyon sistemlerinden gelen görüntülere ilişkin algısı gerçeklikten farklı olacaktır. Algıdaki bu farklılıksa son kullanıcının yanlış pratik kararlar almasına yol açacaktır.[35]

Bu durumda, havayı gerçekten değiştirmeye çalışmaktansa hedeflenen kullanıcının havayı algıladığı araçlara müdahale etmek kâfidir. Stratosfere suni bulutlar yerleştirmeye hiç gerek yok; dünyaya ilişkin doğrudan algımızın yerine geçmiş olan enformasyon ağlarının içine kod olarak eklenebilirler. Kimyasal izlere ilişkin komplo teorisinin bir versiyonu şöyle olabilirdi mesela: Bize zarar veren şey *sanal* hava durumudur.

Sanal hava durumu dünyaya dair tutarlı hikâyeler üretme becerimizi sekteye uğratır, çünkü üzerinde fikir birliğine varılmış önceki gerçeklik modellerimize –hatta bir bütün olarak fikir birliğinin kendisine– meydan okur. Geleneksel psikolojik modeller, internette dolaşan en uç komplo teorileri üzerine yapılan analizlerde başarısız oluyor. Ders kitaplarına göre –bu örnekte, Amerikan Psikiyatri Derneği tarafından basılan ve hem klinisyenler, hem pratisyenler tarafından yaygın olarak kullanılan, hukuk sisteminde sıkça başvurulan *Ruhsal Bozuklukların Tanısal ve Sayımsal Elkitabı*–, bireyin "kültüründe ve alt kültüründe" yeri olan bir inanç hezeyan değildir. Ancak internet, kültürü kurma ve biçimlendirme şeklimizi tepeden tırnağa değiştirdi: Günümüzde, birbirine uzak bölgelerdeki insanlar deneyimlerini ve inançlarını paylaşmak üzere çevrimiçi ortamlarda bir araya gelip kendi kültürlerini oluşturabiliyor.

30 Aralık 1796 günü, çay tüccarı James Tilly Matthews halkın izleyebilmesi için ayrılmış balkonlardan birinde Avam Kamarası' nın bir oturumunu izlerken "İhanet!" diye bağırarak oturumun devam etmesini engelledi. Derhal tutuklanarak Bedlam olarak bilinen Bethlem Kraliyet Hastanesine sevk edildi. Gözetim altındayken, William Pitt Hükümeti'nin kamuoyundan sakladığı bazı gizli devlet görevlerinde bulunduğunu iddia etti. Ayrıca, bedenini ve zihnini kontrol etmek için hidrolik pompa ve manyetik salınımlar kullanan bir sistemle çalışan "hava tezgâhı" adında bir makinenin işleyişinden söz etti.[36] Matthews kayıtlara giren ilk paranoyak şizofreni va-

James Tilly Matthews'un hava tezgâhı. John Haslam'ın *Illustrations of Madness* adlı çalışmasından bir görsel, 1810.

kası olarak tarihe geçti. Hava tezgâhına ilişkin ayrıntılı tarifi de günün bilimsel keşiflerini izleyen paranoyak hezeyanların ilk örneği olarak literatürde yerini aldı.

O sıralarda, İngiltere ve Avrupa bilimsel ve siyasal devrimlerin yarattığı gürültüyle uğulduyordu: Joseph Priestley havayı asli bileşenlerine ayırmakla meşgulken, Antoine Lavoisier de Paris'te fiziksel dünyaya ilişkin yepyeni bir kavrayışı beraberinde getiren *Kimya'nın Elementleri* isimli çalışmasını yayımlıyordu. Fransız Devrimi'nin birkaç yıl ardından gelen bu keşiflerin siyasi bir yanı vardı. Priestley katı bir cumhuriyetçiydi; gaddar yanılgıları ve batıl inançları bilimin ve aklın ortadan kaldıracağına yönelik inancını destekleyen ilanlar basıp dağıtıyordu. Buna karşılık, yeni bilimin ve toplumsal reformların muhafazakâr muhalifleri de siyasi çalkantıyı Priestley'nin doğaya aykırı ve kontrol edilemez "vahşi gazı"na bağladılar.[37] Matthews'un hava tezgâhı komplo teorisi üretmek üzere basınçlı hava mekanizmasıyla siyasi mekanizmayı iç içe geçirmişti.

Bu işlem radyodan televizyona, gramofondan internete her yeni teknolojide tekrarlanmıştır. Her defasında, uzman olmayanların tuhaf ve doğru düzgün anlaşılmamış yeni teknolojileri kendi dünya modellerine uydurma gayretlerinin bir neticesi olmuştur, ama bu tarz inançları hoş görüp yüreklendiren dünya da en az o gayretler kadar sorumludur. Sonradan Bedlam'a hastaların ihtiyaçlarına cevap verebilecek yeni bir tesis tasarlayacak kadar zeki ve nazik bir adam olan Matthews tedavinin ardından hastalığını kabul etti, ama siyasi suiistimaller konusundaki ısrarından vazgeçmedi. Muhtemelen haklıydı da: Tarihçiler Matthews'un gizli devlet görevlerinde çalıştığına ve bunun inkârına ilişkin birtakım kanıtlara ulaştı.

Matthews'un –klinik paranoya dışında– günümüzdeki en yakın eş değeri, bireylerin bilinmeyen kişiler tarafından sokak tacizi ve cebirle, elektronik dinleme ve telepatik telkinlerle gözetim altına alınıp eziyete maruz kalmasını da içeren bir dizi semptom için yaygın olarak kullanılan "çete takibi" ve "zihin kontrol deneylerinin" muhatabı olduğunu iddia edenlerdir. Çete takibi ve zihin kontrolüne muhatap olanlar kendilerini Hedeftekiler olarak adlandırıp "Çete Takibi" ile Mücadele, Örtülü Taciz ve Gözetimden Kurtulmak gibi isimler taşıyan internet sitelerinde bir araya geliyorlar. Bu tür sitelerde bir araya gelen toplulukların sayısı akıl hastalığı tedavisi görenlere kıyasla çok daha fazladır; zaten bu gruplara katılanların en temel özelliklerinden biri tedaviye direnmeleri ve inançlarını paylaşanlarla bir araya gelmeleridir. Hedeftekiler üç aşağı beş yukarı Matthews'la aynı hikâyeyi anlatırlar: Teknoloji kullanan meçhul failler onları etkilemeye ve kontrol etmeye çalışmaktadır. Ancak Matthews'dan farklı olarak, etraflarını sarıp inançlarını meşrulaştıran, destekleyen bir topluluğun, bir kültürün üyesidirler.

Bu durum, hezeyanın, "bireyin kültürünün veya alt kültürünün diğer üyelerince kabul gören" inançlardan muaf olduğunu belirten klinik tanımı sorunlu hale getirir.[38] Psikiyatrinin hezeyanlı olarak tanımladığı bireyler, benzer zihin yapısına sahip çevrimiçi bir cemaat bulup katılarak kendi hezeyanlarından "arınabilirler". Bu dünya görüşüne karşı çıkan her argüman, diğer Hedeftekiler tarafından desteklenen deneyimlerin hakikatini örtbas etme çabası gibi görülüp gözardı edilebilir. Dahası, inançlarının onaylanmasının bireylere toplumun geri kalanından gelen keskin muhalefetten, nefret ve korkudan daha iyi gelmesi muhtemeldir. Başkalarına duyulan güvensizlikle karakterize olmuş bir grup, herkesin birbirini desteklediği, kendisine yeten dinamik, karmaşık ve aydınlatıcı bir cemaat yaratmak için ağ teknolojisine başvurur. Kendi anlayışının kıymet gördüğü, geçerli olduğu bir dünya kurmak adına kendisini tıbbi ve toplumsal anaakım görüşlerden soyutlar.

Aynı model farklı, ama ilişki içindeki topluluklar arasında da karşımıza çıkar. Morgellons tıp uzmanlarının yıllardır başını ağrıtan bir kendi rahatsızlığını teşhis etme durumunun adıdır. Morgellons hastaları, bedenlerinden çıkan liflerden ve buna eşlik eden sürekli cilt kaşıntısından şikâyet ederler. Bu konuda yapılan çok sayıda araştırma Morgellons'un fiziksel bir rahatsızlıktan ziyade psikolojik olduğu sonucuna varmasına karşın, hastalar internet üzerinden konferanslar düzenlemekte, lobi grupları oluşturmaktadır.[39] İçlerinden bazıları cep telefonlarından, kablosuz bağlantı noktalarından ve elektrik hatlarından yayılan elektromanyetik dalgaların kendilerini hasta ettiklerini iddia etmektedir. Bazı iddialara göre, ABD nüfusunun yüzde 5'i elektromanyetik dalgalara aşırı duyarlılık sıkıntısı çekmekte, ama bu sıkıntısını dillendirmemektedir. Bu sıkıntıyı çekenlerden bazıları elektromanyetik dalgaları dışarıda tutmak üzere kendilerine Faraday kafesleri olarak bilinen folyoyla kaplı odalar inşa ederken; bazıları da Batı Virginia'da radyo sinyallerinden arındırılmış bilimsel bir alan olarak düzenlenmiş Radyo Sinyallerinden Arındırılmış Bölge'ye taşınmaktadır.[40]

Hedeftekiler'den, Morgellons hastalarına, 11 Eylül'e ilişkin komplo teorilerini savunanlardan Çay Partililere kadar, kendi kendini teyit eden gruplar yeni karanlık çağın en tipik özelliklerinden biri gibi görünüyor. Ortaya çıkardıkları şey, kimyasal izlerin doğrudan gösterdiği şeydir aslında: Dünyayı tanımlama becerimiz elimizdeki araçların bir ürünüdür. Hepimiz aynı dünyaya bakıyoruz, ama bambaşka şeyler görüyoruz. Üstelik bu etkiyi pekiştiren bir sistem, insanlara daima istediklerini veren otomatik bir popülizm inşa etmiş bulunuyoruz.

Herhangi bir sosyal medya platformunda oturum açıp aşılarla ilgili bilgi ararsanız, karşınıza çıkacak ilk şey aşı karşıtı görüşler olacaktır. Bu enformasyon kaynaklarına bir kez maruz kaldıktan sonra, diğer komplo teorilerinin (kimyasal izler, düz dünyacılar, 11 Eylül teorileri) etkisi daha da güçlenir. Bu görüşler hızla çoğunluğun görüşleri gibi görünmeye başlar: Konu her ne olursa olsun, sonsuz sayıda destekleyici görüşün yankısı sarar ortalığı. Dünya hakkında daha çok şey bilme arzumuz, muhtemel her soruya kendi çözümden yoksun yanıtlarını vermeyi sürdüren bir sisteme tosladığında ne olur peki?

Eğer görüşlerinize çevrimiçi destek arıyorsanız, bulacağınızdan emin olabilirsiniz. Hatta sürekli bir onaylama akışıyla besleneceksiniz: Giderek daha fazla enformasyona muhatap olacak, giderek daha radikal ve daha kutuplaştırıcı enformasyonla karşılaşacaksınız. Burası, erkek haklarını savunanların beyaz milliyetçiliğe terfi ettikleri, huzursuz Müslüman gençlerin cihatçı şiddete meylettikleri yerdir. Bu algoritmik radikalleşmedir ve toplumdaki kutuplaşmanın en nihayetinde kendi amaçlarına hizmet edeceğini bilen aşırılıkçılara hizmet eder.

Ocak 2015'te Paris'te gerçekleştirilen *Charlie Hebdo* saldırılarından bir ay sonra, Irak Şam İslam Devleti'nin (IŞİD) çevrimiçi yayın organı *Dabiq*'in grubun stratejisini anlatan bir başyazının da bulunduğu yedinci sayısı yayınlandı. Yazı IŞİD'in önceki açıklamalarına dayanarak farklı inançların bir arada, işbirliği içinde var olmasını şiddetle kınıyor, mezhepçiliği öne çıkarıyordu.[41] 2006'da, IŞİD' in selefi Irak merkezli El-Kaide Şiilerin kutsal kabul ettiği bölgelerden biri olan Samarra'daki El-Askeri Camisi'ne saldırıp yok etmişti – bu, ülkede hâlâ devam eden iç savaşı tetikleyen birçok planlı provokasyon eyleminden biriydi. 2014'te ortaya çıkmasından bu yana, IŞİD aynı yaklaşımı alıp bütün dünyaya yaydı: Dünyanın birçok bölgesindeki terörist saldırıları üstlenen grup, Batı'daki Müslüman topluluklar aleyhinde bir tepki doğması umuduyla toplumları kutuplaştırmaya, şiddetli bir yabancılaşma ve misilleme sarmalı yaratmaya çalıştı.[42]

IŞİD Müslümanlar ve diğer toplulukların bir arada ve uyum içinde var olduğu bölgeleri "gri bölge" olarak tanımlayıp yok etmeye ant içmektedir. Hem Müslümanları birbirine karşı, hem de Müslüman olmayan çoğunlukları Müslümanlara karşı kışkırtıp, kendisini İslam'ın tek gerçek koruyucusu, Hilafeti ise Müslümanların güvende olduğu tek yer olarak göstermeye çalışmaktadır. Bu stratejinin başarıya ulaşabilmesi için, çoğu insanın acımasız bir şiddet ve paranoya baskısı altında gri bölgeleri terk edip siyah beyaz bir dünya görüşüne teslim olması, sorgusuz sualsiz kabul etmesi gerekir.

Bölgenin diğer tarafında, "gri bölge" tabiri, geleneksel silahlı çatışmanın bir adım gerisinde duran, savaşın en çağdaş formunu tanımlamak için kullanılmaktadır. Gri bölge savaşı, siber saldırılar, propaganda ve siyasi savaş, ekonomik baskı ve sabotaj, silahlı gölge savaşçılara sponsor olmak gibi alışılmadık taktiklerle nitelenir.[43] Rusya'nın Doğu Ukrayna ve Kırım işgali sırasında "küçük yeşil adamları" kullanması, Çin'in Güney Çin Denizi'ne açılması, İran ve Suudi Arabistan'ın Suriye'de yürüttüğü gölge savaş; hepsi muğlaklık ve belirsizlikle tanımlanan bir savaş türü geliştiğine işaret ediyor. Kimin kiminle savaştığı belli değildir; her şey inkâr edilebilir. Ama nasıl ABD ordusu iklim değişikliğinin gerçekleri konusundaki en gelişmiş planlayıcılardan biriyse West Point ve Genelkurmay Akademisi'ndeki askeri strateji uzmanları da yeni karanlık çağın bulutsu gerçekliğini tanıma konusunda bir adım öndeler.

Peki, ya gri bölgeyi kendimize uygun hale getirmeyi seçersek? Cihatçılarla askeri strateji uzmanları arasında, savaşla barış arasında, siyahla beyaz arasında bir yerdeki gri bölge bugün birçoğumuzun yaşadığı yerin ta kendisidir. Gri bölge, tatlı dilli ve ikna edici konuşmalarla zombi gibi her yeri kaplayan ispatlanamayan gerçekler ve ispatlanabilir yalanlarla dolu bir manzarayı en iyi tanımlayan tabirdir. Gri bölge, bilgi üretiminde kullanılan gelişmiş teknolojik araçların bir sonucu olarak kendimizi içinde buluverdiğimiz kaygan, ele avuca sığmaz bir alandır. Hakkında sınırlı bilgiye erişebildiğimiz, aşırılıkçıların ve komplo teorisi yanlılarının dehşet saçtığı varoluşsal endişelerle dolu bir dünyadır. Burası, ampirik hesapların dar kapsamını ve boğucu enformasyon akışlarının zayıf çıktılarını kabul etmeye mecbur kaldığımız bir dünyadır.

Gri bölge mağlup edilemez. Ne boşaltılabilir, ne de dolup taşması mümkündür – zaten hınca hınç doludur. Komplo teorisi çağımızın hâkim anlatısıdır, ortak dilidir: Dikkatle okunduğunda, gerçekten de her şeyi açıklar. Gri bölgede jet izleri hem kimyasal izlerdir, hem de küresel ısınmanın ilk işaretleridir: Aynı anda ikisi birden olabilirler. Gri bölgede, sanayi bacalarından süzülen egzoz dumanı atmosferin üst tabakalarındaki serbest moleküllere karışıp, kaynağı belirsiz Brown devinimlerinde doğal ve doğal olmayan hareketler meydana getirir. Morgellons hastalarının derisinde kaşıntıya sebep olan lifli döküntüler fiber optik kabloların, yüksek frekanslı finansal veri aktarılan baz istasyonlarının yaydığı elektromanyetik titreşimlerin eser maddeleridir. Gri bölgede, havadaki partiküllerin yarattığı pus batan güneşin ışığında kırılma meydana getirir ve dünyanın dengesi gerçekten de bozuktur: Artık kabul etmeye hazırız.

Bilinçli bir şekilde gri bölgede yaşamak, yani bunu tercih etmek, sınırlı idrak kapasitemizi bir maske gibi esnetip dünyanın sallantılı, yarım yamalak hakikatlerine erişmemizi sağlayan sayısız açıklamadan numuneler almamıza izin verir. Bu, katı bir ikili kodlamanın erişebileceğinden çok daha iyi bir gerçeklik tahminidir – tüm kavrayışlarımızın tahminlerden ibaret olduğu ve böyle olduğu için daha güçlü olduğunun bir onayıdır. Gri bölge, bizi şimdiki zamanda anlamlı eylemde bulunmaktan alıkoyan çelişik, uzlaştırılamayan dünya görüşleri arasında bir uzlaşma sağlamamıza imkân tanır.

9

Eşzamanlılık

EKRANDAKİ ADAM *Arabalar* filmi temalı yirmi dörtlü Kinder yumurta kutusunu yavaşça çeviriyor. Sonra kutuyu saran plastik kâğıdı çıkarıyor ve nazikçe kutunun kapağını açıp içindekileri gösteriyor. Derken, video masanın üzerine özenle yerleştirilmiş bir düzine yumurtaya odaklanıyor. Ekranda gördüğümüz eller yumurtalardan birini alıp kırmızı ve gümüş renkli folyoyu soyarak içindeki çikolatalı yumurtayı çıkarıyor. Sonra dikkatlice yumurtayı çatlatıp önce yumurtanın içindeki silindir plastik kutuyu, ardından da onun içindeki küçük plastik oyuncağı çıkarıyor. Oyuncağın yanında çıkartmalar veya küçük eklentiler varsa, bu parçalar dikkatlice birleştiriliyor ve itinayla yırtılan folyonun, çatlayan çikolatanın ve soyulan plastiğin çıkardığı tüm seslerin ardından oyuncak, kameranın önünde sergileniyor. Oyuncak güzelce sergilendikten sonra, yumurta ve içinden çıkanlar kenara koyularak aynı işlem sıradaki yumurtaya uygulanıyor ve tüm yumurtalar açılıncaya kadar bu böyle devam ediyor. Tüm oyuncaklara kısaca bir göz gezdirdikten sonra da video sona eriyor. Yedi dakika süren bu video YouTube'da 26 milyon kez izlenmiş durumda.

Kinder Yumurta bir İtalyan şekerlemesi; içinden paketlenmiş minik oyuncaklar çıkan bir süt ve çikolata kabuğundan oluşuyor. 1974'te ilk çıktığı günden bu yana, dünya çapında milyonlarla ölçülen satış rakamlarına ulaştı – içinde nesneler olan şekerlemelere izin verilmeyen ABD'de yasaklı olduğu halde üstelik. Şimşek McQueen ve kendisi gibi araba arkadaşlarının maceralarını anlatan 2006 tarihli Disney yapımı bir animasyon olan *Arabalar* ise dünya çapında 450 milyon dolarlık bir hasılat elde edip iki devam filmiyle bir seriye dönüştü ve Kinder Yumurta'nın da aralarında bulunduğu sayısız promosyon anlaşmasının parçası oldu. Peki, dünyadaki tüm şekerlemeleri ve ürün tanıtımlarını düşününce, *Arabalar* temalı bu şekerleme böyle ciddi bir incelemeyi hak ediyor mu?

Etmiyor elbette. Özel hiçbir yanı yok. Yukarıda özetlediğim "ToyCollector Sunar: Arabalar 2 Gümüş Şimşek McQueen Yarışçı Sürpriz Yumurtalar Disney Pixar Zaini Gümüş Yarışçılar" başlıklı video, YouTube'daki milyonlarca "sürpriz yumurta" videosundan yalnızca biri. Zaten her video üç aşağı beş yukarı birbirinin aynısı: Bir yumurta ve o yumurtanın içinde bir sürpriz var; videonun sonunda da o sürpriz sergileniyor. Ama bu kadar basit bir vaatten çıkan sonsuz sayıda kombinasyon mevcut. İstisnasız her türüne ait birçok Kinder Yumurta videosu var: Süper kahraman yumurtaları, Disney yumurtaları, Noel yumurtaları vb. Tabii bir de taklit ürünlerin, Kinder benzeri yumurtaların, Paskalya yumurtalarının, Play-Doh ve Lego yumurtalarının, balon yumurtaların videoları var. Oyuncak garajlar ve oyuncak bebek evleri gibi içindekileri göstermek için aynı özenle açılıp sergilenen yumurta benzeri nesneler var. Bir insanın ömrü boyunca izlese bitiremeyeceği kadar çok sürpriz yumurta videosu var; içlerinden bazıları bir saatten uzun sürüyor.

Doğru düzgün bir video akışının mümkün hale gelmesiyle birlikte, kutu açma videoları internetin başlıca unsurlarından biri haline geldi. Teknoloji meraklıları arasında doğan, yeni ürünleri ve kutu açma deneyimlerini fetişleştiren bu videolar, yakın plan çekimlerle iPhone'ların, oyun konsollarının kutularından çıkarılması üzerine kuruludur. Ancak 2013 civarında bu trend çocuk oyuncaklarına da sıçrayınca acayip şeyler olmaya başladı. Bu videolara maruz kalan çocuklar lazer keskinliğinde bir odaklanmayla hedefe kitlenip, en sevdiği Disney filmlerinin başından kalkmayan bir önceki nesli andıran biçimde bıkıp usanmadan tekrar tekrar bu videoları izlemeye başladı. Çocukların yaşı küçüldükçe, içerik önemini kaybetti. Parlak renkler ve hiç bitmeyen bir aydınlanma hissinin eşlik ettiği sürecin tekrar edilmesi, çocukları ekranın karşısına mıhladı. Tekrarlar ve sonu gelmeyen sürprizlerle sağlama alınan daimi bir neşe ve öneri algoritmalarıyla sürekli olarak arzularını doyuran bir sistem eşliğinde, çocuklar YouTube'daki bu videoların başında saatler geçirmeye başladı.[1]

Çocuklara, bilhassa da okul öncesi yaş grubuna yönelik televizyon yetişkinlere daima tuhaf gelmiştir. Anaakım yayın akışında kaybolup dijital ve çevrimiçi kanallara geçmesinden önce, kafalarındaki antenler ve göbeklerindeki televizyon ekranlarıyla yemyeşil bir alanda sakarlıklar yapan, oyunlar oynayan ve uyuklayıp duran beş tane melez bebek yaratığın resmedildiği *Teletubbies* çocuklara yönelik yayın çağının en tartışmalı ürünlerinin sonuncusuydu. Program büyük bir başarı yakalamış, ama çocuklara yönelik televizyon programlarının eğitici olması gerektiğini düşünenleri epey rahatsız etmişti. *Teletubbies* karakterlerinin iletişim kurmak için kullandığı anlamsız bebek lisanı, çocukların gelişimini olumsuz etkilediği gerekçesiyle ebeveynler ve gazeteler tarafından eleştirilmişti. Oysa bu dil konuşma üzerine çalışmalar yapan dilbilimciler tarafından geliştirilmişti ve kendine has bir mantığı vardı. Ayrıca, sonradan sürpriz yumurta videolarının mekanikleştireceği birçok temayı içeriyordu: Çağrı-tepki konfigürasyonları ve tekrar edilecek her sekanstan önce gelen "bir daha, bir daha" çığlıkları.[2] Yetişkinlerin tuhaf ve anlaşılmaz bulduğu, sıkıcı ile tehlikeli arasında bir yere konumlandırdığı şey, küçük çocuklar için tehlikesiz, güvenli bir dünya yaratıyordu. Bilerek veya bilmeyerek, günümüzde sürpriz yumurta videolarını ve benzerlerini YouTube'da böylesine popüler hale getiren şey bu psikolojik niteliklerdir. Ama çocuksu cazibeyle, vaat edilen ödül ve algoritmik çeşitlilikle bir araya geldiklerinde, onları böylesine ürkütücü yapan da yine aynı özelliklerdir.

YouTube öneri algoritmaları, izleyicilerin izleme alışkanlıklarını tanımlamak prensibiyle çalışır. Tümüyle yeni ve sınıflandırılmamış içerik ağda bir başınadır; yalnızca gelen bağlantılar ve dış önerilerle ihlal edilebilecek bir belirsizliğin içindedir. Olur da izleyiciye ulaşabilir, izlenme rakamlarını artırabilirse, algoritmalar onu önerilen videolar arasına almaya –kenar çubuğundaki diğer videolar arasında gösterip diğer izleyicilerin dikkatine sunmaya ve bu şekilde "keşfedilebilirliğini" artırmaya– tenezzül edebilir. Ama videonun bir açıklamaya, uygun bir başlığa ve algoritmalar tarafından kolayca tanımlanabilecek etiketlere sahip olması çok daha iyidir tabii; çünkü bu sayede sistem onu benzer videolarla aynı kümeye alabilir. Sistem çok basittir aslında: "Bunu sevdiysen, şunu da seversin," diyen dipsiz bir kuyudur. Bunun dışında, platformun otomatik oynatma özelliğini de kullanabilirsiniz; bu şekilde bir video sona erdiğinde öneri sırasındaki diğer video kendiliğinden başlayacak ve bu böyle sonsuza kadar sürecektir. Çocuklar öneri profillerini oldukça çabuk oluşturur; hele belirli türden videolara takılıp defalarca baştan oynattıkları zaman, sistem öneri profilini çok daha hızlı tanımlar. Algoritmalar bu tür izleyicilere bayılır: İhtiyacı net bir şekilde tespit edip, karşılamaya çalışır.

Ekranın diğer tarafında ise bu videoları üreten insanlar vardır. Video üretmek bir iştir ve çok basit bir denklem üzerine kuruludur: Daha çok izlen, daha çok kazan. Bir Google şirketi olan YouTube, başka bir Google şirketi olan AdSense ile işbirliği içindedir. AdSense videoların yanı sıra –ve giderek artan bir şekilde, başında, sonunda hatta ortasında– reklam da yayınlar. Videolara eşik eden reklamlar izlendiği zaman, bu reklamların yaratıcıları para kazanır: Ödemeler genellikle bin izleyici başına düşen maliyet (CPM) üzerinden hesaplanır. Ama tek bir içerik üreticisinin bin izleyici başına maliyeti dahi çeşitlilik gösterebilir, çünkü bütün videolar reklam içermez ve bütün izleyiciler reklam izlemez; kaldı ki birçok etkene bağlı olarak CPM oranının kendisi de değişebilir. Buna rağmen, videolar bir servet değerinde olabilir: YouTube'da 1 milyar izleyici sayısına ulaşan ilk video olan Kore menşeli popüler müzik videosu "Gangnam Style", izlenme başına 0,65 dolar üzerinden yapılan hesapla ilk 1,23 milyar izlenme karşılığında AdSense'den 8 milyon dolar kazanmıştır.[3] Geçiminizi YouTube'dan sağlamak için Gangnam Style kadar izlenen videolar yapmanız şart değil; ama daha çok video yayınlamanın, daha çok gözün dikkatini çekmeye çalışmanın –ve çocuklar gibi aynı videoyu tekrar tekrar izleyenleri hedeflemenin– yüksek izlenme rakamlarına ulaşmayı kolaylaştırdığına şüphe yok.

YouTube'un resmi kılavuzu sitenin on üç yaşından büyüklere uygun olduğunu, on sekiz yaşından küçüklerinse ebeveyn izniyle girebileceğini söylüyor; ancak sitede on üç yaşındaki bir çocuğun erişimine engel olacak hiçbir şey bulunmuyor. Üstelik siteye erişmek için hesap açılması da gerekmiyor; çoğu internet sitesi gibi YouTube da tek tek kullanıcıları adresleri, tarayıcıları, kullandıkları cihazlar ve davranışları üzerinden izleyip ayrıntılı bir demografik profil ve tercih profili çıkarabiliyor, böylece ziyaretçilerin bilinçli olarak kendileri hakkında bilgi vermesine gerek kalmadan öneri motorlarını besleyebiliyor. İzleyicinin ebeveyninin iPad'ine gömülüp minik avuçlarıyla ekranı ezmeye çalışan üç yaşındaki bir çocuk olması dahi bu durumu değiştirmiyor.

Böyle bir durumun ortaya çıkma sıklığı sitenin kendi izleyici istatistiklerinde apaçık görülüyor. Kutu açma videoları ve çocuklara yönelik diğer içeriklerde uzmanlaşmış bir kanal olan Ryan's Toy Review, Justin Bieber ve WWE'nin ardından YouTube'un en popüler altıncı kanalıdır.[4] 2016'da, bir süreliğine platformun en popüler kanalıydı hatta. Kanalın sahibi Ryan altı yaşında bir çocuk; üç yaşından beri YouTube yıldızı ve 9,6 milyon takipçisi var. Ailesinin videolardan elde ettiği aylık gelirin 1 milyon dolar civarında olduğu tahmin ediliyor.[5] En popülerler listesinde, Ryan'ın kanalından sonra okul öncesi çocuklar için tekerlemeler yayınlayan bir kanal olan Little Baby Bum geliyor. Yalnızca 515 video yayınlayan Little Baby Bum, 11,5 milyon takipçiye ve 13 milyar izlenme rakamına ulaşmış durumda.

YouTube'da çocuklara yönelik içerik üretimi çok büyük ve kazançlı bir sektör, çünkü seç-izle seçeneği hem ebeveynler için, hem de çocukları için –dolayısıyla içerik üreticiler ve reklamcılar için de– bağımlılık yaratan bir seçenek. Tanıdık karakterler ve şarkılarla, parlak renklerle, sakinleştirici ezgilerle büyülenen küçük çocuklar saatlerce oyalanıp çıtlarını bile çıkarmadan oturabilirler. Bu yüzden de en yaygın taktiklerden biri, bir sürü çocuk tekerlemesini veya çizgi film bölümünü saatlerce sürecek şekilde arka arkaya dizmek ve bu dizilerin toplam süresini video açıklamalarında veya başlıklarda belirtmektir; bu sayede ebeveynler çocuklarının bu videolarla geçireceği vakti bilirler.

Sonuç olarak, YouTube yayıncıları ebeveynlerin ve çocukların dikkatini kendi videolarına ve bu videolara eşlik eden reklamlara çekmek için çok sayıda taktik geliştirmiştir. Bunlardan biri, sürpriz yumurta curcunasında gördüğümüze benzer bir anahtar sözcük kalabalığıdır; videoların başlığına olabildiğince çok alakalı arama terimi sıkıştırmaktır. Bunun sonucunda ortaya çıkan şeyse bir tür laf salatasıdır. Yalnızca tek bir kanaldan rasgele örneklere bakalım: "Sürpriz Play-Doh Yumurtaları Peppa Pig [animasyon] Arabalar Damga Seti Pocoyo [animasyon] Minecraft Şirinler Kinder Play-Doh Işıltılı Oyun Hamuru"; "Arabalar Gürültücü Banshee Şimşek McQueen'i Yiyor Disney Pixar"; "Disney Fırlayan Paskalya Yumurtaları SÜRPRİZ"; "150 Dev Sürpriz Yumurta Kinder ARABALAR Yıldız Savaşları Marvel Yenilmezler LEGO Disney Pixar Nickelodeon Peppa"; "Choco Toys Sürprizi Mashems & Fashems [oyuncak] DC Marvel Yenilmezler Batman Hulk IRON MAN."[6]

Marka isimleri, karakterler ve anahtar sözcüklerden oluşan anlaşılmaz video başlıkları, aslında bu tanımların gerçek muhatabına işaret ediyor: İzleyiciden ziyade, kimin hangi videoyu göreceğine karar veren algoritmalara yani. Bir başlığa ne kadar anahtar sözcük sığdırabilirseniz, videonuzun öneriler listesine girme ihtimalini, hatta daha da iyisi, otomatik oynatma listelerine girme ihtimalini o kadar artırmış oluyorsunuz. Bunun neticesinde, art arda sıralanmış anahtar sözcüklerden oluşan manasız başlıklar taşıyan milyonlarca video ortaya çıkıyor – ama sonuçta, YouTube bir video platformu ve anlam ne algoritmaların ne de hedef kitlenin pek umrunda değil.

Kanalınıza izleyici çekmenin başka yolları da var; bunların en basit ve en yaygın olanı diğer kanallardaki içerikleri kopyalayıp korsan yayın yapmaktır. YouTube arama motorunda "Peppa Pig" sözcüklerini arattığınızda 10 milyondan fazla videoyla karşılaşırsınız – ve ilk sayfadaki videoların neredeyse tamamı animasyonun yaratıcıları tarafından yönetilen "Peppa Pip Resmi Kanalı"na aittir. Ama YouTube'un arama sonuçlarını tekdüze biçimde göstermesi fark etmeyi güçleştirdiği halde, sayfaları ilerlettikçe sonuçlar arasına hızla başka kanalların videoları girmeye başlar. Bu kanallardan biri, korsan Peppa Pig bölümleri, kutu açma videoları, gerçek Peppa Pig bölümleri şeklinde başlıklandırılmış markalı oyuncak videoları yayınlayan ve 1800 abonesi bulunan Play Go Toys kanalıdır.[7] Kanalda yayınlanan videolar arasında, kanal sahibinin kendi çocuğunun oyuncaklarla oynadığı, parka gittiği videolar da bulunuyor.

Minik, zararsız korsanlığını hoş görebileceğimiz bu kanal, aslında YouTube'un yapısının içerikle üreticisini birbirinden ayırmayı ne kadar kolaylaştırdığını, bunun kaynağa ilişkin farkındalığımızı ve güvenimizi nasıl etkilediğini gösteriyor. Markalı içeriğin en geleneksel özelliklerinden biri, güvenilir bir kaynaktan gelmesidir. İster çocuk kanalındaki Peppa Pig olsun, ister bir Disney filmi; biz endüstriyel eğlence üretim modeline ilişkin ne düşünürsek düşünelim, bu ürünler dikkatle üretilir ve çocukların güvenle izleyebileceği tehlikesiz içerikler olup olmadıkları titizlikle denetlenir. Ancak platform marka ile içerik arasındaki bağlantıyı kopardığında bu titizlik rafa kalkar ve bilinen, güvenilen içerik doğrulanmamış ve zararlı olması muhtemel içeriğe doğru pürüzsüz bir geçiş noktası oluşturur.

Bu, güvenilir haber kanallarının bilişsel ve siyasi sistemlerimize bu denli zarar veren Facebook haber akışlarında ve Google sonuçlarında ayırt edilemez hale gelmesiyle aynı işlemdir. Doğruluğu kontrol edilmiş bir *New York Times* makalesi Facebook'ta paylaşıldığında veya bir Google aramasındaki "bağlantılı içerik" kutucuğunda belirdiğinde, bu bağlantı Doğu Avrupalı bir genç tarafından kurulan ve ABD seçimlerine ilişkin uydurma, kışkırtıcı ve son derece partizan hikâyelerle dolu bir internet sitesi olan NewYorkTimesPolitics.com'dan paylaşılan bir bağlantıyla neredeyse bire bir aynı görünür.[8] Bu sitelere biraz ileride geri döneğim; ama YouTube' dan çıkan sonuç, yabancı ve uygunsuz içerik ile bilinen kaynağın birbirine karışmasının –ve adeta ayırt edilemez hale gelmesinin– inanılmaz derecede kolay olmasıdır.

Çocuklara yönelik videoların tuhaflığına ilişkin bir başka çarpıcı örnek de Parmak Ailesi'dir. 2007 yılında, Leehosok adlı bir You Tube kullanıcısı iki tane parmak kukla setinin arka fonda çalan bir çocuk tekerlemesi eşliğinde sallanarak dans ettiği bir video yayınladı: "Baba parmak, baba parmak, neredesin? Buradayım, buradayım, nasılsın?" diye başlayan tekerleme sırayla anne parmak, erkek kardeş parmak, kız kardeş parmak ve bebek parmak hattında devam ediyor. Şarkı kuşkusuz videodan çok önce de bilinmekle birlikte, video YouTube'daki ilk Parmak Ailesi videosuydu.[9] 2017 sonu itibarıyla, YouTube'da en azından 17 milyon farklı Parmak Ailesi şarkısı bulunuyor. Sürpriz yumurta videolarına benzer şekilde, bu videolar toplamda milyarlarca defa izlenerek olası tüm türleri içine almıştır. Yalnızca Little Baby Bum isimli kanaldaki versiyonu 31 milyon defa görüntülenmiştir. Bir diğer popüler kanal ChuChu'daki versiyonu ise yarım milyar defa izlenmiştir. Öncülünün basitliği, onu otomasyon için biçilmiş kaftan haline getirmektedir: Basit bir yazılım, herhangi bir nesne veya karakter ile hareketli bir eli üst üste bindirebilir; sonuç olarak, Süper Kahraman Parmak Aileleri, Disney Parmak Aileleri, meyve, jelibon ayı, lolipop Parmak Aileleri ve sonsuz sayıdaki türevleri toplamda milyonlarca defa görüntülenerek tüm sayfayı doldurur. Binlerce hazır animasyon, müzik parçası ve anahtar sözcük sonu gelmez bir video akışı oluşturmak üzere bir araya gelir. Bitmek tükenmek bilmeyen çeşitlemelerini listelemeden bu tür işlemleri denetlemek gittikçe zorlaşıyor; ama bu sistemin ne kadar geniş olduğunu, faaliyetlerinin, işleyişinin ve izleyicisinin ne kadar belirsiz olduğunu tespit etmek dahi başlıbaşına önemlidir. Kaldı ki bu uluslararası bir sistemdir aynı zamanda: Parmak Ailesi ve Renkleri Öğren videolarının, muhtemelen İngilizcede yapılan hiçbir aramada çıkmayan Tamil destanları ve Malezya çizgi filmleri için üretilmiş çeşitlemeleri vardır. Sistemin mevcudiyetinin ve uzantılarının anahtarı, bu belirlenemezliğin ve erişimin kendisidir. Sistemin çok boyutlu yapısı onu kavramayı, hatta bırakın kavramayı üzerine düşünmeyi bile epey zorlaştırmaktadır.

Bu videoların ulaştığı izlenme rakamlarının kayda değer bir şey söylediğini gözden kaçırmamalıyız. Videoların büyük bölümünün otomatik yazılımlar –sanal robotlar– tarafından yaratılmış olması bir yana, videoları izleyenlerin, hatta yorum bırakanların büyük bir kısmı da yine sanal robotlardır. Sanal robotları üretenler ile Google'ın makine öğrenimi algoritmaları arasındaki silahlanma yarışı, Google'ın kendine has nitelikleri sebebiyle çok uzun zaman önce kaybettiği bir yarıştır. Ayrıca, Google'ın bu savaşı ciddiye almasını gerektirecek gerçek bir neden de yoktur: Sanal robotların faaliyetini açıktan kınayıp küçümsese dahi, sonuçta bu robotlar gösterilen reklam sayısını ve dolayısıyla Google'ın elde ettiği geliri muazzam ölçülerde artırmaktadır. Ancak bu işbirliği, tarayıcıya temel arama terimlerini yazmayı veya sadece başka bir videoya geçmek için kenar çubuğunu kullanmayı öğrenip iPhone'lardan, tabletlerden başını kaldırmayan birçok gerçek çocuğun da bu videoları tekrar tekrar izlediği –kabarık izlenme rakamlarında kısmen de olsa payları olduğu– gerçeğinin üzerini örtmemelidir. Giderek artan bir ölçüde, içerik bulma işini sesli komut sistemlerinin üstlendiğini de unutmayalım.

İnsanların bu döngüde yeniden belirmesi vaziyetin tuhaflığını daha da artırmaktan başka bir işe yaramaz. "Pringles Tenekesi ve Olağanüstü Hulk 3D Parmak Aileleleri" gibi başlıklar hiç değilse yöntemsel açıdan kolayca anlaşılabilir; ama insan aktörlerden oluşan ekiplerle çalışan ve herkesçe bilinen kanallar da görüntülenme kaygısı yüzünden aynı mantığa ayak uyduruyor. Otomasyonun hangi ölçüde kullanıldığını tespit etmek, insanla makine arasındaki gediği çözümlemek bir noktadan sonra imkânsızlaşıyor.

Bounce Patrol, diğer bir Avustralyalı şirket olan The Wiggles gibi dijital öncesi çocuk algısındaki parlak renk geleneğini izleyen Melbourne çıkışlı, çocuklara yönelik bir eğlence grubudur. Grubun 2 milyon takipçisi olan YouTube kanalı Bounce Patrol Kids, haftada bir defa insan oyuncuların rol aldığı profesyonelce hazırlanmış videolar paylaşıyor.[10] Ama Bounce Patrol yapımları öneri algoritmalarının insandışı mantığını da yakından takip ediyor. Bunun sonucunda, bir grup insanın durmadan algoritmalara uygun olarak düzenlenmiş anahtar sözcüklerden oluşan bir kombinasyonun içerimlerini canlandırdığı son derece tuhaf bir tablo ortaya çıkıyor: "Cadılar Bayramı Parmak Ailesi & Çocuklar için daha fazla Cadılar Bayramı Şarkısı Cadılar Bayramı Şarkıları Koleksiyonu"; "Avustralyalı Hayvanlar Parmak Ailesi Şarkısı | Parmak Ailesi Çocuk Tekerlemeleri"; "Çiftlik Hayvanları Parmak Ailesi ve Hayvan Şarkıları | Parmak Ailesi Koleksiyonu – Hayvan Seslerini Öğrenin"; "Safari Hayvanları Parmak Ailesi Şarkısı | Fil, Aslan, Zürafa, Zebra ve Suaygırı! Çocuklar için Vahşi Hayvanlar"; "Süper Kahramanlar Parmak Ailesi ve daha çok Parmak Ailesi Şarkısı! Süper Kahraman

Parmak Ailesi Koleksiyon"; "Batman Parmak Ailesi Şarkısı – Süper Kahramanlar ve Kötü Adamlar! Batman, Joker, Bulmacacı, Kedi Kadın". Bu aslında eski usul doğaçlamadır; tek farkı bu sözcüklerin bir milyar hiperaktif yumurcağın taleplerini karşılayan bir bilgisayar tarafından haykırılmasıdır. İçerik üretiminin algoritmik keşif çağındaki görünümü budur işte: Siz insan bile olsanız, yaptığınız şey en nihayetinde makineyi taklit etmektir.

Tam otomasyonun rahatsız edici sonuçlarına ilişkin örneklerle önceki bölümlerde de karşılaşmıştık hatırlarsanız: Amazon'da satışa sunulan telefon kılıfları ve tecavüz temalı tişörtler. Kimse üzerinde uyuşturucu ve tıbbi malzemeler bulunan telefon kılıfları tasarlamak niyetiyle yola çıkmadı; bu kılıflar olasılıkların son derece tuhaf bir sonucuydu. Evet, "Sakin Ol ve Bol Bol Tecavüz Et" baskılı tişörtler son derece can sıkıcı, tedirgin ediciydi; ama anlaşılabilirdi. Bu tişörtleri hiç kimse tasarlamadı, çevrimiçi bir imge üreticisinin denetlenemeyen fiil ve zamirleri eşleştirmesiyle ortaya çıktılar. Hiçbirinin fiziksel bir varlığa kavuşmamış olması, hiç kimse tarafından satın alınmamış, giyilmemiş olması ve bu bakımdan da bir fenalığa vesile olmamış olması pekâlâ mümkündür. Buna karşın, hem bu ürünleri yaratan insanların, hem de dağıtıma ve satışa sunanların farkına varamadıkları şey önemlidir. Ne yaptıklarına ilişkin en ufak bir fikirleri bile yoktu.

Sistemin ölçeği ve mantığının bu ürünlerin yaratılmasında oynadığı rolün görünür hale gelmesi bizi bu sonuçların imaları üzerine düşünmeye zorlamaktadır. Daha önce değindiğimiz örneklere benzer şekilde, bu sonuçlar büyük veriye ve makine zekâsına bağlı sistemlere gömülü ırkçı, cinsiyetçi önyargılar gibi kolay, hatta tercih edilesi bir çözümü bulunmayan daha geniş toplumsal etkileri beraberinde getirir.

"Yanlış Kafalar Disney Yanlış Kulaklar Yanlış Bacaklar Çocuklar Renkleri Öğreniyor Parmak Ailesi 2017 Çocuk Tekerlemeleri" başlığını taşıyan bir videoya ne demeli? Yalnızca başlığı bile otomasyon ürünü olduğunu açıkça gösteriyor. "Yanlış Kafalar" tabirinin kaynağı şimdilik meçhul; ama tıpkı Parmak Ailesi Şarkısı gibi, bir laf salatasına alet olmadan önce, bir yerlerde algoritmanın sıralamasında yukarılara tırmanmaya başlamasına yetecek kadar çocuğu güldürmüş tamamen özgün ve zararsız bir versiyonun olduğunu hayal etmek güç değildir. Buraya varınca da Renkleri Öğren, Parmak Ailesi, Çocuk Tekerlemeleri ve diğer tüm etiketlerle –sadece sözcükler olarak değil, imgeler, süreçler ve eylemler olarak da– birleşerek bu salatayı oluşturmuştur.

Yukarıdaki başlığı taşıyan video, Disney hikâyesi *Alaaddin*'deki karakterlerin baş ve gövdelerinin birbiriyle eşleştiği bir animasyondan ve arka fonda çalan Parmak Ailesi Şarkısı'ndan oluşuyor. Ama baş ve gövdeler yanlış eşleştiğinde *Alaaddin* karakterlerinden olmayan bir karakterin –Universal hikâyesi *Çılgın Hırsız*'daki küçük kız Agnes'in– belirmesiyle, başlardaki masumiyet yerini tuhaflığa bırakıyor. Agnes sahnenin hakemliğini üstleniyor: Başlar gövdelerle doğru eşleştiğinde alkışlıyor, eşleşmediğindeyse gözyaşlarına boğuluyor. Mekanizma gayet açık olduğu halde, sonuç tam bir saçmalıktır: En basit anlamı üretmek üzere sergilenen asgari gayretin neticesidir.

Videonun yaratıcısı BABYFUN TV'de, hepsi aynı formatı izleyen birçok benzer video bulunuyor. *Şirinler* ve *Troller* karakterlerinin baş ve gövdeleri yanlış eşleştiğinde Disney'in *Ters Yüz* isimli animasyonundaki Hope karakteri ağlıyor. *X-Men* karakterlerininki yanlış eşleşince ise Wonder Woman gözyaşı döküyor. Bu liste böyle uzayıp gidiyor. BABYFUN TV'nin 170 abonesi ve düşük izlenme rakamları önemsiz görülebilir, ama bunun gibi binlerce kanal var. YouTube ve başka platformlardaki izleme rakamları tek başlarına pek bir şey söylemese de toplamları kayda değerdir. "Yanlış Kafalar"ın temel mekanizması gayet basittir, ama sürekli olarak farklı figürlerin bir araya gelip iç içe geçmesi yetişkin duyarlılıkları açısından rahatsız edici olmaya başlar: Bizimle bu içerikleri üreten sistem arasında insanlık dışı bir şey olduğu hissi, giderek büyüyen bir tekinsizlik hissi baş gösterir. Yüzeyde görünen içeriğin altında, derinlerde bir yerlerde bir hata olduğu hissiyatı doğar.

BABYFUN TV'deki Yanlış Kafalar başlıklı videoların başrolünde hep aynı cızırtılı dijital çocuk ağlaması vardır. Biz rahatsız edici bulsak da, bu ses muhtemelen –Teletubbies'deki güneşte kıkırdayan bebek gibi– gerçek bebeklerin bu içeriğe ilgi duymasını sağlayan bir ritim, armoni veya kendi deneyimleriyle bağlantılı bir şey sunmaktadır. Ancak bu birilerinin aktif olarak verdiği bir karar değildir: Bu ses kimse niyetlenmediği, olması için çaba göstermediği halde algoritmik tekrar ve yeniden yapılandırmayla eğilip bükülmüş, esnetilmiştir. Peki, sonu gelmeyen bu devridaim ve genişleme döngüleri insanlara geri döndüğünde ne olur?

Toy Freaks, bir babayla iki kızının şimdiye kadar bahsettiğimiz temaların birçoğunu canlandırdığı (Bounce Patrol'le aynı prensiple) oldukça popüler bir YouTube kanalıdır – 8,4 milyon takipçiyle platformdaki en popüler 68. kanaldır: Kızlar sürpriz yumurtaları açarken bir yandan da Parmak Ailesi Şarkısı'nın farklı bölümlerini söyler. Çocuk şarkıları ve renk öğrenme videolarının yanı sıra, kanal yemek savaşları ve sahte böceklerle dolu küvetler gibi iğrenç videolarda uzmanlaşmıştır. Kusan, bir yerleri kanayan ve acı içindeki çocukların yer aldığı videolar bulunan Toy Freaks, sömürü ve istismar sınırını –çiğnemese de– zorladığını düşünen birçok izleyicinin müdahil olduğu bir tartışmaya neden oldu.[11] Toy Freaks YouTube tarafından doğrulanmış bir kanaldır; gerçi YouTube'da doğrulama bir kanalın 100 binden fazla takipçisi olmasından başka bir anlam taşımaz.[12]

Ancak taklitleriyle kıyaslandığında, Toy Freaks insancıl bile sayılabilir. Freak Family adlı Vietnamlı benzerinde, genç bir kadının banyo ürünleri içip tıraş bıçağıyla kendini kestiği videolar yayınlanıyor.[13] Başka bir kanalda, çocuklar çamurlu nehirlerden parlak renkli otomatik silahlar çıkartıyor. *Karlar Ülkesi*'ndeki Elsa'nın kanlı canlı versiyonu bir yüzme havuzunda boğuluyor. Tayland'da bir sahili basan *Örümcek Adam*, bikinili gençlerin vücutlarını kalın bantlarla sarıp onlara renkleri öğretiyor. Büyük beden bebek suratları ve lastik Joker maskeleri takan polisler Rusya'daki bir su parkının müdavimlerini korkutuyor. Bu liste böyle uzayıp gidiyor. Toy Freaks gibi popüler ve insanlar tarafından yönetilen kanallardaki video başlıklarının uzaması, ağ üzerinde giderek daha tuhaf, daha çarpık versiyonların belirmesine yol açıyor. Diğer taraftan, sevgi dolu gerçek çocukların karanlık hayallerinden doğmuş olmayan, en azından doğmadığını umduğumuz, şiddet ve yıkım içeren bir de dip akıntısı var.

İnternetin geri kalanı gibi, YouTube'un bazı bölümleri de uzun zamandır hiçbir şeyin kutsal kabul edilmediği arsız bir şiddet kültürüne ev sahipliği yapıyor. Bu alt kültürlerden biri olan YouTube Poop, diğer videoların yeniden düzenlenmiş versiyonlarını oluşturup çocuklara yönelik TV programlarına küfürlü konuşmalar ve uyuşturucu referansları sıkıştıran, çoğunlukla zararsız ama rahatsız edici içeriklerin yayınlandığı bir kanaldır. Ebeveynlerin de sık karşılaştığı bir tuhaflığın ilk düzeyidir bu. Peppa'nın dişçiye gidişini konu alan resmi bir Peppa Pig vidosu, orijinal bölümün tuhaf biçimde ve yalnızca resmi olmayan bir kanalda izlenebilmesine rağmen popüler görünüyor. Peppa Pig resmi hesabındaki versiyonda, Peppa nazik bir diş hekimi tarafından gerektiği şekilde kontrol ediliyor. Ama "peppa domuz dişçi" aramasında üst sıralarda çıkan bir versiyonda, Peppa düpedüz işkence görüyor; çığlık sesleri eşliğinde ve kan revan içinde dişleri sökülüyor. Peppa'nın babasını yediği, çamaşır suyu içtiği aşırı şiddet ve korkuya yönelen rahatsız edici Peppa Pig videoları oldukça yaygındır. Bunların birçoğunun parodi, hatta kendi kendilerinin hicivleri olduğu açıktır: Aslında, bu videolar etrafında dönen önceki tartışmalar yasalarla güvenceye alınmış telif hakkı iddialarından korunmaları sağlamıştır. Bu videolar, sebep oldukları şey o olduğunda bile çocuklara –gerçekten– korku salmayı amaçlıyor değiller. Ama yaptıkları şey bu ve bu da kendisine yanıt olarak ortaya çıkan bir sonuçlar zincirinin ilk halkası oluyor.

YouTube'un tuhaflığını ve ürkütücülüğünü yalnızca trollerin ve kara mizahçıların eylemleriyle ilişkilendirmek yeterli değildir. Sözünü ettiğim videoda, Peppa korkunç dişçi tecrübesine dayanır ve ardından bir Iron Man/domuz/robot karışımına dönüşerek Renkleri Öğren dansını icra eder. Buradaki kastın ne olduğu açık değildir: Video *Troller* benzeri bir Peppa parodisiyle başlar, ama sonra daha önce gördüğümüz etiketlerin otomatik bir tekrarına dönüşür. Fail troller veya otomasyon değildir; algoritmanın mantığını izleyen insan aktörler veya öneri motorlarına akılsızca yanıtlar veren algoritmalar da değildir: Arzular ve ödüller, teknolojiler ve izleyiciler, etiketler ve maskeler arasındaki etkileşimlerin oluşturduğu büyük ve neredeyse tamamen gizli bir matristir.

Diğer örnekler daha az tesadüfi, daha çok kasıtlı görünüyor. Bir video dizisinin tamamı, askerler ve çeteler yerine süper kahramanlar ve çizgi film karakterleriyle programlanmış video oyunu sahnelerinin otomatik yeniden montajlarını içeriyor. Örümcek Adam Ölüm Meleği'nin ve *Buzlar Ülkesi*'ndeki Elsa'nın bacaklarını kırıp onları bir çukura gömüyor. Teletubbies –evet, yine onlar– Grand Theft Auto isimli oyundaki motorlu kovalamacalarda, banka soygunlarındaki çatışmalarda karşımıza çıkıyor. Dondurmalar ve lolipoptan küpeler takan dinozorlar şehirleri yok ediyor. Hemşireler Parmak Ailesi Şarkısı eşliğinde dışkı yiyor. Akla yatkın tek bir şey bile yok, hepsinde bir terslik var. Tanıdık karakterler, çocuk tekerlemeleri, anahtar sözcüklerin oluşturduğu laf salataları, tam otomasyon, şiddet ve çocukların en korkunç kâbuslarından fırlayan ne varsa, her hafta seri üretim usulü yüzlerce videonun yayınlandığı birbirinden farksız kanallarda bir araya geliyor. Ucuz teknolojiler ve düşük maliyetli dağıtım yöntemleri endüstriyel kâbus üretimine hizmet ediyor.

Peki bu videoları yapmak için ne gerekir; kim üretiyor bu videoları? Bunu öğrenmenin bir yolu var mı? Bu videolarda insan oyuncuların rol almıyor oluşu, insanların hiçbir şekilde işin içine karışmadığı anlamına gelmez. Günümüzde animasyon yapmak oldukça kolaydır ve üç boyutlu animasyonlardan para kazanmanın en basit yollarından biri de çocuklara yönelik çevrimiçi içerik üretmektir; çünkü hem estetik beklentileri düşüktür, hem de ölçeğin büyüklüğü bağımsız üretimi kârlı hale getirmektedir. Bu videoları hazırlayanlar (karakter modelleri ve hareket yakalama kütüphaneleri gibi) halihazırda var olan ve kolayca erişilebilen içerikleri kullanır; algoritmalar –ve çocuklar– hiçbir ayrım gözetmediği için de aynı içerik sınırsızca ve çoğunlukla da anlamsızca tekrar tekrar montajlanabilir. Bu ucuz animasyonlar yarım düzine insanın çalıştığı küçük bir stüdyonun veya büyük bir video prodüksiyon şirketinin kocaman ofisinde köle gibi çalıştırılan grafikerlerin elinden de çıkmış olabilir; içine bırakıldığı kutuda çalışmayı sürdüren ve süreç içinde milyonlarca izleme alan deneysel bir projenin, aptal bir yapay zekânın ürünü de olabilir. Eğer gerçekten internetteki bazı yorumcuların inandığı gibi bir nesli zehirlemeyi amaçlayan bir devlet gücü veya pedofili ağı olsaydı bile, bizim bunu bilmemiz mümkün olmazdı. Kaldı ki yalnızca makinenin yapmak istediği şeyler de olabilirler. Soruyu çevrimiçi ortamlara taşımak, komplo ve travmayla dolu bir dipsiz kuyuya daha taş atmak gibidir. Sistemin kendi taleplerini karşılamaktaki yetersizliğine benzer şekilde, ağ da kendi kendisini teşhis edemez.

Bu videolar çocukları travmatize ediyor. En sevdikleri çizgi film karakterlerini cinayet ve tecavüz sahnelerinin içinde görüyorlar.[14] Ebeveynler bu tür videoları izledikten sonra çocuklarının davranışlarında değişiklikler olduğundan şikâyet ediyor. Ağın bu etkileri çocuklar üzerinde gerçek ve kalıcı olması muhtemel hasarlar yaratıyor. Küçük çocukları –ki bazıları gerçekten çok küçüktür– şiddet ve başka uygunsuz içerikler barındıran sahnelere maruz bırakmak düpedüz istismardır. Ama bu konuyu basit bir meseleymiş gibi ele alıp "kimse çocukları düşünmüyor" diye sızlanmak hata olacaktır. Bu içeriklerin çocuklar için uygun olmadığına; orada kötü niyetliler bulunduğuna; bu videolardan bazılarının yayından kaldırılması gerektiğine hiç şüphe yok elbette. Diğer taraftan, bu durumun adil kullanım, sahiplenme, ifade özgürlüğü vb. konulara ilişkin soruları gündeme getirdiği de bir gerçek. Ancak meseleyi sadece bu perspektiflerden ele aldığımızda, kullanılan mekanizmayı tüm yönleriyle kavramakta, sonuçları üzerine bütünlüklü bir şekilde düşünmekte ve uygun yanıtları üretmekte başarısız oluruz.

Bu tuhaf videoların birçoğunu tanımlayan şey ekrandaki korku ve şiddetin seviyesidir. Kimi zaman çocukların arsızlığıdır, kimi zaman saçma sapan bir provokasyondur; ama görünüşe bakılırsa, çoğu zaman mesele bundan daha derin, daha bilinçsizdir. İnternet örtük arzularımızı kışkırtmanın, açığa vurmanın bir yolunu sunar – aslında en iyi yaptığı şey budur. Bu eğilimin olumlu yanları olduğu öne sürülebilir: Ağ teknolojilerinin olgunlaşması insanların fail statüsünü güçlendirerek, hiç bu kadar canlı bir şekilde ve bu kadar farklı sesin katılımıyla konuşulmayan kimlik ve cinsellik formlarına alan açarak birçok insana daha önce hiç imkân bulamadığı biçimlerde kendini gerçekleştirme, ifade etme fırsatı sunar. Ancak milyonlarca çocuk ve yetişkinin saatler, günler, haftalar, aylar ve yıllar boyunca oyun oynadığı –eylemleriyle, en hassas arzularını yağmacı algoritmalara açık ettiği– günümüzde, bu eğilimin boğucu bir şiddet ve yıkım sarmalını beraberinde getirdiği görülüyor.

Bu şiddete eşlik eden şey sömürünün dillendirilmeyen boyutudur: Çocukları sömürüye açık hale getiren şey çocuk olmaları değil güçsüz olmalarıdır. Serbest piyasaya dayalı, doymak bilmeyen kontrolsüz kapitalizmin en beter yönlerinin kodlandığı YouTube algoritmaları gibi otomatik ödül sistemleri, kârlarını koruyabilmek için sömürüye gerek duyarlar. Tüm sistemi çökertmeden denetim kurmak mümkün değildir. Sömürü kurduğumuz sistemlerin içine kodlanmıştır; bu da onu görmeyi, hakkında düşünüp açıklama getirmeyi, ona karşı koymayı ve kendimizi ona karşı savunmayı güçleştirir. En rahatsız edici yanı, bu sömürünün bilimkurgu hikâyelerindeki gibi fabrikaların robot işgücüyle dolduğu ve bu robotlara yapay zekânın amirlik ettiği belirsiz bir gelecekte değil de, bire bir aynı işlemleme mekanizmaları tarafından körüklenen ve oyun odasında, oturma odasında, evde ve cepte gerçekleşen bir sömürü olmasıdır. Bu denklemin iki tarafında da olan insanlara oluyor: Denklemin bir tarafında bu videoları izleyip uyuşanlar, dehşete kapılanlar var; diğer tarafında da düşük ücretlerle hatta ücretsiz çalışarak, sömürülerek, istismar edilerek bunları üretenler. Aralarınaysa, iki taraftan da kâr eden ve büyük ölçüde otomatikleşmiş şirketler çörekleniyor.

Nerede üretilirse üretilsin, nasıl ve hangi açık niyetlerle yapılırsa yapılsın; bu videolar kâr amacıyla çocuklara gösterilmek üzere tasarlanmış bir sistemden doğmuştur. Bunun bilinçsizce üretilen, ortaya çıkan sonuçlarıysa her yerdedir.

Çocukları bu içeriğe maruz bırakmak istismardır. Ancak bu, film veya video oyunlarındaki şiddetin gençler üzerindeki tartışmalı ama gerçek etkileriyle, pornografinin veya uygunsuz imgelerin genç zihinler üzerindeki olumsuz etkileriyle aynı şey değildir. Bunlar da önemli tartışmalardır, ama burada tartışılan şeyin yanına bile yaklaşamazlar. YouTube'da söz konusu olan şey, doğdukları andan itibaren istismarın bu formuna karşı son derece savunmasız olan ağlar aracılığıyla, kendilerini travmatize edecek, sarsacak içeriklerin hedefinde olan çok küçük yaştaki çocuklardır. Buradaki mesele kimin hangi amaçlarla hareket ettiğinden çok, dijital sistemlerle kapitalist saiklerin birleşiminden doğan bir tür şiddettir.

Sistem istismarın suç ortağıdır; YouTube ve Google da sistemin suç ortağı. Bu iki devin çevrimiçi videolardan azami geliri elde etmek üzere kurduğu mimari, –kasten değilse bile devasa ölçekte– çocukları istismar eden anonim bireylerin eline geçmiştir. Nasıl büyük çoğunluğunu erkeklerin oluşturduğu gençlerin –herhangi bir siyasi görüşten– aşırılıkçı videoların etkisiyle radikalleşmesine çare bulmak bu platformların sahiplerinin sorumluluğuysa, bu konunun çözümü de aslen onların sorumluluğundadır. Ama şimdiye kadar bu sorumluluğu üstleneceklerine dair hiçbir belirti göremedik ki bu çok rezilce ama pek şaşırtıcı değil maalesef. Bununla birlikte, platformların sunduğu hizmetlere son vermeden, kendilerine benzeyen pek çok başka sistemi kapatmadan bu sorunlara nasıl yanıt üretebilecekleri sorusunun kolay bir cevabı olmadığını da eklemeliyiz.

İletişim ve söylem alanımızı genişletmek için inşa ettiğimiz yapıların sistematik ve otomatik biçimlerde bize –hepimize– karşı kullanıldığı son derece karanlık zamanlardan geçiyoruz. Bu tip bir dehşeti üretirken, ağa olan inancımızı korumak hiç kolay değildir. Trolleme biçimindeki vahşi YouTube örneklerini –ki önemli bir kısmı böyledir– görmezden gelmek cazip olsa da, bu yaklaşım özellikle grotesk bir yön alan sayısız içeriğin niye bu kadar ağırlık kazandığını açıklamakta başarısız olur. Bu durum, bu tür olayların internet üzerindeki denetimin artırılmasını, kapsamlı sansürleri, gözetimi ve ifade özgürlüğü üzerindeki baskıları meşrulaştırmak için kullanılması gibi karmakarışık biçimlerde iç içe geçmiş birçok tehlike barındırmaktadır. Bu bağlamda, YouTube'un çocuk krizi otomatik sistemler, zayıf makine zekâsı, toplumsal ve bilimsel ağlar ile –kendi günah keçileri ve belli belirsiz, iç içe geçmiş alt kültürleriyle– kültürün kendisi tarafından üretilen daha büyük bir bilişsel krizi yansıtır.

2016'daki ABD başkanlık seçiminin son haftalarında, uluslararası basın Makedonya Cumhuriyeti'nin küçük şehri Veles'e çıkarma yapmıştı. Başkent Üsküp'e arabayla birkaç saat mesafedeki Veles 44.000 nüfuslu eski bir sanayi şehri olmasına karşın, büyük bir ilgiye mazhar olmuştu. Kampanyanın son günlerinde, Başkan Obama bile kafayı bu küçük şehirle bozmuştu. Şehir, Obama'nın "orada her şey doğru da olabilir yanlış da," diyerek tarif ettiği bir yeni medya ekosisteminin simgesi oluvermişti.[15]

2012 yılında, Veles'te yaşayan iki kardeş HealthyFoodHouse.com adlı bir internet sitesi kurdular. İnternetten bulabildikleri her şeyi toplayıp siteyi zayıflama ipuçlarıyla, alternatif çözüm önerileriyle doldurdular ve bu içerik giderek artan bir ziyaretçi trafiğini beraberinde getirdi. Sitenin Facebook sayfası 2 milyon takipçiye ulaşmış durumda; sitede yer alan "Sırtınızdaki ve Yanlarınızdaki Katlardan 21 Günde Kurtulun" ve "Ağrılardan Ânında Kurtulmak için Siyatik Sinirlerinize Sürülecek 5 Temel Yağ" gibi yazıları okumak için Google üzerinden her ay 10 milyon ziyaretçi gelmektedir. Siteye gelen ziyaretçi sayısının artması, AdSense gelirlerini de artırdı: Yerel ünlülere dönüşen kardeşler kazandıkları paraları spor arabalara, Veles'in gece kulüplerinde açtırdıkları şampanya şişelerine harcadılar.

Bunun üzerine, Velesli diğer gençler de aynı yolu izlemeye başladı; aralarında internet sitelerini dolduracak çalıntı ve yanıltıcı içerikler bulmaya zaman ayırabilmek için okulu bırakanlar bile oldu. 2016 yılının başlarında, aynı çocuklar haberin –hem de her türlüsünün– en büyük ve en doyumsuz müşterilerinin büyük ve kolayca hedef alınabilecek Facebook gruplarında toplanan Trump destekçileri olduğunu keşfetti. YouTube'daki doğrulanmamış kanallara benzeyen internet siteleri, anaakım medyadaki Trump boykotuna cevaben açılan binlerce alternatif haber sitesinden ayırt edilemez –ve aşağı yukarı onlar kadar güvenilir– durumdaydı. Kaldı ki çoğu zaman böyle bir ayrım pek önem de taşımaz: Daha önce gördüğümüz gibi, sosyal ağlarda tüm kaynaklar aynı görünür; tık almayı amaçlayan tuzak başlıklar teyit etme eğilimi ile birleştikleri zaman, muhafazakâr izleyiciyi YouTube algoritmalarının "Elsa Örümcek Adam Parmak Ailesi Renkleri Öğren Canlı Çekim" başlığına verdiği tepkiyle aynı biçimde etkiler. Tekrarlanan tıklamalar bu tür hikâyeleri Facebook'un kendi sıralamasında daha da yukarılara çeker. Yürekli birkaç genç aynı numarayı Bernie Sanders destekçileri üzerinde denedi, ama sonuçlar pek iç açıcı olmadı. "Bernie Sanders destekçileri gördüğüm en akıllı insanlar," dedi içlerinden bir tanesi: "Hiçbir şeye inanmıyorlar. İnanmaları için paylaşımın doğrulanması gerekiyor."[16]

Hillary Clinton'ın mahkûm olduğunu, Papa'nın Trump'a açık destek verdiğini iddia eden başlıklar, birkaç aylık kısa bir süre için de olsa, Veles'teki gençlerin bir kısmını zengin etti: Birkaç BMW daha caddelerdeki yerini aldı, gece kulüplerinde biraz daha fazla şampanya satıldı. Amerikan basını, kendi payına düşeni Makedonyalı gençlerin bu "ahlaksız" tutumlarını ve "ukala tavırlarını" kınayarak yaptı.[17] Ama bunu yaparken, Makedonya'dan çağlayan sahte haber furyasını tetikleyen tarihleri ve karmaşık karşılıklı ilişkileri gözden kaçırdı, daha doğrusu düşünemedi – ve bu tür olayların daha geniş ölçekli sistemik sonuçları kavramakta başarısız oldu.

Veles, şehir resmen Makedonya Cumhuriyeti'ne bağlanmazdan önce Yugoslavya'ya bağlı olduğu yıllarda, Tito'nun Veles'i olarak biliniyordu. Yugoslavya ve ağları parçalara ayrıldığı sırada, Makedonya Balkan ülkelerini paramparça eden en kanlı çatışmalardan kendisini korumayı başarmıştı. 2001 yılında BM garantisinde imzalanan bir anlaşmayla çoğunluk hükümeti ile ayrılıkçı Arnavutlar arasında barış sağlandı ve bu anlaşmadan dört sene sonra, 2005'te Makedonya AB'ye üyelik başvurusunda bulundu. Ama önünde büyük bir engel vardı: Güney komşusu Yunanistan'la yaşadığı isim krizi. Yunanlılar, Makedonya adının aynı adı taşıyan Yunan bölgesine ait olduğunu ileri sürüp yeni Makedonyalıları buna el koymayı planlamakla suçluyordu. Makedonya Cumhuriyeti'nin önce AB'ye, sonra da NATO'ya katılmasını önleyen ve ülkenin demokratik reformlardan uzaklaşmasına neden olan bu gerilim on yıl boyunca yavaş yavaş yükseldi.

Amacına ulaşmayan ilerleme girişimleri toplumdaki bölünmeleri derinleştirdi ve etnik milliyetçilik tekrar yükselişe geçti. İktidar partisinin "antikleştirme" politikası da bunun bir sonucuydu: Hükümet tarihi kasten değiştiriyor, hatta yeni bir Makedonya tarihi yazıyordu.[18] Havaalanları, tren istasyonları ve stadyumlara, Yunan Makedonyası'ndan başka yerlerin ve figürlerin yanı sıra, Büyük İskender'in, Makedon Philip'in adı verildi – ikisi de Slav Makedonya ile bağlantısı pek az olan, Yunan tarihine ait figürlerdir. Kıtadaki en düşük istihdam rakamlarından birine sahip olan ülkede, yüz milyonlarca avroya mal olan bir program kapsamında Üsküp'ün dev meydanları buldozerlerle dümdüz edildi ve daha klasik çizgilerle yeniden inşa edildi. Şehrin merkezine Savaşçı ve At Sırtındaki Savaşçı olarak adlandırılan –ama herkesçe Philip ve İskender olarak bilinen– devasa heykeller yerleştirildi. Philip'in Yunanistan'ın kuzeyindeki Vergina'da bulunan mezarının başındaki sembol Vergina Yıldızı bir süreliğine ülkenin resmi bayrağı olarak kullanıldı. Bunlar ve diğer uygulamalar, azınlık ve merkez partilerinin sesini bastırmak için kullanılan milliyetçi söylemlerle desteklendi. Yunanistan'la uzlaşmaktan yana olan siyasetçiler ve tarihçiler ölüm tehditleri aldı.[19] Kısacası, Makedonya bütün ulusal kimliğini sahte haberlere dayanarak kurmaya çalışan bir ülke olup çıktı.

2015 yılında gerçekleşen sızıntılar, antikleştirme programını devreye sokan hükümetin, ülkenin güvenlik birimleri tarafından yürütülen ve 10 yıl boyunca 20 bini aşkın telefon numarasından yapılan 670 bin civarında görüşmenin kaydedildiği kapsamlı telefon dinleme operasyonlarını desteklediğini açığa çıkardı.[20] Ancak ABD, İngiltere ve kendi vatandaşlarını gizlice dinleyen başka demokrasilerden farklı olarak, bu sızıntılar hükümetin çökmesine yol açtı ve kaydedilen içerikler sahiplerine teslim edildi. Gazeteciler, milletvekilleri, aktivistler ve STK'larda çalışanlar içinde kendilerine ait saatlerce süren kayıtların bulunduğu CD'ler aldı.[21] Ama başka yerlerdeki duruma benzer şekilde, bu ifşaatlar hiçbir şeyi değiştirmedi – paranoyayı körüklemekten başka bir işe yaramadı. Sağcılar milliyetçi söylemin dozunu daha da artırıp skandalın mimarı olarak konumlandırdıkları dış güçleri suçladılar. Hükümete ve demokratik kurumlara duyulan güven hiç olmadığı kadar düşük seviyelere indi.

Bu iklimde, Velesli gençlerin böyle bir dezenformasyon programına canı gönülden katılmaları, hele de bu gayretleri kendilerine geleceğin ta kendisi gibi anlatılıp duran modernite sisteminin kendisi tarafından ödüllendiriliyorken, şaşırtıcı mı gerçekten? Sahte haberler internetin bir ürünü değildir: Aksine, enformasyonu kendi çıkarları doğrultusunda manipüle etmeyi âdet edinmiş kesimler tarafından yeni teknolojilerin manipüle edilmesidir. Artık hiç olmadığı kadar aktör propagandacı rolünü oynayabildiği için propagandanın demokratikleşmesidir. Ve en nihayetinde, çete takibi yapan internet sitelerinin şizofreniyi güçlendirmesine benzer şekilde, toplumda zaten var olan bir ayrışmayı derinleştiren şeydir. Ancak onu biçimlendiren tarihsel ve toplumsal bağlamı gözardı edip Veles'i nesneleştirmek, aslında kendi inşa ettiğimiz ve etrafımızı doldurduğumuz mekanizmaları anlama konusundaki kolektif başarısızlığımızın ve hâlâ bulutsu problemlere net cevaplar aramakta olduğumuzun semptomudur.

Seçimden sonraki aylarda, bu manipülasyon için başka aktörler suçlanmaya başlandı. En gözde günah keçisi ise birçok güncel karanlık oyuna adı karışan Rusya'ydı – özellikle de bunlar internet aracılığıyla ortaya çıktığında. 2011'de, Rusya'daki demokrasi yanlılarının büyük ölçüde internet üzerinden gerçekleştirdiği protestoların ardından, Vladimir Putin'in destekçileri giderek artan bir şekilde çevrimiçi olup sosyal medyada Kremlin yanlısı kukla orduları kurdular. İnternet Araştırmaları Merkezi olarak bilinen bu tarz bir operasyon için, Kremlin'in ulusal ve uluslararası çizgisini anlatan blog paylaşımları, yorumlar, viral videolar ve infografiklerden oluşan bir kampanyanın koordine edildiği St. Petersburg'da yüzlerce Rus istihdam edildi.[22] Bu "trol çiftlikleri", Rusya'nın gri bölgeye düzenlediği gizli, inkâr edilebilir ve kafa karıştırıcı askeri harekâtlarının elektronik versiyonuydu. Her idari seviyede bu operasyonların binlercesi yürütüldü: Yanlış ve art niyetli enformasyon kullanımı daimi bir arka fona dönüştü.

Ama Putin'in partisini desteklemeye ve Ukrayna gibi ülkeleri karalamaya çalışan trol çiftliklerinin, ne kadar paylaşım ve yorum yaparlarsa yapsınlar insanları herhangi bir konuda fikirlerini değiştirmeye ikna etmenin oldukça güç olduğunu öğrenmesi uzun sürmedi. Bunu öğrendikten sonra, ikinci en iyi seçeneği devreye soktular: Argümanı bulanıklaştırmak. ABD'deki seçimlerde, Rus güvenlik birimlerinin her iki tarafa da sızıntı desteği vermesine benzer şekilde, Rus trolleri Clinton, Sanders, Romney ve Trump'a destek veren paylaşımlar yaptılar. Bunun sonucunda önce internette, ardından da daha geniş siyasi söylemde bozulmalar, kutuplaşmalar baş gösterdi. Bir Rus aktivistin tanımladığı şekliyle, "Mesele o söylemi bozmaktır; bir nefret iklimi yaratmak, sıradan insanların dokunmak bile istemeyeceği kadar kokuşmuş hale getirmektedir."[23]

Tanımlanamayan güçler, her biri komplo ve paranoya ile malûl başka seçimleri de etkilemiştir. Birleşik Krallık'taki Brexit referandumunda, seçmenlerin beşte biri güvenlik birimlerince oylamaya müdahale edileceğine inanıyordu.[24] Ayrılıktan yana kampanyanın yürütücüleri kurşun kalemle işaretlenen oyların silinebileceğini öne sürüp, seçmenlere yanlarında tükenmezkalem getirmelerini tavsiye etmişti.[25] Sonrasında, tüm dikkatler –koruma fonlarından milyarlar kazanan ve Donald Trump'ın en güçlü destekçisi olan eski bir yapay zekâ mühendisi Robert Mencer'ın sahibi olduğu şirket– Cambridge Analytica'nın çalışmaları üzerinde toplandı. Cambridge Analytica çalışanları yaptıkları işi seçmenleri hedef almak ve ikna etmek amacıyla büyük miktarlarda veriden yararlanarak yürütülen bir "psikolojik savaş" olarak tanımlamaktadır. Sonrasında, güvenlik birimlerinin seçimlere gerçekten müdahale ettiği ve bunun nasıl gerçekleştiği ortaya çıktı: Brexit kampanyasına hizmetini "bağışlayan" Cambridge Analytica yönetim kurulu üyesi ve çalışanları arasında, Afganistan'daki İngiliz güçlerinin eski psikolojik operasyonlar direktörü başta olmak üzere eski İngiliz ordusu personeli bulunuyordu.[26] Hem AB referandumunda, hem de ABD seçimlerinde, askeri yükleniciler kendi ülkelerindeki demokratik seçimleri etkilemek için askeri istihbarat teknolojilerini kullandılar.

Bıkıp usanmaksızın Brexit, ABD Sağı ve şüpheli veri şirketleri arasındaki bağlantıların altını çizen gazeteci Carole Cadwalladr *Guardian*'daki yazısında şöyle söz etmiştir bu durumdan:

> Bunu günlük olarak takip etmeye çalışın, ama baştan uyarayım oldukça kafa karıştırıcı bir meseledir: Atlantik'in karşı yakasına uzanan ve veri şirketlerini, danışmalar ve medya kuruluşlarını kapsayan güç, himaye ve ittifak ilişkileri ve ağlarından oluşan bir örümcek ağı gibidir. An-

laşılmaz yargı sistemlerinin karmaşık kurumsal yapısıyla, tekelci platform teknolojisinin kara kutu algoritmaları üzerinden aktarılan deniz aşırı fonlarla ilgilidir. Bu göz yaşartıcı karmaşıklığın ve coğrafi dağınıklığın tesadüf olmayışıyla ilgilidir. Şarlatanın en iyi dostu kargaşa, favori taktiği ise gürültüdür. Twitter'da gevezelik etmek karanlığın en kullanışlı pelerinidir.[27]

ABD seçimlerindekine benzer şekilde, dikkatler Rusya'ya da çevrildi. Araştırmalar, İnternet Araştırmaları Merkezi'nin Brexit'le ilgili çok sayıda ayrıştırıcı Twitter paylaşımı yaptığını ortaya çıkardı. Teksaslı bir Cumhuriyetçi olduğunu iddia eden, ama İnternet Araştırmaları Merkezi'yle bağlantısı sebebiyle Twitter tarafından askıya alınan bir hesaptan "Şu #Brexitreferandumu bittikten sonra, İngiltere topraklarını istilacı müslümanlardan temizlemeye başlar umarım" ve "İngiltere Avrupa Halifeliğinden ayrılmaya karar verdi! #Brexitreferandumu" gibi paylaşımlar yapıldı. Aynı hesap, daha önce de Müslüman bir kadının Londra'da gerçekleştirilen bir terör saldırısının kurbanlarını görmezden geldiğini iddia ettiği görüntüler yayınlamış ve gazetelerin manşetlerine taşınmıştı.[28]

Merkeze ait olduğu tespit edilen 419 aktif hesabın dışında, robot hesaplara ilişkin rakamlar açıklanmadı. Ama referandumun ertesi yılı yayınlanan bir başka rapor, 13 bin robot hesabın tartışmanın iki tarafından da tweetler attığını –ama Ayrılık yanlılarını destekleyen paylaşımların Kalma taraftarı içeriklerin sekiz katı olduğunu– ortaya çıkardı.[29] Referandumu izleyen birkaç ay içinde, Twitter 13 bin hesabın tamamını sildi ve bu hesapların kime ait olduğu anlaşılamadı. Başka bazı açıklamalara göre, 2016 ABD başkanlık seçimleri için yürütülen kampanya etrafında dönen tüm çevrimiçi tartışmalar içinde robot hesapların payı beşte biri buluyordu ve bu robot hesaplar kamuoyunu önemli ölçüde etkilemişti.[30] Tartışmalara katılanların büyük bölümü esrarlı ve takip edilemez olduğunda, bu tartışmalara katılanların kim, hatta ne olduklarını bilemediğimizde, demokrasi kokuşmaya başlar. Toplum üzerindeki etkileri katlanarak arttığında bile, hangi saiklerle hareket ettikleri ve kime hizmet ettikleri hiç mi hiç anlaşılmaz. Robot hesaplar artık her yerde.

2015 yazında, macera peşindeki evli çiftlere hitap eden bir flört sitesi olan AshleyMadison.com saldırıya uğradı ve 37 milyon üyenin şahsi bilgileri internete sızdı. Sitenin kullanıcıları arasındaki açık mesajlaşmaların bulunduğu büyük veritabanları incelendiğinde, erkekler ve kadınlar arasında –ücretli üyelere ilişki garantisi vermek dahil– doğrudan bağlantı sağlama vaadinde bulunan bir siteye göre kadın ve erkek üye sayıları arasında büyük bir dengesizlik olduğu ortaya çıktı. Bu 37 milyon kullanıcının yalnızca 5 milyonu kadındı ve bunların da birçoğu hesap açtıktan sonra bir daha hiç oturum açmamıştı. Bunun istisnası Ashley Madison'ın "Melekler" dediği ve son derece aktif olan 70 bin civarında kadın üyeydi. Melekler erkek üyelerle temasa geçiyor –erkek üyelerin Meleklere cevap yazabilmek için ücret ödemesi gerekiyordu– ve aylar boyunca tekrar gelip daha fazla ödeme yapmaları için sohbetleri olabildiğince uzatıyorlardı. Hepsi de sanal robotlardı tabii.[31] Ashley Madison, otuz bir farklı dildeki milyonlarca sahte profili oluşturmak için üçüncü şahıslara ödeme yapmış, bu sanal hesapları yönetmek ve canlı tutmak için ayrıntılı bir sistem kurmuştu. Bazı erkekler sitede binlerce dolar harcıyordu – içlerinden bazıları ilişki bile yaşıyordu. Ancak büyük çoğunluk yazılımlarla yaptıkları açık saçık ama sonuçsuz sohbetlerle yıllarını geçiriyordu. Alın size distopik otomasyonlarla ilgili başka bir örnek: Sosyalleşmenin imkânsız olduğu bir sosyal paylaşım sitesi; kullanıcıların yarısı hayalet ve katılım ancak ödeme ile mümkün. Sisteme maruz kalanlar bir şeylerin ters gittiğinden şüphelenebilirlerdi belki, ama ne olup bittiğini bilmelerinin imkânı yoktu. Ayrıca, bütün sistemin üzerine inşa edildiği fantaziyi yerle bir etmeden bu şüpheleri ciddiye almak imkânsızdı. Saldırı sonucu altyapının çökmesi iflası beraberinde getirdi, ama istismara dayalı bir sistemin teknolojik çerçevesi de açıklığa kavuşmuş oldu.

Çocuklara yönelik YouTube içeriklerindeki gariplik ve şiddet üzerine ilk araştırmamı yayınladığımda, bu videoların nerelerden geldiğini, kimler tarafından üretildiğini bildiğine inanan tanımadığım bir sürü insandan mesajlar ve e-postalar aldım. Bazıları aylarca internet sitelerinin sahiplerini ve IP adreslerini takip etmişti. Bazıları canlı video yayınlayan kanalların konumu ile belgelenmiş istismar olaylarını karşılaştırmıştı. Videolar Hindistan'dan, Malezya'dan,

Pakistan'dan geliyordu; ama ne hikmetse, daima Başka yerlerden geliyordu! Uluslararası bir pedofili çetesinin planlı faaliyetleriydi. Şu isimli şirketin; şu düzenbaz yapay zekânın ürünleriydi. Batılı gençleri yozlaştırmayı amaçlayan çok ortaklı, uluslararası ve devlet destekli bir planın parçasıydılar. E-postalardan bazıları saplantılı kimselerden, bazıları kendini bu konuya adamış araştırmacılardan geliyor; hepsi de bir şekilde şifreyi çözüklerini iddia ediyorlardı. Videoların belirli yönlerini veya alt kümelerini düşününce değerlendirmelerinin çoğu gerçekten ikna edici görünüyordu; ama bütünlüklü düşünüldüğünde hepsi bir noktada tıkanıyordu.

Brexit kampanyasında, ABD seçimlerinde ve YouTube'un derinliklerindeki uygunsuz içeriklerde ortak olan şey, birçok bariz şüpheye rağmen, kimin ne yaptığını, hangi saiklerle ve ne niyetlerle yaptığını söylemenin en nihayetinde imkânsız olmasıdır. Ardı arkası kesilmeyen video akışlarını izlerken, durum güncellemeleri ve tweetlerle dolu haber akışını aşağı kaydırırken, algoritmalarca oluşturulmuş saçma sapan şeyler veya reklam geliri elde etmek için ustalıkla üretilen sahte haberler arasında ayrım yapmaya çalışmak; neyin paranoyak kurgu, neyin devlet faaliyeti, neyin propaganda veya spam olduğunu; hangi enformasyonun kasten yanlış verildiğini, hangisinin iyi niyetli bir durum tespiti olduğunu tespit etmeye çalışmak boşunadır. Bu keşmekeşin Kremlin hayaletlerinin ve çocuk istismarcılarının manipülasyonlarına hizmet ettiğine kuşku yok; ama diğer taraftan herhangi bir grubun çıkarlarından çok daha geniş ve derin olduğu da ortada: Dünyanın işleyişinden çok da farklı değil yani. Dünyanın ne yöne evrilmesi gerektiğine hiç kimse karar vermedi –kimse yeni bir karanlık çağı istemedi–, ama öyle veya böyle onu biz inşa ettik ve şimdi de içinde yaşamak zorundayız.

10

Bulut

MAYIS 2013'TE, Google her yıl düzenlediği Zeitgeist konferansı için 200 kişiden oluşan seçkin bir grubu İngiltere, Hertfordshire'daki Grove Hotel'e davet etti. 2006'dan beri düzenlenen ve düzenlendiği otelin bahçesinde herkesin katılımına açık bir "büyük çadır" etkinliğiyle sona eren bu iki günlük buluşma, yalnızca seçilen konuşmacıların videolarının internette yayınlandığı oldukça özel bir toplantıdır. Önceki yıllarda eski ABD başkanları, kraliyet ailesi üyeleri ve pop yıldızlarının konuşmalar yaptığı konferansın 2013 konuk listesinde Google yöneticileri ve motivasyonel konuşmacıların yanı sıra, birkaç devlet başkanı ve bakan, Avrupa'nın en büyük şirketlerinden birçoğunun yöneticileri ve eski İngiliz silahlı kuvvetler komutanı yer aldı. Google'ın kendi CEO'su Eric Schmidt'in de aralarında bulunduğu katılımcıların bir kısmı, bir ay sonra dünyanın pek çok yerinden siyasi elitlerin katıldığı, yıllık olarak ve çok daha gizli düzenlenen Bilderberg Group toplantısı için aynı otele tekrar geleceklerdi.[1] Dünyanın en güçlü insanlarından bazılarını hayır kurumlarına destekte bulunmaya ve kendi mutluluklarının peşine düşmeye davet eden bir dizi konuşmanın gerçekleştiği 2013 toplantısında "Bugünün Eylemi", "Mirasımız", "Bağlantılı Bir Dünyada Cesaret" ve "Haz İlkesi" gibi başlıklar yer aldı.

Konferans Schmidt'in teknolojinin özgürleştirici gücüne adanmış zafer şarkısıyla açıldı. "Belki siyaset yapma biçimimiz yüzünden, belki medyanın işleyiş biçimi yüzünden," dedi Schmidt: "Bir şeyleri gözden kaçırıyoruz galiba. Yeterince iyimser olamıyoruz...

Oysa hem Google'da, hem de küresel ölçekte insanlık adına oldukça olumlu gelişmeler yaşanıyor; inovasyonun doğal seyrine güvenmeli, ileride ne olup biteceği konusunda çok daha iyimser olmalıyız."[2]

Açılışın ardında gelen tartışma oturumunda, George Orwell'in *1984*'üne atıfla bu tür ütopik düşüncelere karşı çıkan bir soruya cevaben, Schmidt teknolojinin dünyayı nasıl geliştirdiğini göstermek için cep telefonlarının –ve özellikle de cep telefonu kameralarının– yaygınlığını örnek gösterdi:

> İnternet çağında sistemli kötülük uygulamak çok çok daha zordur; bakın size bir örnek vereyim. Ruanda'daydık. 1994 yılında, orada yaşananlar korkunç ... aslında soykırımdı. Dört aylık bir süre zarfında palalarla 750.000 insan öldürüldü; bu insan öldürmenin korkunç, çok korkunç bir yoludur. Planlama gerektirir. Bu planların yazılmasını gerektirir. 1994'te herkesin bir akıllı telefonu olsaydı bunu yapmak imkânsız olurdu bana sorarsanız; insanlar orada neler olup bittiğini ânında fark ederdi. Planlar sızdırılırdı. Birileri çözerdi; birileri bu korkunç katliamı önleyecek bir tepki ortaya koyardı.[3]

Schmidt'in –ve Google'ın– dünya görüşü, bir şeyi görünür kılmanın şartları iyileştireceği ve teknolojinin şeyleri görünür kılmanın aracı olduğu inancına dayanır. Dünyaya egemen olan bu görüş, tepeden tırnağa yanlış olmasının da ötesinde, hem küresel ölçekte, hem de Schmidt'in değindiği özel durumlar açısından son derece tehlikelidir.

Hem soykırımın haftalarca, hatta aylarda öncesinde, hem de meydana geldiği sırada, küresel karar alıcıların –başta ABD olmak üzere, Belçika ve Fransa gibi bölgedeki eski sömürgeci güçlerin– sahip olduğu geniş enformasyon yelpazesi tüm ayrıntılarıyla belgelenmiştir.[4] Bölgede çok sayıda ülkenin elçisi ve diğer personeli ile çok sayıda STK bulunuyordu; BM'den tutun da, dışişleri ve başka bakanlıklara, ordulara ve istihbarat birimlerine kadar herkes olan biteni takip ettiği halde, büyüyen krize verdikleri yanıt personellerini geri çekmek olmuştu. Ulusal Güvenlik Birimi, "hamamböceklerinin kökünü kurutmak" için "son bir savaş" çağrısı yapan ve şimdilerde pek hoş anılmayan ulusal radyo yayınlarını dinlemekle de yetinmeyip kaydetmişti. (Soykırım sırasında Ruanda'daki BM barışı koruma operasyonunun komutanı General Roméo Dallaire, "sadece [malum] yayınları bozup onun yerine barış ve uzlaşı mesajları yayınlanmanın bile olayların seyri üzerinde önemli bir etkisi olabileceğini" söylemiştir.[5]) ABD gerçekleştiği sırada Ruanda'daki vahşete ilişkin açık delillere sahip olduğunu yıllarca inkâr etmişti; ama Ruanda'daki soykırımın sorumlularından birinin 2012'de görülen davasında, savcılık herkesi şaşkına çevirerek Mayıs, Haziran, Temmuz 1994 boyunca çekilen ve "yüz günlük soykırımın" bütün seyrini gösteren yüksek çözünürlüklü uydu fotoğraflarını mahkemeye sundu.[6] Ulusal Keşif Birimi ve Ulusal Jeo-Uzamsal İstihbarat Birimi tarafından erişimine sınır getirilen çok daha büyük bir arşivden alınan bu fotoğraflarda, eski başkent Butare sokaklarına kurulan barikatlar, yıkık dökük binalar, toplu mezarlar ve sokaklardaki cesetler dahi görülebiliyordu.[7]

1995 yılında, Balkanlarda yaşananlar da bundan çok farklı değildir: CIA teknisyenleri Viyana'daki operasyon merkezinde oturup uydu üzerinden Srebrenitsa'da 8000 Müslüman erkek ve çocuğun katledilişini seyretmişti.[8] Günler sonra, bir U-2 casus uçağından gelen fotoğraflar yeni kazılmış toplu mezarların oluşturduğu tepeleri açıkça gösteriyordu: Bu kanıtlar Başkan Clinton'a her şey bittikten bir ay sonra gösterilmişti.[9] Ama bunun için kurumsal ataleti suçlamak yersiz olur, çünkü Schmidt'in talep ettiği türde yaygın imge üretimi henüz gerçekleşmemişti. Günümüzde, toplu mezarlara ait uydu fotoğraflarını artık askeri ve sivil istihbarat birimleri muhafaza etmiyor. Aksine, tıpkı 2013 yılında Şam'ın güneyindeki Daryya Camisi'nin önünde yere saçılan bedenlere yapıldığı gibi, çukurlara atılmış cansız bedenlere ait "öncesi-sonrası" fotoğrafları Google Haritalar uygulamasında bile mevcuttur.[10]

Bu örneklerin hepsi, gözetimin şimdiki zamanda eylemde bulunamadığını, baştan sona iktidarın yerleşik ve riskli çıkarlarına hizmet ettiğini, tümüyle geriye dönük bir teşebbüs olduğunu ortaya koymaktadır. Ruanda ve Srebrenitsa'da eksik olan şey, vahşetin kanıtından ziyade bu kanıtlara dayanarak harekete geçme isteğiydi. Ruanda cinayetlerine ilişkin bir soruşturma raporunda belirtildiği gibi, "soykırımın tam manasıyla anlaşılamamasının sebebi enformasyon eksikliğinden ziyade siyasi, ahlaki ve imgesel zayıflıklardır."[11] Bu ifade elinizdeki kitabın kapanış cümlesi olabilirdi: Mesele bildiklerimiz değil de yaptıklarımızken, hâlâ görmezden gelme veya daha fazla ham enformasyon peşine düşme kabiliyetimize lanet okutan bir ifadedir.

Ancak imgenin gücündeki düşüşün bu şekilde açığa vurulmasının, demokratik ve yaygın biçimde oluşturulmuş daha çok imgenin veya enformasyonun şartları iyileştireceğini iddia eden Schmidt'in pozisyonunu desteklediği düşünülmemelidir. Schmidt'in ısrarla sistemli kötülüğün önüne geçeceğini savunduğu teknolojinin kendisinin, yani akıllı telefonun şiddeti artırıp bireyleri onun yıkıcı etkilerine maruz bıraktığı defalarca kanıtlanmıştır. 2007 yılında Kenya'da gerçekleştirilen tartışmalı seçimin ardından, Ruanda'daki radyo istasyonlarının yerini cep telefonları aldı; etnik grupları birbirlerini boğazlamaya davet eden kısa mesajların dolaşıma girmesiyle şiddet sarmalı büyüdü. 1000'in üzerinde insan öldürüldü. En çok paylaşılan mesajlardan biri, insanları düşmanlarının listesini çıkarıp göndermeye teşvik ediyordu:

> Biz diyoruz ki bundan böyle kanı dökülenler masum Kikuyu halkı olmasın. Onları burada, başkentin göbeğinde boğazlayacağız. Adalet istiyorsanız, iş yerinizden, mahallenizden veya Nairobi'nin herhangi bir yerinden tanıdığınız tüm Luoların ve Kaluların listesini çıkarın, bu listeye çocuklarının hangi okullara gittiğini ve okula nasıl gittiğini de ekleyin. Listeyi göndereceğiniz numaraları ayrıca paylaşacağız.[12]

Nefret mesajları o kadar sertti ki hükümet kendi barış ve uzlaşı mesajlarını dolaşıma sokmaya çalışıyor, insancıl STK'lar giderek artan şiddet döngüsünün müsebbibi olarak cep telefonlarının yarattığı kapalı, nüfuz edilemez topluluklarda yükselen nefret söylemini gösteriyordu. Daha sonraki çalışmalar, gelir eşitsizliği, etnik ayrışmalar ve coğrafya dikkate alındığında bile, kıtanın genelinde cep telefonlarının kapsama alanındaki artışın şiddetin giderek yükselen dozuyla yakından ilgili olduğunu ortaya çıkarmıştır.[13]

Bunların hiçbirini uyduların veya akıllı telefonların şiddet doğurduğunu iddia etmek için söylemiyorum. Asıl mesele, bu cihazların dünyayla ilişkimizi yeniden düşünemeyişimizi pekiştiren ahlakdışı işlevine yönelik eleştirellikten, düşünceden uzak inançtır. Teknolojinin özü itibarıyla iyi olduğu konusunda tartışmasız kabul edilen her iddia statükoyu desteklemeye ve sürdürmeye hizmet etmektedir. Schmidt'in Ruanda ile ilgili iddiası tamamıyla dayanaksızdır – aslında tam tersi doğrudur; dünyanın en güçlü veri odaklı dijital büyüme destekçilerinden biri olan ve küresel ölçekli şirketlerin yöneticilerinden, hükümet liderlerinden oluşan bir dinleyici kitlesine hitap eden Schmidt yanılmakla da kalmayıp tehlike saçmaktadır.

Enformasyonla şiddet tümüyle ve ayrılmaz bir şekilde birbirine bağlıdır; dünya üzerinde söz sahibi olma iddiası taşıyan teknolojiler enformasyonun silaha dönüşmesini hızlandırmaktadır. Askeri, devlet ve şirket çıkarlarıyla yeni teknolojilerin gelişimi arasındaki tarihsel ilişki bunu açıkça göstermektedir. Bunun sonuçları her yere sirayet etmektedir. Buna rağmen, bizi tekrar tekrar şiddet, yıkım ve ölüm döngülerine hapseden enformasyona haddinden fazla değer vermeyi sürdürüyoruz. Aynı şeyi başka metalarla yapıp durduğumuz uzun tarihimiz düşünüldüğünde, bu gidişat gözardı edilemez, edilmemelidir.

"Yeni petrol veridir" sözü ilk kez 2006 yılında, bir süpermarket ödül programı olan Tesco Clubcard'ın mimarı İngiliz matematikçi Clive Humby tarafından kullanılmıştır.[14] O günden bu yana, önce pazarlamacılar, sonra girişimciler ve en nihayetinde de şirket yöneticileriyle karar alıcılar tarafından tekrar edile edile yaygınlık kazanmıştır. Mayıs 2017'de, *Economist* bütün bir sayısını bu önermeye ayırmıştır: "Akıllı telefonlar ve internet veriyi bol, yaygın ve çok daha değerli hale getirdi... Bir firma ne kadar enformasyon toplarsa ürünlerini geliştirmek için o kadar geniş bir ufka sahip olur; o ürünler daha çok kullanıcıyı cezbeder ve bu da daha çok veri üretir."[15] Mastercard'ın başkanı ve CEO'su, dünyanın en büyük ham petrol üreticisi Suudi Arabistan'daki bir izleyici kitlesine verinin en az ham petrol kadar etkili bir servet oluşturma aracı olabileceğini söylemişti (ayrıca, verinin "kamu malı" olduğunu eklemişti).[16] Avrupa Birliği'nden ayrılma konusunda İngiliz parlamentosunda yapılan tartışmalarda, iki taraf da verinin petrolvari niteliklerine atıf yapmıştı.[17] Ancak bu tür göndermelerin çok azı böylesine zehirli bir malzemenin uzun vadeli, sistemik ve küresel sonuçlarını, ortaya çıktığı koşulların güvenilmezliğini dikkate alır.

Humby'nin orijinal formülünde, veri petrole benzer, çünkü "kıymetlidir, ama rafine edilmeden hiçbir işe yaramaz. Kârlı faaliyetlerde kullanılacak kıymetli bir varlık yaratmak için petrolün gaza, plastiğe, kimyasallara vb. dönüştürülmesi gerekir; aynı şekilde veri de değer kazanabilmek için parçalarına ayrılmalı, analiz edilmelidir."[18] Enformasyonu faydalı kılmak için gereken çalışmalara yapılan bu vurgu işleme gücü ve makine zekâsının da yardımıyla yıllar içinde silikleşip yerini saf spekülasyona bıraktı. Sadeleştirme sürecinde, hem analojinin tarihsel sonuçları, hem de mevcut tehlikeleri ve uzun vadeli yankıları unutuldu.

Tarihsel olarak baktığımızda, dinmeyen petrol açlığımız gibi veriye açlığımız da sıkı sıkıya kapitalist sömürü ağlarına bağlıdır; emperyalist ve sömürgecidir. En başarılı imparatorluklar her zaman seçici bir görünürlük sayesinde, madunun merkezden görülebilmesine bağlı olarak yayılmışlardır. Tıpkı imparatorluk tebasının, kendilerini efendilerinin dayattığı şartlara göre kaydedip adlandırmak zorunda kalmasına benzer şekilde, veri de emperyalist niyetin hedefini haritalandırmak ve sınıflandırmak için kullanır.[19] O imparatorluklar önce işgal etti, sonra da ele geçirdikleri yerlerin doğal kaynaklarını sömürdü; kurdukları ağlarsa günümüzün dijital altyapılarında yaşıyor: Eski imparatorlukları kontrol etmek için döşenen telgraf hatlarının yerini enformasyon otobanı alıyor. Batı Afrika'dan dünyaya açılan en hızlı veri rotaları Londra'dan geçtiği sürece, bir İngiltere-Hollanda ortalığı olan çok uluslu Shell de Nijerya deltasının petrolünü sömürmeye devam edecektir. Güney Amerika'yı çevreleyen denizaltı kablolar, buradaki ülkeler kendi petrol kârlarını kontrol etme mücadelesi verdiği halde Madrid merkezli şirketlere aittir. Fiber optik bağlantılar, bağımsızlaşma süreçleri boyunca sessizce el konulan açık deniz bölgeleri üzerinden finansal işlemlere yön vermektedir. İmparatorluk topraklarının çoğunu kaybetmiştir, ancak faaliyetlerini altyapı düzeyinde sürdürerek gücünü ağ biçimde muhafaza etmektedir. Veri odaklı rejimler atalarının ırkçı, cinsiyetçi ve baskıcı politikalarını sürdürüyorlar, çünkü bu önyargı ve tutumlar genlerine kodlanmıştır.

Günümüzde, verinin/petrolün çıkarılması, rafine edilmesi ve kullanılması toprağı ve havayı zehirliyor. Dökülüp saçılıyor. Her şeye bulaşıyor. Toplumsal ilişkilerimizin yeraltı sularına sızıp bu suları zehirliyor. Bize işlemsel düşünceyi dayatarak, gayrimeşru sınıflandırmanın, köktenciliğin ve popülizmin toplumda meydana getirdiği derin ayrışmaları keskinleştirip eşitsizliği derinleştiriyor. Eşitsiz güç ilişkilerini sürdürüp besliyor: İktidarla girdiğimiz etkileşimlerin birçoğunda, veri serbestçe bulunan bir şeyden ziyade zorla açığa çıkarılan –veya bir avcıdan kendini gizlemeye çalışan stresli bir mürekkep balığı gibi, panik anlarında harekete geçirilen– bir şeydir.

İklim değişikliği hakkında bildiklerimizi düşününce, günümüzde siyasetçilerin, karar alıcıların ve teknokratların veriden/petrolden olumlayarak bahsetmelerinin bizi dehşete düşürmesi gerekir aslında – ikiyüzlülükleri bizi çoktan duygusuzlaştırmadıysa tabii. Bu veri/petrol biz öldükten çok sonra da tehlikeli olmaya devam edecektir çünkü: Şimdiye kadar biriktirdiğimiz borcun temizlenmesi dahi yüzyıllar sürecektir; en kötü ve kaçınılmaz sonuçlarını deneyimlemeye henüz yaklaşmadık bile.

Ancak çok önemli bir bakımdan, veri ile petrolü benzetme konusundaki en gerçekçi açıklamalar dahi yetersiz kalır, çünkü enformasyona bel bağlamayan bir ekonomiye barışçıl yollardan geçilebileceğine ilişkin yanlış bir umut aşılar. Petrol, her şeye rağmen tükenebilirliği ile tanımlanır. Petrolün en yüksek seviyesine zaten yaklaşmış durumdayız ve karşılaştığımız her petrol şoku yeni bir bölgeyi sömürmemizi veya –hem gezegen, hem de bizim açımızdan daha büyük tehlikeler doğuran– yıkıcı bir teknolojiyi devreye sokmamızı teşvik ediyor olsa da, en nihayetinde tüm kuyular kuruyacak. Ancak istihbarat teşkilatlarının her e-postayı, her fare hareketini ve her cep telefonunun yolculuğunu kaydettiğinin ortaya çıktığı umutsuz tabloya rağmen, aynı şey enformasyon için söylenemez. Enformasyonun tepe noktasına sandığımızdan daha yakın olabiliriz, ama bize ve dünyayı kavrama kabiliyetimize verdiği zararla birlikte ham enformasyon sömürüsü sonsuza dek sürebilir.

Bu bağlamda, enformasyonun gücü petrolünkinden ziyade atomunkine benzer: Muazzam büyüklükte yıkıcı bir güç içeren ve şiddetin tarihine petrolden daha açık bağlarla bağlı olan, kelimenin tam manasıyla sınırsız bir kaynaktır. Ancak, atomik enformasyon bizi yüzlerce yıldır fokurdayan petro-kültürün kaçınmayı büyük ölçüde başardığı, zamana ve kirliliğe ilişkin varoluşsal sorularla yüzleşmek zorunda bırakabilir.

Önceki bölümlerde, işlemsel düşüncenin atom bombası yapmak için geliştirilen makinelerin de yardımıyla nasıl geliştiğinin, Manhattan Projesi'nin sağladığı ortamda güncel işlemci ve bağlantı mimarisinin nasıl oluşturulduğunun izlerini sürdük. Veri sızıntıları ve ihlallerin hangi biçimlerde gerçekleştiğini, mahremiyet kaybına ve rizomatik mantar bulutlarına yol açan kritik sapmalar ve zincirleme reaksiyonların nasıl ortaya çıktığını gördük. Bu analojiler basit birer spekülasyondan ibaret değildir: Toplumsal hayatımızdaki ve mühendislik konularındaki tercihlerimizin bünyevi, bütünlüklü sonuçlarıdır.

Karşılıklı olarak bir yıkım tehdidinin hayaleti tarafından sürdürülen Soğuk Savaş'ın içine hapsolduğumuz kırk beş yılın ardından, bugün kendimizi entelektüel, ontolojik bir açmazın içinde buluverdik. Dünyaya dair değerlendirmede bulunmak için kullanabileceğimiz başlıca yöntem –daha fazla veriye erişmek– aksıyor. Yöntemimiz karmaşık, insan kaynaklı sistemleri açıklamakta başarısız oluyor ve bu başarısızlık alenileşiyor – özellikle de onu daha açık hale getirmek amacıyla kurduğumuz geniş, gezegenin tamamına yayılan bir enformasyon paylaşım sistemi yüzünden. Mahremiyet kaybı, ister devlet gözetiminden kaynaklansın, ister sızıntı kaynaklı karşıgözetim aktivizminden, her iki tarafça sağlanmaktadır ve bu başarısızlığın bir örneğidir; tıpkı gözetimin beraberinde getirdiği gerçek-zamanlı aşırı enformasyon akışının sebep olduğu karmaşa gibi. Bir başka örneği, işlemlemeye harcanan milyarlarca doların çok çok az ilacın keşfiyle sonuçlandığı farmakoloji endüstrisindeki keşif krizidir. Ama içlerinde en bariz olanı, çevrimiçi enformasyonun devasa hacmine –ılımlı görüşlerin ve alternatif açıklamaların çokluğuna– rağmen komplo teorileri ve köktenciliğin, hayatta kalmanın ötesinde, yükselişe geçmesidir. Nükleer çağda olduğu gibi, tecrübelerimizden inatla yanlış dersler çıkarıyoruz. Mantar bulutuna baktığımızda tüm bu gücün toplamını görüyoruz ve sonra da silahlanma yarışına kaldığımız yerden devam ediyoruz.

Halbuki görmemiz gereken şey, bütün karmaşıklığı içinde ağın kendisidir. Ağ türümüzün iç gözlem için ürettiği en yeni, ama en gelişmiş ve uygarlık ölçeğindeki araçtır. Ağ ile meşgul olmak Borgesçi bir sonsuz kütüphaneyle ve bu kütüphanenin tüm bünyevi çelişkileriyle meşgul olmak demektir: Bir araya toplanması mümkün olmayan, tutarlılığı daima reddeden bir kütüphanedir bu. Sahip olduğumuz kategoriler, özetler ve yetkililer, artık yalnızca yetersiz değil düpedüz tutarsızdır. H. P. Lovecraft'ın kendi yeni karanlık çağ ilanında dikkat çektiği gibi, dünya üzerine düşünmek için kullandığımız mevcut düşünme tarzlarımızın maruz kaldığı bu ham enformasyon bütünlüğü karşısında hayatta kalma ihtimali, atom çekirdeğine maruz kaldıktan sonra hayatta kalma ihtimalimizden daha düşüktür.

Ulusal Güvenlik Birimi'ne öncülük eden "Karanlık Oda", 1919' da ilk barış zamanı kriptanalitik örgütü olarak kurulmuş, ABD'nin gücünü artırmak için şifreli enformasyonun kırılması, işlenmesi ve imha edilmesine hizmet etmiştir. Fiziksel bir benzeri, 1942'de Chicago'daki Stagg Field stadının açık tribünlerinin altında Enrico Fermi tarafından 45 bin siyah grafit bloktan inşa edilmiş ve dünyanın ilk yapay nükleer reaksiyonuna kalkan olmak için kullanılmıştır. Nasıl bir zamanlar sır gibi saklanan Los Alamos kenti bugün karşılığını NSA'ya ait veri merkezlerinin inşa edildiği Utah çölünde bulduysa, karanlık oda da NSA'nın Fort Meade, Maryland'de bulunan merkezindeki ışık geçirmez cam ve çelikte; Google, Facebook, Amazon, Palantir, Lawrence Livermore, Sunway, TaihuLight ve Ulusal Savunma Koordinasyon Merkezi'nin uçsuz bucaksız, anlaşılmaz sunucularında cisim bulmuştur.

Fermi ve NASA'nın iki odası, iki şeyin imhasıyla karşılaşmayı temsil eder: biri bedenin, diğeri zihnin; ikisi birden benliğin. İkisi de bilinmeyenin kabulü pahasına girişilen, giderek daha incelikli

Chicago Pile-1'in öncüsü olan üstel reaktör, 1942. Fotoğraf: ABD Enerji Bakanlığı.

bilginin peşine düşen sonsuz yıkıcı arayışın motifleridir. Daha fazla enformasyonun daha iyi kararlara götüreceği inancı üzerine modern bir uygarlık inşa ettik, ama mühendisliğimiz felsefimizden ayrı düştü. Hindistan'daki ilk nükleer bombanın patlaması üzerine bir yazı kaleme alan yazar ve aktivist Arundhati Roy, bu olayı "hayal gücünün sonu" olarak nitelendirmiştir[20] – bir kez daha, bu ifşaat enformasyon teknolojilerimiz tarafından harfi harfine doğrulanmıştır.

Yalnızca ufukta yükselen mantar bulutunda değil, insanlığın kendi sonunu getirmesinden çok sonra da radyasyon yaymaya devam edecek atom çekirdeği yarı ömrünün insanı aşan dayanıklılığında da şaşmaz biçimde kendini gösteren hayal gücünün sonuna cevaben, efsanelere ve sessizliğe başvurduk. ABD'de uzun vadeli atık depolama konusunda öne sürülen öneriler, diğer türlerin kötülüğün ta kendisi olarak belleyecekleri kadar berbat bir formdaki heykelleri de içeriyor. Buna eşlik etmek için dile getirilen sözel formüllerden biri şudur: "Onurun burada yeri yoktur. Burada hiçbir saygın eylem zikredilmemektedir. Değerli hiçbir şey bulunmaz burada."[21] Bir diğer önerinin sahibi Enerji Bakanlığı tarafından 1980'lerde toplanan İnsani Müdahale Görev Gücü'ydü; radyoaktif ışımaya maruz kaldıklarında renk değiştirip tehlikenin kanlı canlı göstergeleri olacak "radyoaktif kedilerin" üretilmesini; değişimin anlam ve önemini kültürel zamanın derinliği içinde aktarabilecek sanat eserleri ve masalların da bu kedilere eşlik etmesini tavsiye ediyordu.[22] Finlandiya'nın altındaki ana kaya kazılarak oluşturulan Onkalo kullanılmış nükleer yakıt deposu başka bir plan önerdi: Tamamen dolduktan sonra haritadan silinecek, konumu gizli kalacak ve nihayetinde unutulup gidecekti.[23]

Atomik bir enformasyon anlayışı, bize öyle tüyler ürpertici bir gelecek kavrayışı sunar ki tek eylem alanı olarak bugünde ısrar etmek zorunda kalırız. İlk günah ve ütopik/distopik gelecek tahayyüllerine getirilen nihilist açıklamaların aksine, çevresel ve atomik aktivizmin bir kolu vasilik kavramını öne çıkarır.[24] Vasilik, atom kültürünün toksik ürünlerinin –özellikle de güya bizim yararımıza oluşturulanların– tüm sorumluluğunu üstlenir. Vasilik şimdiki zamana en az zararı verme ve gelecek kuşaklara karşı sorumlu davranma ilkelerine dayanır – ama tüm bu etkileri ve sonuçları bilebileceğimizi veya kontrol edebileceğimizi varsaymaz. Dolayısıyla, vasilik bir yandan radyoaktif maddelerin toprağın derinliklerine gömülmesinin bu olanakları akamete uğrattığında ve kapsamlı bir kirlenme tehlikesini beraberinde getirdiğinde ısrar ederek çoktan yarattıklarımızın sorumluluğunu alırken, diğer yandan da bir değişim çağrısında bulunur. Bu şekilde, kendisini yeni karanlık çağa uyumlu hale getirmiştir: Burası geleceğin tepeden tırnağa belirsiz olduğu, geçmişin telafisi mümkün olmayan çekişmelere sahne olduğu, ama hâlâ önümüzde bizi nelerin beklediği hakkında doğrudan konuşabildiğimiz, sağlıklı düşünebildiğimiz ve adaletli eylemlerde bulunabildiğimiz bir yerdir. Vasilik, bu ilkelerin salt işlemsel düşüncenin becerisini aşan, ama karanlık gerçekliğimize dahil olan, ona tamamıyla uygun olan ahlaki bir adanmışlık gerektirdiğinde ısrar eder.

Sonuç olarak, yeni karanlık çağda yaşamak için geliştirilen her strateji işlemlemeye dayalı öngörünün, gözetimin, ideolojinin ve temsilin yanıltıcı vaatlerine kulak tıkayıp şimdi ve buraya olana dikkat etmeye bağlıdır. Daima baskıcı bir tarihle bilinmez bir gelecek arasına sıkışmış bir şimdide düşünür, yaşarız. Gerçekliğe ilişkin mevcut algımızı biçimlendiren ve yönlendiren teknolojilerin hiçbir yere gideceği yok, kaldı ki birçok durumda bunu istemeyiz de. 7,5 milyar yaşındaki bir gezegende sahip olduğumuz mevcut yaşam destek sistemleri de, bu sistemlerin gelişmesi de o teknolojilere bağlıdır. Bu sistemlere ve uzantılarına, bu sistemleri tasarlarken yaptığımız anlık bilinçli tercihlere ilişkin kavrayışımız tümüyle becerilerimiz dahilindedir. Ne güçsüz, ne fail statüsünden yoksun, ne de karanlığa hapsolmuş durumdayız. Yapmamız gereken tek şey düşünmek, tekrar düşünmek ve düşünmeye devam etmektir. Ağ –biz, makinelerimiz ve birlikte düşünüp keşfettiğimiz şeyler– bunu talep etmektedir.

—

Teşekkürler

Yaptığım her şeyde bana yoldaşlık eden Navine G. Khan-Dossos, sonsuz desteğin, sabrın, çılgın fikirlerin ve bencillikten uzak sevgin için teşekkür ederim. Taslakları okuyup düşüncelerini paylaşma nezaketini gösteren Russell Davies, Rob Faure-Walker, Katherine Brydan, Cally Spooner ve Charlie Lloyd'a çok teşekkür ederim. Tom Taylor, Ben Terret, Chris Heathcote, Tom Armitage, Phil Gyford, Alice Bartlett, Dan Williams, Nat Buckley, Matt Jones ve RIG, BRIG, THFT ve Shepherdess ekiplerine, Infrastructure Club'daki herkese sohbetlerimiz için teşekkürler. Kevin Slavin, Hito Steyerl, Susan Schuppli, Trevor Paglen, Karen Barad, Ingrid Burrington, Ben Vickers, Jay Springett, George Voss, Tobias Revell ve Kyriaki Goni'ye çalışmaları ve sohbetlerimiz için ayrı ayrı teşekkürler. Çalışmama inanıp destekleyen Luca Barbeni, Onur Harger ve Katrina Sluis'e teşekkür ederim. Yayımlamayı öneren Leo Hollis'e ve gösterdikleri özen ve dikkat için tüm Verso çalışanlarına teşekkür ederim. Gina Fass'a ve bu kitabın büyük bölümünü yazdığım Atina'daki Romantso ekibi ile son bölümlerini gözden geçiren Limassol'daki Neme'den Helene Black ve Yiannis Colakides'e teşekkür ederim. Son olarak, hep hissettiğim destek ve alakaları için Tom ve Eleanor'a, Howard ve Alex'e, annem ve babam, John ve Clemancy'ye ayrı ayrı teşekkür ederim.

Notlar

1. Yarılma

1. "The Cloud of Unknowing", anonim, 14. yüzyıl.
2. "Ne bilim yeter, ne din, ne sanat; siyaset ve ekonomi de yetmez; aşkmış, ödevmiş yetmez; ne eylemin yansızı, ne tefekkürün en yücesi, hiçbiri yetmez. Hepsinden azı hiçbir işe yaramaz." Aldous Huxley, *Island*, Harper & Brothers, 1962; Türkçesi: *Ada*, çev. Seniha Akar, İthaki, 2015.
3. H. P. Lovecraft, "The Call of Cthulhu", *Weird Tales*, Şubat 1926; Türkçesi: *Cthulhu'nun Çağrısı*, çev. Dost Körpe, İthaki, 2019.
4. Rebecca Solnit, "Woolf's Darkness: Embracing the Inexplicable", *New Yorker*, 24 Nisan 2014, newyorker.com.
5. Donna Haraway, "Anthropocene, Capitalocene, Chthulucene: Staying with the Trouble" ("Anthropocene: Arts of Living on a Damaged Planet" Konferansı'nda yaptığı konuşma, UC Santa Cruz, 9 Mayıs 2014), opentranscripts. org.
6. Virginia Woolf, *Three Guineas*, New York: Harvest, 1966. Türkçesi: *Üç Gine*, çev. İlknur Güzel, İletişim, 2019 (3. basım).

2. İşlemleme

1. John Ruskin, *The Storm-Cloud of the Nineteenth Century: Two Lectures Delivered at the London Institution February 4th and 11th, 1884*, George Allen, 1884.
2. *A.g.y.*
3. *A.g.y.*
4. Alexander Graham Bell, babası Alexander Melville Bell'e yazdığı 26 Şubat 1880 tarihli mektup, akt. Robert V. Bruce, *Bell: Alexander Graham Bell and the Conquest of Solitude*, Cornell University Press, 1990.
5. "The Photophone", *New York Times*, 30 Ağustos 1880.
6. Oliver M. Ashford, *Prophet or Professor? The Life and Work of Lewis Fry Richardson*, Adam Hilger Ltd, 1985.
7. Lewis Fry Richardson, *Weather Prediction by Numerical Process*, Cambridge University Press, 1922.
8. *A.g.y.*
9. Vannevar Bush, "As We May Think", *Atlantic*, Temmuz 1945.
10. *A.g.y.*
11. *A.g.y.*

12. *A.g.y.*
13. Vladimir K. Zworykin, *Outline of Weather Proposal*, RCA Laboratories, Ekim 1945, meteohistory.org.
14. Akt. Freeman Dyson, *Infinite in All Directions*, Harper & Row, 1988.
15. "Weather to Order", *New York Times*, 1 Şubat 1947.
16. John von Neumann, "Can We Survive Technology?", *Fortune*, Haziran 1955.
17. Peter Lynch, *The Emergence of Numerical Weather Prediction: Richardson's Dream*, Cambridge University Press, 2006.
18. "50 Years of Army Computing: From ENIAC to MSRC", Army Research Laboratory, Adelphi, MD, Kasım 1996.
19. George W. Platzman, "The ENIAC Computations of 1950 – Gateway to Numerical Weather Prediction", *Bulletin of the American Meteorological Society*, Nisan 1979.
20. Emerson W. Pugh, *Building IBM: Shaping an Industry and Its Technology*, Cambridge, MA: MIT Press, 1955.
21. Herbert R. J. Grosch, *Computer: Bit Slices from A Life*, Third Millennium Books, 1991.
22. George Dyson, *Turing's Cathedral: The Origins of the Digital Universe*, Penguin Random House, 2012.
23. IBM Corporation, "SAGE: The First National Air Defense Network", IBM History, ibm.com.
24. Gary Anthes, "Sabre Timeline", *Computerworld*, 21 Mayıs 2014, computerworld.com.
25. "Flightradar24.com blocked Aircraft Plane List", Radarspotters, topluluk forumu, radarspotters.eu.
26. Federal Havacılık Kurumu, "Statement by the President Regarding the United States' Decision to Stop Degrading Global Positioning System Accuracy", 1 Mayıs 2000, faa.gov.
27. David Hambling, "Ships fooled in GPS spoofing attack suggest Russian cyberweapon", *New Scientist*, 10 Ağustos 2017, newscientist.com.
28. Kevin Rothrock, "The Kremlin Eats GPS for Breakfast", *Moscow Times*, 21 Ekim 2016, themoscowtimes.com.
29. Chaim Gartenberg, "This Pokémon Go GPS hack is the most impressive yet", *Verge*, Circuit Breaker, 28 Temmuz 2016, theverge.com.
30. Rob Kitchin ve Martin Dodge, *Code/Space: Software and Everyday Life*, MIT Press, 2011.
31. Brad Stone, "Amazon Erases Orwell Books From Kindle", *New York Times*, 17 Temmuz 2009, nytimes.com.
32. R. Stuart Geiger, "The Lives of Bots", *Critical Point of View: A Wikipedia Reader* içinde, haz. Geert Lovink ve Nathaniel Tkaz, Institute of Network Cultures, 2011, networkcultures.org.
33. Kathleen Mosier, Linda Skitka, Susan Heers ve Mark Burdick, "Automation Bias: Decision Making and Performance in High-Tech Cockpits", *International Journal of Aviation Psychology* 8:1 (1997): 47-63.

34. "Kara kutu ses kaydı – Kore Havayolları Uçuş 007 – 31 Ağustos 1983", Havacılık Güvenlik Ağı, aviation-safety.net.
35. K. L. Mosier, E. A. Palmer ve A. Degani, "Electronic Checklists: Implications for Decision Making", İnsan Faktörleri ve Ergonomi Derneği 36. Yıllık Toplantı notları, Atlanta, GA, 1992.
36. "GPS Tracking Disaster: Japanese Tourists Drive Straight into the Pacific", *ABC News*, 16 Mart 2012, abcnews.go.com.
37. "Women trust GPS, drive SUV into Mercer Slough", *Seattle Times*, 15 Haziran 2011, seattletimes.com.
38. Greg Milner, "Death by GPS", *Ars Technica*, 3 Haziran 2016, arstechnica.com.
39. S. T. Fiske ve S. E. Taylor, *Social Cognition: From Brains to Culture*, SAGE, 1994.
40. Lewis Fry Richardson, akt. Ashford, *Prophet or Professor?*
41. Lewis F. Richardson, "The problem of contiguity: An appendix to Statistics of Deadly Quarrels", *General systems: Yearbook of the Society for the Advancement of General Systems Theory* içinde, The Society for General Systems Research, 1961, s. 139-87.

3. İklim

1. "Trembling tundra – the latest weird phenomenon in Siberia's land of craters", *Siberian Times*, 20 Temmuz 2016, siberiantimes.com.
2. ABD Jeoloji Araştırmaları Kurumu (USGS), "Assessment of Undiscovered Oil and Gas in the Arctic", USGS, 2009, energy.usgs.gov.
3. "40 now hospitalised after anthrax outbreak in Yamal, more than half are children", *Siberian Times*, 30 Temmuz 2016, siberiantimes.com.
4. Roni Horn, "Weather Reports You", Artangel resmi internet sitesi, 15 Şubat 2017, artangel.org.uk.
5. "Immigrants Warmly Welcomed", *Al Jazeera*, 4 Temmuz 2006, aljazeera.com.
6. BM Gıda ve Tarım Örgütü (FAO), "Crop biodiversity: use it or lose it", FAO, 2010, fao.org.
7. "Banking against Doomsday", *Economist*, 10 Mart 2012, economist.com.
8. Somini Sengupta, "How a Seed Bank, Almost Lost in Syria's War, Could Help Feed a Warming Planet", *New York Times*, 12 Ekim 2017, nytimes.com.
9. Damian Carrington, "Arctic stronghold of world's seeds flooded after permafrost melts", *Guardian*, 19 Mayıs 2017, theguardian.com.
10. Alex Randall, "Syria and climate change: did the media get it right?", Climate and Migration Coalition, climatemigration.atavist.com.
11. Jonas Salomonsen, "Climate change is destroying Greenland's earliest history", *ScienceNordic*, 10 Nisan 2015, sciencenordic.com.
12. J. Hollesen, H. Matthiesen, A. B. Møller ve B. Elberling, "Permafrost thawing in organic Arctic soils accelerated by ground heat production", *Nature Cli-*

mate Change 5:6 (2015): 574-78.
13. Elizabeth Kolbert, "A Song of Ice", *New Yorker*, 24 Ekim 2016, newyorker.com.
14. Bilim ve Teknoloji Komisyonu (BK), "A National Infrastructure for the 21st century", 2009, cst.gov.uk.
15. AEA, "Adapting the ICT Sector to the Impacts of Climate Change", 2010, gov.uk.
16. Bilim ve Teknoloji Komisyonu (BK), "A National Infrastructure for the 21st century."
17. AEA, "Adapting the ICT Sector to the Impacts of Climate Change."
18. Tom Bawden, "Global warming: Data centres to consume three times as much energy in next decade, experts warn", *Independent*, 23 Ocak 2016, independent.co.uk.
19. Institute of Energy Economics, "Japan Long-Term Energy Outlook – A Projection up to 2030 under Environmental Constraints and Changing Energy Markets", Japonya, 2006, eneken.ieej.or.jp.
20. Eric Holthaus, "Bitcoin could cost us our clean-energy future", *Grist*, 5 Aralık 2017, grist.org.
21. Digital Power Group, "The Cloud Begins With Coal – Big Data, Big Networks, Big Infrastructure, and Big Power", 2013, tech-pundit.com.
22. Bawden, "Global warming."
23. Alice Ross, "Severe turbulence on Aeroflot flight to Bangkok leaves 27 people injured", *Guardian*, 1 Mayıs 2017, theguardian.com.
24. Anna Ledovskikh, "Accident on board of plane Moscow to Bangkok", YouTube videosu, 1 Mayıs 2017.
25. Aeroflot, "Doctors Confirm No Passengers Are In Serious Condition After Flight Hits Unexpected Turbulence", 1 Mayıs 2017, aeroflot.ru.
26. M. Kumar, "Passengers, crew injured due to turbulence on MAS flight", *Star of Malaysia*, 5 Haziran 2016, thestar.com.my.
27. Henry McDonald, "Passenger jet makes emergency landing in Ireland with 16 injured", *Guardian*, 31 Ağustos 2016, theguardian.com.
28. Ulusal Araştırma Güvenliği Kurumu (ABD), "NTSB Identification: DCA98 MA015", ntsb.gov.
29. Federal Havacılık Kurumu (ABD), Tavsiye Niteliğinde Genelge, 120-88A, 2006.
30. Paul D. Williams ve Manoj M. Joshi, "Intensification of winter transatlantic aviation turbulence in response to climate change", *Nature Climate Change* 3 (2013): 644-48.
31. Wolfgang Tillmans, *Concorde*, Walther Konig Books, 1997.
32. William B. Gail, "A New Dark Age Looms", *New York Times*, 19 Nisan 2016, nytimes.com.
33. Joseph G. Allen ve diğ., "Associations of Cognitive Function Scores with Carbon Dioxide, Ventilation, and Volatile Organic Compound Exposures in Office Workers: A Controlled Exposure Study of Green and Conventional Of-

fice Environments", *Environmental Health Perspectives* 124 (Haziran 2016): 805-12.

34. Usha Satish ve diğ., "Is CO_2 an Indoor Pollutant? Direct Effects of Low-to-Moderate CO_2 Concentrations on Human Decision-Making Performance", *Environmental Health Perspectives* 120:12 (Aralık 2012): 1671-77.

4. Hesaplama

1. David Wallace-Wells, "William Gibson, The Art of Fiction No. 211", William Gibson ile söyleşi, *Paris Review* 197 (Yaz 2011).
2. Tim Berners-Lee, "How the World Wide Web just happened", Do Lectures, 2010, thedolectures.com.
3. "Cramming more components onto integrated circuits", *Electronics* 38:8 (19 Nisan 1965).
4. "Moore's Law at 40", *Economist*, 23 Mart 2005, economist.com.
5. Chris Anderson, "End of Theory", *Wired Magazine*, 23 Haziran 2008.
6. Jack W. Scannell, Alex Blanckley, Helen Boldon ve Brian Warrington, "Diagnosing the decline in pharmaceutical R&D efficiency", *Nature Reviews Drug Discover* 11 (Mart 2012): 191-200.
7. Richard Van Noorden, "Science publishing: The trouble with retractions", *Nature*, 5 Ekim 2011, nature.com.
8. F. C. Fang ve A. Casadevall, "Retracted Science and the Retraction Index", *Infection and Immunity* 79 (2011): 3855-59.
9. F. C. Fang, R. G. Steen ve A. Casadevall, "Misconduct accounts for the majority of retracted scientific publications", *FAS*, 16 Ekim 2012, pnas.org.
10. Daniele Fanelli, "How Many Scientists Fabricate and Falsify Research? A Systematic Review and Meta-Analysis of Survey Data", *PLOS ONE*, 29 Mayıs 2009, *PLOS ONE*, journals.pl.
11. F. C. Fang, R. G. Steen ve A. Casadevall, "Why Has the Number of Scientific Retractions Increased?", *FLOS ONE*, 8 Temmuz 2013, journals.plosone.org.
12. "People Who Mattered 2014", *Time*, Aralık 2014, time.com.
13. Yudhijit Bhattacharjee, "The Mind of a Con Man", *New York Times*, 26 Nisan 2013, nytimes.com
14. Monya Baker, "1,500 scientists lift the lid on reproducibility", *Nature*, 25 Mayıs 2016, nature.com
15. Bu deneyin matematiği hakkında daha fazla bilgi için bkz. Jean-François Puget, "Green dice are loaded (welcome to p-hacking)", IBM geliştirici blog yazısı, 22 Mart 2016, bm.com.
16. M. L. Head ve diğ., "The Extent and Consequences of P-Hacking in Science', *PLOS Biology* 13:3 (2015).
17. John P. A. Ioannidis, "Why Most Published Research Findings Are False", *PLOS ONE*, Ağustos 2005.
18. Derek J. de Solla Price, *Little Science, Big Science*, Columbia University Press, 1963.

19. Siebert, Machesky ve Insall, "Overflow in science and its implications for trust", *eLife* 14 (Eylül 2015), ncbi.nlm.nih.gov.
20. *A.g.y.*
21. Michael Eisen, "Peer review is f***ed up – let's fix it", kişisel blog yazısı, 28 Ekim 2011, michaeleisen.org.
22. Emily Singer, "Biology's big problem: There's too much data to handle", *Wired*, 11 Ekim 2013, wired.com.
23. Lisa Grossman ve Maggie McKee, "Is the LHC throwing away too much data?", *New Scientist*, 14 Mart 2012, newscientist.com.
24. Jack W. Scannell ve diğ., "Diagnosing the decline in pharmaceutical R&D efficiency", *Nature Reviews Drug Discovery* 11 (Mart 2012): 191-200.
25. Philip Ball, *Invisible: The Dangerous Allure of the Unseen*, Bodley Head, 2014.
26. Daniel Clery, "Secretive fusion company claims reactor breakthrough", *Science*, 24 Ağustos 2015, sciencemag.org.
27. E. A. Baltz ve diğ., "Achievement of Sustained Net Plasma Heating in a Fusion Experiment with the Optometrist Algorithm", *Nature Scientific Reports* 7 (2017), nature.com.
28. Albert van Helden ve Thomas Hankins (yay. haz.), *Osiris*, *Volume 9: Instruments*, University of Chicago Press, 1994.

5. Karmaşıklık

1. Guy Debord, "Introduction to a Critique of Urban Geography", *Les Lèvres Nues* 6 (1955), library.nothingness.org.
2. James Bridle, The Nor, yazı dizisi, 2014-15, shorttermmemoryloss.com.
3. James Bridle, "All Cameras are Police Cameras", The Nor, Kasım 2014.
4. James Bridle, "Living in the Electromagnetic Spectrum", The Nor, Aralık 2014.
5. Christopher Steiner, "Wall Street's Speed War", *Forbes*, 9 Eylül 2010, forbes.com.
6. Kevin Fitchard, "Wall Street gains an edge by trading over microwaves", *GigaOM*, 10 Şubat 2012, gigaom.com.
7. Luis A. Aguilar, "Shedding Light on Dark Pools", US Securities and Exchange Commission, 18 Kasım 2015, sec.gov.
8. "Barclays and Credit Suisse are fined over US 'dark pools'", *BBC*, 1 Şubat 2016, bbc.com.
9. Martin Arnold ve diğ., "Banks start to drain Barclays dark pool", *Financial Times*, 26 Haziran 2014, ft.com.
10. Tıbbi Destek Kalitesi Komisyonu (BK), Hillingdon Hastanesi Raporu, 2015, cqc.org.uk/location/RAS01.
11. Aneurin Bevan, *In Place of Fear*, William Heinemann, 1952.
12. Hillingdon Hastaneleri NHS Vakfı ile yazışma, 2017, whatdotheyknow.com/request/hillingdon_hospital_structure_us.

13. Chloe Mayer, "England's NHS hospitals and ambulance trusts have £700million deficit", *Sun*, 23 Mayıs 2017, thesun.co.uk.
14. Michael Lewis, *Flash Boys*, W. W. Norton & Company, 2014.
15. *A.g.y.*
16. "Forget the 1%", *Economist*, 6 Kasım 2014, economist.com.
17. Thomas Piketty, *Capital in the Twenty-First Century*, Harvard University Press, 2014; Türkçesi: *Yirmi Birinci Yüzyılda Kapital*, çev. Hande Koçak, İBKY.
18. Jordan Golson, "Uber is using in-app podcasts to dissuade Seattle drivers from unionizing", *Verge*, 14 Mart 2017, theverge.com.
19. Carla Green ve Sam Levin, "Homeless, assaulted, broke: drivers left behind as Uber promises change at the top", *Guardian*, 17 Haziran 2017, theguardian.com.
20. Ben Kentish, "Hard-pressed Amazon workers in Scotland sleeping in tents near warehouse to save money", *Independent*, 10 Aralık 2016, independent.co.uk.
21. Kate Knibbs, "Uber Is Faking Us Out With 'Ghost Cabs' on Its Passenger Map", *Gizmodo*, 28 Temmuz 2015, gizmodo.com.
22. Kashmir Hill, "'God View': Uber Allegedly Stalked Users For Party-Goers Viewing Pleasure", *Forbes*, 3 Ekim 2014, forbes.com.
23. Julia Carrie Wong, "Greyball: how Uber used secret software to dodge the law", *Guardian*, 4 Mart 2017, theguardian.com.
24. Russell Hotten, "Volkswagen: The scandal 'explained'", *BBC*, 10 Aralık 2015, bbc.com.
25. Guillaume P. Chossière ve diğ., "Public health impacts of excess NOx emissions from Volkswagen diesel passenger vehicles in Germany", *Environmental Research Letters* 12 (2017), iopscience.iop.org.
26. Sarah O'Connor, "When Your Boss Is An Algorithm", *Financial Times*, 8 Eylül 2016, ft.com.
27. Jill Treanor, "The 2010 'flash crash': how it unfolded", *Guardian*, 22 Nisan 2015, theguardian.com.
28. "Singapore Exchange regulators change rules following crash", *Singapore News*, 3 Ağustos 2014, singaporenews.net.
29. Netty Idayu Ismail ve Lillian Karununga, "Two-Minute Mystery Pound Rout Puts Spotlight on Robot Trades", *Bloomberg*, 7 Ekim 2017, bloomberg. com.
30. John Melloy, "Mysterious Algorithm Was 4% of Trading Activity Last Week", *CNBC*, 8 Ekim 2012, cnbc.com.
31. Samantha Murphy, "AP Twitter Hack Falsely Claims Explosions at White House", *Mashable*, 23 Nisan 2013, mashable.com.
32. Bloomberg Economics, Twitter paylaşımı, 23 Nisan 2013, saat 12:23, twitter.com/economics/status/326778407461474304.
33. Daha fazla Zazzle örneği için bkz. Babak Radboy, "Spam–erican Apparel", *DIS* magazine, dismagazine.com.
34. Roland Eisenbrand ve Scott Peterson, "This Is The German Company Behind

The Nightmarish Phone Cases On Amazon", *OMR*, 25 Temmuz 2017, omr.com.

35. Jose Pagliery, "Man behind 'Carry On' T-shirts says company is 'dead'", *CNN Money*, 5 Mart 2013, money.cnn.com.
36. Hito Steyerl ve Kate Crawford, "Data Streams", *New Inquiry*, 23 Ocak 2017, thenewinquiry.com.
37. Ryan Lawler, "August's Smart Lock Goes On Sale Online And At Apple Retail Stores For $250", *TechCrunch*, 14 Ekim 2014, techcrunch.com.
38. Iain Thomson, "Firmware update blunder bricks hundreds of home 'smart' locks", *Register*, 11 Ağustos 2017, theregister.co.uk.
39. John Leyden, "Samsung smart fridge leaves Gmail logins open to attack", *Register*, 24 Ağustos 2017, theregister.co.uk.
40. Timothy J. Seppala, "Hackers hijack Philips Hue lights with a drone", *Engadget*, 3 Kasım 2016, engadget.com.
41. Lorenzo Franceschi-Bicchierai, "Blame the Internet of Things for Destroying the Internet Today", *Motherboard*, 21 Ekim 2016, motherboard.vice.com.
42. Yossi Melman, "Computer Virus in Iran Actually Targeted Larger Nuclear Facility", *Haaretz*, 28 Eylül 2010, haaretz.com.
43. Malcolm Gladwell, "The Formula", *New Yorker*, 16 Ekim 2006, newyorker.com.
44. Gareth Roberts, "Tragedy as computer gamer dies after 19-hour session playing World of Warcraft", *Mirror*, 3 Mart 2015, mirror.co.uk; Kirstie McCrum, "Tragic teen gamer dies after 'playing computer for 22 days in a row'", *Mirror*, 3 Eylül 2015, mirror.co.uk.
45. Yazarın tıbbi personelle yaptığı röportaj, Evangelismos Hastanesi, Atina, Yunanistan, 2016.
46. Bir örneği içi bkz. Nick Srnicek ve Alex Williams, *Inventing the Future: Postcapitalism and a World Without Work*, Verso, 2015.
47. Deborah Cowen, *The Deadly Life of Logistics*, University of Minnesota Press, 2014.
48. Bernard Stiegler, *Technics and Time 1: The Fault of Epimetheus*, Redwood City, CA: Stanford University Press, 1998; akt. Alexander Galloway, "Brometheanism", *boundary 2*, 21 Haziran 2017, boundary2.org.

6. İdrak

1. Jeff Kaufman, "Detecting Tanks", blog paylaşımı, 2015, jefftk.com.
2. "New Navy Device Learns by Doing", *New York Times*, 8 Temmuz 1958.
3. Joaquín M. Fuster, "Hayek in Today's Cognitive Neuroscience", *Hayek in Mind: Hayek's Philosophical Psychology* içinde, haz. Leslie Marsh, *Advances in Austrian Economics*, 15. cilt, Emerald Books, 2011.
4. Jay Yarow, "Google Cofounder Sergey Brin: We Will Make Machines That 'Can Reason, Think, And Do Things Better Than We Can'", *Business Insider*, 6 Temmuz 2014, businessinsider.com.

5. Quoc V. Le ve diğ., "Building High-level Features Using Large Scale Unsupervised Learning", 29. Uluslararası Makine Öğrenimi Konferansı (ICM) tutanakları, Edinburgh, İskoçya, Birleşik Krallık, 2012.
6. Tom Simonite, "Facebook Creates Software That Matches Faces Almost as Well as You Do", *MIT Technology Review*, 17 Mart 2014, technologyreview.com.
7. Xiaolin Wu ve Xi Zhang, "Automated Inference on Criminality using Face Images", *ARXIV*, Kasım 2016, arxiv.org.
8. Xiaolin Wu ve Xi Zhang, "Responses to Critiques on Machine Learning of Criminality Perceptions", *ARXIV*, Mayıs 2017, arxiv.org.
9. Stephen Wright ve Ian Drury, "How old are they really?", *Daily Mail*, 19 Ekim 2016, dailymail.co.uk.
10. Wu ve Zhang, "Responses to Critiques on Machine Learning".
11. Wu ve Zhang, "Automated Inference on Criminality using Face Images".
12. "Racist Camera! No, I did not blink... I'm just Asian!", blog paylaşımı, Mayıs 2009, jozjozjoz.com.
13. "HP cameras are racist", YouTube videosu, kullanıcı adı: wzamen01, 10 Aralık 2009.
14. David Smith, "'Racism' of early colour photography explored in art exhibition", *Guardian*, 25 Ocak 2013, theguardian.com.
15. Phillip Martin, "How A Cambridge Woman's Campaign Against Polaroid Weakened Apartheid", *WGBH News*, 9 Aralık 2013, news.wgbh.org.
16. Hewlett-Packard, "Global Citizenship Report 2009", hp.com.
17. Trevor Paglen, "re:publica 2017 | Day 3 – Livestream Stage 1 – English", YouTube videosu, kullanıcı adı: re:publica, 10 Mayıs 2017.
18. Walter Benjamin, "Tarih Kavramı Üzerine", *Son Bakışta Aşk*, çev. N. Gürbilek ve diğ., Metis, 1993.
19. PredPol, "5 Common Myths about Predictive Policing", predpol.com.
20. G. O. Mohler, M. B. Short, P. J. Brantingham ve diğ., "Self-exciting point process modeling of crime", *JASA* 106 (2011).
21. Daniel Jurafsky ve James H. Martin, *Speech and language processing: an introduction to natural language processing, computational linguistics, and speech recognition*, 2. basım, Prentice Hall, 2009.
22. Walter Benjamin, "Çevirmenin Görevi", çev. Ahmet Cemal, *Yazko Çeviri* 14, Eylül-Ekim 1983.
23. Murat Nemet-Nejat, "Translation: Contemplating Against the Grain", *Cipher*, 1999, cipherjournal.com.
24. Tim Adams, "Can Google break the computer language barrier?", *Guardian*, 19 Aralık 2010, theguardian.com.
25. Gideon Lewis-Kraus, "The Great A.I. Awakening", *New York Times*, 14 Aralık 2016, nytimes.com.
26. Cade Metz, "How Google's AI viewed the move no human could understand", *Wired*, 14 Mart 2016, wired.com.
27. Iain M Banks, *Excession*, Orbit Books, 1996.

28. Sanjeev Arora, Yuanzhi Li, Yingyu Liang ve diğ., "RAND-WALK: A Latent Variable Model Approach to Word Embeddings", *ARXIV*, 12 Şubat 2015, arxiv.org.
29. Alec Radford, Luke Metz ve Soumith Chintala, "Unsupervised Representation Learning with Deep Convolutional Generative Adversarial Networks", 19 Kasım 2015, *ARXIV*, arxiv.org.
30. Robert Elliot Smith, "It's Official: AIs are now re-writing history", blog paylaşımı, Ekim 2014, robertelliottsmith.com.
31. Stephen Levy, "Inside Deep Dreams: How Google Made Its Computers Go Crazy", *Wired*, 12 Kasım 2015, wired.com.
32. Liat Clark, "Google's Artificial Brain Learns to Find Cat Videos", *Wired*, 26 Haziran 2012, wired.com.
33. Melvin Johnson, Mike Schuster, Quoc V. Le ve diğ., "Google's Multilingual Neural Machine Translation System: Enabling Zero-Shot Translation", *ARXIV*, 14 Kasım 2016, arxiv.org.
34. Martín Abadi ve David G. Andersen, "Learning to Protect Communications with Adversarial Neural Cryptography", *ARXIV*, 2016, arxiv.org.
35. Isaac Asimov, *I, Robot*, Doubleday, 1950; Türkçesi: *Ben, Robot*, çev. Ekin Odabaş, İthaki, 2016.
36. Chris Baraniuk, "The cyborg chess players that can't be beaten", *BBC Future*, 4 Aralık 2015, bbc.com.

7. Suç Ortaklığı

1. Nick Hopkins ve Sandra Laville, "London 2012: MI5 expects wave of terrorism warnings before Olympics", *Guardian*, Haziran 2012, theguardian.com.
2. Jerome Taylor, "Drones to patrol the skies above Olympic Stadium", *Independent*, 25 Kasım 2011, independent.co.uk.
3. "£13,000 Merseyside Police drone lost as it crashes into River Mersey", *Liverpool Echo*, 31 Ekim 2011, liverpoolecho.co.uk.
4. Bilgi Edinme Talebi, 19 Mart 2013, whatdotheyknow.com/request/use_of_uavs_by_the_mps.
5. David Robarge, "The Glomar Explorer in Film and Print", *Studies in Intelligence* 56:1 (Mart 2012): 28-29.
6. Bkz. Bölge Hâkimi J. Skelly Wright'ın kaleme aldığı çoğunluk görüşü raporu. Phillippi-CIA davası, ABD, Columbia Bölgesi Temyiz Mahkemesi, 1976.
7. Ayrıca, bkz. twitter.com/glomarbot; yazar tarafından oluşturulan otomatik bir aramadır.
8. W. Diffie ve M. Hellman, "New directions in cryptography", *IEEE Transactions on Information Theory* 22:6 (1976), 644–54.
9. "GCHQ trio recognised for key to secure shopping online", *BBC News*, 5 Ekim 2010, bbc.co.uk.
10. Dan Goodin, "How the NSA can break trillions of encrypted Web and VPN connections", *Ars Technica*, 15 Ekim 2015, arstechnica.co.uk.

11. Tom Simonite, "NSA Says It 'Must Act Now' Against the Quantum Computing Threat', *Technology Review*, 3 Şubat 2016, technologyreview.com.
12. Rebecca Boyle, "NASA Adopts Two Spare Spy Telescopes, Each Maybe More Powerful Than Hubble", *Popular Science*, 5 Haziran 2012, popsci.com.
13. Daniel Patrick Moynihan, *Secrecy: The American Experience*, Yale University Press, 1998.
14. Zeke Miller, "JFK Files Release is Trump's Latest Clash with Spy Agencies", *New York Times*, 28 Ekim 2017, nytimes.com.
15. Ian Cobain, *The History Thieves*, Portobello Books, 2016.
16. *A.g.y.*
17. *A.g.y.*
18. Ian Cobain ve Richard Norton-Taylor, "Files on UK role in CIA rendition accidentally destroyed, says minister", *Guardian*, 9 Temmuz 2014, theguardian.com.
19. "Snowden - Röportaj: Deşifre", NDR, 26 Ocak 2014, ndr.de.
20. Glyn Moody, "NSA spied on EU politicians and companies with help from German intelligence", *Ars Technica*, 24 Nisan 2014, arstechnica.com.
21. "Optic Nerve: millions of Yahoo webcam images intercepted by GCHQ", *Guardian*, 28 Şubat 2014, theguardian.com.
22. "NSA offers details on "LOVEINT"", *Cnet*, 27 Eylül 2013, cnet.com.
23. Kaspersky Lab, *The Regin Platform: Nation-State Ownage of GSM Networks*, 24 Kasım 2014, erişim adresi: securelist.com/files/2014/11/Kaspersky_Lab_whitepaper_Regin_platform_eng.pdf.
24. Ryan Gallagher, "From Radio to Porn, British Spies Track Web Users' Online Identities", *Intercept*, 25 Eylül 2015, theintercept.com.
25. Andy Greenberg, "These Are the Emails Snowden Sent to First Introduce His Epic NSA Leaks", *Wired*, 13 Ekim 2014, wired.com.
26. James Risen ve Eric Lichtblau, "Bush Lets U.S. Spy on Callers Without Courts", *New York Times*, 16 Aralık 2005, nytimes.com.
27. James Bamford, "The NSA Is Building the Country's Biggest Spy Center (Watch What You Say)", *Wired*, 14 Mart 2012, wired.com.
28. "Wiretap Whistle-Blower's Account", *Wired*, 6 Nisan 2006, wired.com.
29. "Obama admits intelligence failures over jet bomb plot", *BBC News*, 6 Ocak 2010, news.bbc.co.uk.
30. Bruce Crumley, "Flight 253: Too Much Intelligence to Blame?", *Time*, 7 Ocak 2010, time.com.
31. Christopher Drew, "Military Is Awash in Data From Drones", *New York Times*, 20 Ocak 2010, nytimes.com.
32. "GCHQ mass spying will 'cost lives in Britain', warns ex–NSA tech chief", *The Register*, 6 Ocak 2016, theregister.co.uk.
33. Ellen Nakashima, "NSA phone record collection does little to prevent terrorist-attacks", *Washington Post*, 12 Ocak 2014, washingtonpost.com.
34. Yeni Amerika Vakfı, "Do NSA's Bulk Surveillance Programs Stop Terrorists?", 13 Ocak 2014, newamerica.org.

35. Jennifer King, Diedre Mulligan ve Stephen Rafael, "CITRIS Report: The San Francisco Community Safety Program", UC Berkley, 17 Aralık 2008, erişim adresi: wired.com/images_blogs/threatlevel/files/sfsurveillancestudy.pdf.
36. K. Pease, "A Review of Street Lighting Evaluations: Crime Reduction Effects", *Crime Prevention Studies 10* (1999).
37. Stephen Atkins, "The Influence Of Street Lighting On Crime And Fear Of Crime", Suç Önleme Bürosu Makale 28, BK İçişleri Bakanlığı, 1991, erişim adresi: popcenter.org/library/scp/pdf/07-Atkins_Husain_Storey.pdf.
38. Julian Assange, "State and Terrorist Conspiracies", *Cryptome*, 10 Kasım 2006, cryptome.org.
39. Caroline Elkins, *Imperial Reckoning: The Untold Story of Britain's Gulag in Kenya*, Henry Holt and Company, 2005.
40. "Owners Watched Fort McMurray Home Burn to Ground Over iPhone", YouTube videosu, kullanıcı adı: Storyful News, 6 Mayıs 2016.

8. Komplo

1. Joseph Heller, *Catch - 22*, Simon & Schuster, 1961; Türkçesi: *Madde 22*, çev. Niran Elçi, İthaki, 2012.
2. Bkz. James Bridle, "Planespotting", blog paylaşımı, 18 Aralık 2013, booktwo.org; ve yazarın diğer raporları.
3. Davaya ilişkin kapsamlı bir değerlendirme için bkz. Kevin Hall, *The ABC Trial* (2006), ilk yayınlandığı yer: ukcoldwar.simplenet.com, erişim adresi: atweb.archive.org/web/20070607034318/http://ukcoldwar.simplenet.com/nuclear/civildefence/abctrial.
4. Richard Aldrich, *GCHQ: The Uncensored Story of Britain's Most Secret Intelligence Agency*, HarperPress, 2010.
5. Duncan Campbell, "GCHQ" (kitap eleştirisi), *New Statesman*, 28 Haziran 2010, newstatesman.com.
6. Chris Blackhurst, "Police robbed of millions in plane fraud", *Independent*, 19 Mayıs 1995, independent.co.uk.
7. ABD Hava Kuvvetleri, *Weather as a Force Multiplier: Owning the Weather in 2025*, 1996, csat.au.af.mil/2025/volume3/vol3ch15.pdf.
8. "Take Ur Power Back!:Vote to leave the EU", YouTube videosu, kullanıcı adı: Flat Earth Addict, 21 Haziran 2016.
9. "Nigel Farage's Brexit victory speech in full", *Daily Mirror*, 24 Haziran 2016, mirror.co.uk.
10. Carey Dunne, "My month with chemtrails conspiracy theorists", *Guardian*, Mayıs 2017, theguardian.com.
11. *A.g.y.*
12. Uluslararası Bulut Atlası, cloudatlas.wmo.int.
13. A. Bows, K. Anderson ve P. Upham, *Aviation and Climate Change: Lessons for European Policy*, Routledge, 2009.
14. Nicola Stuber, Piers Forster, Gaby Rädel ve Keith Shine, "The importance of

the diurnal and annual cycle of air traffic for contrail radiative forcing", *Nature* 441 (Haziran 2006).

15. Patrick Minnis ve diğ., "Contrails, Cirrus Trends, and Climate", *Journal of Climate* 17 (2006), erişim adresi: areco.org/minnis.pdf.
16. Aeschylus, *Prometheus Bound*, c. MÖ 430, 477: "Üçkâğıtçı kuşların uçuşundan anlarım neyin hayırlı, neyin uğursuz olduğunu."
17. Susan Schuppli, "Can the Sun Lie?", *Forensis: The Architecture of Public Truth* içinde, Forensic Architecture, Sternberg Press, 2014, s. 56-64.
18. Kevin van Paassen, "New documentary recounts bizarre climate changes seen by Inuit elders", *Globe and Mail*, 19 Ekim 2010, theglobeandmail.com.
19. SpaceWeather.com, Time Machine, 2 Temmuz 2009 koşulları.
20. Carol Ann Duffy, "Silver Lining", Sheer Poetry, 2010, erişim adresi: sheerpoetry.co.uk/general-reader/carol-ann-duffy/silver-lining.
21. Lord Byron, "Darkness", 1816.
22. Richard Panek, "'The Scream', East of Krakatoa", *New York Times*, 8 Şubat 2004, nytimes.com.
23. Leo Hickman, "Iceland volcano gives warming world chance to debunk climate sceptic myths", *Guardian*, 21 Nisan 2010, theguardian.com.
24. David Adam, "Iceland volcano causes fall in carbon emissions as eruption grounds aircraft", *Guardian*, 19 Nisan 2010, theguardian.com.
25. "Do volcanoes emit more CO_2 than humans?", *Skeptical Science*, skepticalscience.com.
26. J. Pongratz ve diğ., "Coupled climate-carbon simulations indicate minor global effects of wars and epidemics on atmospheric CO_2 between AD 800 and 1850", *Holocene* 21:5 (2011).
27. Simon L. Lewis ve Mark A. Maslin, "Defining the Anthropocene", *Nature* 519 (Mart 2015), nature.com.
28. David J. Travis, Andrew M. Carleton ve Ryan G. Lauritsen, "Climatology: Contrails reduce daily temperature range", *Nature* 418 (Ağustos 2002): 601.
29. Douglas Hofstadter, 'The Paranoid Style in American Politics', *Harper's magazine*, Kasım 1964, harpers.org.
30. Fredric Jameson, "Cognitive Mapping", *Marxism and the Interpretation of Culture* içinde, yay. haz. C. Nelson ve L. Grossberg, University of Illinois Press, 1990.
31. Hofstadter, "The Paranoid Style in American Politics".
32. Dylan Matthews, "Donald Trump has tweeted climate change skepticism 115 times. Here's all of it", *Vox*, 1 Haziran 2017, vox.com.
33. Tim Murphy, "How Donald Trump Became Conspiracy Theorist in Chief", *Mother Jones*, Kasım/Aralık 2016, motherjones.com.
34. *The Alex Jones Show*, 11 Ağustos 2016, erişim adresi: mediamatters.org.
35. ABD Hava Kuvvetleri, "Weather as a Force Multiplier".
36. Mike Jay, *The Influencing Machine: James Tilly Matthews and the Air Loom*, Strange Attractor Press, 2012.
37. Edmund Burke, *Reflections on the Revolution in France*, James Dodsley,

1790; Türkçesi: *Fransız Devrimi Üzerine Düşünceler*, çev. Ahmet Özcan, Bilge, 2019.

38. V. Bell, C. Maiden, A. Munoz-Solomando ve V. Reddy, "'Mind control' experiences on the internet: implications for the psychiatric diagnosis of delusions", *Psychopathology* 39:2 (2006): 87-91.
39. Will Storr, "Morgellons: A hidden epidemic or mass hysteria?", *Guardian*, 7 Mayıs 2011, theguardian.com.
40. Jane O'Brien ve Matt Danzico, "'Wi-fi refugees' shelter in West Virginia mountains", *BBC*, 13 Eylül 2011, bbc.co.uk.
41. "The Extinction of the Grayzone", *Dabiq* 7, 12 Şubat 2015.
42. Murtaza Hussain, "Islamic State's goal: 'Eliminating the Grayzone' of coexistence between Muslims and the West", *Intercept*, 17 Kasım 2015, theintercept.com.
43. Hal Brands, "Paradoxes of the Gray Zone", Foreign Policy Research Institute, 5 Şubat 2016, fpri.org.

9. Eşzamanlılık

1. Adrienne LaFrance, "The Algorithm That Makes Preschoolers Obsessed With YouTube", *Atlantic*, 25 Temmuz 2017, theatlantic.com.
2. Paul McCann, "To Teletubby or not to Teletubby", *Independent*, 12 Ekim 1997, independent.co.uk.
3. Christopher Mims, "Google: Psy's 'Gangnam Style' Has Earned $8 Million On YouTube Alone", *Business Insider*, 23 Ocak 2013, businessinsider.com.
4. "Top 500 Most Viewed YouTube Channels", SocialBlade, Ekim 2017, socialblade.com.
5. Ben Popper, "YouTube's Biggest Star Is A 5-Year-Old That Makes Millions Opening Toys", *Verge*, 22 Aralık 2016, theverge.com.
6. Blu Toys Club Surprise, YouTube kanalı.
7. Play Go Toys, YouTube kanalı.
8. Samanth Subramanian, "The Macedonian Teens Who Mastered Fake News", *Wired*, 15 Şubat 2017, wired.com.
9. "Finger Family", YouTube videosu, kullanıcı adı: Leehosok, 25 Mayıs 2007.
10. Bounce Patrol Kids, YouTube kanalı.
11. Charley Hodson, "We Need To Talk About Why THIS Creepy AF Video Is Trending On YouTube", *We The Unicorns*, 19 Ocak 2017, wetheunicorns.com.
12. Kasım 2017'de, bu konudaki makalemin yayımlanmasının ardından, Toy Freaks ve bahsettiğim bir dizi başka kanal YouTube'dan kaldırıldı. Ancak kitabı yazdığım sırada bu platformda halen çok benzer kanal ve videoları kolaylıkla bulmak mümkün. Bkz. "Children's YouTube ise still churning out blood, suicide and cannibalism", *Wired*, 23 Mart 2018, wired.co.uk.
13. "Freak Family", Facebook sayfası, yönetici Nguyễn Hùng, facebook.com/touyentb2010.
14. Sapna Maheshwari, "On YouTube Kids, Startling Videos Slip Past Filters",

New York Times, 4 Kasım 2017, nytimes.com.
15. David Remnick, "Obama Reckons with a Trump Presidency", *New Yorker*, 28 Kasım 2016, newyorker.com.
16. Subramanian, "The Macedonian Teens Who Mastered Fake News".
17. Lalage Harris, "Letter from Veles", *Calvert Journal*, 2017, calvertjournal. com.
18. "The name game", *Economist*, 2 Nisan 2009, economist.com.
19. "Macedonia police examine death threats over name dispute", *International Herald Tribune*, 27 Mart 2008, erişim adresi: archive.li/nkYzJ.
20. Joanna Berendt, "Macedonia Government Is Blamed for Wiretapping Scandal", *New York Times*, 21 Haziran 2015, nytimes.com.
21. "Macedonia: Society on Tap", YouTube videosu, kullanıcı adı: Privacy International, 29 Mart 2016.
22. Adrian Chen, "The Agency", *New York Times*, 2 Haziran 2015, nytimes.com.
23. Adrian Chen, "The Real Paranoia-Inducing Purpose of Russian Hacks", *New Yorker*, 27 Temmuz 2016, newyorker.com.
24. YouGov Poll, "The Times Results EU Referndum 160613", 13-14 Haziran 2016; erişim adresi: bit.ly/IYpml3w.
25. Andrew Griffin, "Brexit supporters urged to take their own pens to polling stations amid fears of MI5 conspiracy", *Independent*, 23 Haziran 2016, independent.co.uk.
26. Carole Cadwalladr, "The great British Brexit robbery: how our democracy was hijacked", *Guardian*, 7 Mayıs 2017, theguardian.com.
27. Carole Cadwalladr, "Trump, Assange, Bannon, Farage... bound together in an unholy alliance", *Guardian*, 27 Ekim 2017, theguardian.com.
28. Robert Booth, Matthew Weaver, Alex Hern ve Shaun Walker, "Russia used hundreds of fake accounts to tweet about Brexit, data shows", *Guardian*, 14 Kasım 2017, theguardian.com.
29. Marco T. Bastos ve Dan Mercea, "The Brexit Botnet and User-Generated Hyperpartisan News", *Social Science Computer Review*, 10 Ekim 2017.
30. Alessandro Bessi ve Emilio Ferrara, "Social bots distort the 2016 U.S. Presidential election online discussion", *First Monday* 21:11 (Kasım 2016), firstmonday.org.
31. Annalee Newitz, "The Fembots of Ashley Madison", *Gizmodo*, 27 Ağustos 2015, gizmodo.com.

10. Bulut

1. Matthew Holehouse, "Bilderberg Group 2013: guest list and agenda", *Telegraph*, 6 Haziran 2013, telegraph.co.uk.
2. Eric Schmidt, "Action This Day – Eric Schmidt, Zeitgeist Europe 2013", YouTube videosu, kullanıcı adı: ZeitgeistMinds, 20 Mayıs 2013.
3. *A.g.y.*
4. William Ferroggiaro, "The U.S. and the Genocide in Rwanda 1994", Ulusal Güvenlik Arşivi, 24 Mart 2004, nsarchive2.gwu.edu.

5. Russell Smith, "The impact of hate media in Rwanda", *BBC*, 3 Aralık 2003, news.bbc.co.uk.
6. Keith Harmon Snow, "Pentagon Satellite Photos: New Revelations Concerning 'The Rwandan Genocide'", *Global Research*, 11 Nisan 2012, globalresearch.ca.
7. Keith Harmon Snow, "Pentagon Produces Satellite Photos Of 1994 Rwanda Genocide", *Conscious Being*, Nisan 2012, consciousbeingalliance.com.
8. Florence Hartmann ve Ed Vulliamy, "How Britain and the US decided to abandon Srebrenica to its fate", *Observer*, 4 Temmuz 2015, theguardian.com.
9. "Srebrenica: The Days of Slaughter", *New York Times*, 29 Ekim 1995, nytimes.com.
10. Ishaan Tharoor, "The Destruction of a Nation: Syria's War Revealed in Satellite Imagery", *Time*, 15 Mart 2013, world.time.com.
11. Samantha Power, "Bystanders to Genocide", *Atlantic*, Eylül 2001, theatlantic.com.
12. Ofeiba Quist-Arcton, "Text Messages Used to Incite Violence in Kenya", *NPR*, 20 Şubat 2008, npr.org.
13. Jan H. Pierskalla ve Florian M. Hollenbach, "Technology and Collective Action: The Effect of Cell Phone Coverage on Political Violence in Africa", *American Political Science Review* 107:2 (Mayıs 2013).
14. Michael Palmer, "Data is the New Oil", blog paylaşımı, ANA, Kasım 2006, ana.blogs.com.
15. "The world's most valuable resource is no longer oil, but data", *Economist*, 6 Mayıs 2017, economist.com.
16. David Reid, "Mastercard's boss just told a Saudi audience that 'data is the new oil'", *CNBC*, 24 Ekim 2017, cnbc.com.
17. Milletvekili Stephen Kerr, Milletvekili Kevin Brennan, "AB'den Ayrılmak: Veri Koruma" tartışması, 12 Ekim 2017.
18. Palmer, "Data is the New Oil".
19. Emperyalist sınıflandırma ve adlandırmaya zorlama konusunda bkz. James C. Scott, *Seeing Like a State*, Yale University Press, 1998.
20. Arundhati Roy, "The End of Imagination", *Guardian*, 1 Ağustos 1998, theguardian.com.
21. Sandia Ulusal Laboratuvarı, "Expert Judgment on Markers to Deter Inadvertent Human Intrusion into the Waste Isolation Pilot Plant", rapor, SAND92-1382/UC-721, s. F-49, erişim adresi: wipp.energy.gov.
22. *And into Eternity... Communication over 10000s of Years: How Will We Tell our Children's Children Where the Nuclear Waste is?*, Zeitschrift für Semiotik (Almanca), *Deutschen Gesellschaft für Semiotik* 6:3 (1984).
23. Michael Madsen, yön., *Into Eternity*, Films Transit International, 2010.
24. Bkz. Rocky Flats Nuclear Guardianship project, "Nuclear Guardianship Ethic statement", 1990, gözden geçirilmiş baskı: 2011, rockyflatsnuclearguardianship.org.

metis'ten okuyabileceğiniz diğer kitaplar

Ahir Zamanlarda Yaşarken Slavoj Žižek

Başka Bir Özgürlük Svetlana Boym

Bildiğimiz Dünyanın Sonu Immanuel Wallerstein

(Bildiğimiz) Kapitalizmin Sonu J. K. Gibson-Graham

Bilim: Dört Bin Yıllık Bir Tarih Patricia Fara

Biyokapital Kaushik Sunder Rajan

Bolşevik Devrimi, 3 Cilt E. H. Carr

Bonobo ve Ateist Frans de Waal

Büyük Gerileme Haz. Heinrich Geiselberger

Cinsiyet Belası Judith Butler

Çizgisel Olmayan Tarih Manuel De Landa

Dayanışma Ekonomileri Aslıhan Aykaç

Devletdışı Güç Keller Easterling

Dünyaya Kafa Tutan Köy Dan Hancox

Dünyayı Bugünde Sevmek Fatmagül Berktay

Feminizm ve Doğaya Hükmetmek Val Plumwood

Filozof ve Yoksulları Jacques Ranciere

Foucault'yu Marx'la Okumak Jacques Bidet

Gecekondu Gezegeni Mike Davis

Geçmiş Zaman Beatriz Sarlo

Göçebe Düşünmek: Deleuze Düşüncesinin Sınırlarında Haz. A. Murat Aytaç, M. Demirtaş

Halkın Çözülüşü Wendy Brown

Hayatımı Yaşarken, 2 Cilt Emma Goldman

Hegel, Haiti ve Evrensel Tarih Susan Buck-Morss

İki Kültürü Aşmak I. Wallerstein, Richard E. Lee

İsyan, Devrim, Eleştiri Bülent Diken

Kapitalist Bilinçdışı Samo Tomšič

Kapitalist Kalkınmayı Yeniden Düşünmek Kalyan Sanyal

Kapitalizm, Arzu ve Kölelik Frederic Lordon

Kapitalizmin Geleceği Var mı? Immanuel Wallerstein ve diğ.

Komünizm Fikri Haz. Alain Badiou, Slavoj Žižek

Komünizm: Yeni Bir Başlangıç Haz. Slavoj Žižek

Marx'ın *Kapital*'i İçin Kılavuz David Harvey

Marx'ın Yasaları M. Nuri Durmaz

Minima Moralia Theodor W. Adorno

Moleküler Kızıl McKenzie Wark

Mülksüzler Ursula K. LeGuin

Mülksüzleşme Athena Athanasiou, Judith Butler

Müştereklerimiz Jay Walljasper

Nasıl Bir Zamanda Yaşıyoruz? Jacques Rancière
Söyleşi: Eric Hazan

Platon'un Devleti Alain Badiou

Ruh İşbaşında Franco "Bifo" Berardi

Rüya Âlemi ve Felaket Susan Buck-Morss

Sermayenin Mikropolitikası Jason Read

Sonsuz Talep Simon Critchley

Sosyalizm ve İnsan Ruhu Oscar Wilde

Şifrepunk Julian Assange

Tarihten Çıkan Siyaset Wendy Brown

Transkritik: Kant ve Marx Üzerine Kojin Karatani

Umut Mekânları David Harvey

Üç Bayrak Altında Benedict Anderson

7/24: Geç Kapitalizm ve Uykuların Sonu Jonathan Crary

Diğer Metis edebiyatdışı kitaplar için bkz.
https://www.metiskitap.com/catalog/series/614